河南省“十四五”普通高等教育规划教材
国家级一流本科专业建设点
高等教育审计精品教材

U0792362

Financial Auditing

财务审计

（第五版）

阮滢　赵璐　主编

东北财经大学出版社　大连
Dongbei University of Finance & Economics Press

图书在版编目（CIP）数据

财务审计 / 阮滢，赵璐主编．—5版．—大连：东北财经大学出版社，2024.8（2025.12重印）．—（高等教育审计精品教材）．—ISBN 978-7-5654-5285-7

Ⅰ．F239.41

中国国家版本馆CIP数据核字第202456SV86号

东北财经大学出版社出版

（大连市黑石礁尖山街217号　邮政编码　116025）

网　　址：http://www.dufep.cn

读者信箱：dufep@dufe.edu.cn

大连雪莲彩印有限公司印刷　　东北财经大学出版社发行

幅面尺寸：185mm×260mm　　字数：520千字　　印张：22

2024年8月第5版　　2025年12月第3次印刷

责任编辑：王　莹　孔利利　　责任校对：王　华

封面设计：张智波　　版式设计：原　皓

定价：52.00元

教学支持　售后服务　　联系电话：（0411）84710309

如有印装质量问题，请联系营销部：（0411）84710711

第五版前言

时光飞逝，《财务审计》自第四版出版以来，已经三年。其间党的二十大胜利召开，全面贯彻党的教育方针，落实立德树人根本任务，扎实推进习近平新时代中国特色社会主义思想进课程教材成为主旋律，在课程教材、教育教学等育人环节认真贯彻落实成为本次教材修订的应有之义。我们迎来一个新时代。

2012年，针对当时审计学专业课程教材的建设相对薄弱的情况，为了适应审计学专业教学的需要，我们根据相关审计准则编写了这部教材。此后，为了反映审计理论的最新成果和审计现实形势的变化，及时体现最新审计准则与审计实务，我们结合审计准则、配套应用指南及问题解答等对本书中的部分内容进行了相应更新，从而形成了本书第二版、第三版、第四版。比如，2013年，中国注册会计师协会发布了13项《中国注册会计师审计准则问题解答》，对准则相关问题和实际操作予以解答；2016年年底，财政部印发了《在审计报告中沟通关键审计事项》等12项中国注册会计师审计准则，对审计报告等方面的准则作出重大修改；2019年，财政部印发《中国注册会计师审计准则第1101号——注册会计师的总体目标和审计工作的基本要求》等18项审计准则，随后中国注册会计师协会陆续发布多项相关准则的应用指南及问题解答，倡导最佳实务，解答实操难点。

时至今日，新时代对高质量教材建设提出新要求，教材修订应落实国家教材委、教育部《普通高等学校教材管理办法》等文件的要求，把教材建设作为高校学科专业建设、教学质量、人才培养的重要内容，进一步落实新时代教材建设的思政要求，推动党的二十大精神进教材、进课堂、进头脑。本次修订在每章末设置“学思践悟”专栏，增加与章节内容相关的思政案例，增加设计思政元素与思政案例有机融合的呈现方式，绘制思维导图。通过确立思政目标、融入思政元素并将之与具体的思政案例在教材章节中的对应关系表达出来，使读者一目了然，突出了教材铸魂育人功能，增强了思政入脑入心的效果。

新时代呼唤高质量教材的改革创新。我们坚持以科技进步和学科发展为驱动，推进教材建设创新发展，本次修订体现新时代教材建设的内容创新和形态创新的要求。内容方面，反映审计理论的最新成果和审计现实形势的变化，关注审计准则的更新、最新科技手段在审计实务案例中的应用等；形态方面，打破传统纸质教材的局限，在教学大纲、教学日历、练习题参考答案等教学资源的基础上，在各章节适当位置添加可视性强的微课视频资源，补充更新教学案例。根据学生个性化发展需求拓展数字资源，在各章章末以二维码的形式提供了练习题、拓展阅读等内容，增加教材互动，推动传统教材数字化转型。

本书此次再版由阮滢教授、赵璐副教授任主编。阮滢负责本教材统筹并修订第一章、第八章；第二章由张凤元教授修订；第三章和第四章由董中超副教授修订；第五章由杨录强副教授修订；第六章由姚爱科副教授修订；第七章由汪要文讲师修订；第九章和第十章由赵璐副教授修订；第十一章和第十二章由沈翠玲副教授修订。

为方便教学，本书配有教学课件、课程资料（教学大纲、教学日历、考评方式与标准、学习指南、重难点）、练习题参考答案、模拟试卷及其答案等教学资源，请登录东北财经大学出版社网站（http：//www.dufep.cn）下载使用。本书的出版得到了东北财经大学出版社的大力支持和帮助，在此表示衷心感谢。

由于编者水平有限，书中不足之处在所难免，还望广大读者不吝批评指正。

编　者

2024年6月

第一版前言

自20世纪80年代初我国开展审计工作以来，我国的审计事业发展迅速。无论是审计机构的设置与审计法规的建设，还是各种审计主体审计准则的制定与完善，都取得了前所未有的进步。审计教育事业也从无到有，并不断得到发展与壮大。

由于我国高等院校审计学本科专业在20世纪80年代中期开始设置，90年代末被取消，直到21世纪初有关高校才陆续重新设置，因此，审计学专业的发展受到一定的影响，审计学专业课程教材的建设也相对薄弱。为了适应审计学专业教学的需要，我们根据最新颁布的相关审计准则编写了这部教材。

本书以介绍我国注册会计师财务报表审计为主，兼顾政府财务审计和内部财务审计的内容。在编写的过程中，本书按照被审计单位的经济业务循环安排章节顺序，使审计教学更贴近审计实务。对于性质相近的报表项目，由于审计的目标和程序基本相同，我们在本书的编写过程中主要介绍有代表性的报表项目的审计程序，而不是面面俱到、不断重复。

本书可用作高等学校审计学专业本专科学生的教学用书，也可用作高等学校会计及其他经济管理类专业学生学习财务报表审计的参考书籍，还可作为审计实务工作人员的参考资料。

本书编写分工如下：张永国教授负责全书的大纲拟定和总纂，并编写第一章和第七章；第二章由阮滢教授编写；第三章和第四章由董中超讲师编写；第五章由杨录强副教授编写；第六章由姚爱科副教授编写；第八章和第九章由赵璐讲师编写；第十章和第十一章由沈翠玲讲师编写。

本书的出版得到了东北财经大学出版社的大力支持和帮助，在此表示衷心感谢。

由于我们的水平有限，书中不足之处在所难免，还望广大读者不吝批评指正。

编　者

2012年7月

课程思政与专业教育融合思维导图

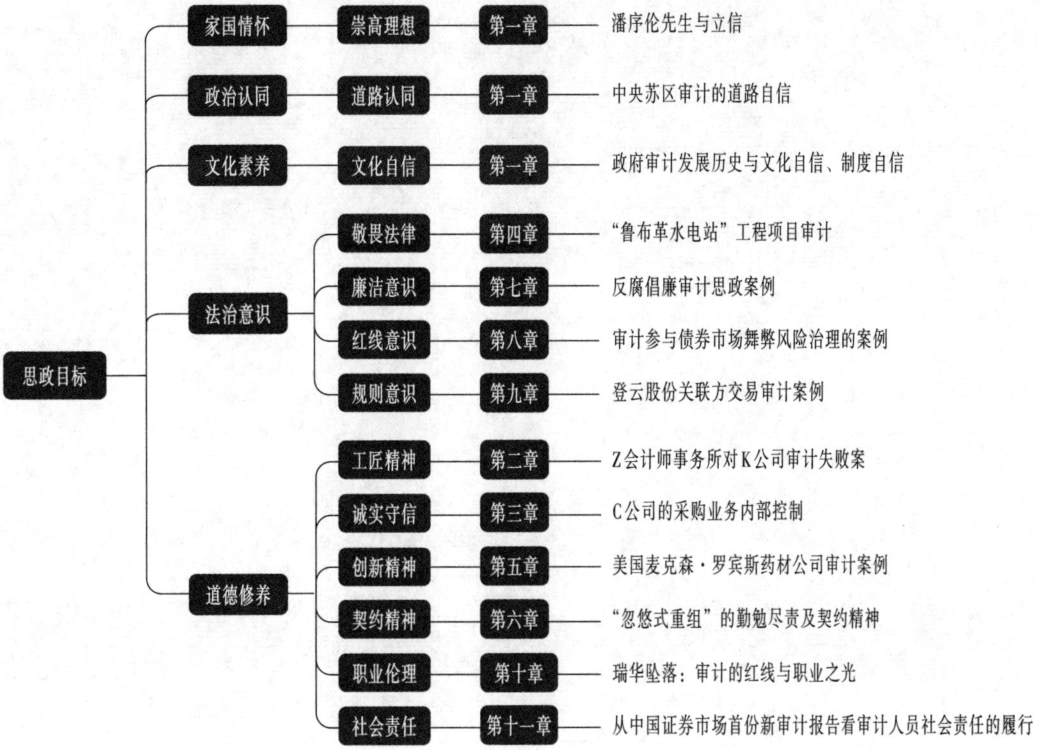

目录

二维码资源目录

续表

章序	类型	资源名称	页码
第七章	教学视频	7-1货币资金内部控制	177
		7-2库存现金监盘	185
		7-3银行存款审计	187
	学思践悟案例	反腐倡廉审计案例	199
	本章习题	第七章练习题	201
	拓展阅读	审计准则问题解答第12号	201
第八章	教学视频	8-1风险导向审计的内涵和价值观（一）	202
		8-2风险导向审计的内涵和价值观（二）	202
	学思践悟案例	审计参与债券市场舞弊风险治理的案例	223
	本章习题	第八章练习题	224
	拓展阅读	中国注册会计师审计准则第1141、1142号	224
第九章	教学视频	9-1审计沟通	225
	学思践悟案例	登云股份关联方交易审计案例	251
	本章习题	第九章练习题	252
	拓展阅读	中国注册会计师审计准则第1151、1153、1323、1324、1331、1411、1421号	252
第十章	教学视频	10-1审计完成阶段	253
	学思践悟案例	瑞华坠落：审计的红线与职业之光	272
	本章习题	第十章练习题	275
	拓展阅读	中国注册会计师审计准则第1251、1332、1341号	275
第十一章	教学视频	11-1审计报告的基本内容	278
		11-2非无保留意见审计报告	284
		11-3关键审计事项	295
	学思践悟案例	从中国证券市场首份新审计报告看审计人员社会责任的履行	309
	本章习题	第十一章练习题	311
	拓展阅读	中国注册会计师审计准则第1501、1502、1503、1511号	311
第十二章	本章习题	第十二章练习题	336
	拓展阅读	独立审计实务公告第4号	336

第一章
财务报表审计概述

学习目标

1. 了解财务报表审计的起源与发展；
2. 了解财务报表审计的定义及对象；
3. 掌握财务报表审计的总目标与一般目标；
4. 掌握财务报表审计目标的实现过程。

第一节 财务报表审计的起源与发展

一、财务报表审计的起源

任何一项社会学科的产生总离不开一定的社会环境，财务报表审计的产生同样如此。

民间财务报表审计最早的起源可以追溯到16世纪的意大利。在16世纪，地中海沿岸商业比较发达，尤其以意大利的威尼斯最为发达。商业规模的不断扩大，使得单个商人难以提供巨额的资金，于是便产生了多人合伙经营，合伙企业由此诞生。这种新的经营方式不但提出了新的会计主体理念，而且提出了另外一个问题，即财产的所有权及其分配问题：合伙人有的参与经营，有的不参与经营，如何让所有合伙人对经营的结果都认可呢？这就在客观上需要没有利害关系的第三方对经营结果发表意见。在这种情况下，人们开始聘请具有一定会计知识的专业人员进行账簿的检查与公证，可以说这是民间财务报表审计的起源。1581年，威尼斯会计协会在威尼斯成立了。

二、早期英国民间审计

尽管民间财务报表审计于16世纪在意大利已经出现，但对民间财务报表审计的发展并没有起多大的促进作用。对民间财务报表审计的最终形成产生积极影响的是18世纪的英国。

说起英国民间财务报表审计，我们就不得不提到1720年发生在英国的南海公司破产案[①]。南海公司成立于1710年，直到1719年，公司经营业绩平平。由于南海公司管理层在1720年的舞弊行为，南海公司的股价从1720年2月的129英镑/股涨到6月的890英镑/股，7月最高涨到1 050英镑/股，并且公司董事会在1720年6月决定发行500万英镑的

① 李若山. 审计案例［M］. 沈阳：辽宁人民出版社，1998.

股票，发行价定为每股1 000英镑。针对当时的炒股热潮，美国经济学家加尔布雷斯在其著作《大恐慌》中的描述再形象生动不过了，他在书中写道："政治家忘记了政治，律师忘记了法庭，商人放弃了买卖，医生丢弃了病人，店主关闭了铺子，教父离开了圣坛，甚至连高贵的夫人也忘了高傲和虚荣。"8月股价开始下跌，到11月回落到135英镑/股。股票的大起大落给南海公司股东和债权人造成了巨大的经济损失，并震动了英国朝野（当时英国上议院和下议院的半数议员都参加了这次全民炒股）。当时的英国议会成立了一个13人组成的特别调查委员会，该委员会在调查过程中发现南海公司的会计记录严重失实，于是特邀了一名叫查尔斯·斯奈尔（Charles Snell）的资深会计师，对南海公司的分公司"索布里奇商社"的会计账目进行检查。查尔斯·斯奈尔通过对南海公司账目的查询、审核，于1721年提交了一份名为"伦敦市彻斯特·莱恩学校的会计师查尔斯·斯奈尔对索布里奇商社的会计账簿进行检查"的意见书。

在此案例中，我们会发现一种在18世纪之前没有的企业组织形式——股份公司。这是18世纪英国工业革命的结果。英国的工业革命使得原来以独立庄园为个体的私营经济无法满足日益扩大的工业化规模对于资金的需求。在此期间，资本主义得到迅猛发展，生产的社会化程度大大提高，劳动的社会分工也更加细化，企业的经营权与所有权进一步分离，企业所有者需要聘请独立的人员对经营者提供的经营结果进行审查，以确定经营者是否存在贪污舞弊行为，因此出现了一批以查账为职业的会计师。

1720年南海事件发生后，英国议会颁布了《泡沫公司取缔法》，股份公司基本被禁止，直到1825年，英国议会才废除了该法案，并在1844年颁布了《股份公司法》，该法案要求公司必须设监察人，负责审查公司的账目。第二年，议会又对《股份公司法》进行修订，规定公司的账目必须由公司董事以外的人员审计。英国的民间审计由此走上了快速发展的道路。1853年，爱丁堡成立了第一个注册会计师团体——爱丁堡会计师协会，它标志着注册会计师职业的正式诞生。1862年，英国《公司法》确定了注册会计师作为法定的破产清算人，由此奠定了注册会计师审计的法定地位。

自1844年至20世纪初，英国的民间审计得到快速发展，这与英国当时社会经济的快速发展是密切相关的。在这一时期，民间审计逐渐形成，对审计理论和方法也进行了探索，这时的审计主要还是详细审计，即对所有的业务、凭证和报表进行审查。

三、美国民间审计

美国民间审计是对英国民间审计的继承和发展。19世纪末，美国工业化快速推进，英国大量的人员、资金和技术涌进美国，随之而来的还有注册会计师。1877年，美国公共会计师协会成立，之后各州相继成立了注册会计师协会。1896年，纽约州颁布了第一部注册会计师法。1902年，各州协会联合成立了美国注册会计师联合会（后改为美国注册会计师协会）。1917年，美国注册会计师协会制定了职业条例，并编制了《关于资产负债表的备忘录》（审计准则的雏形）。1921年，各州注册会计师实行统一资格考试。

1929—1933年，资本主义社会发生了历史上最严重的经济危机，大量企业倒闭，投资者和债权人遭受了严重的经济损失。1933年，美国颁布了《证券法》，要求上市公司的财务报表必须经过注册会计师审计并向社会公众公布审计报告，审计的对象开始转向资产负债表和利润表及相关财务资料。

第二次世界大战结束后，以美国为代表的经济发达国家采用经济扩张政策，推动本国企业向海外发展，跨国公司得到空前发展，同时会计师事务所无论是业务种类还是规模都得到快速发展，形成了20世纪80年代的“八大”会计师事务所。审计的方法和审计准则在这一时期得到不断的改进和完善，审计理论也有了长足的发展。

四、我国注册会计师审计的开展

我国注册会计师审计开始于民国初期，当时颁布了相关法律，却没有起到实质性作用。中华人民共和国成立后，我国借鉴苏联的计划经济模式，国家没有设置审计机构，也没有民间审计。改革开放后，出于引进外资和与国际经济接轨的需要，1980年财政部发布了《关于成立会计顾问处的暂行规定》，我国注册会计师制度开始恢复重建。1981年1月1日，上海会计师事务所成立，成为中华人民共和国首家由政府部门批准设立的会计师事务所。我国早期的会计师事务所主要为“三资企业”服务。1985年《中华人民共和国会计法》颁布，1986年《中华人民共和国注册会计师条例》颁布，从法律上确立了注册会计师的地位和法定的查账业务范围。1988年中华人民共和国注册会计师协会成立，1993年《中华人民共和国注册会计师法》颁布。从此，我国会计师行业得到迅速发展。

学思践悟 潘序伦先生与立信

学思践悟案例

潘序伦先生与立信

【案例简介】

人无精神则不立，国无精神则不强。中华民族在长期科学实践中形成了宝贵的精神财富，这些精神跨越时空、历久弥新。本案例介绍了潘序伦先生与立信的故事，包括潘序伦与立信会计师事务所简介、潘序伦精神的本质内涵及潘序伦精神的当代意义，以期更好地传承先贤精神并弘扬传统优秀会计、审计文化。

【关键词】

潘序伦精神；立信会计师事务所；会计文化；审计文化

【教学目的和用途】

本案例旨在引导学生通过学习潘序伦与立信的故事，理解潘序伦精神的本质内涵，思考潘序伦精神的当代意义，通过学习潘序伦精神，树立家国情怀、职业精神、公益精神、学术精神、奋斗精神等，深刻领会习近平总书记提出的“人无精神则不立，国无精神则不强。精神是一个民族赖以长久生存的灵魂，唯有在精神上达到一定的高度，这个民族才能在历史的洪流中屹立不倒、奋勇向前”。培养学生树立继承与弘扬宝贵精神的信念，将其转化为思想自觉和行动自觉。面对新形势、新技术、新挑战，勇于创新、不断进取，坚持立足中国，为中国会计、审计事业发展贡献自己的力量。

【素养目标】

1.培养学生的家国情怀。通过学习潘序伦先生的事迹，激发学生的爱国主义情怀，树立为实现国家复兴、审计专业蓬勃发展而努力学习的信念，进而把远大理想与个人抱负、家国情怀与人生追求熔融合一，培育担当新时代建设大任的时代新人。

2.培养学生热爱审计的职业品质。引导学生树立正确的职业理想，遵守职业道德规范，养成以爱岗敬业和责任担当为核心的职业态度，提升以观察能力、辨别能力、分析能力、沟通能力为核心的职业能力。

3.培养学生艰苦奋斗的精神。学习潘序伦先生在创业过程中坦然面对一切艰难、意志坚决、百折不挠的精神，在学习和工作中面对困难要孜孜不倦、不懈努力、自强不息、锲而不舍。

【价值塑造】

1.家国情怀：分析和研讨潘序伦先生出版图书和期刊的过程。

2.职业精神：分析和研讨潘序伦先生提出的职业道德。

3.创新精神：分析和研讨潘序伦先生创建的“三位一体”立信事业。

4.工匠精神：分析和研讨潘序伦先生编辑的“立信会计丛书”。

【思考问题】

1.习近平总书记对民族精神有哪些重要阐述？

2.潘序伦先生创立立信会计师事务所的背景和初衷是什么？

3.潘序伦先生的家国情怀主要体现在哪里？

4.通过学习潘序伦思想精神，对自己的学习和今后的工作进行规划。

【分析思路】

第一步，研讨和分析潘序伦先生创立立信会计师事务所的过程。

第二步，研讨和分析潘序伦思想内涵。

第三步，研讨和分析潘序伦思想对当代审计发展的意义。

第四步，研讨和分析本案例中的思政元素，对当代审计人有哪些启示。

第二节 财务报表审计的概念

一、财务报表审计的定义

财务报表审计，是指由胜任的独立审计人员依据审计标准，为确定和报告被审计单位特定期间的财务报表及相关财务信息与既定会计标准间的符合程度，而收集和评价审计证据的过程。

这个定义包括以下几个方面的含义：

1.胜任的独立审计人员

审计人员必须具备从事审计工作所应具有的会计、审计、管理、相关经济法规等专业知识，并具有一定的分析问题的能力，同时还应具有理解审计标准的含义和具体应用的能力，以确定应收集证据的种类和数量。

审计人员同时还应保持其应有的独立性，以维护审计人员在审计业务过程中的权威性和公正性。无论是注册会计师、政府机关审计人员，还是内部审计人员，在业务过程中保持应有的独立性，是其从事和完成报表审计的基本前提。

2.既定会计标准

无论是政府部门，还是企业组织或事业单位，在处理会计业务时，都应遵循既定的会计标准——会计准则。尽管这些会计准则会随着经济的发展和社会条件的变化而变化，但在一定的期间是保持相对稳定的，这使得财务信息的处理方法相对稳定，这样相似组织产生的财务信息才具有可比性。但需要说明的是，政府部门、事业单位和公司采用的具体会计标准是不同的：政府部门和事业单位执行的是《行政单位会计制度》和《事业单位会计准则》；公司执行的是《企业会计准则》。具体到每个企业，可以在不违反会计准则的前提下制定符合自身情况的会计制度，因此不同的企业，其会计制度是不完全相同的。

3.特定期间的财务报表及相关财务信息

就财务报表审计而言，无论审计人员对何单位或组织进行审计，首先应该确定的就是财务报表的审计期间，这将直接影响审计证据的收集、审计判断标准的确定以及对其评价的结果。如果审计期间不能确定，那么审计人员将无法开展审计工作。特定期间的时间界限主要依据委托人的业务约定（注册会计师审计）或审计任务（政府审计和内部审计）来确定。其次要确定的是审计的财务信息范围，即财务报表及与财务报表相关的财务信息。例如，对公司进行年度报表审计时，所审计的财务报表通常应包括资产负债表、利润表和现金流量表，以及相关的附表、附注、说明、公告等。如果委托人或审计任务有特殊要求，那么被审计的财务信息范围也可能只是上述信息的一部分。

4.审计标准

审计标准是审计人员从事审计业务活动必须遵循的行为规范和行为准则。不同的审计主体针对自身审计业务内容特征，制定了在本主体从业的审计人员应遵循的审计准则。在我国，有审计署颁布的《中华人民共和国国家审计准则》，有由中国注册会计师协会拟定、财政部颁布的《中国注册会计师执业准则》和中国内部审计协会颁布的《中国内部审计准则》。审计人员在从事审计业务活动时，应按照审计准则的要求制订审计计划、收集审计证据、出具审计报告。

5.收集和评价证据

审计的过程就是收集证据和评价证据的过程。审计人员要确定特定主体编报的财务报表及相关信息与会计准则或会计制度的要求是否一致，就需要收集一定数量和质量的审计证据。审计证据的形式多种多样，审计人员获取审计证据的方法也是多种多样的，审计人员应对其获取的审计证据进行评价，以保证这些审计证据能够为审计人员发表审计意见提供基础，并且确保这些审计证据与财务信息相关，能够支持审计人员所形成的意见。

6.报告

审计人员对财务报表审计的结果，应该以适当的方式向财务报表使用者进行报告。审计报告的格式各不相同，主要依据不同的审计目的和报告对象而不同。在报告中，审计人员必须对财务报表的编制是否遵循会计制度或会计准则以及在报表中是否存在重大错报和漏报给出明确的结论。

二、财务报表审计的对象

财务报表审计的对象是指审计人员在进行审计时，收集审计证据所要验证的财务信息的范围和内容。财务报表审计的对象根据其表现形式和内容主要包含以下几个方面：

1.财务报表及其附注

财务报表及其附注是财务信息的集中表现，反映被审计单位在某一时点的整体财务状况和一定时期的经营成果及其现金流量，集中反映一个组织或单位以货币表现的经营业绩，是信息使用者获取财务信息的主要来源。由于它是审计人员审计的财务信息的重要表述形式，因此，自然成为审计的重要对象，具体包括报表的组成、编报的格式、信息披露的内容、报表的附注、编报遵循的具体会计政策、其他相关的财务信息等。

2.报表反映的实际经济业务

报表是被审计单位财务信息的集中揭示，它是对被审计单位在一个时期所发生的财务信息进行的分类和汇总。被审计单位在一定时期内发生的影响报表结果的每个财务信息个体（每笔经济业务）自然就是审计人员应该审计的对象。这些财务信息在发生过程中会产生各种凭证和记录，这些凭证和记录是这些财务信息的外在表现形式，也是审计人员收集审计证据的重点对象，具体包括每笔经济业务发生时所产生的各种原始凭证、各种业务记录、相应的会计凭证以及记录这些财务信息的各种会计账簿、有关财务报表和业务报表等。

3.控制财务信息发生的各项内部控制

为了保证财务信息的准确、可靠，保证资金和财产物资的安全，每一个被审计单位都会建立一套符合自身经营管理特点的内部控制体系。内部控制体系是财务信息产生的环境基础，内部控制的健全和有效与否，将直接影响财务信息的可靠性，对审计人员判断报表信息是否存在重大错报和漏报有着重要的影响。因此，审计人员审计财务信息时，必须对产生财务信息的环境进行检查。通过对编报单位内部控制的检查，审计人员可以评价影响报表信息编制的内部控制是否可靠，进而确定审计人员下一步审计工作的重点和程序。

一个组织或公司的内部控制内容有很多，这些内部控制尽管都与组织或公司的管理有关，但并不是所有的内部控制都与财务信息的产生直接相关，因此，在评估内部控制时，如果没有特殊要求，审计人员通常只检查测试与财务信息的产生相关的那部分内部控制。

三、财务报表审计与其他鉴证业务

鉴证业务是指注册会计师对鉴证对象信息提出结论，以增强除责任方之外的预期使用者对鉴证对象信息信任程度的业务。鉴证业务包括历史财务信息审计业务（又称财务报表审计）、历史财务信息审阅业务（又称财务报表审阅）和其他鉴证业务三大类。

财务报表审计只是鉴证业务中的一种，它与其他鉴证业务的主要区别在于，不同鉴证业务遵循不同的鉴证准则。相对于其他鉴证业务而言，财务报表审计业务的要求是最严格的，我们通常所说的审计准则，都是针对财务报表审计制定的，审计人员从事财务报表审计时必须遵守审计准则。相对于其他鉴证业务准则而言，审计准则是最全面的，要求也是最严格的。

尽管财务报表审阅的对象与财务报表审计相同，但审阅的过程和收集证据的要求明显要少得多，所以审计人员提供的信息质量也较低，当然，审计人员所花费的成本也较低。

其他鉴证业务主要包括企业内部控制审计服务、预测性财务信息的审核等。

第三节　财务报表审计目标

一、财务报表审计目标的变迁[1]

教学视频1-1

审计目标

财务报表审计目标是指审计人员在财务报表审计业务过程中所应达到的对财务报表信息的确认，以满足社会需求的最终结果。

财务报表审计的目标主要受社会经济环境的影响。在不同的社会发展阶段，由于社会经济环境的不同，财务报表审计的目标也是不同的，也就是说，

① 刘明辉.高级审计研究［M］. 大连：东北财经大学出版社，2009.

财务报表审计的目标是随着社会经济环境的变化而变化的，并不是一成不变的。对财务报表影响最大的因素主要有：一是社会对财务报表审计的需求；二是审计人员满足这种需求的能力；三是法律法规对审计人员行为的制约。

财务报表审计目标的变化主要经历了以下四个阶段：

（一）以查错揭弊为主的审计目标

16世纪，地中海沿岸的商人就将货物价款和实物清查的详细检查工作委托给民间查账员办理，这便是注册会计师审计的萌芽，而注册会计师审计的正式产生，则以1720年英国南海公司破产事件为标志。南海公司的会计记录严重失实，存在明显蓄意篡改会计数据的舞弊行为，查尔斯·斯奈尔主要是对南海公司的会计账目进行具体检查以获取管理层舞弊的证据。工业革命带来了大规模的生产经营活动，与之相适应的组织形式——股份公司出现了，由此引起管理权与所有权分离，资产所有者关心其资产的保值增值性，社会对审计的需求主要是股东需要通过审计了解公司管理人员经管职能的履行情况，因此，审计的目标就是帮助股东来发现管理者所提供的相关记录信息是否有舞弊现象。1905年出版的《狄克西审计学》也将审计目标总结为："查找弊端，查找技术错误，查找原理错误。"在1912年、1916年和1923年出版的《蒙哥马利审计学》中，也将查错揭弊作为审计的主要目标。与这一阶段的注册会计师审计目标相适应，审计人员的职责就是揭露差错和舞弊。可见，注册会计师审计目标的产生源于检查公司的会计记录是否存在舞弊行为，它直接迎合了当时社会公众的需求。由此，查错揭弊也就成了民间审计的最初目标，并一直持续到20世纪30年代。

（二）以验证财务报表真实公允性为主的审计目标

20世纪30年代到80年代是财务报表审计阶段，注册会计师审计目标是验证财务报表的真实性、公允性。促使审计目标转换的原因主要是社会经济环境发生了巨大变化。20世纪以来，以美国为代表的资本主义经济开始迅速发展，特别是股份公司的大量涌现，使社会环境出现了三个新的变化：

1.企业管理者受托责任范围扩大

随着企业规模的不断扩大，企业管理人员的受托责任范围不仅表现在与投资者和债权人的关系上，而且扩大到与政府、员工等更多利益相关者的关系上。这些利益相关者需要通过企业的财务信息来了解企业管理层受托责任的履行情况，因而社会对企业财务信息的需求也随之增加，会计信息也就显得日益重要。

2.筹资渠道的多元化

以美国为代表的资本主义经济开始迅速发展，涌现出大批股份制公司。这一时期，证券市场已经发展成熟，公司的筹资方式不再局限于单独向银行贷款，而是更倾向于从证券市场上获取资金，企业的经营业绩直接关系到资本市场参与者的切身利益，整个社会对财务报表的关心程度超过了查错揭弊，而更多地关注财务报表所反映出的企业经营业绩是否真实可信，于是独立审计人员需要对整个财务报表进行审计，从而增强这些信息的可信性。随着社会公众参与资本市场的程度不断加深，审计对于保证财务信息可信性的重要程度也不断提升。

3.法律的强制要求

20世纪30年代初，世界经济危机爆发，无数投资者倾家荡产，使得美国政府认识到了会计信息真实性的重要性，并先后颁布了1933年的《证券法》和1934年的《证券交易法》，强制上市公司必须委托注册会计师对其财务报表进行审计。这些规定使审计人员的职责更加明确，表明审计人员的职责不再以查错揭弊为主，而是对被审计的财务报表的真实性、公允性负责。

但是，审计人员的能力是有限的。企业规模的扩大和经济业务的日益复杂，使得审计人员对公司的会计记录进行全面检查，成本极高，股东难以支付。这导致股东只需要注册会计师对公司财务报告的整体公允性进行鉴证并表达意见，而无须进行详细检查。受审计人员的能力的限制，审计行业为了避免审计风险，也极力把查错揭弊的责任推向企业管理部门，强调审计仅仅是对财务报表发表意见，不是也不可能去揭露贪污盗窃和其他舞弊。20世纪30年代内部控制理论的发展使审计行业开始认为，欺诈舞弊可通过建立完善的内部控制制度来予以控制。这时，审计技术的发展也允许审计由详细审计转变为抽样审计，这就使得财务报表审计成为可能，使审计人员可以在抽查的基础上对财务报表的公允性发表意见，这种方法不仅可以提高审计效率，而且可以保证审计质量。上述两方面原因的共同作用使注册会计师审计目标向验证财务报表的公允性转换。验证财务报表的公允性便成为这一阶段的审计目标，并且一直持续到20世纪80年代。

（三）验证财务报表真实公允与查错揭弊并重的审计目标

20世纪80年代至21世纪初，注册会计师审计目标以验证财务报表的真实公允与查错揭弊并重。在这一阶段，审计人员对审计风险的认识也由被动接受向主动控制转变。促使查错揭弊成为与验证财务报表的真实公允并重的注册会计师审计目标的原因是多方面的：

第一，20世纪60年代中期以后，尤其21世纪初，国外以“安然事件”为代表，国内以“银广夏事件”为代表的一系列公司舞弊案发生，企业管理人员欺诈舞弊案剧增，把注册会计师审计职业带入了未曾经历过的诉讼时代。以前，社会公众倾向于认为防止雇员舞弊是企业管理部门的职责，管理部门通过建立内部控制制度、运用各种措施来监督员工是否有错误和舞弊行为，而现在管理人员串通一气参与舞弊，或者其精心策划利用组织中的内部控制漏洞来为自己谋利益，企业的内部控制已很难控制这种情况所造成的差错和舞弊现象，因此，社会对独立的审计人员应承担查错揭弊的责任的呼声越来越强烈。但是，在这种串通舞弊的情况下，审计人员很难通过对内部控制实施控制测试来发现其中的问题。

第二，政府为保护投资者的利益，也倾向于满足社会公众的这种需求，对注册会计师施加压力。审计行业为了维护其生存和发展，也顺应这个需求揭露重大的舞弊和差错，以把审计风险降到社会可接受的水平之下，要求审计人员在财务报表审计中既要验证财务报表的公允反映，又要关注由于虚假财务报告和侵占资产所引起的舞弊。从上述社会需求的变化对注册会计师审计目标的影响过程中不难看出，审计作为一种服务，是以社会需求为导向的。但是，社会需求并不是影响注册会计师审计目标的唯一因素，审计能力的有限性也在影响着审计目标的可行性。

（四）降低信息风险的审计目标

这一审计目标的出现主要是以1995年AICPA发布的《改进企业报告》为标志的，1996年AICPA公布的第78号审计准则公告《财务报表审计中对内部控制的考虑：对第55号审计准则公告的修订》转换完成，从此降低信息风险成为审计的主要目标。

促成审计目标转变的因素很多，但主要有以下几个方面：一是社会公众对信息的需求不断扩大，传统的会计信息已不能满足人们的需求，因此，审计人员不仅需要对会计信息进行验证，而且需要对非会计信息进行验证，以降低信息风险，满足社会公众的需要；二是经过长期实践，审计人员在技术上已经具备了评价除会计信息以外的管理信息的能力，其最主要的表现就是20世纪后期大量管理咨询业务的开展；三是随着经济的发展，审计人员（尤其是注册会计师）的法律责任日益扩大，但审计的建设性职能却在不断缩小，而为了审计的生存与发展，适应社会对审计发展的需要，审计只有在自身技术条件许可的情况下，尽最大努力满足社会的需求，扩大自己的鉴证职能，对被审计单位的信息进行全面评价，以降低其信息风险。

二、财务报表审计的总目标和一般审计目标

财务报表审计的目标包括两个层次，即财务报表审计的总目标和一般审计目标。

（一）财务报表审计的总目标

财务报表审计的目的是提高财务报表预期使用者对财务报表的信赖程度。这一目的可以通过审计人员对财务报表是否在所有重大方面按照适用的财务报告编制基础编制发表审计意见得以实现。就大多数通用目的财务报告框架而言，审计人员针对财务报表是否在所有重大方面按照适用的财务报告编制基础编制并实现公允反映发表审计意见。审计人员按照审计准则和相关职业道德要求执行审计工作，能够形成这样的意见。因此，审计人员在执行财务报表审计工作时，总体目标为：一是对财务报表整体是否不存在由于舞弊或错误导致的重大错报获取合理保证，使得注册会计师能够对财务报表是否在所有重大方面按照适用的财务报告编制基础编制发表审计意见；二是按照审计准则的规定，根据审计结果对财务报表出具审计报告，并与管理层和治理层沟通。

（二）管理层的认定与财务报表审计的一般审计目标

1.管理层的认定

认定是管理层对财务报表中的各类交易、相关账户和披露作出的明确或隐含的表达，这些认定大多是暗示性的。例如，某公司在报表中列示银行存款210 000元。如果管理层在财务报表中不作任何说明，那么表示这些银行存款全部属于普通人民币活期存款，其使用不受任何限制，同时还暗示，所有与银行存款有关的必须披露的内容都已正确披露。审计人员将管理层的认定用于考虑可能发生的不同类型的潜在错报。

管理层的认定与财务报表具体审计目标直接相关，审计人员对财务报表的审计，就是确认管理层有关财务报表的各组成要素的认定是否恰当。管理层对报表各要素的认定主要有以下几个方面：

（1）与交易和事项相关的认定

针对交易和事项，管理层主要在以下几个方面作出认定：

①发生：记录于财务报表中的交易和事项在被审计期间确实发生，即记录的交易和事项都是真实的，没有虚假交易和事项。

②完整性：在被审计期间发生的所有应记录交易和事项均已记录，即真实发生的交易和事项都已记录，没有遗漏。

③准确性：对发生的交易和事项的金额及相关数据均予以恰当记录，即记录的金额和相关信息是准确的，符合有关准则和制度规定。

④截止：对于发生的交易和事项已记录于正确的会计期间，即没有提前或推迟记录交

易和事项。

⑤分类：交易和事项已记录于恰当的账户，即账户的分类及相关记录是正确的。

（2）与账户余额相关的认定

针对账户余额，管理层主要从以下几个方面作出认定：

①存在：在账户中记录的资产、负债和所有者权益，在资产负债表日确实存在，即报表中的上述事项金额没有虚构的成分。

②完整性：所有应当记录的资产、负债和所有者权益均已记录，即没有遗漏应记录的上述事项。

③计价和分摊：资产、负债和所有者权益以恰当的金额包括在财务报表中，与之相关的计价或分摊调整已恰当记录，即资产是实际可实现的价值，负债是将来必须支付的金额，所有者权益是投资者实际应拥有的剩余权益，无论是资产、负债，还是所有者权益，其计价方法和成本分摊都是合理、合规的。

④权利和义务：记录的资产由被审计单位拥有或控制，记录的负债是被审计单位应当履行的偿还义务。

（3）与列报和披露相关的认定

随着公司规模的扩大和交易的日益复杂，财务报表上需要列报和披露的内容也越来越多，便于报表使用者对财务信息准确理解。针对列报和披露，管理层主要从以下几个方面作出认定：

①发生以及权利和义务：披露的交易、事项和其他情况已发生，且与被审计单位有关，即财务报表所列示的收入、费用等在报表期间确实发生，所列示的资产确实归被审计单位所有，所列示的负债确为被审计单位应承担的债务，并给出相应说明，没有虚构事项。

②完整性：所有应当包括在财务报表中的披露均已包括，即被审计单位当期所发生的收入、成本费用均在报表中予以反映，期末的资产、负债和所有者权益也都在报表中予以反映，并给出相应的说明，没有遗漏事项。

③准确性和计价：财务信息和其他信息已公允披露，且金额恰当，即报表中的各项目的信息是准确的，各项目的计价方法是适当的，符合相关准则和制度的要求。

④分类和可理解性：财务信息已被恰当地列报和描述，且披露内容表述清楚，即财务报表中的项目分类是符合规定，并为一般报表使用者所熟知的，项目本身没有使用者不理解的特殊含义。针对报表项目的金额或组成，如果有影响报表使用者理解的情况，那么在报表附注中都给予了充分说明。

2.财务报表审计的一般审计目标

财务报表审计的一般审计目标与管理层的认定直接相关。审计人员了解了管理层的认定之后，就能够很容易确定不同审计对象的一般审计目标。由于管理层的认定包括三个方面，与此对应的一般审计目标也包括三个方面：

（1）与交易和事项相关的一般审计目标

①发生：确认已记录的交易确实存在。该目标是审计人员根据管理层对交易和事项中的发生认定而确定的。

②完整性：确认存在的交易均已记录。该目标是审计人员根据管理层对交易和事项中

的完整性认定而确定的。

③准确性：确认已记录的交易已按正确的金额反映。该目标是审计人员根据管理层对交易和事项中的准确性认定而确定的。

④截止：确认已发生的交易和事项记录于正确的会计期间。该目标是审计人员根据管理层对交易和事项中的截止认定而确定的。

⑤分类：确认被审计单位账户中记录的交易已适当分类。该目标是审计人员根据管理层对交易和事项中的分类认定而确定的。

(2) 与账户余额相关的一般审计目标

与账户余额相关的一般审计目标同上述与交易和事项相关的一般审计目标基本相同。不同的是，交易和事项针对的是当期的发生额，后者针对的是账户的期末余额。

①存在：确认在账户中记录的资产、负债和所有者权益，在资产负债表日确实存在。该目标是审计人员根据管理层对账户余额中的存在认定而确定的。

②完整性：确认所有的资产、负债和所有者权益均包括在账户中。该目标是审计人员根据管理层对账户余额中的完整性认定而确定的。

③计价和分摊：确认各账户的金额核算的适当性、成本费用分摊的合理性，包括资产的可变现净值、各项备抵计提、预计与摊销、费用分配等的合理性。该目标是审计人员根据管理层对账户余额中的计价和分摊认定而确定的。

④权利和义务：确认账户中的资产由被审计单位拥有或控制，负债是被审计单位应当偿还的义务。该目标是审计人员根据管理层对账户余额中的权利和义务认定而确定的。

(3) 与列报和披露相关的一般审计目标

①发生以及权利和义务：确认报表中列报和披露的交易、事项和其他情况确实发生，且与被审计单位有关。该目标是审计人员根据管理层对列报和披露中的发生以及权利和义务认定而确定的。

②完整性：确认所有应当在财务报表中列报和披露的账户余额及相关事项均以适当的方式包括在内。该目标是审计人员根据管理层对列报和披露中的完整性认定而确定的。

③准确性和计价：确认财务信息和其他信息已公允披露，且金额恰当。该目标是审计人员根据管理层对列报和披露中的准确性和计价认定而确定的。

④分类和可理解性：确认财务信息已被恰当地列报和描述，且披露内容表述清楚。该目标是审计人员根据管理层对列报和披露中的分类和可理解性认定而确定的。

如同管理层的认定是对与交易和事项、账户余额、列报和披露相关的各项目的每一个方面所作的说明一样，财务报表审计的一般审计目标同样是针对这些交易、账户和项目所作的一般性确认。如同上面所述，所有的交易和事项都包括五项一般审计目标，但针对具体的交易和事项，根据其经济业务性质以及对整个报表的影响程度，单个交易审计的具体目标可能包括上述五个方面，也可能只是上述五个方面中的一个或几个。例如，当对销售业务进行审计时，我们对上述与交易和事项相关的一般审计目标都关注；而对现金支付业务进行审计时，审计人员可能就不太关注“完整性”目标，因为不太可能有人报销而不要钱，而出纳也不太可能付了现金而不记账；相反，对现金收入业务，审计人员对一般审计目标中的“发生”则不太关注，因为出纳人员不会没有收取现金而记录现金收入。

学思践悟 中央苏区审计的道路自信

学思践悟案例

中央苏区审计的道路自信

【案例简介】

本案例介绍了中华苏维埃政府建立之后在中央执行委员会之下设立的中央审计委员会及其工作基本情况，包括审计工作当时面临的社会环境、审计管理体制、审计监督职责、审计工作原则、审计工作作风和审计工作成效。中央苏区建立的审计制度作为一种经济监督，坚持在党的领导下全面开展财政预算决算审计工作，在维护中央苏区财政纪律、克服财政困难、揭发各种贪污浪费方面发挥了重要作用，开辟出在当时特殊环境下开展审计监督的事业道路。

【关键词】

中央苏区审计；审计体制；道路自信

【教学目的和用途】

本案例旨在引导学生通过分析和研讨中央苏区审计的管理体制、工作作风、职责权限、重要活动、工作成效、关键人物等知识，全面认识中华苏维埃政府时期的中央审计委员会坚持在中国共产党的正确领导下，面对国民党经济封锁以及当地经济文化发展极端落后的恶劣环境，不畏艰险、忠诚于党、全心付出开展审计工作，艰苦探索中国革命新道路，为中国革命事业做出了巨大贡献；正确理解道路自信来自中国共产党带领广大人民浴火重生的执着信念，来自中国特色社会主义建设的光辉成就，来自新时代继往开来、推动改革发展的蓬勃力量，它是过去和现在、历史和现实、理论和实践的和谐统一；正确理解由中国共产党带领中国人民经过不断探索和实践而成功开辟出的中国特色社会主义道路，是深深扎根于中国经济社会发展土壤，把马克思主义基本原理同中国实际和时代特征相结合的产物，是中国共产党领导中国人民百年奋进的根本成就，是实现中国人民幸福和中华民族伟大复兴的必由之路、康庄大道。从而增强学生对中国特色社会主义道路发展方向和未来命运的自信，坚定不移走中国特色社会主义发展道路。

【素养目标】

1.引导学生树立坚定崇高的理想信念，在深入把握中国特色社会主义科学性和真理性的基础上增强道路自信，坚持中国特色社会主义基本路线、基本理论、基本方略指引中国特色社会主义伟大实践，紧扣时代主题，顺应世界发展潮流，应对各种风险挑战，带领中国大踏步赶上时代前进步伐，推动中国特色社会主义道路不断向前迈进。

2.培养学生对审计事业忠诚热爱的品质，以及对审计事业担当奉献的精神，勇于担当、敢于负责，增强责任感和使命感。使学生充分理解作为一名未来的审计人员应当永葆审计初心，勇担时代使命，不畏艰辛、不计得失、不求名利，爱岗敬业、尽职履职，为审计事业挥洒热血与激情。

3.培养学生继承和弘扬艰苦奋斗的革命精神。引导学生正确认识并传承弘扬中央苏区审计在当时物资极端匮乏、遭受国民党反动派围追堵截的艰苦卓绝时代，仍然坚持发扬“坚定信念、求真务实、一心为民、清正廉洁、艰苦奋斗、争创一流、无私奉献”的忘我工作的革命精神。

4.培养学生树立服务大局意识和人民至上的观念。引导学生正确看待经济社会发展过程中的特定现象、审计的功能作用、审计事业发展的重要成就及历史使命，能够在新时代坚持“以审计精神立身，以创新规范立业，以自身建设立信”，在审计实践中彰显和传递立审为公、执审为民的审计初心，全面树立大局意识，时刻从维护人民群众的根本利益出发，推动实现社会公平正义，促进社会和谐。

5.培养学生秉公执法、廉洁从审、客观公正的职业精神，弘扬中央苏区审计工作作风，敬畏法律和规则，做遵纪守法、恪守职业道德的典范。面对当前开展审计工作的局面，严格遵守“审计八不准”纪律，不为金钱所惑、不为名利所诱、不为压力所屈、不为人情所动；勇于啃硬骨头、攻坚克难。拿出“逢山开路、遇河架桥”的精神，敢于较真碰硬；敢于亮剑、善于亮剑，坚持原则、客观公正，用事实和数据说话。对发现的问题不包庇、不袒护，勇于揭露违法违纪问题线索，严格依法依规处理。

6.引导学生立足时代、扎根经济、深入企业，学好专业知识，能够感受到中央苏区审计所具有的崇高革命传统，感悟革命前辈们为了建设新中国而不畏艰险、视死如归、勇往直前的大无畏精神，并深刻认识到，必须将革命战争年代的一股劲、一种革命热情和拼命精神，立足时代、扎根经济、深入企业，努力学好专业知识和技能，加强对审计理论知识、财经相关法律法规和专业技能的学习研究，苦练本领、增长才干，锤炼过硬的业务本领，投入到崇高的审计事业中去，不断拓展综合能力，提升协作意识，立志投身社会主义建设事业。

【价值塑造】

1.坚持道路自信：分析和研讨中央苏区审计的管理体制。

2.敬业忠诚品质：分析和研讨中央苏区审计的工作作风。

3.担当奉献精神：分析和研讨中央苏区审计的工作职责。

4.艰苦奋斗精神：分析和研讨中央苏区审计的工作环境。

5.廉洁客观精神：分析和研讨中央苏区审计的工作纪律。

【思考问题】

1.中央苏区审计在艰苦卓绝的时期是如何坚持党领导开展审计工作，探索中国革命新道路的？

2.中央苏区政府当时建立的审计管理体制对于组织开展审计有何优势？

3.中央苏区审计当时面临一种怎样的社会环境与经济环境？中央苏区审计是如何冲破各种恶劣环境的制约开展工作的？

4.中央苏区审计的职业纪律包括哪些？与现在政府审计的职业道德和工作纪律相比有何特色？

5.中央苏区审计有效开展了哪些工作？对苏区政府的经济发展有何贡献？

6.我们应当从中央苏区审计的历史中继承和发扬哪些优良的品质与精神？

【分析思路】

第一步，研讨和分析中央苏区审计的全貌，对中央苏区审计的管理体制、社会环境、工作纪律、业务活动、作用成效等方面要特别关注。

第二步，研讨和分析中央苏区审计的政治、经济、军事环境对审计工作有何影响，特别要重点分析、研讨在这种环境下如何才能卓有成效开展审计工作以及如何在新时代保持艰苦奋斗的作风。

第三步，在全面了解中央苏区审计工作制度和规定的基础上，梳理出中央苏区审计的工作纪律、职业道德要求，研讨中央苏区审计工作纪律的严肃性和可继承性。

第四步，研讨和分析中央苏区审计开展的业务活动以及采用的取证技术，研讨并总结中央苏区审计人员从哪些方面做出了艰苦的付出和探索，其工作作风有何特点。

第五步，研讨和分析中央苏区审计的特点以及历史贡献。

第六步，研讨和分析通过中央苏区审计案例可以发现的思政因素有哪些，应从中吸取什么教训。

第四节 财务报表审计的过程

教学视频1-2

财务审计的过程

审计人员要完成审计任务、实现审计目标，就必须采用一定的组织方式和工作方法。财务报表审计的过程大致可以分为以下五个阶段：

一、审计任务的确定

无论是政府审计、注册会计师审计，还是内部审计，审计人员首先需要明确财务报表审计的任务。由于不同审计组织的权限和管理方式不同，审计任务的确定也不相同。政府审计机构主要是按照年度审计工作计划来确定的，内部审计则是按照企业内部审计工作任务来确定的，两者任务的确定带有一定的主观性，对工作任务的完成在法律上没有约束，具有一定的灵活性。注册会计师审计则不同，它完全是依据会计师事务所与被审计单位签订的业务约定书来确定财务报表审计的任务，在任务完成的时间、财务报表审计的目的、审计报告的出具等方面都有具体而严格的要求，且具有法定约束力。

因此，对财务报表审计而言，不同审计组织的任务确定方式是不同的。

二、计划审计工作

一个完整、全面、可行的审计工作计划对完成财务报表审计任务无疑是有帮助的。财务报表审计工作的计划主要包括两个方面：一是内部人员调配，包括针对具体的审计任务需要具有哪些方面经验和技能的人员及其数量，参与审计工作人员的具体工作时间要求，具体安排哪些人员参加审计工作，以及各人员之间的分工等。二是在审计过程中具体审计计划的制订及执行，包括对被审计单位的初步了解、制定总体审计策略、制订具体审计计划等。审计计划一旦制订，审计人员必须按照审计计划执行审计。但审计计划并不是一成不变的，审计人员应根据在审计计划执行过程中发现的问题，不断调整并完善审计计划。审计计划不是为制订而制订的，它是为实现审计目标而制订的。审计人员为了实现审计目标，必须收集充分、适当的审计证据，必须执行一定的审计程序，而这些收集审计证据的审计程序，应根据审计实际情况的变化而修订，以满足收集审计证据的需要。需要指出的是，如果对既定的审计程序进行修订，那么审计人员必须说明理由，并作书面记录。

三、实施风险评估程序

风险评估程序是指审计人员为了解被审计单位及其环境，以识别和评估财务报表层次和认定层次的重大错报风险而实施的审计程序。风险评估程序是审计人员尤其是外部审计人员执行财务报表审计时必须执行的审计程序。实施该程序的目的是识别和评估被审计单位财务报表中的重大错报风险，包括报表层次、各类交易和账户层次的重大错报风险两个方面。

四、实施控制测试和实质性测试

为了将重大错报风险降至合理水平，以提高审计人员的工作效率，审计人员必须实施控制测试和实质性测试。控制测试是指针对被审计单位内部控制的有效性进行的测试，其目的是验证被审计单位为了确保报表层次认定的真实、准确而采取的各种控制措施、程序和制度等是否得到一贯的有效执行。实质性测试是指审计人员为验证财务报表各项目的一般审计目标是否得以实现而实施的审计程序，具体包括对被审计单位当期业务的发生、记录所作的交易的实质性测试和对期末账户余额的真实性、准确性而进行的余额细节测试。通过实质性测试，审计人员可以收集证据将报表中的重大错报和漏报风险降至审计人员可以接受的合理水平，从而保证审计质量。由于控制测试、交易的实质性测试、余额细节测试的具体控制内容各不相同，因此，我们将在以后章节中详细介绍。

五、完成审计工作并出具审计报告

审计人员完成财务报表中的每一项目的审计程序之后，必须将在审计过程中获取的全部信息综合起来，运用审计人员的专业判断，对财务报表的整体形成审计意见。这一过程是一个非常主观的过程，需要高度依赖审计人员的专业判断，对审计人员的业务素质要求高。审计人员完成审计工作后，必须出具审计报告，并与所审计的财务报表及其附注一起向有关部门或人员报送，上市公司年报审计则应该按照规定向外公布。完成审计工作和审计报告的具体内容见第十章和第十一章。

学思践悟 政府审计发展历史与文化自信、制度自信

学思践悟案例

政府审计发展历史与文化自信、制度自信

【案例简介】

本案例介绍了政府审计的发展历史，包括古代政府审计、近代政府审计和中华人民共和国政府审计三个阶段。我国有着悠久的历史和灿烂辉煌的文化，审计监督制度由来已久，源远流长。早在距今3 000年前的西周时期，中国就出现了带有审计职能的官职——宰夫，这是国家审计的萌芽。汉代制定了《上计律》，使上计制度有法可依，标志着我国审计立法的开始。唐代比部不受财务行政机构控制而直接与刑法结合，行使经济监督的职权，形成了一个比较完整、科学的审计监督体系，处于当时世界审计的领先水平。南宋初年设置了“审计院”，宋朝审计司（院）的建立标志着我国“审计”的正式定名，从此“审计”这个概念成为财政经济监督的专门用语。党的十八大以来，组建中央审计委员会是加强党对审计工作领导的重大举措。目前我国政府审计实行审计全覆盖，形成了与国家治理体系和治理能力现代化相适应的审计监督机制，在保障国家重大决策部署贯彻落实、维护国家经济安全、推动深化改革、促进依法治国、推进廉政建设的过程中发挥着重要作用。通过综述政府审计的发展，历史源远流长，引导学生感受中国传统文化的魅力，产生强烈的民族文化认同感，从而增强文化自信、审计自信。

【关键词】

政府审计；文化自信；制度自信；国家治理

【教学目的和用途】

本案例旨在引导学生通过学习政府审计的发展历史，了解我国政府审计起源，《周礼》记载的西周时期官厅组织结构及司会职责，秦朝上计制度和御史检查制度，宋朝知府与通判联署制度等，宣扬传统文化，引导学生感受中国传统文化的魅力，产生强烈的民族文化认同感，增强文化自信；介绍中国特色社会主义制度激发先进文化的蓬勃发展，促进审计体系不断完善，形成与国家治理体系和治理能力现代化相适应的审计监督机制，从而增强制度自信。

【素养目标】

1.引导学生坚定崇高的理想信念，感受中国传统文化的魅力，产生强烈的民族文化认同感，增强文化自信、审计自信。引导学生争做中国特色社会主义事业合格建设者和可靠接班人，培育审计职业荣誉感与使命感。

2.培养学生的独立思考能力，提升学生的文化素养，引导学生辩证看待政府审计在历史发展中的功能作用、审计事业发展的重要成就及历史使命。

【价值塑造】

1.引导学生感受中国传统文化的魅力，产生强烈的民族文化认同感，增强文化自信。通过介绍我国政府审计起源，《周礼》记载的西周时期官厅组织结构及司会职责，秦朝上计制度和御史检查制度，宋朝知府与通判联署制度等，宣扬传统文化，引导学生感受中国传统文化的魅力，产生强烈的民族文化认同感，增强文化自信。

2.增强制度自信。通过介绍中国特色社会主义制度激发先进文化的蓬勃发展，促进审计体系不断完善，形成了与国家治理体系和治理能力现代化相适应的审计监督机制，增强制度自信。

【思考问题】

1.我国政府审计在发展过程中有哪些重要的史实？

2.如何适应国家审计重心的发展？

3.政府审计在国家治理中如何发挥作用？

【分析思路】

第一步，利用案例介绍的内容梳理出政府审计在各个发展阶段的重要史实。

第二步，利用流程图，分析和研讨这些重要史实对政府审计发展史上的意义。

第三步，进一步思考，政府审计的发展是如何受到经济环境、政治环境的影响？

第四步，全面研讨和反思在案例中体现的中国传统文化的魅力，民族文化认同感，文化自信、制度自信和审计自信。

复习思考题

1.简述财务报表审计的起源与发展历程。

2.复述财务报表审计的定义，并简述其含义。

3.简述财务报表审计目标的变迁过程及影响因素。

4.简述管理层的认定与财务报表审计一般审计目标的关系。

5.与交易和事项相关的一般审计目标有哪些？

6.与账户余额相关的一般审计目标有哪些？

7. 与列报和披露相关的一般审计目标有哪些?

8. 简述审计目标实现的过程。

本章习题

第一章练习题

第二章
销售与收款循环审计

学习目标

1. 识别销售与收款循环涉及的账户和交易种类；
2. 描述本循环涉及的主要业务活动及相关凭证与记录；
3. 了解本循环的内部控制，设计与执行本循环的控制测试及销售交易的实质性程序；
4. 设计并执行主营业务收入的实质性程序；
5. 设计并执行应收账款等相关项目的实质性程序。

第一节 销售与收款循环涉及的主要业务活动及相关凭证与记录

教学视频2-1
销售与收款循环概述

本章研究销售与收款循环涉及的内部控制风险评估、控制测试及交易的实质性程序。在开始研究之前，需要论及三个问题：一是企业销售与收款循环涉及的种类和账户；二是销售与收款循环涉及的主要业务活动；三是销售与收款循环审计涉及的主要凭证和记录。了解和理解销售与收款循环中典型的交易种类和账户、主要业务活动和可能使用到的典型凭证与记录是十分必要的。

一、销售与收款循环涉及的账户和交易种类

销售与收款循环所包括的典型账户在图2-1中用T形账户列出，这为本章内容的理解提供了一个参考性框架，假定研究的对象为一家制造业企业。

图2-1表明了业务活动及相关会计信息在销售与收款循环各账户中的流向。从图2-1中可知，销售与收款循环主要包括以下五类交易：

1. 销售，包括现销与赊销。
2. 货币资金收入。
3. 销售退回、折扣与折让。
4. 坏账冲销。
5. 坏账损失。

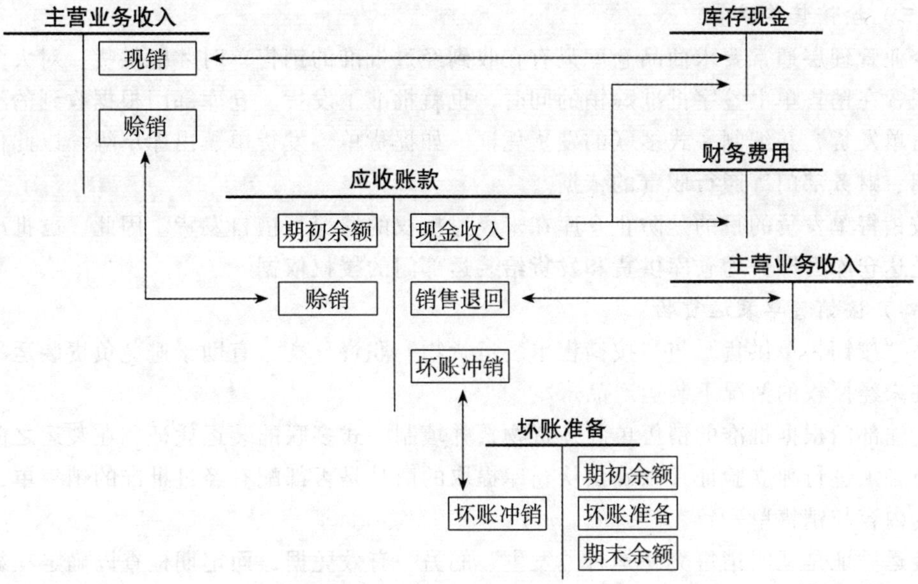

图 2-1　销售与收款循环账户

二、销售与收款循环涉及的主要业务活动

企业的每一项销售业务均需经过若干步骤才能完成。企业的性质不同，销售与收款循环的具体业务环节也略有差异。了解企业在销售与收款循环中的主要业务活动，对该业务循环的审计十分必要。下面以赊销为例，说明销售与收款循环涉及的主要业务活动。

（一）签订合同或处理顾客订单

顾客提出订货要求是整个销售与收款循环的起点。顾客的订单只有在符合企业管理层的授权标准以后才能被接受。

与顾客谈判，签订合同或者企业收到顾客订单后，对订单的内容、数量、品种、规格、供货期限等进行审核批准，确定是否能接受订货，只有经过核准的订单，才能作为销售的依据，并以订单中的各项条件为依据，编制一式多联的销售单，作为信用审批、仓库、运输、财务等部门履行职责的依据。

合同或销售单是证明销售交易“发生”认定的有效凭据之一，也是销售交易轨迹的起点。

（二）批准赊销

对于赊销业务，在发出商品之前，必须经过信用管理部门批准。

信用管理部门在接到销售单后，应审查顾客的资信状况，并根据管理层的赊销政策和授权决定是否批准赊销。尤其对于有赊销要求的新顾客，要对其信用先进行充分调查，再确立一个信用额度，最后报主管人员核准。无论赊销是否被批准，都要求信用部门人员在销售单上签署意见，然后将签署了意见的销售单送回销售部门。

设置信用批准控制的目的是降低坏账风险，赊销批准工作的弱化经常导致过多的坏账和无法收回的应收账款。赊销批准的标记应被当作发货的一种标示。

这些控制与应收账款账面余额的“计价和分摊”认定有关。

（三）按销售单供货

企业管理层通常要求商品仓库只有在收到经过批准的销售单时才能供货。对大多数企业来说，在销售单上签字批准赊销的同时，也就批准了发货。仓库部门根据收到的经批准的销售单发货，并编制一式多联的发货凭证，如提货单、发货单、出库单等，以此作为装运部门、财务部门等履行职责的依据。

按销售单发货的目的是防止仓库在未经过授权的情况下擅自发货。因此，已批准的销售单送达仓库后即作为仓库供货和发货给装运部门的授权依据。

（四）按销售单装运货物

将“按销售单供货”与“按销售单装运货物”职责分离，有助于避免负责装运货物的职员在未经授权的情况下装运产品。

运输部门根据批准的销售单装运货物，并填制一式多联的装运凭证。在装运之前，装运人员必须进行独立验证，以确认从仓库提取的商品是否都配有经过批准的销售单，并且商品的内容与销售单一致。

装运凭证是证明销售交易是否“发生”的另一有效凭据，而定期检查以确定在编制的每张装运凭证后均已附有相应的销售发票，则有助于保证销售交易的“完整性”。

（五）向顾客开具账单

开具账单包括编制和向顾客寄送连续编号的销售发票。应在将顾客订单、销售单、出库单、装运单等凭证核对相符的基础上，向顾客开出事先连续编号的销售发票。销售发票副联通常由财务部门设立专人负责保管。

这项功能所针对的主要问题包括：①是否对所有装运的货物都开具了账单（“完整性”认定）；②是否只对实际装运的货物开具账单，有无重复开具账单或虚构交易行为（“发生”认定）；③是否按已授权批准的商品价目表所列价格计价并开具账单（“准确性”认定）。

为了降低在账单开具过程中出现遗漏、重复、错误计价或其他差错的风险，应设立多项控制程序：①在编制每张发票之前，独立检查是否存在装运凭证和相应的经批准的销售单；②依据已授权批准的商品价目表编制销售发票；③将装运凭证上的商品总数与相对应的销售发票上的商品总数进行比较。

（六）记录销售

开具销售发票之后，会计人员应编制相应的记账凭证，并负责登记相应的主营业务收入、应收账款、库存商品等明细账和总账，并定期与顾客核对。

记录销售的控制与多项认定有关，审计人员主要关心的问题是销售发票是否记录正确，并归属于适当的会计期间。

（七）处理和记录库存现金、银行存款收入

这项业务活动涉及的是有关货款收回，库存现金、银行存款增加以及应收账款减少的活动。在办理和记录库存现金、银行存款收入时，最应考虑的是避免货币资金失窃的各种可能状况。

在收取货款时，最重要的是保证全部货币资金如数、及时地存入银行，并记入库存现金日记账、银行存款日记账和相关账户。在这方面，汇款通知单起着很重要的作用。

（八）确认和记录可变对价的估计和结算情况

如果在合同中存在可变对价，企业需要对计入交易价格的可变对价进行估计，并在每一个资产负债表日重新估计应计入交易价格的可变对价金额，以如实反映报告期末存在的情况以及报告期内发生的情况变化。

（九）注销坏账

只要存在赊销情况，不管企业如何控制风险，顾客因宣告破产、死亡等原因而不支付货款的情况仍然有可能发生。对确实无法收回的应收账款，经过批准后作为坏账注销。

对这些坏账的正确处理方法应该是获取货款无法收回的确凿证据，经适当审批后及时作出会计调整。

（十）提取坏账准备

坏账准备的提取数额必须能够抵补企业以后无法收回的销货款。

年末，企业应根据应收账款的余额、账龄、本期销售收入来分析和确定本期应计提坏账准备的数额，计提方法应保持前后会计期间的一致性。

三、销售与收款循环涉及的相关凭证与记录

内部控制比较健全的企业，处理销售与收款业务通常需要使用很多凭证与会计记录。典型的销售与收款循环所涉及的主要凭证与会计记录有以下几种：

（一）顾客订购单

订购单是指由顾客提出的书面购货要求。企业可以通过营销人员和其他途径（如采用电话、信函、传真、网络等方式）取得顾客订购单。

合同是指双方或多方之间订立的，有法律约束力的权利和义务的协议。合同有书面形式、口头形式以及其他形式。

（二）销售通知单

销售通知单是指记录顾客所订商品的名称、规格、数量以及其他与顾客订货有关资料的凭证，通常作为销售方内部处理顾客订购单的依据。

（三）发运凭证

发运凭证是指在发运货物时编制的，用以反映发出商品的规格、数量和其他有关内容的凭据。发运凭证的一联送给顾客，其余联由企业各部门保管。发运凭证可以作为向顾客开票收款的依据。

（四）销售发票

销售发票是指在销售业务发生时开具的记录已经销售商品的规格、数量、金额等内容的原始凭证。销售发票是登记销售业务的基本凭证。

（五）商品价目表

商品价目表是指列示已经授权批准的、可供销售的各种商品的价格清单。

（六）贷项通知单

贷项通知单是指一种用来表示由于销货退回或已经批准的折让而引起的应收销货款减少的凭证。贷项通知单的格式通常与销售发票的格式相同，其意义是表示应收账款的减少。

（七）顾客对账单

顾客对账单是指一种定期寄送给顾客的用于购销双方定期核对账目的凭证。在对账单

上应注明应收账款的月初余额、本期各项销售业务的金额、本月已经收到的货款、各种贷项通知单的数额、月末余额等内容。

（八）汇款通知单

汇款通知单是指与销售发票一起寄给顾客、由顾客在付款时再寄回销货单位的凭证。汇款通知单注明顾客名称、销货发票号码、销货单位开户银行、账号、金额等内容。

（九）坏账审批表

坏账审批表是指用来批准某些应收账款注销为坏账的、仅在企业内部使用的凭证。

（十）日记账和明细账

销售与收款循环所涉及的日记账和明细账主要包括库存现金日记账、银行存款日记账、应收账款明细账、预收账款明细账、应收票据明细账、长期应收款明细账、未确认融资费用明细账、主营业务收入明细账、其他业务收入明细账、税金及附加明细账、销售折扣与折让明细账、销售费用明细账、应交税费明细账、坏账准备明细账等。

（十一）总账

销售与收款循环所涉及的总账主要有库存现金、银行存款、预收账款、应收账款、应收票据、长期应收款、未确认融资费用、主营业务收入、其他业务收入、税金及附加、坏账准备、销售费用、应交税费等。

（十二）有关收款凭证和转账凭证

表2-1将销售与收款循环中的各种交易、涉及账户、业务活动、主要凭证与记录进行汇总，形成对照表，便于在学习中理解与使用。

表2-1 销售与收款循环中的各种交易、涉及账户、业务活动、主要凭证与记录对照表

<table>
<tr><th>交易种类</th><th>账户</th><th>业务活动</th><th>主要凭证与记录</th></tr>
<tr><td rowspan="7">销售</td><td>主营业务收入</td><td>处理顾客订单</td><td>顾客订购单、合同</td></tr>
<tr><td rowspan="6">应收账款</td><td>批准赊销</td><td>销售通知单、销售单</td></tr>
<tr><td>按销售单供货</td><td>顾客订购单、销售单</td></tr>
<tr><td>按销售单装运货物</td><td>发货单</td></tr>
<tr><td>向顾客开具账单</td><td>销售发票</td></tr>
<tr><td rowspan="2">记录销售</td><td>记账凭证、应收账款明细账、主营业务收入明细账</td></tr>
<tr><td>应收账款试算表、对账单</td></tr>
<tr><td rowspan="3">货币资金收入</td><td>银行存款</td><td rowspan="3">处理与记录货币资金收入</td><td>汇款通知单</td></tr>
<tr><td>库存现金</td><td>货币资金收入清单、收据</td></tr>
<tr><td>应收账款</td><td>库存现金日记账或清单</td></tr>
<tr><td rowspan="2">销售退回</td><td>主营业务收入</td><td rowspan="2">处理与记录销售退回</td><td rowspan="2">销售发票、应收账款明细账、主营业务收入明细账</td></tr>
<tr><td>应收账款</td></tr>
<tr><td rowspan="2">坏账冲销</td><td>应收账款</td><td rowspan="2">冲销无法收回的应收账款</td><td>坏账审批表</td></tr>
<tr><td>坏账准备</td><td>总账</td></tr>
</table>

第二节　销售与收款循环的控制测试和交易的实质性程序

在实施控制测试和交易的实质性程序之前，应实施风险评估程序，以了解销售与收款循环的相关内部控制制度及可能的风险点，识别和评估财务报表层次和认定层次的重大错报风险。了解被审计单位销售与收款循环的内部控制，并实施风险评估程序，是设计并实施进一步审计程序的基础。

一、风险评估程序

风险评估程序，是审计人员为了解被审计单位及其环境，以识别和评估重大错报风险而实施的审计程序。在风险导向审计模式下，风险评估程序是审计人员尤其是外部审计人员进行财务报表审计时必须执行的审计程序。风险评估程序应当包括询问管理层以及被审计单位内部其他人员、分析程序、观察和检查程序。风险评估程序在承接业务之后就开始实施，风险评估程序包括识别财务报表层次的重大错报风险和认定层次的重大错报风险，其中识别财务报表层次的重大错报风险主要在审计计划阶段实施，本节主要关注认定层次的重大错报风险。

（一）了解销售与收款循环内部控制

销售与收款业务并不是简单的交易过程，而是分步骤的交易行为，即从收到顾客的订单、洽谈交易事宜（签订合同），到货物的交接、应收账款的产生，再到货款的催收与坏账的发生，还有退货和折让的发生等。在此过程中，企业不仅需要调查顾客的信用，与顾客展开价格谈判，全力组织顾客需要的货物，灵活地处理销售折让和销售退回，而且需要考虑应收账款的催收，分析应收账款账龄，考虑应收账款的可回收性等。所以，销售与收款循环的内部控制制度是一项复杂的系统工程。

审计人员可以获取被审计单位的销售与收款循环的业务流程图，复核被审计单位的内部控制自我评价材料，编制内部控制调查表等并执行穿行测试，从而实现对销售与收款循环内部控制的了解。为避免重复，销售与收款循环涉及的主要内部控制及可能的风险点在稍后的控制测试中，将结合控制测试对照说明。

（二）实施风险评估程序

在销售与收款循环实施风险评估程序，对注册会计师识别与收入确认相关的舞弊风险至关重要。例如，注册会计师通过了解被审计单位生产经营的基本情况、销售模式和业务流程、与收入相关的生产技术条件、收入的来源和构成、收入交易的特性、收入确认的具体原则、所在行业的特殊事项、重大异常交易的商业理由、被审计单位的业绩衡量等，有助于其考虑收入虚假错报可能采取的方式，从而设计恰当的审计程序以发现此类错报。

注册会计师应当了解下列内容，作为识别和评估会计估计（包括公允价值会计估计）重大错报风险的基础：（1）与会计估计（包括相关披露）相关的适用的财务报告编制基础的规定；（2）管理层如何识别可能需要作出会计估计并在财务报表中确认或披露的交易、事项和情况，在进行了解时，注册会计师应当向管理层询问可能导致新的或需要修改现有的会计估计的环境变化；（3）管理层如何作出会计估计，以及会计估计所依据的数据。

管理层作出会计估计的方法和依据包括：（1）用以作出会计估计的方法，包括模型

(如适用);(2) 相关控制;(3) 管理层是否利用专家的工作;(4) 会计估计所依据的假设;(5) 用以作出会计估计的方法是否已经发生或应当发生不同于上期的变化,以及变化的原因;(6) 管理层是否评估以及如何评估估计不确定性的影响。

注册会计师可以通过了解适用的企业会计准则和相关会计制度的规定、被审计单位的业务和行业情况及实施其他风险评估程序的结果,评估收入确认的方式是否公允、恰当。注册会计师应当根据职业判断确定识别出的具有高度估计不确定性的会计估计(包括公允价值估计)是否会导致特别风险。

注册会计师应当评价通过实施风险评估程序和执行其他相关活动获取的信息是否表明存在舞弊风险因素。例如,如果注册会计师通过实施风险评估程序了解到,被审计单位所处行业竞争激烈并伴随着利润率的下降,而管理层过于强调提高被审计单位利润水平的目标,则注册会计师需要警惕管理层通过实施舞弊高估收入从而高估利润的风险。审计人员应以职业谨慎态度高度关注相关舞弊风险迹象。存在舞弊风险迹象并不必然表明发生了舞弊,但了解舞弊风险迹象,有助于注册会计师对在审计过程中发现的异常情况产生警觉,从而更有针对性地采取应对措施。通常表明被审计单位在收入确认方面可能存在舞弊风险的情况举例如下:

1.收入的复杂性。例如,被审计单位可能针对一些特定的产品或服务提供一些特殊的交易安排,但管理层可能对这些不同安排下所涉及的交易风险的判断缺乏经验,收入的确认容易发生错误。

2.管理层凌驾于控制之上的风险。被审计单位在接近期末时发生了大量或大额的交易。虚增销售,进而美化经营成果和财务状况。

3.注册会计师发现,被审计单位的顾客是否付款取决于下列情况:(1) 能否从第三方取得融资;(2) 能否转售给第三方(如经销商);(3) 被审计单位能否满足特定的重要条件。

4.采用不正确的收入截止。可能导致本期收入以及本期期末应收账款余额、货币资金余额和应交税费余额的高估和低估。

5.实际销售情况与订单、合同不符,或者根据已取消的订单、合同发货或重复发货。

6.发生异常大量的现金交易,或被审计单位有非正常的资金流转及往来,特别是有非正常现金收付的情况。

二、销售与收款循环的内部控制和控制测试

表2-2为销售交易的控制目标、关键内部控制和测试一览表,将与销售交易有关的内部控制目标、关键内部控制以及常用的相应的控制测试和交易的实质性程序分类列示。目的在于帮助审计人员根据具体情况设计出能够实现审计目标的审计方案,但它既未包含销售交易所有的内部控制、控制测试和实质性程序,也并不意味着在审计实务中必须按此顺序与方法一成不变。在实际工作中,被审计单位所处行业不同、规模不一、内部控制的健全与执行情况不同,而且审计人员还要考虑成本效益原则,因此,应从实际出发,将一览表转换为更实用、更有效的审计计划。

表2-2　　**销售交易的控制目标、关键内部控制和测试一览表**

内部控制目标	关键内部控制	常用的控制测试	常用的交易实质性程序
登记入账的销售交易确系已经发货给真实的顾客（发生）	销售交易是以经过审核的发运凭证及经过批准的顾客订购单为依据登记入账的； 发货前，顾客的赊购已经被授权批准； 销售发票均经事先编号并已准确登记入账； 每月向顾客寄送对账单，对顾客提出的意见作专门追查	检查销售发票副联是否附有发运凭证（或提货单）及顾客订购单； 检查顾客的赊购是否经授权批准； 检查销售发票连续编号的完整性； 检查是否寄发对账单，并检查顾客回函档案	复核主营业务收入总账、明细账以及应收账款明细账中的大额或异常项目； 追查主营业务收入明细账中的分录至销售单、销售发票副联及发运凭证； 将发运凭证与存货永续记录中的发运记录进行核对； 将主营业务收入明细账中的分录与销售单中的赊销审批和发运审批进行核对
所有销售交易均已登记入账（完整性）	发运凭证（或提货单）均经事先编号并已经登记入账； 销售发票均经事先编号并已登记入账	检查发运凭证连续编号的完整性； 检查销售发票连续编号的完整性	将发运凭证与相关的销售发票和主营业务收入明细账及应收账款明细账中的分录进行核对
登记入账的销售数量确系已发货的数量，已正确开具账单并登记入账（计价和分摊）	销售价格、付款条件、运费和销售折扣的确定已经过适当的授权批准； 由独立人员对销售发票的编制进行内部核查	检查销售发票是否经过适当的授权批准； 检查有关凭证上的内部核查标记	复核销售发票上的数据； 追查主营业务收入明细账中的分录至销售发票； 追查销售发票上的详细信息至发运凭证、经批准的商品价目表和顾客订购单
销售交易的分类恰当（分类）	采用适当的会计科目表； 内部复核和核查	检查会计科目是否适当； 检查有关凭证上的内部复核和核查的标记	检查证明销售交易分类正确的原始证据
销售交易的记录及时（截止）	采用尽量能在销售发生时开具收款账单和登记入账的控制方法； 内部稽核	检查尚未开具收款账单的发货行为和尚未登记入账的销售交易； 检查有关凭证上内部核查的标记	将销售交易登记入账的日期与发运凭证的日期进行比较核对
销售交易已经正确地记入明细账，并经正确汇总（准确性、计价和分摊）	每月定期给顾客寄送对账单； 由独立人员对应收账款明细账进行内部核查； 将应收账款明细账余额合计数与其总账余额进行比较	观察对账单是否已经寄出； 检查内部核查标记； 检查将应收账款明细账余额合计数与其总账余额进行比较的标记	将主营业务收入明细账加总，追查至总账

（一）销售与收款循环的内部控制

为使销售与收款循环中的各个环节的工作能够有序进行，防止并揭露错误与舞弊，保证有关记录的真实可靠，减少坏账损失，企业需要建立健全销售与收款过程中的内部控制。销售与收款循环的内部控制主要包括以下几个方面：

1.适当的职责分离

适当的职责分离有利于防止各种有意的或无意的错误。将销售与收款循环过程中的各项业务进行明确分工和职权划分，使各项工作之间既相互联系又相互牵制。常见的职责分离有：

（1）企业的销售、发货、收款三项业务不能由同一部门或人员办理，应分别设立岗位。

（2）在销售合同订立前，应当指定专门人员就销售价格、信用政策、发货和收款方式等具体事项与顾客进行谈判。谈判人员至少两人，并与订立合同的人员相分离。

（3）销售部门与赊销审批部门应分别设立，即销售职能与赊销批准职能要分离。

（4）编制销售单的人员与开具销售发票的人员要分离。

（5）销售退回与销售折扣、折让的审批职责与贷项通知单的签发职责要分离。

（6）应收票据的取得和贴现必须经过保管票据以外的主管人员的批准。

（7）主营业务收入明细账和应收账款明细账应由不同的人员进行登记，同时由另一位不负责账簿记录的职员进行调节。

（8）负责主营业务收入和应收账款的记账人员不得经手现金。

2.恰当的授权审批

销售业务的授权审批主要集中在以下四个关键点上：

（1）赊销信用审批。在赊销发生之前，赊销要经过信用部门正确审批。

（2）发货审批。没有经过审批，不得发货。

（3）销售政策审批。对销售价格、销售条件、退货、折扣等销售政策进行审批。

（4）限定审批授权范围。审批人应当根据授权审批制度的规定，在授权范围内进行审批，不得超越审批权限。对于超过单位既定销售政策和信用政策规定范围的特殊销售业务，需要经过适当的授权。

前两项控制的目的在于防止企业财产因向虚构的顾客或者无力支付的顾客发货而蒙受损失；销售政策控制和坏账控制的目的在于保证销货业务按照企业政策规定的价格开票收款，合理计提坏账；设定审批权限的目的在于防止因审批人决策失误而造成损失。

3.充分的凭证和记录

内部控制的控制效果有赖于凭证处理程序的正确合理，要有健全的凭证和凭证传递制度来记录发生的销售业务并将信息及时传递给销售部门、仓储部门、运输部门、财务部门和顾客。这样，整个循环中的业务有机联系并相互制约，从而达到控制的目的。

每个企业交易的产生、处理和记录等制度都有其特点，因此，很难评价各项控制是否足以发挥最大的作用。然而，只要有充分的记录手续，就有可能实现各项控制目标。

（1）销售与收款各环节应建立和健全凭证制度，如销售单、销售发票等。

（2）凭证的预先编号。与销售有关的顾客订购单、销售通知单、发运单、销售发票等重要原始凭证要事先连续编号，并指定专人保管，定期严格清点。票据预先连续编号的目的有两个：一是防止销货后忘记向顾客开具账单或登记入账，即漏开发票；二是防止重复开具发票或重复入账。

（3）销售与收款各环节应建立健全账簿制度，并及时登记账簿。

4.完善的检查控制

（1）按月寄出对账单。财务部门应与销售部门、信用管理部门配合，定期向应收账款明细账中涉及的顾客寄出对账单，以核对双方的账面记录，对双方账面记录结果的差异要及时调查调整。对账可以每月进行一次，由不负责现金出纳和销货及应收账款记账的人员按月向顾客寄出对账单。

单位应当建立销货款催收制度、应收账款账龄分析制度和逾期应收账款催收制度。对于已超过正常信用期限、长时间拖欠货款的顾客要以各种方式催促其尽快还款，对催收无效的逾期应收账款可通过法律程序予以解决。

不能及时收回的应收账款，应及时确认为坏账，已注销的坏账又收回的，应及时入账。

（2）定期核对应收账款等账户的总账和明细账。

（3）完善的收款制度。销售收入应及时入账，不得设置账外账，不得坐支现金。销售人员应当避免接触销售现款。应收票据的取得和贴现必须经过保管票据以外的主管人员的书面批准。应收票据要有专人保管，对于即将到期的票据应及时向付款人提示付款；已贴现票据应在备查账簿中登记，以便日后追踪管理。

（4）内部核查制度。如果企业内部没有建立检查评价机制，那么内部控制可能随着时间的迁移而发生变化，因此，内部审计人员或其他独立人员应经常核查销货业务的处理情况及相关记录，评价销售与收款业务各项内部控制的质量与效果，这是一项不可缺少的控制措施。销售与收款内部控制监督检查的主要内容包括：①销售与收款业务相关岗位及人员的设置情况；②销售与收款业务授权审批制度的执行情况；③销售的管理情况；④收款的管理情况；⑤销售退回的管理情况。

（二）销售与收款循环的控制测试

控制测试是为了确定内部控制的设计和执行是否有效而实施的审计程序。控制测试对于销售和收款这个领域具有十分重要的意义，因为这个领域主要是一些常规交易，交易的数量和规模都很大，单凭一些抽样、发函等实质性程序，不足以发现可能出现的错误。

在对销售与收款循环内部控制了解的基础上，审计人员只对那些准备信赖的内部控制执行测试，并且只有当信赖内部控制而减少的实质性程序的工作量大于控制测试的工作量时，控制测试才是必要的和经济的。销售与收款循环控制测试主要包括以下几个部分：

1.抽取一定数量的销售发票进行检查

（1）检查销售发票本上所有的发票存根联是否连续编号，开票人员是否按照顺序开具发票，作废的发票是否加盖“作废”戳记并与存根联一并保存。

（2）检查销售发票上的单价是否按批准的价目表执行，并将销售发票与相关的销售通知单、销售订单和出库单所载明的品名、规格、数量、价格相核对。销售通知单上应有信用部门的有关人员核准赊销的签字。

（3）检查销售发票中所列的数量、单价和金额是否正确，包括将销售发票中的所列商品的单价与商品价目表的价格进行核对，以验算发票金额的正确性。

（4）从销售发票追查至有关的记账凭证、应收账款明细账及主营业务收入明细账，确定被审计单位是否及时、正确地登记有关凭证、账簿。

2.抽取一定数量的出库单或提货单进行检查

抽取一定数量的出库单或提货单与相关的发票相核对，检查已发出的商品是否均已向顾客开出发票。

3.抽取一定数量的销售调整业务的会计凭证进行检查

检查销售退回、折扣与折让的核准与会计核算，主要包括：

（1）确定销售退回、折扣与折让的批准，以及贷项通知单的签发职责是否分离。

（2）确定现金折扣是否经过适当授权，授权人与收款人的职责是否分离。

（3）检查销售退回、折扣与折让是否附有按顺序编号并经主管人员核准的贷项通知单。

（4）检查退回的商品是否具有仓库签发的退货验收报告（或入库单），并将验收报告的数量、金额与贷项通知单等进行核对。

（5）确定销售退回、折扣与折让的会计记录是否正确。

4.抽取一定数量的记账凭证、应收账款明细账进行检查

（1）从应收账款明细账中抽取一定数量的记录并与相应的记账凭证进行核对，从而比较二者登记的时间、金额是否一致。

（2）从应收账款明细账中抽查一定数量的坏账注销业务，并与相应的记账凭证、原始凭证进行核对，以确定坏账的注销是否符合有关法规的规定，企业主管人员是否核准等。

（3）确定被审计单位是否定期与顾客对账，在可能的情况下，将被审计单位一定期间的对账单与相应的应收账款明细账的余额进行核对，如有差异，则应进行追查。

5.检查主营业务收入明细账

从主营业务收入明细账中抽取一定数量的会计记录，并与有关的记账凭证、销售发票进行核对，以确定是否存在收入被高估或低估的情况。

6.实地观察

（1）观察被审计单位是否按月寄发对账单，检查顾客回函档案。

（2）观察职工获得或接触资产、凭证和记录（包括存货、销售单、出库单、销售发票、账簿、库存现金及支票）的途径。

（3）观察职工在执行授权、发货、开票、记账等职责时的表现，确定被审计单位是否存在必要的职责分离，内部控制在执行过程中是否存在弊端。

在对销售与收款循环内部控制进行测试的基础上，审计人员应当对该循环内部控制的健全情况、执行情况和控制风险作出评价，以确定其可信赖程度及存在的薄弱环节，并确定实质性程序的性质、时间和范围。对控制薄弱的环节，可作为实质性程序的重点，以降低检查风险，将审计风险控制在可接受的水平。审计人员对在测试过程中发现的问题还应当在工作底稿中作出记录，并以适当的形式告知被审计单位的管理层。

三、销售交易的实质性分析程序

通常，注册会计师在对交易和余额实施细节测试前实施实质性分析程序，符合成本效益原则。其应当包括：

（一）识别需要运用实质性分析程序的账户余额或交易

通常需要运用实质性分析程序的是销售交易、收款交易、营业收入项目和应收账款项目。

（二）确定期望值

基于注册会计师对被审计单位的相关预算情况、行业发展状况、市场份额、可比的行业信息、经济形势和发展历程的了解，确定期望值。

（三）确定可接受的差异额

在确定可接受的差异额时，注册会计师首先应考虑所涉及的重要性和计划的保证水平的影响。此外，根据拟进行实质性分析的具体指标的不同，可接受的差异额的确定有时与管理层使用的关键业绩指标相关，并需要考虑这些指标的适当性和监督过程。

（四）识别需要进一步调查的差异并调查异常数据关系

注册会计师应当计算实际值与期望值之间的差异，涉及的比率和比较包括：

（1）观察一定时期的销售趋势，进行可比性分析，判断异常波动并与管理层讨论，必要时做进一步调查。

（2）将销售毛利率进行可比性分析，重大差异需要与管理层进行沟通。

（3）计算应收账款周转率和存货周转率，并进行可比性分析，未预期的差异可能由许多因素引起，包括未记录销售、虚构销售记录或截止问题。

（4）检查异常项目的销售。对大额销售、临近期末的异常销售应加以特别关注。

（五）调查重大差异并作出判断

注册会计师在分析上述与预期相联系的指标后，如果认为存在未预期的重大差异，就可能需要对营业收入发生额和应收账款余额实施更加详细的细节测试。

（六）评价分析程序的结果

注册会计师应当就收集的审计证据是否能支持其试图证实的审计认定形成结论。

四、销售交易的细节测试

有些交易的细节测试取决于内部控制的健全程序和控制测试的结果，与环境条件的关系极为密切，有些交易的细节测试与环境条件关系不大，适用于各种审计项目，下面将较为详细地介绍针对销售交易常用的细节测试程序。需要说明的是，这些细节测试程序并未包含销售交易全部的实质性程序；一些实质性程序可以实现多项控制目标，而非仅能实现一项控制目标。

（一）审计登记入账的销售交易的真实性

在财务报表舞弊审计案件中，销售交易的真实性问题，即销售收入确认已经成为审计的高风险领域。这就要求审计人员在销售交易审计过程中秉承职业谨慎态度，在识别和评估由于舞弊导致的重大错报风险时，应当假定销售收入确认存在舞弊风险，并以此假定为前提审计登记入账的销售交易的真实性，而不仅仅是以中立的观念进行复核。

对于销售的“真实性”目标，审计人员一般关心三类销售错误或舞弊情形（见表2-3）。尽管向虚构的顾客发货，并作为销售交易登记入账的情况不经常发生，但其后果却十分严重，将直接导致高估资产和收入。

表2-3 三类销售错误或舞弊情形

销售错误情形	是否故意	风险因素	无意时发现手段
1.未曾发货却已将销售交易登记入账	不一定	较大	函证
2.销售交易重复入账	不一定	较大	函证
3.向虚构的顾客发货，并作为销售交易登记入账	故意	试图隐瞒，风险很大	—

如何以恰当的实质性程序来发现不真实的销售呢？这取决于审计人员认为可能在何处发生错误或舞弊。对于“发生”这一目标而言，审计人员通常只在认为内部控制存在明显弱点时，才实施实质性程序。因此，测试的性质取决于潜在的控制弱点的性质。

1.针对未曾发货却已将销售交易登记入账这类错误发生的可能性，审计人员可以从主营业务收入明细账中抽取若干笔分录，追查有无发运凭证及其他佐证，借以查明有无实际未曾发货却已登记入账的销售交易。如果对发运凭证等的真实性也存在怀疑，那么审计人员可能有必要进一步追查存货的永续盘存记录，以测试存货余额有无减少。

2.针对销售交易重复入账这类错误发生的可能性，审计人员可以通过检查企业的销售交易记录清单来确定是否存在重号、缺号。

3.针对向虚构的顾客发货，并作为销售交易登记入账这类错误发生的可能性，审计人员应当检查在主营业务收入明细账中与销售分录相应的销货单，以确定销售是否履行了赊销批准手续和发货审批手续。

检查上述三类高估销售的错误与舞弊的可能性的另一有效办法是追查应收账款明细账中的贷方发生额的记录。如果应收账款最终得以收回货款或者由于合理的原因收到退货，那么记录入账的销售交易一开始通常是真实的；如果贷方发生额是注销坏账，或者直到审计时所欠货款仍未收回，那么就必须详细追查相应的发运凭证和顾客订购单，因为这些迹象往往表明可能存在虚构的销售交易。

另外，审计人员可以采取以下措施应对可能的虚假交易：

（1）向被审计单位负责销售和市场开发的人员询问临近期末的销售或发货情况，向被审计单位内部法律顾问询问临近期末签订的销售合同是否存在异常条款或异常条件。

（2）对于通过电子方式自动生成、处理、记录的销售交易，实施控制测试以确定这些控制是否能够为所记录的收入交易已真实发生并得到适当记录提供保证。

（3）检查已记录的大额现金收入，关注其是否有真实的商业背景；检查银行对账单和大额现金交易，关注是否存在异常的资金流动。

（4）结合出库单及销售费用中的运输费等明细，检查货物运输单，关注货物的流动是否真实存在，从而确定交易的真实性。

（5）结合销售合同中与收款、验收相关的主要条款，对于大额应收账款长期未收回的客户，分析被审计单位仍向其进行销售的合理性和真实性。

（6）将临近期末发生的大额交易或异常交易与原始凭证进行核对。

（7）检查临近期末执行的重要销售合同，以发现是否存在异常的定价、结算、发货、退货、换货或验收条款。对期后实施特定的检查，以发现是否存在改变或撤销合同条款的情况，以及是否存在退款的情况。

（8）浏览期后一定时间的总账和明细账，以发现是否存在销售收入冲回或大额销售退回的情况。

（二）审计已经发生的销售交易是否均已登记入账

“高估资产与收入”是被审计单位在粉饰财务状况和经营成果时惯用的伎俩，因此，销售交易的审计一般偏重检查高估资产与收入的问题。但是，如果内部控制不健全，比如被审计单位没有由发运凭证追查至主营业务收入明细账这一独立内部核查程序，就有必要实施这项交易的实质性程序了。审计已经发生的销售交易是否均已登记入账这一程序主要是测试“完整性”，防止“低估”风险。例如，审计人员可以采用“分析和检查预收账款等账户期末余额，确定不存在应在本期确认收入而未确认的情况”，以应对可能的漏记。通常的审计程序是，从发货部门的档案中选取部分发运凭证，并追查至有关的销售发票副本和主营业务收入明细账，是测试未开票发货的一种有效程序。为使这一程序成为一项有意义的测试，审计人员必须能够确信全部发运凭证均已归档，这一点可以通过检查凭证的编号顺序来查明。

测试“发生”认定的目标时，起点是明细账，即从主营业务收入明细账中抽取一个发票号码样本，追查至销售发票存根、发运凭证以及顾客订购单；测试“完整性”认定的目标时，起点是发货凭证，即从发运凭证中选取样本，追查至销售发票存根和主营业务收入明细账，以测试是否存在遗漏事项。

在设计“发生”认定的目标和“完整性”认定的目标的审计程序时，确定追查凭证的起点即测试的方向很重要。如果追查的方向并不是关心的目标或者弄错追查方向，就属于严重的审计缺陷。关于这一点，在后面的主营业务收入的实质性程序中还将进一步说明。

另外，在测试其他目标时，方向一般无关紧要。例如，测试交易业务计价的准确性时，可以由销售发票追查至发运凭证，也可以反向追查。

（三）审计登记入账的销售交易均已正确计价

销售交易计价的准确性包括按订货数量发货、按发货数量准确地开具账单、将账单上的数额准确地记入会计账簿。对这三个方面，每次审计一般都要实施实质性程序，以确保其准确无误。

复算会计记录中的数据是典型的实质性程序。一般以主营业务收入明细账中的会计分录为起点，将所选择的交易业务的合计数与应收账款明细账和销售发票存根进行比较核对。

销售发票存根上所列的单价，通常还要与经过批准的商品价目表进行比较核对，金额小计和合计数均要进行复算。

发票中列出的商品规格、数量和顾客代号等，则应与发运凭证进行比较。另外，往往还要审核顾客订购单和销售单中的同类数据。

准确性目标中的控制测试和实质性程序所作的比较，便可作为例证来说明有效的内部控制如何节约了审计时间。在计价目标的控制测试中只需要审核一下签字或者其他内部核查的证据即可。由此可以证明一个事实：有效的内部控制可以极大地减少实质性程序工作量，降低审计成本。

（四）审计登记入账的销售交易分类恰当

如果把销售分为现销和赊销两种，那么应注意不要在现销时借记应收账款，也不要在收回应收账款时贷记主营业务收入，同样不要将营业资产的销售（例如固定资产销售）混为主营业务销售。对那些采用不止一种销售分类的企业（例如需要编制分部报表的企业）来说，正确的分类是极为重要的。

销售分类恰当的测试一般可与计价准确性测试一并进行。审计人员可以通过审核原始凭证确定具体交易业务的类别是否恰当，并以此与账簿的实际记录作比较。

（五）审计销售交易的记录是否及时

销售交易记录的及时，是指发货后应尽快开具账单并登记入账，以防止无意漏记销售交易，确保它们记入正确的会计期间。此程序可与计价准确性实质性程序同时进行，一般要将所选取的提货单或其他发运凭证的日期与相应的销售发票存根、主营业务收入明细账和应收账款明细账上的日期作比较，若发现重大差异，就可能存在销售截止期限的错误。

（六）审计销售交易已正确记入明细账并正确地汇总

在多数审计中，通常要加总主营业务收入明细账数，并将加总数和一些具体内容分别追查至主营业务收入总账和应收账款明细账或库存现金、银行存款日记账，以检查在销售过程中是否存在有意或无意的错报问题。

不过，这一测试的样本量要受内部控制的影响。从主营业务收入明细账追查至应收账款明细账，一般与为实现其他审计目标所作的测试一并进行，而将主营业务收入明细账数加总，并追查、核对加总数至其总账，则应作为单独的一项测试程序来执行。

第三节　营业收入的实质性程序

在销售与收款循环中，营业收入项目反映企业在销售商品、提供劳务等主营业务活动中所产生的收入，以及企业确认的除主营业务活动以外的其他经营活动实现的收入，包括出租固定资产、出租无形资产、出租包装物和商品、销售材料等实现的收入。

一、主营业务收入的审计目标

营业收入的审计目标一般包括：

1.确定利润表中记录的营业收入是否已发生，且与被审计单位有关（“发生”认定）；

2.确定所有应当记录的营业收入是否均已记录（“完整性”认定）；

3.确定与营业收入有关的金额及其他数据是否已恰当记录，包括对销售退回、可变对价的处理是否适当（“准确性”认定）；

4.确定营业收入是否已记录于正确的会计期间（“截止”认定）；

5.确定营业收入是否已记录于恰当的账户（“分类”认定）；

6.确定营业收入已被恰当地汇总或分解且表述清楚，按照企业会计准则的规定在财务报表中作出的相关披露是相关的、可理解的（“列报”认定）。

营业收入包括主营业务收入和其他业务收入，这里仅对主营业务收入的实质性程序作出详细阐述。

二、主营业务收入的常规实质性程序

（一）取得或编制主营业务收入明细表

取得或编制主营业务收入明细表，复核加计是否正确，并与总账和明细账合计数核对是否相符；同时，结合其他业务收入科目数额，与报表数核对是否相符。

（二）查明主营业务收入的确认原则、方法是否正确

注册会计师应查明企业进行收入确认的原则、收入计量及会计处理是否符合《企业会计准则第14号——收入》的规定。收入准则规定：企业应当在履行了合同中的履约义务，即在客户取得相关商品控制权时确认收入。取得相关商品控制权，是指能够主导该商品的使用并从中获得几乎全部的经济利益。

当企业与客户之间的合同同时满足下列条件时，企业应当在客户取得相关商品控制权时确认收入：

（1）合同各方已批准该合同并承诺将履行各自义务；（2）该合同明确了合同各方与所转让商品或提供劳务（以下简称“转让商品”）相关的权利和义务；（3）该合同有明确的与所转让商品相关的支付条款；（4）该合同具有商业实质，即履行该合同将改变企业未来现金流量的风险、时间分布或金额；（5）企业因向客户转让商品而有权取得的对价很可能收回。

《企业会计准则第14号——收入》借用《国际财务报告准则第15号——与客户之间的合同产生的收入》改革了收入确认的模型，突出强调了主体确认收入的方式应当反映其向客户转让商品或服务的模式，确认金额应当反映主体因交付该商品或服务而预期有权获得的金额，并设定了统一的收入确认计量的“五步法模型”，即识别与客户订立的合同、识别合同中的单项履约义务、确定交易价格、将交易价格分摊至各单项履约义务、履行每一单项义务时确认收入。

注册会计师应根据被审计单位的实际情况，采用恰当的审计程序，确定其收入的确认原则、计量及会计处理是否符合相关会计准则、会计制度的规定。

（三）选择运用实质性分析程序

教学视频2-2

主营业务收入分析程序

1.针对已识别需要运用分析程序的有关项目，并基于对被审计单位及其环境的了解，通过进行以下比较，同时考虑有关数据间关系的影响，以建立有关数据的期望值：

（1）将账面销售收入、销售清单和增值税销项税额清单进行核对。

（2）将本期销售收入金额与以前可比期间的对应数据或预算数进行比较。

（3）分析月度或季度销售量、销售单价、销售收入金额、毛利率的变动趋势。

（4）将销售收入变动幅度与销售商品及提供劳务收到的现金、应收账款/合同资产、存货、税金等项目的变动幅度进行比较。

（5）将销售毛利率、应收账款/合同资产周转率、存货周转率等关键财务指标与可比期间数据、预算数或同行业其他企业数据进行比较。

（6）分析销售收入等财务信息与投入产出率、劳动生产率、产能、水电能耗、运输数量等非财务信息之间的关系。

（7）分析销售收入与销售费用之间的关系，包括销售人员的人均业绩指标、销售人员薪酬、广告费、差旅费，以及销售机构的设置、规模、数量、分布等。

2.确定可接受的差异额。

3.将实际金额与期望值相比较，计算差异。

4.如果差异额超过确定的可接受差异额，那么需要调查并获取充分的解释和恰当的、佐证性质的审计证据（如通过检查相关的凭证等）。需要注意的是，如果差异超过可接受差异额，那么注册会计师需要对差异额的全额进行调查证实，而非仅针对超出可接受差异额的部分。

5.评价实质性分析程序的结果。

（四）审查主营业务收入确认与计量是否正确

在收入确认方面：

1.注册会计师应查明企业是否在履行了合同中的履约义务，即在客户取得相关商品控制权时确认收入，并且在恰当的时候分情形对以下不同情况进行会计处理。(1) 不符合收入准则规定的合同实现条件之一；(2) 与同一客户同时订立或在相近时间内先后订立两份或多份合同；(3) 合同变更。

2.合同开始日，企业是否对合同进行评估，识别该合同所包含的各单项履约义务，并确定各单项履约义务是在某一时段内履行，还是在某一时点履行，然后，在履行了各单项履约义务时分别确认收入。

3.对于在某一时段内履行的履约义务，企业是否在该段时间内按照履约进度确认收入；当履约进度不能合理确定时，企业已经发生的成本预计能够得到补偿的，是否按照已经发生的成本金额确认收入，直到履约进度能够合理确定为止。

企业是否考虑商品的性质，采用产出法或投入法确定恰当的履约进度。对于类似情况下的类似履约义务，企业是否采用相同的方法确定履约进度。

4.对于在某一时点履行的履约义务，企业是否在客户取得相关商品控制权时确认收入。在判断客户是否已取得商品控制权时，企业是否考虑下列迹象：(1) 企业就该商品享有现时收款权利，即客户就该商品负有现时付款义务。(2) 企业已将该商品的法定所有权转移给客户，即客户已拥有该商品的法定所有权。(3) 企业已将该商品实物转移给客户，即客户已实际占有该商品。(4) 企业已将该商品所有权上的主要风险和报酬转移给客户，即客户已取得该商品所有权上的主要风险和报酬。(5) 客户已接受该商品。(6) 其他表明客户已取得商品控制权的迹象。

在收入计量方面：

1.注册会计师应查明企业是否按照分摊至各单项履约义务的交易价格计量收入。

2.企业是否根据合同条款，并结合其以往的习惯做法确定交易价格。在确定交易价格时，企业是否考虑可变对价、合同中存在的重大融资成分、非现金对价、应付客户对价等因素的影响。(1) 合同中存在可变对价的，企业是否按照期望值或最可能发生金额确定可变对价的最佳估计数，但包含可变对价的交易价格，应当不超过在相关不确定性消除时累计已确认收入极可能不会发生重大转回的金额。(2) 合同中存在重大融资成分的，企业是否按照假定客户在取得商品控制权时即以现金支付的应付金额确定交易价格。该交易价格与合同对价之间的差额，是否在合同期间内采用实际利率法摊销。(3) 客户支付非现金对价的，企业是否按照非现金对价的公允价值确定交易价格。非现金对价的公允价值不能合理估计的，企业是否参照其承诺向客户转让商品的单独售价间接确定交易价格。

（4）企业应付客户（或向客户购买本企业商品的第三方）对价的，是否将该应付对价冲减交易价格，并在确认相关收入与支付（或承诺支付）客户对价二者孰晚的时点冲减当期收入。

3.注册会计师还应关注且不限于以下内容：（1）合同中包含两项或多项履约义务的，企业是否在合同开始日，按照各单项履约义务所承诺商品的单独售价的相对比例，将交易价格分摊至各单项履约义务。企业不得因合同开始日之后单独售价的变动而重新分摊交易价格。（2）企业在类似环境下向类似客户单独销售商品的价格，是否作为确定该商品单独售价的最佳证据。单独售价无法直接观察的，企业是否综合考虑其能够合理取得的全部相关信息，采用市场调整法、成本加成法、余值法等方法合理估计单独售价。在估计单独售价时，企业是否最大限度地采用可观察的输入值，并对类似的情况采用一致的估计方法。（3）对于合同折扣，企业是否在各单项履约义务之间按比例分摊。

（五）实施销售的截止测试

教学视频2-3

截止测试

对主营业务收入实施截止测试，其目的主要在于确定被审计单位主营业务收入的会计记录归属期是否正确，应计入本期或下期的主营业务收入有无被推延至下期或提前至本期。

根据收入确认的基本原则，审计人员在审计过程中应该注意把握三个与主营业务收入确认有着密切关系的日期：一是发票开具日期或收入日期；二是记账日期；三是发货日期（服务业为提供劳务的日期）。这里的发票开具日期是指开具增值税专用发票或增值税普通发票的日期；记账日期是指被审计单位确认主营业务实现并将该笔经济业务记入“主营业务收入”账户的日期；发货日期是指仓库开具出库单并发出库存商品的日期。检查三者是否归属于同一适当会计期间是主营业务收入截止测试的关键所在。

围绕上述三个重要日期，在审计实务中，审计人员可以考虑选择三条审计路线实施主营业务收入的截止测试：

一是以账簿记录为起点。从资产负债表日前后若干天的账簿记录追查至记账凭证，检查发票存根与发运凭证，目的是证实已入账收入是否在同一期间已开具发票并发货，有无多计收入。这种方法的优点是比较直观，容易追查至相关凭证记录，以确定其是否应在本期确认收入，特别是在连续审计两个以上会计期间时，检查跨期收入十分便捷，可以提高审计效率。缺点是缺乏全面性和连贯性，只能查多计的收入，无法查漏计的收入，尤其是当本期漏计的收入延至下期，而审计时被审计单位尚未及时登账时，不易发现应计入而未计入报告期收入的情况。因此，使用这种方法主要是为了防止多计收入。

二是以销售发票为起点。从资产负债表日前后若干天的发票存根追查至发运凭证与账簿记录，确定已开具发票的货物是否已发货并于同一会计期间确认收入。具体做法是抽取若干张在资产负债表日前后开具的销售发票的存根，追查至发运凭证和账簿记录，查明有无漏计收入的现象。这种方法也有其优缺点：优点是较全面、连贯，容易发现漏计的收入；缺点是较费时费力，有时难以查找相应的发货及账簿记录，而且不易发现多计的收入。使用该方法时应注意两点：①相应的发运凭证是否齐全，特别应注意有无在报告期内已作收入而下期期初又用红字冲回，并且无发货记录、收货记录，以此调节前后期利润的情况；②被审计单位的发票存根是否已全部提供，有无隐瞒。为此，应查看被审计单位的发票领购簿，尤其应关注普通发票的领购和使用情况。因此，使用这种方法主要是为了防止少计收入。

三是以发运凭证为起点。从资产负债表日前后若干天的发运凭证追查至发票开具情况与账簿记录，确定主营业务收入是否已记入恰当的会计期间。该方法的优缺点与方法二类似，在具体操作过程中审计人员还应考虑被审计单位的会计政策才能作出恰如其分的处理。因此，使用这种方法主要也是为了防止少计收入。

上述三条审计路线在实务中均被广泛采用，它们并不是孤立的，审计人员可以考虑在同一被审计单位财务报表审计中并用这三条路线，甚至可以在同一主营业务收入科目审计中并用。实际上，由于被审计单位的具体情况各异，管理层意图各不相同，有的为了达到想办法完成利润目标和承包指标、更多地享受税收等优惠政策、便于筹资等目的而多计收入，有的则为了达到以丰补歉、留有余地、推迟缴税时间等目的而少计收入。因此，为提高审计效率，审计人员应当凭借专业经验和掌握的信息、资料作出正确判断，选择其中的一条或两条审计路线实施更有效的收入截止测试。

（六）检查销售退回、折扣与折让

检查销售退回、折扣与折让的目的主要是检查销售退回、折扣与折让业务是否真实，内容是否完整，相关手续是否符合规定，折扣与折让的计算和会计处理是否正确。

企业在销售交易中，往往会因产品品种不符、质量不符合要求以及结算方面的原因而发生销售退回、折扣与折让。尽管引起销售退回、折扣与折让的原因不尽相同，其表现形式也不一致，但都是对收入的抵减，直接影响收入的确认和计量。因此，审计人员应重视对销售退回、折扣与折让的审计。

销售退回、折扣与折让的实质性程序主要包括：

1.获取或编制销售退回、折扣与折让明细表，复核加计是否正确，并与明细账合计数核对是否相符。

2.取得被审计单位有关销售退回、折扣与折让的具体规定和其他文件资料，并抽查较大的销售退回、折扣与折让发生额的授权批准情况，与实际执行情况进行核对，检查其是否经授权批准，是否合法、真实。

3.检查销售退回的产品是否已验收入库并登记入账，有无形成账外物资情况；销售折扣与折让是否及时足额提交对方，有无虚设中介、转移收入、私设账外“小金库”等情况。

4.检查销售退回、折扣与折让的会计处理是否正确。注册会计师应该检查对于附有销售退回条款的销售，企业是否在客户取得相关商品控制权时，按照因向客户转让商品而预期有权收取的对价金额（即不包含预期因销售退回将退还的金额）确认收入，按照预期因销售退回将退还的金额确认负债；同时，按照预期将退回商品转让时的账面价值，扣除收回该商品预计发生的成本（包括退回商品的价值减损）后的余额，确认为一项资产，按照所转让商品转让时的账面价值，扣除上述资产成本的净额结转成本。

每一资产负债表日，企业是否重新估计未来销售退回情况，如有变化，是否作为会计估计变更进行会计处理。

（七）检查特殊交易的会计处理是否正确

注册会计师应采用适当的审计程序，特别关注以下事项是否符合《企业会计准则第

14号——收入》的特定交易的会计处理的规定，具体包括：对于附有质量保证条款的销售；区分按总额还是净额确认收入的情况；对于附有客户额外购买选择权的销售；企业向客户授予知识产权许可的收入确认；对于售后回购交易；对于企业向客户预收销售商品款项的情况；对于企业在合同开始（或接近合同开始）日向客户收取的无须退回的初始费等情况。

（八）其他需要关注的事项

1.结合对资产负债表日应收账款的函证程序，检查有无未经顾客认可的巨额销售。

2.调查集团内部销售情况，记录其交易价格、数量和金额，并追查在编制合并财务报表时是否已予以抵销。

3.调查向关联方销售的情况，记录其交易品种、数量、价格、金额以及占主营业务收入总额的比例。

4.如果存在被审计单位关联方注销及非关联化的情况，那么注册会计师需要关注被审计单位将原关联方非关联化行为的动机及后续交易的真实性、公允性。

（九）确定企业收入列报是否恰当

按照《企业会计准则第14号——收入》的规定，注册会计师应关注企业收入列报是否恰当。

1.企业是否根据本企业履行履约义务，与客户付款之间的关系在资产负债表中列示合同资产或合同负债。企业拥有的、无条件（即仅取决于时间流逝）向客户收取对价的权利应当作为应收款项单独列示。

2.企业是否在附注中披露与收入有关的下列信息：

（1）收入确认和计量所采用的会计政策、对于收入确认的时点和金额具有重大影响的判断以及这些判断的变更，包括确定履约进度的方法及采用该方法的原因、评估客户取得所转让商品控制权时点的相关判断，在确定交易价格、估计计入交易价格的可变对价、分摊交易价格以及计量预期将退还给客户的款项等类似义务时所采用的方法、输入值和假设等。

（2）与合同相关的下列信息：

①与本期确认收入相关的信息，包括与客户之间的合同产生的收入、该收入按主要类别（如商品类型、经营地区、市场或客户类型、合同类型、商品转让的时间、合同期限、销售渠道等）分解的信息以及该分解信息与每一报告分部的收入之间的关系等。

②与应收款项、合同资产和合同负债的账面价值相关的信息，包括与客户之间的合同产生的应收款项、合同资产和合同负债的期初账面价值和期末账面价值、对上述应收款项和合同资产确认的减值损失、在本期确认的包括在合同负债期初账面价值中的收入、前期已经履行（或部分履行）的履约义务在本期调整的收入、履行履约义务的时间与通常的付款时间之间的关系以及此类因素对合同资产和合同负债账面价值的影响的定量或定性信息、合同资产和合同负债的账面价值在本期发生的重大变动情况等。

③与履约义务相关的信息，包括履约义务通常的履行时间、重要的支付条款、企业承诺转让的商品的性质（包括说明企业是否作为代理人）、企业承担的预期将退还给客户的款项等类似义务，质量保证的类型及相关义务等。

④与分摊至剩余履约义务的交易价格相关的信息，包括分摊至本期期末尚未履行（或

部分未履行）履约义务的交易价格总额、上述金额确认为收入的预计时间的定量或定性信息、未包括在交易价格的对价金额（如可变对价）等。

（3）与合同成本有关的资产相关信息，包括确定该资产金额所作的判断、该资产的摊销方法、按该资产的主要类别（如为取得合同发生的成本、为履行合同开展的初始活动发生的成本等）披露的期末账面价值以及本期确认的摊销及减值损失金额等。

（4）企业根据收入准则第十七条规定因预计客户取得商品控制权与客户支付价款间隔未超过一年而未考虑合同中存在的重大融资成分，或者根据收入准则第二十八条规定因合同取得成本的摊销期限未超过一年而将其在发生时计入当期损益的，应当披露该事实。

三、营业收入的“延伸检查”程序

如果识别出被审计单位的收入真实性存在重大异常情况，且通过常规审计程序无法获取充分、适当的审计证据，那么注册会计师需要考虑实施“延伸检查”程序，即对检查范围进行合理延伸，以应对识别出的舞弊风险。例如，对所销售产品或服务及其所涉及资金的来源和去向进行追踪，对交易参与方（含代为收付款方）的最终控制人或其真实身份进行查询。

注册会计师在判断是否需要实施“延伸检查”程序及如何实施时，应当根据审计准则的规定，并考虑有经验的专业人士在该场景下通常会作出的合理职业判断。《中国注册会计师审计准则第1131号——审计工作底稿》对“有经验的专业人士”进行了定义。此外，实施“延伸检查”程序的可行性和效果受诸多因素影响，注册会计师设计的具体“延伸检查”程序的性质、时间安排和范围，应当针对被审计单位的具体情况，与评估的舞弊风险相称，并体现重要性原则。例如，被审计单位所处行业的下游产业链较长，如果对下游产业链的某个或某几个环节实施“延伸检查”程序获取的审计证据，可以应对与收入确认相关的舞弊风险，那么“延伸检查”程序无须覆盖所有环节。再者，相对于常规年度财务报表审计而言，在首次公开发行股票并上市审计（IPO审计）中，由于存在监管要求和相关方的配合，注册会计师实施“延伸检查”程序通常相对可行。

在实务中，注册会计师可以实施的“延伸检查”程序举例如下：

（1）在获取被审计单位配合的前提下，对相关供应商、客户进行实地走访，针对相关采购、销售交易的真实性获取进一步的审计证据。在实施实地走访程序时，注册会计师通常需要关注以下事项：

①被访谈对象的身份真实性和适当性；

②相关供应商、客户是否与被审计单位存在关联方关系或“隐性”关联方关系；

③观察相关供应商、客户的生产经营场地，判断其与被审计单位之间的交易规模是否和其生产经营规模匹配；

④相关客户向被审计单位进行采购的商业理由；

⑤相关客户采购被审计单位商品的用途和去向，是否存在销售给被审计单位指定单位的情况；

⑥相关客户从被审计单位采购的商品的库存情况，必要时进行实地查看；

⑦是否存在“抽屉协议”，如退货条款、价格保护机制等；

⑧相关供应商向被审计单位销售的产品是否来自被审计单位的指定单位；

⑨相关供应商、客户与被审计单位是否存在除购销交易以外的资金往来，如有，了解

资金往来的性质。

注册会计师应当充分考虑被审计单位与被访谈对象串通舞弊的可能性，根据实际情况仔细设计访谈计划和访谈提纲，并对在访谈过程中注意到的可疑迹象保持警觉。注册会计师在访谈前应注意对访谈提纲保密，必要时，选择两名或不同层级的被访谈人员访谈相同或类似问题，以进行相互印证。

（2）利用企业信息查询工具，查询主要供应商和客户的股东至其最终控制人，以识别相关供应商和客户与被审计单位是否存在关联方关系。

（3）在采用经销模式的情况下，检查经销商的最终销售实现情况。

（4）当注意到存在关联方（例如，被审计单位控股股东、实际控制人、关键管理人员）配合被审计单位虚构收入的迹象时，获取并检查相关关联方的银行账户资金流水，关注是否存在与被审计单位相关供应商或客户的异常资金往来。

如果识别出收入舞弊或获取的信息表明可能存在舞弊，注册会计师可与被审计单位治理层沟通，并要求治理层就舞弊事项进行调查。

审计程序的性质、时间安排和范围应当能够应对评估的由于舞弊导致的认定层次重大错报风险。如果注册会计师认为“延伸检查”程序是必要的，但受条件限制无法实施，或实施“延伸检查”程序后仍不足以获取充分、适当的审计证据，那么注册会计师应当考虑审计范围是否受限，并考虑对审计报告意见类型的影响或解除业务约定。

四、其他业务收入的实质性程序

其他业务收入的实质性程序一般包括以下内容：

1.获取或编制其他业务收入明细表，包括：

（1）复核加计是否正确，并与总账数和明细账合计数核对是否相符；

（2）注意其他业务收入是否有相应的成本；

（3）检查是否存在技术转让等免税收益，如有，调减应纳税所得额。

2.计算本期其他业务收入与其他业务成本的比率，并与上期比率进行比较，以检查是否存在重大波动，如有，应查明原因。

3.检查其他业务收入内容是否真实、合法，收入确认原则及会计处理是否符合规定，必要时，要抽查原始凭证予以核实。

4.重大异常项目的审查，对异常项目，应检查入账依据及有关法律文件是否充分。

5.执行截止测试。抽查资产负债表日前后一定数量的记账凭证，实施截止测试，追踪至发票、收据等，确定入账时间是否正确，对于重大跨期事项提出必要的调整建议。

6.确定其他业务收入的列报是否恰当。

第四节　应收账款的实质性程序

应收账款是企业在销售货物业务中产生的债权，即企业因销售商品、产品或提供劳务等原因，应向购货单位或接受劳务单位收取的款项或代垫的运杂费等。应收账款的实质性程序是销售与收款循环审计中的重点内容，一般应结合销货业务来进行。

一、应收账款的审计目标

应收账款的审计目标一般包括：

（1）确定资产负债表中记录的应收账款是否存在（“存在”认定）；

（2）确定所有应当记录的应收账款是否均已记录（“完整性”认定）；

（3）确定记录的应收账款是否由被审计单位拥有或控制（“权利和义务”认定）；

（4）确定应收账款是否可收回，预期信用损失的计提方法和金额是否恰当，计提是否充分（“准确性、计价和分摊”认定）；

（5）应收账款及其预期信用损失是否已记录于恰当的账户（“分类”认定），并已被恰当地汇总或分解且表述清楚，按照企业会计准则的规定在财务报表中作出的相关披露是相关的、可理解的（“列报”认定）。

二、应收账款实质性程序的性质

应收账款实质性程序，是指用于发现应收账款认定层次重大错报的审计程序。应收账款实质性程序的性质，是指应收账款执行实质性程序时的类型及其组合。

应收账款实质性程序的两种基本类型是实质性分析程序及交易、账户余额和披露的细节测试（以下简称“余额细节测试”）。实质性分析程序从技术特征上看仍然是分析程序，主要是通过研究应收账款相关数据间的关系来评价信息，或者说是将分析程序用作实质性程序，用以识别销售交易、应收账款余额及相关认定是否存在错报。余额细节测试是对销售交易、应收账款余额、列报的具体细节进行测试，目的在于直接识别应收账款相关认定是否存在错报。

事实上，审计人员应该设计适当的应收账款实质性程序。将审计计划与审计方案等原理性知识应用于应收账款实质性程序的设计之中。图 2-2 列示了应收账款审计的整体思路，本节测试内容主要涉及图中的第三阶段。下面分别介绍应收账款在执行实质性程序时的实质性分析程序及交易、账户余额和披露的细节测试。

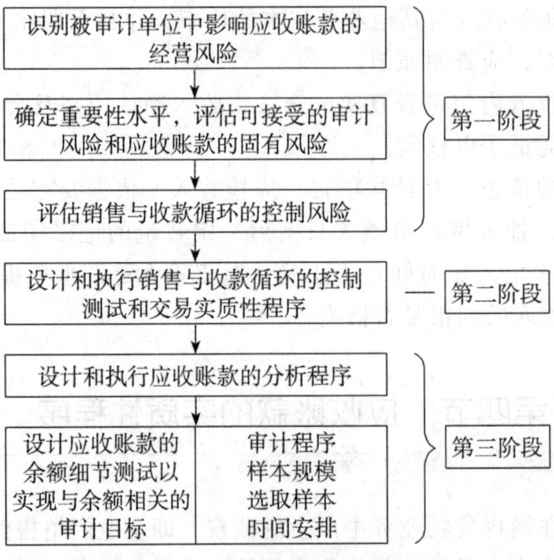

图 2-2 应收账款审计的思路

三、对应收账款实施实质性分析程序

实质性程序阶段所执行的大多数分析程序都是在资产负债表日后、余额细节测试之前执行的，因为在被审计单位记录全年所有交易和最后编制财务报表完成之前执行大量的实质性分析程序意义不大。

分析程序是对整个销售与收款循环执行的，而不是仅仅针对应收账款执行的，这样做是因为在利润表账户与资产负债表账户之间存在密切的联系。如果审计人员通过分析程序确定了在主营业务收入或销售退回、折扣与折让中的可能错报，那么应收账款将可能抵销这些错报。

表2-4列示了销售与收款循环中几种主要的比较，以及实质性分析程序可能暗示的潜在错报。尽管表中主要关注当前年度结果与以前年度结果的比较，但审计人员也可以考虑当前年度结果与预算数和行业趋势的比较。要特别注意那些影响资产负债表账户与利润表账户的“潜在错报”。例如，当审计人员对销售交易执行实质性分析程序时，可以获得主营业务收入与应收账款两个账户的相关证据。

表2-4　销售与收款循环的实质性分析程序

实质性分析程序	可能的错报
将本年度的毛利率与以前年度比较（按产品系列）	高估或低估主营业务收入和应收账款
按月比较一定时期的主营业务收入（按产品系列）	高估或低估主营业务收入和应收账款
将销售退回、折扣与折让占销售收入总额的比例与以前年度比较（按产品系列）	高估或低估销售退回、折扣与折让及应收账款
将超过一定数额的个别顾客欠款与以前年度进行比较	应收账款和相应的利润表账户中的错报
将坏账费用（损失）占主营业务收入的比例与以前年度比较	没有给无法收回的应收账款提取坏账准备
将应收账款的欠款天数与以前年度比较，并对应收账款周转率作同样比较	高估或低估坏账准备和坏账费用（损失）；也可能暗示有虚构的应收账款
将各账龄的款项占应收账款的比例与以前年度比较	高估或低估坏账准备和坏账损失
将坏账准备占应收账款的比例与以前年度比较	高估或低估坏账准备和坏账损失
将已经冲销的坏账占应收账款的比例与以前年度比较	高估或低估坏账准备和坏账损失

除了执行表2-4中的实质性分析程序外，审计人员对应收账款实施实质性分析程序一般还包括以下内容：

（1）复核应收账款借方累计发生额与主营业务收入是否匹配，如存在不匹配的情况应查明原因。企业赊销货物时，应在规定的“截止”期内，采用正确的金额，一方面借记应收账款，另一方面贷记主营业务收入及增值税税额，使应收账款发生额与主营业务收入及增值税税额相互匹配。如果企业存在虚增、虚减应收账款或夸大或缩减主营业务收入时，可能表现为应收账款借方累计发生额与主营业务收入不匹配的情形。在实施应收账款实质性分析程序时应通过复核程序首先确认应收账款与主营业务收入的匹配情况。

（2）编制重要客户的应收账款增减变动表并分析其合理性。在实际工作中，企业应收账款的客户或多或少，但对于重要客户，企业可以先在明细表中标注出来，以便编制重要客户的应收账款增减变动表。编制重要客户的应收账款增减变动表的目的是与上期进行比较分析，以发现是否发生变动，进而分析变动原因，并了解是否合理，必要时还可以收集客户资料，这有助于分析其变动的合理性。对于大额和异常的应收账款，特别是拖欠时间长、关联公司或其他关联方的应收账款以及有贷方余额的应收账款，审计人员应当复核报表日的应收账款清单（账龄试算表），以便确定需要进一步调查的账户。

（3）计算相关指标，执行分析判断。计算应收账款周转率、应收账款周转天数等指标，并与被审计单位以前年度、同行业同期相关指标进行对比分析，以检查是否存在重大异常，是在应收账款实质性分析程序中最重要的程序之一。审计人员通过计算一系列财务比率、指标分析其与标准数据的差异，有助于发现应收账款的异常情况，进而实施追踪程序予以确认。有经验的审计人员常常可以结合销售业务情况，通过计算应收账款的部分比率或指标估计应收账款的合理性，并考虑下一步的审计策略，从而使审计工作达到事半而功倍的效果。

四、应收账款账户余额和披露的细节测试

计划审计证据是计划检查风险的补充。在作出给定目标的计划审计证据是高、中还是低的结论后，审计人员要决定适当的审计程序、样本规模、选取项目和时间安排。

应收账款余额细节测试遵循如下假定：审计人员已经完成审计工作的第一阶段（详见图2-2）、第二阶段，并对每个与余额相关的审计目标确定了余额细节测试的计划检查风险水平。

尽管审计人员强调资产负债表账户的余额细节测试，但也不能忽略利润表账户的余额细节测试，两者可以相互验证。例如，如果审计人员函证应收账款余额并发现因给顾客开票中的错误而高估了应收账款，那么这一错误也会高估销售收入。

应收账款的函证是最重要的应收账款余额细节测试，后面将对其进行详细讨论。

（一）取得或编制应收账款明细表

（1）复核加计是否正确，并与总账数和明细账合计数核对是否相符，结合坏账准备科目余额与报表数核对是否相符。应当注意，应收账款报表数反映的是企业因销售商品、提供劳务等应向购买单位收取的各种款项，减去已计提的相应的坏账准备后的净额。因此，其报表数应同应收账款总账数和明细账合计数分别减去与应收账款相应的坏账准备总账数和明细账合计数后的余额核对相符。

（2）检查应收账款账龄分析是否正确。审计人员可以通过编制或索取应收账款账龄分析表来分析应收账款的账龄，以便了解应收账款的可收回性。应收账款账龄分析表的一般格式见表2-5。

应收账款的账龄，是指资产负债表中的应收账款从销售实现、产生应收账款之日起，至资产负债表日止所经历的时间。企业编制应收账款账龄分析表时，可以考虑选择重要的顾客及其余额单独列示，而将不重要的或余额较小的汇总列示。应收账款账龄分析表的合计数减去已计提的相应坏账准备后的净额，应该等于资产负债表中的应收账款项目余额。

表2-5 **应收账款账龄分析表**

年 月 日 金额单位：元

顾客名称	期末余额	账龄			
		1年以内	1～2年	2～3年	3年以上
合计					

（3）检查非记账本位币应收账款的折算汇率及折算是否正确。对于用非记账本位币（通常为外币）结算的应收账款，审计人员应检查被审计单位外币应收账款的增减变动是否采用交易发生日的即期汇率将外币金额折算为记账本位币金额，或者采用按照系统合理的方法确定的、与交易发生日即期汇率近似的汇率折算；选择折算汇率的方法前后各期是否一致；期末外币应收账款余额是否采用期末即期汇率折合为记账本位币金额；折算差额的会计处理是否正确。

（4）结合预收账款等往来项目的明细余额，查明有无同样的项目或与销售无关的其他款项，如有，应作出记录，必要时提出调整建议。

（二）向债务人函证应收账款

教学视频2-4

应收账款函证

1.函证概述

函证（即外部函证）是指审计人员为了获取影响财务报表或相关披露认定的项目的信息，通过直接来自第三方（被询证者）对有关信息和现存状况的声明，获取和评价审计证据的过程。书面答复可以采用纸质、电子或其他介质等形式。

当使用函证程序时，审计人员的目标是：设计和实施函证程序，以获取相关、可靠的审计证据。函证应收账款的目的在于证实应收账款账户余额的真实性、正确性，防止被审计单位及其有关人员在销售交易中发生错误或舞弊行为。通过函证应收账款，审计人员可以比较有效地证明被询问者（即债务人）的存在和被审计单位记录的可靠性。

审计人员应当确定是否有必要实施函证程序，以获取认定层次的相关、可靠的审计证据。当作出决策时，审计人员应当考虑评估的认定层次重大错报风险，以及通过实施其他审计程序获取的审计证据如何将检查风险降至可接受的水平。

同时，审计人员可以考虑下列因素以确定是否选择函证程序作为实质性程序：（1）被询证者对函证事项的了解。如果被询证者对所函证的信息具有必要了解，其提供的回复可靠性更高。（2）预期被询证者回复询证函的能力或意愿。例如，在下列情况下，被询证者可能不会回复，也可能只是随意回复或可能试图限制对其回复的依赖程度：①被询证者可能不愿承担回复询证函的责任；②被询证者可能认为回复询证函的成本太高或消耗太多时间；③被询证者可能对因回复询证函而承担的法律责任有所担心；④被询证者可能以不同币种核算交易；⑤回复询证函不是被询证者日常经营的重要部分。（3）预期被询证者的客观性。如果被询证者是被审计单位的关联方，那么其回复的可靠性会降低。

审计准则要求注册会计师应当对应收账款实施函证程序，除非有充分证据表明应收账款对财务报表不重要或函证很可能无效。如果认为函证很可能无效，那么审计人员应当实施替代审计程序，以获取相关、可靠的审计证据。如果没有对应收账款实施函证，那么审计人员应当在审计工作底稿中说明理由。

在实务中，表明应收账款函证很可能无效的情况包括：（1）以往审计业务经验表明回函率很低；（2）某些特定行业的客户通常不对应收账款询证函回函，如电信行业的个人客户；（3）被询证者系出于制度的规定不能回函的单位。

审计人员应当考虑被审计单位的经营环境、内部控制的有效性、应收账款账户的性质、被询证者处理询证函的习惯做法及回函的可能性等，以确定应收账款函证的范围、对象、方式和时间。

2.函证方式

函证方式分为积极的函证方式和消极的函证方式。审计人员可采用积极的或消极的函证方式实施函证，也可将两种方式结合使用。

（1）积极的函证方式

积极式函证，是指要求被询证者直接向审计人员回复，表明是否同意询证函所列示的信息，或填列所要求的信息的一种询证方式。

如果采用积极的函证方式，审计人员应当要求被询证者在所有情况下必须回函，确认询证函所列示信息是否正确，或填列询证函要求的信息。

积极的函证方式又分为两种。一种是在询证函中列明拟函证的账户余额或其他信息，要求被询证者确认所函证的款项是否正确。通常认为，这种询证函的回复能够提供可靠的审计证据。但是，其缺点是被询证者可能对所列示信息根本不加以验证就予以回函确认。为了避免这种风险，审计人员可以采用另一种询证函，即在询证函中不列明账户余额或其他信息，而要求被询证者填写有关信息或提供进一步信息。由于这种询证函要求被询证者作出更多的努力，因此可能会导致回函率降低，进而导致审计人员执行更多的替代审计程序。

积极的函证方式的适用范围如下：

①相关内部控制是无效的；

②预计差错率较高；

③个别账户欠款金额较大；

④有理由相信欠款有可能存在争议、差错等问题。

在采用时，只有审计人员收到回函，才能为财务报表认定提供证据。审计人员没有收到回函，可能是由于被询证者根本不存在，或是由于被询证者没有收到询证函，也可能是由于询证者没有理会询证函，因此，无法证明所询证的信息是否正确。

以下是积极式函证的参考格式：

询证函

编号：

××（公司）：

本公司聘请的××会计师事务所正在对本公司××年度财务报表进行审计，按照《中国注册会计师审计准则》的要求，应当询证本公司与贵公司的往来账项等事项。下列数据出自本公司账簿记录，如与贵公司记录相符，请在本函下端“信息证明无误”处签章证明；如有不符，请在“信息不符”处列明不符金额。回函请直接寄至××会计师事务所。

回函地址：

邮编：　　　　　　电话：　　　　　　传真：　　　　　　联系人：

1. 贵公司与本公司的往来账项列示如下：

截止日期	贵公司欠我公司款项	我公司欠贵公司款项	备注

2. 其他事项。

本函仅为复核账目之用，并非催款结算。若款项在上述日期之后已经付清，仍请及时函复为盼。

（公司签章）

年　　月　　日

结论：

1. 信息证明无误。

（公司签章）

年　　月　　日

经办人：

2. 信息不符，请列明不符的详细情况：

（公司签章）

年　　月　　日

经办人：

（2）消极的函证方式

消极式函证，是指要求被询证者只有在不同意询证函所列示的信息时才直接向审计人员回复的一种询证方式。

如果采用消极的函证方式，审计人员要求被询证者仅在不同意询证函列示信息的情况下才予以回函。

当采用消极的函证方式时，如果收到回函，那么能够为财务报表认定提供说服力强的审计证据。未收到回函可能是因为被询证者已收到询证函且核对无误，也可能是因为被询证者根本就没收到询证函。因此，积极的函证方式通常比消极的函证方式提供的审计证据更可靠。因而在采用消极的方式函证时，审计人员通常还需辅之以其他审计程序。

消极式函证比积极式函证提供的审计证据的说服力低。除非同时满足下列条件，审计人员不得将消极式函证作为唯一的实质性程序，以应对评估的认定层次重大错报风险：

①审计人员将重大错报风险评估为低水平，并已就与认定相关的控制的运行的有效性获取充分、适当的审计证据；

②需要实施消极式函证程序的总体由大量的小额、同质的账户余额、交易或事项构成；

③预期不符事项的发生率很低；

④没有迹象表明接收询证函的人员或机构不认真对待函证。

在审计实务中，审计人员也可将这两种方式结合使用。当应收账款的余额是由少量的大额应收账款和大量的小额应收账款构成时，审计人员可以对所有的或抽取的大额应收账款样本采取积极的函证方式，而对抽取的小额应收账款样本采取消极的函证方式。

以下是消极式函证的参考格式：

询证函

编号：

××（公司）：

本公司聘请的××会计师事务所正在对本公司××年度财务报表进行审计，按照《中国注册会计师审计准则》的要求，应当询证本公司与贵公司的往来账项等事项。下列数据出自本公司账簿记录，如与贵公司记录相符，则无须回复；如有不符，请直接通知会计师事务所，并请在空白处列明贵公司认为正确的信息。回函请直接寄至××会计师事务所。

回函地址：

邮编：　　　　电话：　　　　传真：　　　　联系人：

1.贵公司与本公司的往来账项列示如下：

截止日期	贵公司欠我公司款项	我公司欠贵公司款项	备注

2.其他事项。

本函仅为复核账目之用，并非催款结算。若款项在上述日期之后已经付清，仍请及时函复为盼。

（公司签章）

年　月　日

经办人：

上面的信息不正确，差异如下：

（公司签章）

年　月　日

经办人：

3.函证时间的选择

为了充分发挥函证的作用，应恰当选择函证的实施时间。审计人员通常以资产负债表日为截止日，在资产负债表日后适当时间内实施。如果重大错报风险评估为低水平，那么审计人员可选择资产负债表日前适当日期为截止日实施函证，并对所函证项目自该截止日起至资产负债表日止发生的变动实施其他实质性程序。

4.函证范围和对象的确定

函证范围是由诸多因素决定的，主要有：

（1）应收账款在全部资产中的重要程度。如果应收账款占资产总额的比重较大，那么需要相应扩大函证的范围。

（2）被审计单位内部控制的有效性。如果相关内部控制有效，那么可以相应缩小函证范围；反之，则需要扩大函证范围。

(3) 以前期间的函证结果。如果在以前期间函证中发现过重大差异，或欠款纠纷较多，那么需要扩大函证的范围。

注册会计师在选择函证项目时，除考虑金额较大的项目外，还需要考虑风险较高的项目。例如：账龄较长的项目；与债务人发生纠纷的项目；重大关联方项目；主要客户（包括关系密切的客户）项目；新增客户项目；交易频繁但期末余额较小甚至余额为零的项目；可能产生重大错报或舞弊的非正常项目。这种基于一定标准选取样本的方法具有针对性，比较适用于应收账款余额和性质差异较大的情况。如果应收账款余额由大量金额较小且性质类似的项目构成，那么注册会计师通常采用抽样技术来选取函证样本。

5. 函证控制

审计人员通常利用被审计单位提供的应收账款明细账户名称及客户地址等资料编制询证函，但审计人员应当对被询证者选择、询证函设计以及询证函发出和收回保持控制。出于掩盖舞弊的目的，被审计单位可能想方设法拦截或更改询证函及回函的内容。如果审计人员对函证程序控制不严密，那么可能给被审计单位造成可乘之机，导致函证结果发生偏差或者函证程序失效。

为使函证程序有效实施，在询证函发出前，注册会计师需要恰当地设计询证函，并对询证函上的各项资料进行充分核对，注意事项可能包括：

（1）询证函中填列的需要被询证者确认的信息是否与被审计单位账簿中的有关记录保持一致。对于银行存款的函证，需要银行确认的信息是否与银行对账单等保持一致。

（2）考虑选择的被询证者是否适当，包括被询证者对被函证信息是否知情、是否具有客观性、是否拥有回函的授权等。

（3）是否已在询证函中正确填列被询证者直接向注册会计师回函的地址。

（4）是否已将被询证者的名称、地址与被审计单位有关记录进行核对，以确保询证函中的名称、地址等内容的准确性。

（5）询证函经被审计单位盖章后，由审计人员直接发出。根据注册会计师对舞弊风险的判断，以及被询证者的地址和性质、以往回函情况、回函截止日期等因素，询证函的发出和收回可以采用邮寄、跟函、电子函证（包括传真、电子邮件、直接访问网站等）等方式。

①通过邮寄方式发出询证函时采取的控制措施。为避免询证函被拦截、篡改等舞弊风险，在邮寄询证函时，注册会计师可以在核实由被审计单位提供的被询证者的联系方式后，不使用被审计单位本身的邮寄设施，而是独立寄发询证函（例如，直接在邮局投递）。

②通过跟函方式发出询证函时采取的控制措施。如果注册会计师认为跟函方式（即注册会计师独自或在被审计单位员工的陪伴下亲自将询证函送至被询证者，在被询证者核对并确认回函后，亲自将回函带回的方式）能够获取可靠信息，可以采取该方式发送并收回询证函。如果被询证者同意注册会计师独自前往被询证者处执行函证程序，那么注册会计师可以独自前往。如果注册会计师跟函时需有被审计单位员工陪伴，那么注册会计师需要在整个过程中保持对询证函的控制，同时，对被审计单位和被询证者之间串通舞弊的风险保持警觉。

在我国的实务操作中，由于被审计单位之间的商业惯例还比较认可印章原件，所以邮寄和跟函方式更为常见。如果注册会计师根据具体情况选择通过电子方式发送询证函，那么在发函前可以基于对特定询证方式所存在风险进行评估，并考虑相应的控制措施。

在审计实务中，如果未收到被询证方的回函，那么审计人员应当实施替代审计程序，例如，在考虑实施收入截止测试等审计程序所获取审计证据的基础上：

（1）检查资产负债表日后收回的货款。值得注意的是，注册会计师不能仅查看应收账款的贷方发生额，而且要查看相关的收款单据，以证实付款方确为该客户且确与资产负债表日的应收账款相关。

（2）检查相关的销售合同、销售单、发运凭证等文件。注册会计师需要根据被审计单位的收入确认条件和时点，确定能够证明收入发生的凭证。

（3）检查被审计单位与客户之间的往来邮件，如有关发货、对账、催款等事宜邮件。

在某些情况下，审计人员可能认为取得积极式函证回函是获取充分、适当的审计证据的必要程序，尤其是识别出有关收入确认的舞弊风险，导致注册会计师不能信赖从被审计单位取得的审计证据，则替代程序不能提供审计人员需要的审计证据。在这种情况下，如果未获取回函，那么审计人员应当确定其对审计工作和审计意见的影响。如果实施函证和替代程序都不能提供财务报表有关认定的充分、适当的审计证据，那么审计人员应当实施追加的审计程序。

审计人员可通过函证结果汇总表的方式对询证函的收回情况加以控制。函证结果汇总表见表2-6。

表2-6 **应收账款函证结果汇总表**

被审计单位名称： 制表： 日期：

结账日： 年 月 日 复核： 日期：

询证函编号	债务人名称	债务人地址及联系方式	账面金额	函证方式	函证日期		回函日期	替代程序	确认余额	差异金额及说明	备注
					第一次	第二次					
合计											

当收回的询证函有差异，即函证出现了不符事项时，审计人员应当首先提请被审计单位查明原因，并作进一步分析和核实。在很多情况下，不符事项的原因都是由顾客记录与被审计单位记录之间的时间差异引起的。但是，有必要区分时间性差异与偏差，偏差是应收账款余额的错报。应收账款函证结果汇总最常见的差异类型包括：

（1）款项已付，即询证函发出时，债务人已经付款，而被审计单位尚未收到货款，因而未能在函证日期之前记账。此种情况需要仔细进行调查，如通过应收账款贷方减少对应科目发现“债务人已经付款”的去向，以确定是否存在货币资金收入截止错误、挪用、盗窃现金的可能性。

（2）货物未收到，即询证函发出时，被审计单位的货物已经发出并已作销售记录，但货物仍在途中，债务人尚未收到货物，未记录采购。审计人员应对这些差异进行调查，以确定顾客根本没有收到货物或被审计单位记录存在截止错误的可能性。

（3）收到货物但存有争议事项，即债务人对收到的货物的数量、质量及价格等方面有异议而全部或部分拒付货款等。审计人员应对这些差异进行调查，以确定被审计单位是否存在错误以及错误金额是多少。

（4）货物已退。被审计单位未记录贷项通知单，可能是由时间性差异或销售退回、折扣与折让记录不当引起的。与其他差异一样，审计人员也必须调查清楚。

如果不符事项构成错报，那么审计人员应当重新考虑所实施审计程序的性质、时间和范围。

6.函证结果分析

审计人员应当评价实施函证程序的结果是否提供了相关、可靠的审计证据，或是否有必要进一步获取审计证据。

审计人员应将函证的过程和情况记录在工作底稿中，并据以评价函证的可靠性。在评价函证的可靠性时，审计人员应当考虑：

（1）对函证的设计、发出及收回的控制情况；

（2）被询证者的胜任能力、独立性、授权回函情况、对函证项目的了解及其客观性；

（3）被审计单位施加的限制或回函中的限制。

收到回函后，根据不同情况，审计人员可以分别实施以下程序，以验证回函的可靠性。在验证回函的可靠性时，审计人员需要保持职业怀疑。

（1）通过邮寄方式收到的回函。通过邮寄方式发出询证函并收到回函后，审计人员可以验证以下信息：①被询证者确认的询证函是不是原件，是否与审计人员发出的询证函是同一份。②回函是否由被询证者直接寄给审计人员。③寄给审计人员的回邮信封或快递信封中记录的发件方名称、地址是否与询证函中记载的被询证者名称、地址一致。④回邮信封上寄出方的邮戳显示发出城市或地区是否与被询证者的地址一致。⑤被询证者加盖在询证函上的印章以及签名中显示的被询证者名称是否与询证函中记载的被询证者名称一致。在认为必要的情况下，审计人员还可以进一步与被审计单位持有的其他文件进行核对或亲自前往被询证者处进行核实等。如果被询证者将回函寄至被审计单位，并由被审计单位将其转交审计人员，那么该回函不能视为可靠的审计证据。在这种情况下，审计人员可以要求被询证者直接书面回复。

（2）通过跟函方式收到的回函。对于通过跟函方式获得的回函，审计人员可以实施以下审计程序：①了解被询证者处理函证的通常流程和处理人员；②确认处理询证函人员的身份和处理询证函的权限，如索要名片、观察员工卡或姓名牌等；③观察处理询证函的人员是否按照处理函证的正常流程认真处理询证函，例如，该人员是否在其计算机系统或相关记录中核对相关信息。

（3）以电子形式收到的回函。对以电子形式收到的回函，由于回函者的身份及其授权情况很难确定，对回函的更改也难以发觉，因此可靠性存在风险。审计人员和回函者采用一定的程序为电子形式的回函创造安全环境，可以降低该风险。如果审计人员确信这种程序安全并得到适当控制，则会提高相关回函的可靠性。电子函证程序涉及多种确认发件人身份的技术，如加密技术、电子数码签名技术、网页真实性认证程序。当审计人员存有疑虑时，可以与被询证者联系以核实回函的来源及内容，例如，当被询证者通过电子邮件回函时，审计人员可以通过电话联系被询证者，确定被询证者是否发送了回函。必要时，审计人员可以要求被询证者提供回函原件。

（4）对询证函的口头回复。只对询证函进行口头回复，不符合函证的要求，因此，不能作为可靠的审计证据。在收到对询证函的口头回复的情况下，审计人员可以要求被询证者提供直接书面回复。如果仍未收到书面回函，审计人员需要通过实施替代程序，寻找其他审计证据以支持口头回复的信息。

审计人员对函证结果可进行如下评价：

（1）审计人员应当重新考虑对内部控制的原有评价是否适当、控制测试的结果是否适当、分析程序的结果是否适当、相关的风险评价是否适当等。

（2）如果函证结果表明没有审计差异，那么审计人员可以合理地推论，全部应收账款总体是正确的。

（3）如果函证结果表明存在审计差异，那么审计人员应当估算在应收账款总额中可能出现的累计差错是多少，估算未被选中进行函证的应收账款的累计差错是多少。为取得对应收账款累计差错更加准确的估计，审计人员也可以进一步扩大函证范围。

需要指出的是，即便应收账款得到了债务人的确认，也并不意味着债务人一定会付款。另外，函证也不可能发现应收账款存在的所有问题。尽管如此，应收账款的函证仍不失为一种必要的、有效的审计方法。审计人员通过对应收账款进行函证，结合实施其他实质性程序，可以对有关债权收回的可能性得出合理的结论，并向被审计单位的管理层提出有关债权情况所面临的风险和应当采取的措施。

同时需要指出的是，审计人员应当将询证函回函作为审计证据，纳入审计工作底稿管理，询证函回函的所有权归属于所在会计师事务所。除法院、检察院及其他有关部门依法查阅审计工作底稿外，会计师事务所不得将询证函回函提供给被审计单位作为法律诉讼证据。

7.管理层不允许寄发询证函时的处理

如果管理层不允许寄发询证函，审计人员应当：

（1）询问管理层不允许寄发询证函的原因，并就其原因的正当性及合理性收集审计证据；

（2）评价管理层不允许寄发询证函对评估的相关重大错报风险（包括舞弊风险）以及其他审计程序的性质、时间安排和范围的影响；

（3）实施替代程序，以获取相关、可靠的审计证据。

8.需要关注的与函证程序有关的舞弊风险迹象

在函证过程中，审计人员需要始终保持职业怀疑，对舞弊风险迹象保持警觉。与函证程序有关的舞弊风险迹象的例子包括：

（1）管理层不允许寄发询证函。

（2）管理层试图拦截、篡改询证函或回函，如坚持以特定的方式发送询证函。

（3）被询证者将回函寄至被审计单位，被审计单位将其转交审计人员。

（4）审计人员跟进访问被询证者，发现回函信息与被询证者记录不一致，例如，对银行的跟进访问表明提供给审计人员的银行函证结果与银行的账面记录不一致。

（5）从私人电子信箱发送的回函。

（6）收到同一日期发回的、相同笔迹的多份回函。

(7) 位于不同地址的多家被询证者的回函邮戳显示的发函地址相同。

(8) 收到不同被询证者用快递寄回的回函，但快递的交寄人或发件人是同一个人或是被审计单位的员工。

(9) 回函邮戳显示的发函地址与被审计单位记录的被询证者的地址不一致。

(10) 不正常的回函率，例如：银行函证未回函；与以前年度相比，回函率异常偏高或回函率重大变动；向被审计单位债权人发送的询证函回函率很低。

(11) 被询证者缺乏独立性，例如：被审计单位及其管理层能够对被询证者施加重大影响以使其向注册会计师提供虚假或误导信息（如被审计单位是被询证者唯一或重要的客户或供应商）；被询证者既是被审计单位资产的保管人又是资产的管理者。

（三）审查已存在的应收账款均已入账

除了依靠应收账款相关账户的自身平衡外，审计人员要测试账龄分析表（试算表）中遗漏的账户余额是很困难的。例如，如果被审计单位在编制账龄试算表时无意漏记了一笔应收账款，那么发现此问题的唯一途径是加总应收账款，并将合计数与总账中的控制账户进行调节。

如果在销售日记账中未记录一个顾客的所有销售状况，那么通过余额细节测试也几乎不可能揭示应收账款的低估。例如，审计人员很少向余额为零的顾客发出函证，部分原因是通常顾客不可能对其余额低估的要求予以回复。另外，如果新顾客在应收账款明细账中没有记录，那么用函证程序也很难完成对该顾客销售未记录的确认。

但是，通过对已经发货但未记录的销售执行交易的实质性程序（测试销售交易的完整性目标）和分析程序，可以最大限度地揭示销售收入与应收账款的低估情况。

（四）审查应收账款的入账金额准确

从应收账款账龄分析表中选取几笔账户进行函证，是验证应收账款记账金额准确性最常用的余额细节测试。当顾客没有按要求回复函证时，审计人员可以通过审查原始凭证来解决，其方法与验证存在认定时的方法相同。至于对个别顾客账户借方余额或贷方余额的测试，则可以通过审查发货和货币资金收入的支持性记录来进行。

（五）确定被审计单位对应收账款拥有的权利

通常，被审计单位对应收账款拥有的权利不需执行特别审计程序，因为应收账款通常属于被审计单位，通过复核会议记录、与被审计单位进行讨论、向银行进行函证、审查往来函证等程序足以揭示被审计单位对应收账款所有权的情况。需要注意的是，在某些情况下，一部分应收账款可能被抵押担保或转让给其他单位，通常被审计单位的顾客并不知晓发生了上述情况（应收账款函证无法揭示这种情况）。

审计人员需要检查应收账款是否已用于贴现，进而判定应收账款贴现业务属于质押还是出售，其会计处理是否正确。

企业以其按照销售商品、提供劳务的销售合同所产生的应收债权向银行等金融机构贴现，在进行会计核算时，应按照“实质重于形式”的原则，充分考虑交易的经济实质。对于有明确的证据表明有关交易事项满足销售确认条件，如与应收债权有关的风险、报酬实质上已经发生转移等，应按照出售应收债权处理，并确认相关损益；否则，应作为应收债权为质押取得的借款进行会计处理。

（六）确定应收账款的可收回价值及坏账准备计提的恰当性

公认的会计原则要求应收账款应以最终可实现的金额表述，应收账款的可收回价值是应收账款扣除坏账准备后的净额。对不可收回应收账款总额的估计是用坏账准备来表示的。尽管被审计单位不可能准确地预测可能发生的坏账，但审计人员还是有必要考虑所有可能发生的情况，以评价被审计单位的坏账准备是否合理。为有助于进行这种评价，审计人员可以编制一张分析坏账准备的审计明细表，通过估计坏账准备的百分率概算应计提的坏账准备。被审计单位如果未能对坏账准备或经济因素进行调整，那么就有可能存在潜在低估坏账准备的情况。关于坏账准备计提的恰当性可以结合下面坏账准备的实质性程序进行。

（七）确定应收账款在资产负债表上是否已正确表达及恰当披露

应收账款明细账的余额一般在借方。在分析应收账款明细账余额时，审计人员如果发现应收账款出现贷方明细余额的情形，应查明原因，必要时建议作重分类调整。

审计人员可以抽查有无不属于结算业务的债权。不属于结算业务的债权，不应在应收账款中进行核算。因此，审计人员应抽查应收账款明细账，并追查有关原始凭证，查证被审计单位有无不属于结算业务的债权。如有，审计人员应作记录或建议被审计单位作适当调整，并重新进行分类。

如果存在需要在报表中单独披露的重要金额，那么审计人员需要审查被审计单位是否已在报表中单独列示。例如，应收关联公司的款项，如果其金额较大，那么必须与应收顾客的款项分开列示。

如果被审计单位是上市公司，那么其财务报表附注通常应披露期初余额、期末余额的账龄分析，例如期末欠款金额较大的单位账款以及持有5%以上（含5%）股份的股东单位欠款等情况。

第五节　其他项目的实质性程序

一、坏账准备的审计目标及实质性程序

坏账是指企业无法收回或收回的可能性极小的应收款项，包括应收账款、应收票据、预付款项、其他应收款和长期应收款等。由于发生坏账而导致的损失称为坏账损失。企业通常应采用备抵法按期估计坏账损失，形成坏账准备。由于坏账准备与应收账款的联系非常紧密，因此我们把对坏账准备的审计安排在应收账款审计之后进行阐述。

（一）坏账准备的审计目标

坏账准备的审计目标一般包括：

1.确定计提坏账准备的方法和比例是否恰当，坏账准备的计提是否充分；

2.确定坏账准备增减变动的记录是否完整；

3.确定坏账准备期末余额是否正确；

4.确定坏账准备的披露是否恰当。

（二）坏账准备的实质性程序

企业会计准则规定，企业应当在期末对应收账款进行检查，并预计可能产生的坏账损

失。应收款项包括应收票据、应收账款、预付款项、其他应收款和长期应收款等。下面，我们以应收账款相关的坏账准备为例，阐述坏账准备审计常用的实质性程序。

1.取得或编制坏账准备明细表，复核加计是否正确，并与坏账准备总账数、明细账合计数核对是否相符；如不相符，应查明原因，作审计记录并提出必要的审计调整建议。

2.将应收账款坏账准备本期计提数和资产减值损失相应明细项目的发生额核对是否相符。

3.检查应收账款坏账准备计提和核销的批准程序，评价坏账准备所依据的资料、假设及计提方法。

企业通常应采用备抵法核算坏账损失，计提坏账损失的具体方法由企业自行确定。企业应当列出目录，具体注明计提坏账的范围、提取方法、账龄的划分和提取比例，按照管理权限，经股东大会或董事会，或者经理（厂长）会议或类似机构批准，并依照法律、行政法规的规定报有关各方备案，同时，备置于公司所在地，以供投资者查阅。坏账准备提取方法一经确定，不得随意变更。如需变更，仍然应按照上述程序批准后报有关各方备案，并在财务报表附注中说明变更的内容和理由、变更的影响数等。

用备抵法核算坏账，首先要按期估计坏账损失，估计坏账损失的方法主要有账龄分析法、余额百分比法等。采用账龄分析法计提坏账准备时收到债务单位当期偿还的部分债务后，剩余的应收账款不应改变其账龄，仍应按照原账龄加上本期应增加的账龄确定；在存在多笔应收账款且各笔应收账款的账龄不同的情况下，收到债务单位当期偿还的部分债务，应当逐笔认定收到的是哪一笔应收账款；如果确实无法认定的，按照先发生先收回的原则确定，剩余应收账款的账龄按上述原则确定。

在采用账龄分析法、余额百分比法等方法的同时，能否采用个别认定法，应当视具体情况而定。如果某项应收账款的可收回性与其他各项应收账款存在明显差别（例如债务单位所处的特定地区等），导致该项应收账款如果按照与其他应收账款同样的方法计提坏账准备，将无法真实地反映其可收回金额的，那么应对该项应收账款采用个别认定法计提坏账准备，企业应当根据所持应收账款的实际可收回情况合理计提坏账准备，不得多提或少提，否则应视为滥用会计估计，按照重大会计差错更正的方法进行会计处理。

在确定坏账准备的计提比例时，企业应当根据以往的经验、债务单位的实际财务状况和现金流量的情况，以及其他相关信息合理地估计。除有确凿证据表明该项应收账款不能收回或收回的可能性不大时（如债务单位撤销、破产、资不抵债、现金流量严重不足、发生严重的自然灾害等导致停产而短时间内无法偿付债务等，以及应收款项逾期3年以上），下列各种情况一般不能全额计提坏账准备：（1）当年发生的应收账款，以及未到期的应收账款；（2）计划对应收账款进行重组；（3）与关联方之间发生的应收账款；（4）其他已逾期但无确凿证据证明不能收回的应收账款。

这一规定并不意味着企业对与关联方之间发生的应收账款可以不计提坏账准备。企业与关联方之间发生的应收账款与其他应收账款一样，也应当在期末时分析其收回的可能性，并预计可能发生的坏账损失。对预计可能发生的坏账损失计提相应的坏账准备。企业与关联方之间发生的应收账款一般不能全额计提坏账准备，但如果有确凿证据表明关联方（债务单位）已撤销、破产、资不抵债、现金流量严重不足等，并不准备对应收账款进行重组或无其他收回方式的，那么对预计无法收回的应收关联方的款项也可全额计提坏账准备。

4.实际发生坏账损失的，检查坏账转销依据是否符合有关规定，会计处理是否正确。对于被审计单位在被审计期间内发生的坏账损失，审计人员应检查其原因是否清楚，是否符合有关规定，有无授权批准，有无作坏账处理后又重新收回的应收账款，相应的会计处理是否正确。对有确凿证据表明确实无法收回的应收账款，如债务单位已撤销、破产、资不抵债、现金流量严重不足等，企业应根据管理权限，经股东（大）会或董事会，或者经理（厂长）会议或类似机构批准作为坏账损失，冲销提取的坏账准备。

5.检查长期挂账应收账款。审计人员应检查应收账款明细账及相关原始凭证，查找有无资产负债表日后仍未收回的长期挂账应收账款，如有，应提请被审计单位作适当处理。

6.检查函证结果。对债务人回函中反映的例外事项及存在争议的余额，审计人员应查明原因并作记录；必要时，应建议被审计单位作相应的调整。

7.实施分析程序。通过计算坏账准备余额占应收账款余额的比例并和以前期间的相关比例比较，评价应收账款坏账准备计提的合理性。

8.确定应收账款坏账准备的披露是否恰当。企业应当在财务报表附注中清晰地说明坏账的确认标准、坏账准备的计提方法和计提比例，并且上市公司还应在财务报表附注中披露以下事项：

（1）本期全额计提坏账准备，或计提坏账准备的比例较高（计提比例一般为40%及以上的，下同），应说明计提的比例及理由。

（2）以前期间已全额或部分计提坏账准备，或计提比例较高但在本期又全额或部分收回的，或通过重组以及其他方式收回的，应说明其原因、原估计计提比例的理由以及原估计计提比例的合理性。

（3）对某些金额较大的应收账款不计提坏账准备或计提坏账准备比例较低（计提比例一般为5%或低于5%）的理由。

（4）本期实际冲销的应收款项及其理由。其中，实际冲销的关联交易产生的应收账款应单独披露。

二、应收票据的审计目标及实质性程序

应收票据是企业在经营活动中因销售商品、提供劳务等收到的商业汇票。由于应收票据是在企业赊销业务中产生的，因此，对应收票据的审计也必须结合企业赊销业务一起进行。

（一）应收票据的审计目标

1.确定应收票据是否存在；

2.确定应收票据是否归被审计单位所有；

3.确定应收票据及其坏账准备增减变动的记录及会计处理是否正确；

4.确定应收票据是否可收回；

5.确定应收票据的坏账准备的计提方法和比例是否恰当、计提是否充分；

6.确定应收票据及其坏账准备的年末余额是否正确；

7.确定应收票据及其坏账准备的披露是否恰当。

（二）应收票据的实质性程序

1.获取或编制应收票据明细表。应收票据明细表通常包括出票人姓名、出票日期、到

期日、金额和利率等资料。复核加计是否正确，并核对其期末余额合计数与报表数、总账数和明细账合计数是否相符。在复核加计正确且与上述有关数额核对相符的基础上，抽查部分票据，并追查相关文件资料，以检查其内容是否正确、有无应转应收账款的逾期应收票据等。

2.检查库存票据。审计人员应对应收票据进行盘点，并逐项与应收票据登记簿结存的应收票据余额进行核对，编制“应收票据盘点表”。盘点时应注意票据的种类、号码、签收日期、到期日、票面金额、票面利率、合同交易号、付款人、承兑人、背书人姓名或单位名称、贴现日期、贴现率、收款日期、收回金额等内容填写是否齐全，签章有无疑问，以辨别真伪，并留意有无未入账的票据、已作抵押的票据和银行退回的票据。

3.函证应收票据。函证应收票据的目的在于证实其存在性和可收回性。必要时，抽取部分票据向出票人函证，并编制函证结果汇总表。

4.审查大额应收票据，验证其交易是否真实存在。

5.复核带息票据的利息计算是否正确。主要审查应收票据的利息收入是否正确、合理。审计人员可独立计算利息，并与账面所列金额进行对比。如果两者不符，那么应加以分析。特别要对“财务费用——利息收入”账户中的那些与应收票据账户所列任何票据均不相关的贷方金额加以注意，因为这些贷项可能代表据以收取利息的应收票据未入账。

6.复核已贴现应收票据的利息计算及会计处理是否正确。对于已贴现的应收票据，核对收款凭证等资料，并与对应科目“银行存款”的有关记录核对一致。审查其贴现额与贴现利息的计算是否正确，通过审查相关凭证，确定贴现的会计处理方法是否恰当。复核、统计已贴现以及已转让但未到期的应收票据的金额。

7.检查非记账本位币应收票据的折算汇率是否正确。

8.检查与应收票据相关的坏账准备。

9.检查应收票据的列报是否恰当。审计人员应检查被审计单位资产负债表中的应收票据项目的数额是否与审定数相符、是否删除了已贴现票据，财务报表附注中的应披露的内容是否充分。如果被审计单位是一般企业，那么其已贴现的商业承兑汇票应在报表下端补充资料内的“已贴现的商业承兑汇票”项目中加以反映；如果被审计单位是上市公司，那么其财务报表附注通常应披露贴现或用作抵押的应收票据的情况和原因说明，以及持有其5%以上（含5%）股份的股东单位欠款情况。

三、预收款项的审计目标及实质性程序

预收款项是指销货企业在销售货物或提供劳务之前，按照合同规定向购货单位预先收取的部分货款。由于预收款项是随着销售业务的发生而发生的，因此审计人员应结合企业的销售业务对预收款项进行审计。

（一）预收款项的审计目标

1.确定期末预收款项是否存在；

2.确定期末预收款项是否为被审计单位应履行的偿还义务；

3.确定预收款项的发生及偿还记录是否完整；

4.确定预收款项的期末余额是否正确；

5.确定预收款项的列报是否恰当。

（二）预收款项的实质性程序

1.获取或编制预收款项明细表。复核加计预收款项明细表是否正确，并核对其期末余额合计数与报表数、总账数和明细账合计数是否相符。

2.检查预收款项的金额是否正确。

（1）请被审计单位协助，在预收款项明细表上标出至审计日止已转销的预收款项，对已转销金额较大的预收款项进行检查，核对记账凭证、仓库发运凭证、销售发票等，并注意这些凭证发生日期的合理性。

（2）抽查与预收款项有关的销售合同、仓库发运凭证、收款凭证，检查已实现销售的商品是否及时转销预收款项，确保预收款项期末余额的正确性和合理性。

（3）检查预收款项是否存在借方余额，决定是否建议作重分类调整。

（4）对税法规定应予纳税的预收销售款，结合应交税费项目，检查是否及时、足额计缴有关税费。

3.函证预收款项。选择预收款项的若干重大项目函证，通常应选择大额或账龄较长的项目、关联方项目、主要客户作为函证对象。回函金额不符的，应查明原因并作出记录或适当调整；未回函的应再次函证或通过检查决算日后已转销的预收款项是否与仓库发货单、销售发票相一致等替代程序，以确定其是否真实、正确，并根据回函情况编制函证结果汇总表。

4.检查长期挂账的预收款项。检查预收款项长期挂账的原因，并作出记录，防止利用预收款项弄虚作假，必要时提请被审计单位予以调整。

5.检查以非记账本位币结算的预收款项所采用的折算汇率和汇兑损益的处理是否正确。

6.检查预收款项的列报是否恰当。如果被审计单位是上市公司，那么其财务报表附注通常应披露持有其5%以上（含5%）股份的股东单位的账款情况，并说明账龄超过1年的预收款项未结转的原因。

学思践悟 Z会计师事务所对K公司审计失败案

学思践悟案例

Z会计师事务所对K公司审计失败案

【案例简介】

本案例介绍了Z会计师事务所对K公司审计失败案。K公司是一家药品生产企业，于2001年在上交所上市。Z会计师事务所于2001年开始承接K公司的年报审计业务。K公司年报显示，公司近年来一直保持良好的运营状态，货币资金充足，但公司对外却不断进行融资和举债活动，与K公司“拥有充足的货币资金”的事实相违背，业界不得不质疑其账面货币资金的真实性，证监会由此开始展开调查。调查显示，K公司2016年到2018年的年报存在造假行为，包括虚增营业收入、虚增货币资金、虚增固定资产和伪造关联方交易等几个关键环节，具有故意性、长期性和系统性，影响范围大，行为恶劣，给资本市场的平稳发展带来了负面影响。而对其承担年报审计的Z会计师事务所，同K公司合作达17年之久，对K公司“知根知底”，然而由于缺乏独立性和职业怀疑态度，Z会计师事务所的注册会计师没有严格按照审计准则和职业道德规范的要求实施审计质量控制，致使其没有履行好审计人员的职责，没有发现K公司涉及收入与收款循环的重大造假行为，最终导致了审计失败。通过本案例反思审计人员应如何具备诚信、独立、勤勉的敬业精神和职业操守。

【关键词】

风险评估程序；收入审计；重大错报风险；应收账款函证程序

【教学目的和用途】

本案例旨在引导学生通过梳理Z会计师事务所对K公司年报审计中的收入审计失败，结合注册会计师审计准则中的关于收入审计的要求以及审计职业道德中的对审计人员执业的原则要求，分析Z会计师事务所审计人员在收入审计过程中的失职问题。在此基础上引导学生进行深刻反思，研讨并分析审计人员具备诚信、独立、勤勉的敬业精神和职业操守的重要性。

【素养目标】

1.培养学生树立诚信的价值观。无论对于个人交往还是对于商业往来，诚信都是一种非常重要的价值观，是一种相互之间建立信任、明确责任的信仰和态度。在案例中，K公司和Z会计师事务所都存在诚信问题。由此，让学生看到秉承诚信价值观的重要性，切实做到无论何时何地都要诚信守约、不可失信于人。

2.引导学生深刻理解审计的独立性，树立遵守职业道德原则的意识。审计的独立性是审计中一个很重要的概念，在审计人员执业过程中可能会经常面对审计独立性的问题。对于鉴证业务而言（如财务报表审计），审计的独立性不可或缺。独立性受损无疑有违审计人员职业道德，审计质量也无法保证。因此，应重视审计独立性，在审计过程中应严格遵守审计准则和审计职业道德原则。

3.引导学生树立职业审慎的意识。Z会计师事务所在对K公司收入审计过程中，从多方面体现出缺乏应有的职业审慎。比如，K公司捷科系统中没有中药材贸易的相关记录，也没有提供发票等支持性证据，存在管理不规范的问题。然而，Z会计师事务所却对中药材贸易收入的会计记录和业务记录没有给予充分关注。而且，在内部控制测试和评价程序中，Z会计师事务所计划获取销售发票等支持性文件，但是在实际工作中，Z会计师事务所却并未执行这一计划，只是从金蝶EAS系统中获取关于公司财务的相关审计证据，没有将其与捷科系统中的业务活动进行比对，明显缺乏应有的职业审慎。据此反思我们审计人员在工作中必须树立职业审慎的意识，制订合理的审计方案，对审计事项的重大错报风险进行合理的判断，严格遵守审计准则和职业道德，科学获取审计证据，避免因工作疏忽而遗漏重要审计事项或造成审计结论错误。

4.培养学生树立认真工作的责任意识。在案例中，审计人员缺乏责任意识，因此，未严格按照审计准则和职业道德的要求进行执业，以至于没有很好地履行审计责任，最终导致审计失败。因此，要牢固树立“工作就是责任，责任重于泰山”的理念，认真完成应该完成的工作。

【价值塑造】

1.树立诚信的价值观。在案例中，K公司2016—2018年年报中的与收入造假相关的科目造假达二十几个，而负责K公司审计的Z会计师事务所审计人员在审计过程中，与K公司黄某串通，操纵应收账款函证程序，而且在函证无效的情况下审计人员也未实施其他替代程序，导致与收入对应的应收账款无法证实，从而使得Z会计师事务所对2016年、2017年涉及巨额收入造假的财务报表出具了无保留意见，给依赖年报审计的投资者带来了损失。显而易见，K公司和Z会计师事务所相关人员都违背了诚信原则。

2.深刻理解审计的独立性，树立遵守职业道德原则的意识。Z会计师事务所连续17年承接K公司财务报表审计业务，常年为K公司提供业务从而形成了密切关系，因此，很难保证其形式上独立。

3.树立职业谨慎的意识。基于长期审计合作的基础，Z会计师事务所在审计风险评估阶段没有采取有效的风险评估程序，且Z会计师事务所评估认定营业收入不属于重大风险领域，未对收入相关的重要账户和交易实施进一步审计程序，从而缺乏应有的职业谨慎。

4.树立认真工作的责任意识。Z会计师事务所对K公司收入审计失败，归根结底是审计人员缺乏责任意识造成的。

【思考问题】

1.销售与收款循环审计中的内部控制测试如何入手？

2.收入舞弊的手段通常有哪些？

3.在销售与收款循环审计中如何对收入进行实质性测试程序？

4.会计师事务所应如何保证应收账款函证程序的有效性？

5.请结合案例，谈谈Z会计师事务所如何在以后的审计工作中做出改进。

6.通过这个案例，反思在现实生活中我们有哪些可以借鉴的方面。

【分析思路】

第一步，利用案例介绍的内容梳理出K公司收入造假的手段。

第二步，分析和研讨Z会计师事务所对于K公司在收入审计过程中存在的问题。

第三步，分析和研讨审计独立性的重要性及其影响因素。

第四步，分析和研讨Z会计师事务所审计人员的工作态度如何。

第五步，全面研讨和反思诚信、勤勉的职业操守和认真负责工作的责任意识对于保质保量完成审计工作的重要性。

复习思考题

1.销售与收款循环涉及哪些主要业务活动？

2.销售与收款循环涉及哪些主要凭证和会计记录？

3.销售与收款循环的关键内部控制有哪些？如何进行控制测试？

4.什么是销售截止测试？

5.简述主营业务收入的审计目标和实质性程序。

6.如何进行应收账款函证？审计人员实施函证控制时主要应考虑哪些因素？

7.对应收账款函证回函的不符事项，审计人员应如何考虑相应的审计程序？

8.坏账准备的审计目标是什么？如何安排实质性程序？

本章习题

第二章练习题

拓展阅读

审计准则问题解答第4号

第三章
购置与付款循环审计：控制测试、交易的实质性程序与应付账款审计

学习目标

1. 了解购置与付款循环中的账户和交易的分类；
2. 了解本循环中的经营业务过程以及相关的凭证和记录；
3. 了解本循环中的与经营业务相关的内部控制，设计和执行相应的控制测试，以及交易细节测试；
4. 熟练运用应付账款的分析程序；
5. 掌握应付账款的余额细节测试及其截止测试。

不同行业企业采购对象的特点差异很大，采购的商品或劳务通常有原材料、房屋建筑物、机器设备、低值易耗品、服务与维护、研究与开发等。对于商品批发业企业而言，可能需要频繁地采购某种单一而又量大的商品；对于制造业企业而言，采购的对象可能繁多，有原材料、固定资产，还有动力、低值易耗品、劳务等；对于酒店、餐饮等行业的企业而言，可能采购行为频繁但采购对象价值较低；对于高科技企业而言，如芯片开发、信息技术、生物疫苗等公司，研究开发支出可能很大；对于一些面向终端消费者的企业而言，可能需要采购大量的广告服务。理解企业的经营性质及其采购特点对于开展审计工作非常重要，这有助于注册会计师掌握审计的重点，发现可能存在重要错报、漏报的领域。

按照审计逻辑顺序，本章首先介绍购置与付款循环中相关业务的过程、凭证与记录，以及涉及的相关账户类型，然后介绍控制测试和交易细节测试，最后还将在本章以应付账款为例介绍其余额细节测试的实施。

第一节　购置与付款循环中的相关凭证与记录及经营活动

一、购置与付款循环涉及的主要凭证和会计记录

购置与付款循环一般包括“请购—订货—验收—付款”这一流程，与销售与收款循环类似，有效的内部控制需要在各个环节保存充分的记录和凭据。典型的购置与付款循环涉

及的主要凭证和会计记录有以下几种：

教学视频3-1

购置与付款循环概述

1.请购单。请购单是指申请购买商品、劳务或其他资产的书面凭证，上面记载了需采购的商品、劳务或资产的具体要求和特征信息，一般由采购物品的使用部门的责任人填写，大宗常用材料也可以由仓储保管人员根据最佳订货量发出请购要求。请购单经过具有审批权限的责任人审批之后传递到采购部门。

2.订购单或采购合同。订购单是指由采购部门填写，向供应商购买订购单上所指定商品、劳务或其他资产的书面凭证。金额较大的采购活动需要签订采购合同。

3.验收单。验收单由验收人员对所购资产、劳务进行验收后填写，记载所收到的资产、劳务的实际特征信息，如实收数量、规格、型号、收货日期等。

4.入库单。入库单由仓库保管人员根据实际入库的商品数量进行填写，通常一式三联，仓库留存一联，入库人员一联，会计部门一联。

5.采购发票。采购发票是指供应商开具给购买方的增值税专用发票或普通发票，发票上记载卖方所售商品的名称、数量和价格以及卖方的发票专用章，发票上记载的日期可能与实际收货日期有差异，根据双方的交易习惯，发票可能会先于货物收到，也可能会晚于货物收到。

6.付款申请单。付款申请单一般由企业的采购部门根据验收单填制，记载已收到商品、资产或接受劳务的供应商、应付款项的金额和付款日期的凭证，付款申请单需要经过具有相应审批权限的责任人批准，然后传递给财务部门进行审核办理付款。

7.转账凭证。转账凭证是指记录转账交易的记账凭证，它是根据有关转账业务（即不涉及库存现金、银行存款收付的各项业务）的原始凭证编制的。

8.付款凭证。付款凭证包括现金付款凭证和银行存款付款凭证，是指用来记录库存现金和银行存款支出业务的记账凭证。

9.应付账款明细账。“应付账款”是指用于核算企业因购买材料、商品和接受劳务供应等而应付给供应商款项的账户，该账户按购货单位设置三栏式明细账进行分类核算。

10.库存现金日记账和银行存款日记账。该类账簿由出纳人员登记，为三栏式明细账，记录收付款业务。

11.供应商对账单。供应商对账单与银行对账单类似，是由供货方按月编制发送给购买方的单据，记载了期初余额、本期购买、本期支付给供应商的款项和期末余额等信息。收到供应商对账单后，购买方需要对收、发货时间差进行调整后，以使供货方与购买方期末余额吻合。

二、购置与付款循环相关经营业务活动

一般来说，从内部控制和效率的角度而言，经营过程的不同业务活动由一系列相关的部门或员工来完成。下面以商品采购过程为例，对一般企业商品采购与付款业务活动进行描述，不同的企业可能会因采购规模及采购商品性质的不同而有所差异，对劳务的采购也可以参考下列过程：

（一）请购

商品的采购请求一般由商品的使用部门发出，大宗的原料、零件等可能由仓库保管人员对库存量进行监测。一旦库存量低于安全边际，则由仓库保管人员发出采购请求。采购

请求一般必须是书面的或电子的，称之为“请购单”或“采购申请单”。发出请购要求的“请购单”必须列明需要采购商品的名称、规格、型号、送达日期、生产厂家、数量、采购申请人等信息，这是整个采购流程的起点。“请购单”是证明有关采购交易的“发生”认定的凭据之一，但它是在企业内部生成的单据，只有与其他相关证据相互印证时，才具有较强的证明力。“请购单”填写好之后，根据企业所制定的审批权限，传递给具有相关权限的负责人进行审批，由于采购金额和性质不同以及企业所制定的控制流程差异，该项审批可能需要经过多个节点直至全部通过。大多数企业对预算内正常经营所需物资的采购均作一般授权，比如，仓库在现有库存达到再订购点时就可直接提出采购申请，其他部门也可为预算内的正常维修工作和类似工作直接申请采购有关物品。但对发生频率较低的预算外采购或者大额资本性支出及租赁合同，如购置机器设备等，通常要求经过特别授权和批准。

（二）订购

经过批准的请购单传递到采购部门之后，由采购部门负责订购。采购部门对于不同性质和金额的商品进行采购，采用询价、比价、谈判、招标等不同方式采集采购信息，确定最佳的供应来源，以保证供货的质量、时间和最佳性价比。对于重要的大额商品，应实施公开招标采购。之后，采购部门职员填写“订购单”或与供应商签订“采购合同”。“订购单”或“采购合同”中应正确填写所需要采购的商品品名、数量、价格、供应商名称和地址等，预先编号并经过被授权的人员审核确认。“订购单”或“采购合同”中除了商品的信息、价格等重要信息外，另外一个重要信息就是关于交货地点的确认，是由对方送货上门还是自己到指定的仓库去提货，这不仅涉及运费问题，更重要的是涉及货物控制权转移的时点问题，继而牵涉资产和负债的入账问题。有些企业设有合同审核岗，专门对拟签订的合同和订单进行复核，而有些企业则由稽核部门或财务部门的相关人员执行该项职能。“订购单”第一联应送交供应商，其他副联则送至企业内部的验收部门、财务部门（应收账款会计）和采购的申请部门。

（三）验收

验收部门收到收货通知后，根据上一环节审核的“订购单”上的信息对供应商送达的商品进行检验。验收人员首先应比较运输单据、装箱单、提货单等单据上记载的商品信息与“订购单”上的信息是否一致，如采购货物的名称、规格型号、数量、到货时间等，然后再盘点商品的实际数量并采取适当的方式对商品的质量实施检验。

验收完毕后，验收人员应出具验收文档，该文档可能是一套验收报告，也可能是预先编号的一式多联的验收单，上面记载了对所采购货物的验收结论和验收人员的签章。验收文档是支持资产或费用以及与采购有关的负债“存在或发生”认定的重要凭证之一。验收活动的关键控制措施是确保验收人员独立开展工作，而不受其他人员或因素的影响，从而保证验收的客观性。验收工作的疏忽或舞弊可能造成采购的商品不符合合同要求而给企业造成损失。此外，定期独立检查验收文档的连续编号以确定每笔采购交易都已编制验收单据也很重要，该项控制与采购交易的“完整性”认定有关。验收文档的其中一联应传递给财务部门（应付账款会计）。

（四）储存

验收人员对采购商品验收合格之后，商品就可以入库了，但如果采购的是服务，则不存在这一环节。入库时，仓库保管人员或其他请购部门应核对所采购商品是否经过验收程序并存有经过签字的验收文档，然后签收所采购物品并根据验收文档登记存货台账。保管人员签收记录的其中一联还应传递给财务部门（应付账款会计）。对采购的存货进行妥善保管的关键控制活动之一是限制接触存货，一般放入专门仓库并设保管人员；关键控制活动之二是保证采购与保管以及保管与应付账款会计的职责相分离，并定期进行盘点以保证账实相符。这些控制与采购项目的“存在”认定有关。

（五）付款申请

采购商品入库并收到采购发票之后，采购部门应根据验收文档和保管部门的签收记录编制付款申请单。这项活动的控制目标包括：核对供应商发票的内容与相关的验收文档、合同（订购单）是否一致；复核供应商发票开具是否正确；编制预先编号的付款申请单，并附上支持性凭证（如采购合同、验收文档和采购发票等）；由稽核人员复核付款申请单填写是否正确，单据是否齐全；在付款申请单上填入应借记的资产或费用账户名称；执行付款审批流程，由被授权人员在付款申请单上签字，表示批准该项付款申请。经适当批准和有预先编号的付款申请单为记录采购交易提供了依据，因此，这些控制与“存在”、“发生”、“完整性”、“权利和义务”及“计价和分摊”等认定均有关。

（六）确认并记录负债

确认已验收货物和已接受劳务的债务，要求准确、及时地记录负债。该记录对企业财务报表列报和企业实际资金支出有重大影响。因此，必须特别注意，按正确的金额记载企业确实已发生的购货和接受劳务事项。

对于应付账款确认与记录，相关部门一般有责任核查购置的财产并在应付凭单登记簿或应付账款明细账中加以记录。在收到供应商发票时，核算部门应将发票上所记载的品名、规格、价格、数量、条件及运费与订货单上的有关资料进行核对，如有可能，还应与验收单上的资料进行比较。

应付账款确认与记录的一项重要控制是要求记录现金支出的人员不得经手现金、有价证券和其他资产。恰当的凭证、记录与恰当的记账手续对业绩的独立考核和有效的应付账款职能而言是必不可少的控制。

在手工记账系统下，应将已批准的未付款凭单送达会计部门，并据以编制有关记账凭证和登记有关账簿。会计主管应监督为采购交易而编制的记账凭证中账户分类的适当性，通过定期核对编制记账凭证的日期与凭单副联的日期来监督入账的及时性；而独立检查会计人员则应核对所记录的凭单总数与应付凭单部门送来的每日凭单汇总表是否一致，并定期独立检查应付账款总账余额与应付凭单部门未付款凭单档案中的总金额是否一致。

（七）付款

通常是由财务部门（应付账款会计）负责确定未付凭单在到期日付款。企业有多种款项结算方式，以支票结算方式为例，编制和签发支票的有关控制包括：

1.独立检查已签发支票的总额与所处理的付款凭单总额的一致性。

2.只有被授权的会计部门的人员才能开具支票。

3.被授权开具支票的人员应确定每张支票都附有一张已经适当批准的未付款凭单，并确定支票收款人姓名和金额与凭单内容一致。

4.支票一经签署就应在其凭单和支持性凭证上用加盖印戳或打孔等方式将其注销，以免重复付款。

5.支票签署人不应签发无记名甚至空白的支票。

6.支票应预先连续编号，以保证签发支票存根的完整性和作废支票处理的恰当性。

7.应确保只有被授权的人员才能接触未经使用的空白支票。

（八）记录现金、银行存款支出

以支票结算方式为例，在手工记账系统下，会计部门应根据已开具的支票编制付款记账凭证，并据以登记银行存款日记账及其他相关账簿。有些企业的付款流程包括：先由应付账款会计对付款手续进行审核，审核通过后再编制付款凭证，之后传递给出纳，出纳据以办理款项支付，并记录库存现金日记账或银行存款日记账。

以记录银行存款日记账为例，主要控制程序如下：

1.记录银行存款日记账的职员不能同时负责记录债权、债务和费用支出的账务处理。

2.独立稽核人员应检查记入银行存款日记账和应付账款明细账的金额是否一致，汇总记录是否正确。

3.定期比较银行存款日记账的入账日期与支票存根的日期，独立检查入账的及时性。

4.由出纳人员以外的独立人员领取银行对账单并编制银行存款余额调节表。

购置与付款循环中的交易活动、经营活动和凭证的对应情况见表3-1。

表3-1　**购置与付款循环中的交易活动、经营活动和凭证的对应表**

交易活动	账户	经营活动	凭证
采购	固定资产 原材料 库存商品 低值易耗品 长期待摊费用 应付账款 制造费用 销售费用 管理费用	请购 订购 验收 储存	请购单 订购单 验收单 入库单
付款	银行存款 库存现金 应付账款 财务费用	确认并记录负债 付款申请 付款 记录资金支出	购货发票 付款申请单 付款凭证 应付账款明细账 转账凭证 库存现金日记账 银行存款日记账 供应商对账单

三、购置与付款循环涉及的账户

经营业务信息随着各种凭证的填写逐级汇总到相关账户，并最终反映在报表中，所以，要实现总体审计目标，就需要对购置与付款循环中涉及的账户进行审计评价，以确认其是否按照适用的财务报告框架编制。各账户之间的信息流向和钩稽关系如图3-1所示。

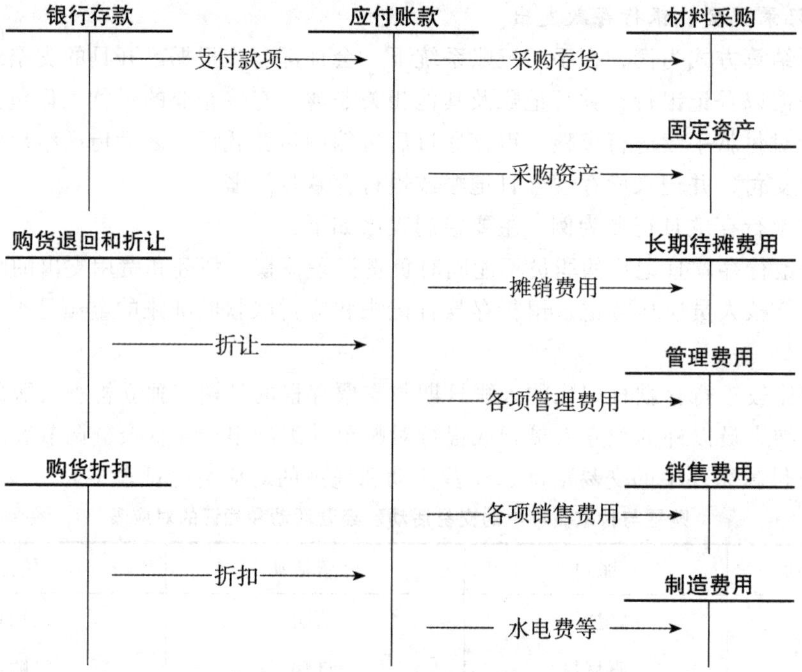

图3-1 购置与付款循环账户钩稽关系示意图

由于采购的对象可能是存货、固定资产、其他资产、各项费用等，而且付款的方式可能有多种，因而购置与付款循环涉及的账户很多，在每个账户下又可能涉及多种明细分类账，因此，该业务循环的审计要比其他业务循环的审计花费更多的时间。图3-1揭示了应付账款账户在该循环中的枢纽地位，一项交易要么借记应付账款，要么贷记应付账款。在实际工作中，还有一些交易直接采用转账交易钱货两清或小额现金付款，这种情况不涉及应付账款账户。

第二节 购置与付款循环控制测试与交易的实质性程序

在审计过程中，应收账款、应付账款、存货、费用和固定资产账户的余额细节测试工作量很大，很费时间，这几个账户中有四个直接与购置与付款循环相关。所以，需要注册会计师验证购置与付款循环相关的内部控制是否有效，如果验证结果表明购置与付款循环相关内部控制是有效的，也就是控制风险评价为低风险，那么可以减少相关账户的细节测试，从而提高审计效率，节约审计时间。对购置与付款循环相关内部控制有效性的验证是通过控制测试和双重目的测试来进行的。

总体来说，购置与付款循环的控制测试和实质性程序大致可以分为采购审计测试和付款审计测试两部分。采购审计测试涉及采购经营活动中的请购、订购、验收、存储四项活动；付款审计测试涉及确认并记录负债、付款申请、付款、记录资金支出四项活动。图3-2列示了实施购置与付款循环中的控制测试和实质性程序的过程。

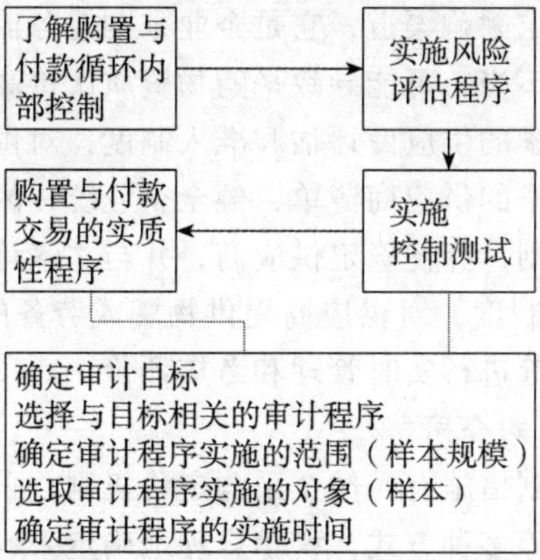

图3-2 购置与付款循环中的控制测试和交易实质性程序的设计方法

一、了解购置与付款循环内部控制

审计人员可以获取并了解被审计单位的购置与付款业务流程图、复核被审计单位的内部控制自我评价材料（如内部控制调查表）以及实施穿行测试，从而实现对购置与付款循环内部控制的了解。对购置与付款循环内部控制的了解与其他交易循环所执行的程序类似。

（一）编制需求计划和采购计划

采购业务从计划（或预算）开始，包括需求计划和采购计划。在企业实务中，需求部门一般根据生产经营需要向采购部门提出物资需求计划，采购部门根据该需求计划归类汇总平衡现有库存物资后，统筹安排采购计划，并按规定的权限和程序审批后执行。该环节的主要风险是需求或采购计划不合理，未按实际需求安排采购或随意采购，甚至与企业生产经营计划不协调等。其主要内部控制措施有：各部门应当根据实际需求准确、及时编制需求计划，且不能指定或变相指定供应商，对独家代理、专有、专利等特殊产品应提供相应的独家代理、专有资料，经专业技术部门研讨后，送交具备相应审批权限的部门或人员审批；在制订年度生产经营计划的过程中，企业应当根据发展目标和实际需要，并结合库存和在途情况，科学安排采购计划，从而防止采购数量过多或过少；采购计划应纳入采购预算管理，经相关负责人审批后，作为企业刚性指令严格执行。

（二）请购

请购是指企业生产经营部门根据采购计划和实际需要提出的采购申请。该环节的主要风险是缺乏采购申请制度，请购未经适当审批或超越授权审批，可能导致采购物资过量或短缺，从而影响企业正常的生产经营。其主要内部控制措施有：建立采购申请制度，依据购买物资或接受劳务的类型，确定归口管理部门，并授予其相应的请购权，明确相关部门或人员的职责权限及相应的请购程序；具有请购权的部门对于预算内采购项目，应当严格按照预算执行进度办理请购手续，并根据市场变化提出合理采购申请，对于超预算和预算外采购项目，应先履行预算调整程序，由具备相应审批权限的部门或人员审批后，再办理请购手续；具备相应审批权限的部门或人员审批采购申请时，应重点关注采购申请内容是否准确、完整，是否符合生产经营需要，是否符合采购计划，是否在采购预算范围内等，对不符合规定的采购申请，应要求请购部门调整请购内容或拒绝批准。

（三）选择供应商

选择供应商，也就是确定采购渠道，它是企业采购业务流程中非常重要的环节。该环节的主要风险是供应商选择不当，可能导致采购物资质次价高，甚至出现舞弊行为。其主要内部控制措施有：建立科学的供应商评估和准入制度，对供应商资质信誉情况的真实性和合法性进行审查，确定合格的供应商清单，健全企业统一的供应商网络；采购部门应当按照公平、公正和竞争的原则，择优确定供应商，并与之签订质量保证协议；建立供应商管理信息系统和供应商淘汰制度，对供应商提供物资或劳务的质量、价格、交货及时性、供货条件及资信、经营状况等进行实时管理和考核评价。

（四）发出订单或订立采购合同

这一环节的主要内部控制措施有：健全采购定价机制，采取协议采购、招标采购、询价比价采购、动态竞价采购等多种方式，科学合理地确定采购价格，对标准化程度高、需求计划性强、价格相对稳定的物资，通过招标、联合谈判等公开竞争方式签订框架协议；对拟签订合同的供应商的主体资格、信用状况等进行风险评估，以确保供应商具备履约能力；根据确定的供应商、采购方式、采购价格等情况，拟定采购合同，准确描述合同条款，明确双方权利、义务和违约责任，按照规定权限签署采购合同，对于影响重大、涉及较高专业技术或法律关系复杂的合同，应当组织法律、技术、财会等专业人员参与谈判，必要时可聘请外部专家参与相关工作。

（五）验收

验收是指企业对采购物资和劳务的检验接收，以确保其符合合同规定或产品质量要求。该环节的主要风险是验收人员不独立、验收标准不明确、验收程序不规范、对验收过程中存在的异常情况不作处理，可能造成账实不符、采购物资损失。其主要内部控制措施有：验收人员要独立于采购人，制定明确的采购验收标准，结合物资特性确定必检物资目录，规定此类物资出具质量检验报告后方可入库；验收机构或人员应当根据采购合同及质量检验部门出具的质量检验证明，重点关注采购合同、发票等原始单据，并与采购物资的数量、质量、规格型号等核对一致；对验收合格的物资，填制入库凭证，加盖物资“收讫”章，登记实物账，及时将入库凭证传递给财会部门；物资入库前，采购部门须检查质量保证书、商检证书或合格证等证明文件。验收时涉及技术性强的、大宗的、新特物资，还应进行专业测试，必要时可委托具有检验资质的机构或聘请外部专家协助验收；对于在验收过程中发现的异常情况，比如无采购合同或大额超采购合同的物资、超采购预算采购的物资、毁损的物资等，验收机构或人员应当立即向企业有权管理的相关机构报告，相关机构应当查明原因并及时处理。对于不合格物资，采购部门依据检验结果办理让步接收、退货、索赔等事宜。对延迟交货造成生产经营损失的，采购部门要按照合同约定索赔。

（六）付款

付款是指企业在对采购预算、合同、相关单据凭证、审批程序等内容审核无误后，按照采购合同规定及时向供应商办理支付款项的过程。该环节的主要风险是付款审核不严格、付款方式不恰当、付款金额控制不严，可能导致企业资金损失或信用受损。其主要内部控制措施有：严格审查采购发票等票据的真实性、合法性和有效性，判断采购款项是否确实应予支付。例如审查发票填制的内容是否与发票种类相符、发票加盖的印章是否与票据的种类相符，是否附有验收记录，付款申请是否经过具有相应权限人员的批准等；合理选择付款方式，并严格遵循合同规定，防范付款方式不当带来的法律风险，保证资金安全，除了不足转账起点金额的采购可以支付现金外，采购价款应通过银行办理转账；加强预付账款和定金的管理，涉及大额或长期的预付账款，应当定期进行追踪核查，综合分析预付账款的期限、占用款项的合理性、不可收回风险等情况，发现有疑问的预付账款，应当及时采取措施，尽快收回款项。

（七）会计控制

会计控制主要是指采购业务会计系统控制。该环节的主要风险是缺乏有效的采购业务会计系统控制，未能全面真实地记录和反映企业采购各环节的资金流和实物流情况，相关会计记录与相关采购记录、仓储记录不一致，可能导致企业采购业务未能如实反映，以及采购物资和资金受损。其主要内部控制措施有：企业应当加强对采购、验收、付款业务的会计系统控制，详细记录供应商信息、采购申请、采购合同、验收证明、入库凭证、退货信息、商业票据、款项支付等情况，做好采购业务各环节的记录，确保会计记录、采购记录与仓储记录核对一致；指定专人定期向供应商进行对账，核对应付账款、应付票据、预付账款等往来款项，对供应商提出的异议应及时查明原因，经具有相应权限的人员批准后，作出相应调整。

二、实施风险评估程序

一方面为了避免发表不恰当审计意见，降低审计风险；另一方面从审计效率角度考虑，注册会计师应对被审计单位实施风险评估程序，为识别和评估财务报表层次和认定层次的重大错报风险提供基础。风险评估程序在承接业务之后就开始实施了，财务报表层次的重大错报风险主要在审计计划阶段实施，本节主要关注认定层次的重大错报风险。注册会计师应保持高度的职业谨慎，认真了解被审计单位购置与付款业务的环境、过程和内部控制情况，确定认定层次的重大错报风险。

注册会计师可以对管理层及购置与付款业务相关经办人员、内部审计人员等进行询问，还可以采用分析程序、观察和检查等方法进行风险评估。被审计单位如果是一个老客户，审计人员还应当确定被审计单位及其环境自以前年度审计后是否已发生变化，以及对本期审计的影响。

购置与付款循环中常见的重大错报风险可能有：

1.通过采购活动实现资产转移。高层管理人员或业务经办人员以高出正常的价格向潜在的利益方采购大宗商品（资产）或劳务，或者每次金额都不大但频繁地采购，从而造成公司的资产流失。该类风险可能涉及高层人员的舞弊，以及公司治理结构的弱化。

2.虚构采购业务。公司可能虚构采购业务，制造支出的假象，从而掩盖已有的损失或资金支出。比如，公司的资金已被挪用，但账面还显示有大量资金，期末对账时必然因账实不一致而被发现，所以虚构支出项目以平衡账目。虚构的手法或者是虚构采购资产的数量，最极端的情况就是虚构毫不存在的采购，或者是虚构采购资产的价格。常见的手法主要是虚构存货采购，因为存货总是在不断地被购入和销售，随着在生产过程中不断消耗，存放地点和存在形态不断变化，确定其数量常常比较困难。特殊存货的价格同样难以评估和确认，计价方法也有多种。因此，复杂的存货账户体系往往成为极具吸引力的舞弊对象。

3.通过采购活动调节利润。被审计单位可能受业绩驱动，如首发上市、达到业绩承诺或避免股票被摘牌，采用低价买进资产（商品）然后高价卖出的行为，从而实现虚增利润。该类采购活动的特点是一般没有与采购金额相同的资金支出相匹配，仅仅是账面上的采购活动。

4.隐瞒采购活动，低估应付账款。有些企业出于融资需要，保持较低的负债比率而隐瞒采购活动，从而少计应付账款，或者推迟入账的时间至下期。

5.资本性支出与费用性支出混乱。企业如把应当及时计入损益的费用资本化，然后通过资产的逐步摊销予以消化，那么会虚增当期利润；也可能为了逃避税收而将资本性支出费用化从而减少当期利润。

6.私人采购或费用支出记入公司账目，侵占公司资产。该类事项一般与验收控制和费用审核控制的薄弱有关。

总之，当被审计单位的治理结构存在缺陷时，注册会计师应关注采购支出的真实性，当被审计单位具有利润压力时，应关注采购支出的完整性，同时，购置与付款业务还经常涉及资产的计价准确性、资本性支出和费用支出的分类认定。

注册会计师应当针对所评估的认定层次重大错报风险来设计和实施进一步审计程序，包括审计程序的性质、时间和范围。注册会计师设计和实施的进一步审计程序的性质、时间和范围，应当与评估的认定层次重大错报风险具有明确对应关系，也就是要求注册会计师实施的审计程序具有目的性和针对性，有的放矢地配置审计资源，从而提高审计效率和效果。进一步审计程序是指注册会计师针对评估的各类交易、账户余额、列报（包括披露，下同）认定层次重大错报风险实施的审计程序，包括控制测试和实质性程序。

三、实施控制测试

注册会计师在确定主要内部控制及控制薄弱环节后，要估计相关控制的控制风险。如果在评估认定层次重大错报风险时，预期控制的运行是有效的，注册会计师打算依赖这些控制，那么需要执行控制测试，以进一步确认控制是否达到预期的有效水平。如果控制测试的结果证实了当时对控制有效的预期，那么注册会计师就能够减少实质性程序的工作量。如果被审计单位是一家上市公司，那么注册会计师还必须测试和记录控制确保足以对被审计单位财务报告内部控制发表意见。

在设计和实施控制测试时，注册会计师可以将询问与其他审计程序结合使用，以获取有关控制运行有效性的审计证据。注册会计师还需要确定拟测试的控制是否依赖其他控制（间接控制）。如果依赖其他控制，那么确定是否有必要获取支持这些间接控制有效运行的审计证据。审计人员获取的有关控制运行有效性的证据应当包括：控制在所审计期间的相关时点是如何运行的；控制是否得到一贯执行；控制由谁或以何种方式执行。

购置与付款循环控制测试包括以下三个步骤：针对了解的被审计单位购置与付款循环的控制活动，确定拟进行测试的控制活动；测试控制活动运行的有效性，记录测试过程和结论；根据测试结论，确定其对实质性程序的性质、时间和范围的影响。

表3-2列示了购置与付款循环的主要业务活动、控制目标、控制活动和控制测试程序之间的对应关系，在进行控制测试时，可以参考执行。

表3-2　　购置与付款循环的目标、认定、控制活动与控制测试程序之间的关系

主要业务活动	控制目标	受影响的相关交易和账户余额及其认定	常用的控制活动	控制测试程序
采购	采购计划安排合理		企业应当建立采购申请制度，依据购买物资或接受劳务的类型，确定归口管理部门，并授予其相应的请购权，明确相关部门或人员的职责权限及相应的请购和审批程序	检查采购制度及岗位说明书
	只有经过核准的采购订单才能发给供应商	应付账款：存在	管理层必须核准所有采购订单，对非经常性和超过特定金额的采购，以及其他特殊的采购事项，应取得较高层次管理层的核准，并适当记录	根据请购单，抽取采购订单并检查是否得到适当审批
	已记录的采购订单内容准确	应付账款：计价和分摊	由不负责输入采购订单的人员比较采购订单数据与支持性文件（如请购单）是否相符	观察岗位是否分离，抽取样本检查核对记录
	采购订单均已得到处理	应付账款：完整性	采购订单连续编号，采购订单的顺序已被核对	抽取采购信息报告，检查其是否已复核，如有不符，是否已经及时调查和处理
	供应商选择恰当	应付账款：权利和义务、计价和分摊	大宗采购应当采用招标方式，合理确定招投标的范围、标准、实施程序和评标规则；一般物资或劳务等的采购可以采用询价或定向采购的方式并签订合同协议	根据采购订单，抽取询价报告、购买合同，检查是否得到适当审批
材料验收与仓储	已验收材料均附有有效采购订单	存货：存在	验收单与采购订单应进行核对	根据采购订单，抽取验收单检查内容是否一致
	已验收材料均已准确记录	存货：计价和分摊	管理层定期复核以确保记录的正确性	根据验收单，抽取检查输入是否正确并经复核确认
	已验收材料均已记录于适当期间	存货：存在、完整性	验收单均预先连续编号并已记录	抽取验收单，检查编号
			定期由不负责日常存货保管或存货记录的人员来盘点实地存货，如有差异应及时调查和处理	取得盘点记录、差异调整记录，检查是否得到适当处理并审批

续表

主要业务活动	控制目标	受影响的相关交易和账户余额及其认定	常用的控制活动	控制测试程序
记录应付账款	已记录的采购均确已收到物品	应付账款：存在、权利和义务	对采购发票与验收单不符的事项进行调查；如果付款金额与采购发票金额不符，那么应经适当层次管理层批准	抽取采购订单、验收单和采购发票，以检查所记载的内容是否核对一致，凭证是否编制正确，是否经适当审批
	已记录的采购交易计价正确	应付账款：计价和分摊	定期与供应商对账，如有差异要及时进行调查和处理	取得应付账款核对记录，检查是否核对一致，若有差异分析原因
	与采购物品相关的义务均已确认并记录至应付账款	应付账款：完整性		
	采购物品交易记录于适当期间	应付账款：存在、完整性		
付款	仅对已记录的应付账款办理支付	应付账款：完整性	管理层在核准付款前复核支持性文件；在签发支票后注销相关文件	抽取付款凭证，检查其是否经由财务经理复核和审批，并检查有关付款申请表等附件是否齐全，是否得到适当人员的复核和审批，并在所有单证上加盖"核销"印戳
	准确记录付款	应付账款：计价和分摊		
	付款均已记录	应付账款：存在	定期将日记账中的付款记录与银行对账单进行核对	抽取银行存款余额调节表，以检查编制是否正确，是否得到适当人员的复核和审批
	付款均于恰当期间进行记录	应付账款：存在、完整性		
维护供应商档案	对供应商档案的变更均为真实的、有效的	应付账款：存在、完整性	核对供应商档案变更记录和原始授权文件，确定已正确处理	抽取更改申请表，检查其是否已经审批
	供应商档案变更均已进行处理	应付账款：完整性	管理层定期复核供应商档案的正确性并确保其及时更新	抽取供应商档案，检查其是否已及时更新
	对供应商档案变更均已于适当期间进行处理	应付账款：权利和义务、存在、完整性		

在进行控制测试时，注册会计师还应注意以下几点：

1.注册会计师在实施控制测试时一般采用属性抽样审计方法，也就是考察某种类型的错误会出现多少次。注册会计师在抽样中通常选择较低的可容忍误差。另外，在抽样中要注意分层，将金额较大的采购事项和不常见项目筛选分离出来，单独对全部项目进行测试。

2.注册会计师在实施控制测试时，应抽取请购单、订购单和商品验收单，以检查请购单、订购单是否得到适当审批，验收单是否有验收人员的签字，订购单和验收单是否按顺序编号。有些被审计单位的内部控制要求应付账款会计应定期汇总该期间生成的所有订购单并与请购单核对，编制采购信息报告。对此，注册会计师在实施控制测试时，应抽取采购信息报告，检查其是否已复核相符，如有不符，是否已经及时上报并处理。

3.对于编制付款申请单、确认与记录负债这两项主要业务活动，被审计单位的内部控制通常要求应付账款会计将采购发票所载信息与验收单、订购单进行核对，核对相符后应在发票上加盖“相符”印戳。对此，注册会计师在实施控制测试时，应抽取订购单、验收单和采购发票，检查所记载信息是否核对一致，以及发票上是否加盖了“相符”印戳。有些被审计单位的内部控制要求应付账款会计按期编制账龄分析报告，其内容还包括应付账款总额与应付账款明细账合计数以及应付账款明细账与供应商对账单的核对情况。如有差异，主管人员将立即进行调查，如调查结果表明需调整账户记录，将编制应付账款调节表和调整建议。对此，注册会计师在实施控制测试时，应抽取应付账款调节表，检查调节项目与有效的支持性文件是否相符，以及是否与应付账款明细账相符。

4.对于付款业务，有些被审计单位要求由应付账款会计负责编制付款凭证，并附相关单据，提交主管人员审批。在完成对付款凭证及相关单证的复核后，主管人员在付款凭证上签字，作为复核证据，并在所有单证上加盖“核销”印戳。对此，注册会计师在实施控制测试时，应抽取付款凭证，以检查其是否经由主管人员复核和审批，并检查款项支付是否得到授权人员的复核和审批。

5.在对被审计单位的固定资产实施控制测试时应注意：

（1）审查固定资产的预算执行情况。注册会计师应选取固定资产投资预算和投资可行性论证报告，以检查其是否编制预算并进行论证，以及是否经适当层次审批；对实际支出与预算之间的差异以及未列入预算的特殊事项，应检查其是否履行特别的审批手续。如果固定资产增减均能处于良好的经批准的预算控制之下，那么注册会计师即可适当减少对固定资产增减实施的实质性程序的样本量。

（2）检查固定资产采购的授权审批情况。注册会计师不仅要检查被审计单位固定资产授权审批制度本身是否设计良好，而且要检查采购合同以及审批手续，并关注授权审批制度是否得到有效执行。

（3）检查固定资产是否均已登记造册，建立了固定资产卡片，及时、充分反映了固定资产的取得、维护、更新、处置情况。

（4）关注资本性支出和费用性支出的区分是否明确，是否严格按照企业会计准则的规定进行恰当的会计处理。

（5）对于固定资产的处置制度，注册会计师应当关注被审计单位是否建立了有关固定资产处置的分级申请报批程序；抽取固定资产盘点明细表，检查账实之间的差异是否经审批后及时处理；抽取固定资产报废单，检查报废是否经适当批准和处理；抽取固定资产内部调拨单，检查调入、调出是否已进行适当处理；抽取固定资产增减变动情况分析报告，检查是否经复核。

(6) 了解和评价企业固定资产盘点制度，并应注意查询盘盈、盘亏固定资产的处理情况；抽取固定资产保险单盘点表，检查是否已办理财产保险。

6.对在建工程项目的内部控制测试，除了与固定资产控制测试有类似之处外，注册会计师还应关注对各类工程款、材料设备款及其他费用的支付是否符合相关法规、制度和合同的要求；检查是否按规定办理竣工决算、实施决算审计。

四、购置与付款交易的实质性程序

从逻辑顺序上讲，实施控制测试之后，应该根据控制测试的结果确定实质性程序的范围，然后根据审计目标选择设计实质性程序的类型，即分析程序和余额细节测试。在实际执行过程中视被审计单位的业务规模情况而定，如果是一般规模的企业，许多业务控制活动的控制测试涉及对业务凭证的审核，审核的重点在于控制测试的程序是否落实，为提高审计效率，此时一般同时实施实质性程序，称为双重目的测试；如果是大规模企业，业务量巨大，那么需要先行进行控制测试，然后在此基础上抽样实施细节测试。各项与交易相关的审计目标和常见的控制活动、控制测试和交易实质性程序见表3-3。

从表3-3可以看出采购交易循环审计目标和常见的控制活动之间的关系、控制活动和控制测试之间的对应关系，以及审计目标和交易实质性程序之间的关系。采购交易实质性程序的范围取决于采购交易风险评估控制测试的结果，如果控制测试的结果表明控制风险为低水平，那么实质性程序可以主要采用分析程序，并在较小范围内实施余额细节测试。

在表3-3列示的6个与交易相关的审计目标中有4个审计目标更为重要，许多资产、负债和费用账户的准确性都依赖采购日记账中的交易记录的准确性。具体而言，这4个目标是：

1.记录的采购交易均已发生，并符合客户利益（发生）。如果对采购交易循环实施风险评估程序后，注册会计师将相关风险评价为低水平，且对相关内部控制的有效性感到满意，那么就可以减少专门针对虚构的采购交易而实施的测试程序。有效的内部控制可以防止记录虚构的采购交易，也可以防止采购交易的重复入账，还能防止被审计单位管理层通过采购活动实现资产转移或者将私人采购或费用记入公司账务。有时候不适当的交易非常容易判断，如未经授权采购个人用品，而在有些情况下很难评判采购交易是否符合客户利益，如管理层的业务招待费、汽车采购、差旅交通费、高级俱乐部的会员费等，因为无法判断这些支出的必要性，能为公司带来的收益也是不确定的。如果对不恰当或虚构的交易控制不足，那么审计人员就需要扩大审计范围，以获取更多的证据支持。

2.发生的采购交易均已入账（完整性）。漏记、少记已发生的商品采购或劳务支出，会影响应付账款余额，并导致本期利润和所有者权益虚增。所以，在购置与付款循环审计中，审计人员应特别关注完整性审计目标。在某些情况下，仅通过执行余额细节测试来确定是否存在未记录的交易非常困难，此时审计人员必须采用控制测试来实现该目标。当被审计单位依靠高度自动化的系统来实施采购活动而采购的对象又难以进行验收时，很难确认采购活动的完整性，只有通过对采购交易控制的有效性进行测试来确定该项控制能否防止少记、漏记。中国注册会计师审计准则规定，当仅实施实质性程序并不能够提供认定层次充分、适当的审计证据时，注册会计师应当设计和实施控制测试，针对相关控制运行的有效性，获取充分、适当的审计证据。另外，与之对应的应付账款的审计通常要耗费大量时间，如果被审计单位相关控制有效，进行适当的控制测试可以大大提高审计效率，降低审计成本。

表3-3 **采购交易的审计目标、控制活动、控制测试和实质性程序对应表**

审计目标	控制活动	控制测试	实质性程序
记录的采购交易均已发生，并符合客户利益（发生）	请购单、订购单、验收报告和采购发票齐全	审核所附单据是否齐全及真实性	复核相关资产明细账、总账和应付账款记账凭证，看是否有大额或异常交易
	采购得到具有权限人员的批准	审核批准痕迹	审核重要凭证的可靠性
	供应商是经过审核的已有供应商	抽查采购交易是否有供应商档案，并比对其日期的先后	审核供应商档案，看是否有异常
	已入过账的业务单据要有入账标记，防止重复入账	审核入账标记	追查存货、固定资产等采购至原始凭证
	请购单、订购单、验收报告和采购发票之间要进行核对		
发生的采购交易均已入账（完整性）	订购单预先连续编号	检查前述单据是否连续编号	从验收报告追查至采购资产日记账
	验收报告预先连续编号		从采购发票追查至采购资产日记账
	付款申请单预先连续编号		
采购交易记录的准确性（准确性）	对计算过程进行验证	检查验证痕迹	将明细账与原始凭证进行核对是否一致
	原始凭证、汇总清单和明细账、总账之间核对	检查核对记录	重新计算以验证入账准确性
	采购价格和折扣经过批准	检查是否有批准签字	
采购交易账面记录金额计算无误（准确性）	对应付账款记账凭证进行审核	检查审核记录	由采购清单追查至总账、应付账款和相关资产费用明细账，核查是否准确
	应付账款记账凭证汇总额与总账余额核对		
采购交易已记入了正确的账户（分类）	对记账凭证进行审核		复核可疑记账凭证
采购交易记录于正确的期间（及时性）	交易发生后2日内必须入账	观察是否有未按时入账的发票	将采购发票、验收单、记账凭证上的日期相互核对
	对入账时间进行审核	检查审核记录	

3.采购交易账面记录金额计算无误（准确性）。一项采购交易业务，同时涉及资产（费用）和负债账户，所以，审计人员对采购交易账面记录金额准确性的相关控制效果的评价会影响到相关资产（费用）账户（如存货、固定资产、管理费用等）的余额细节测试范围。例如，如果审计人员认为固定资产采购的入账金额计算准确，入账时存有有效的入账凭证依据，且经过了有效的审核，那么相比较控制不足时可以较少进行本期采购的细节测试。如果被审计单位采用永续盘存制记录存货，且审计人员经过了解后认为该系统的记录是准确的，那么就可以减少存货的细节测试。在永续盘存制下，对存货采购内部控制的测试是购置与付款循环控制测试的重要组成部分。因为在存货的永续盘存记录中包含了存货的数量和价格信息，所以，如果存货相关内部控制有效就可以减少对存货实物数量的验证（监盘）和价格的测试（计价测试）。

4.采购交易已记入了正确的账户（分类）。审计人员在对内部控制进行了解和测试后认为其能够合理保证采购交易记入了正确的账户，就可以相应减少对该类认定的细节测试。涉及分类认定的主要业务是资本性支出和费用性支出的划分，如采购固定资产应记入"固定资产"科目，然后逐期进行摊销；日常维修、广告、业务招待等开支应记入费用类科目。如果分类认定相关的内部控制存在缺陷不能加以信赖，那么针对资本性支出和费用性支出的分类测试要耗费大量时间。

同表3-3类似，表3-4列示了现金支出交易的审计目标、与目标对应的常见控制活动、控制测试和交易的实质性程序，现金付款的实质性程序与采购交易的实质性程序相同或类似，所以，审计人员一般同时执行针对采购和现金支出的测试程序。如从采购申请单追查至采购发票和付款记录存根，或从验收记录追查至采购发票、相关资产日记账和付款记录等，这样既提高了审计的效率，又使得各证据之间相互印证，从而能够提高审计的效果。

表3-4 **付款交易的审计目标、控制活动、控制测试和实质性程序对应表**

审计目标	常见的控制活动	控制测试	实质性程序
账面中的资金支出是已收到的商品和劳务（发生）	应付账款会计与付款业务的不相容职务分离	访谈、观察前述员工工作	检查库存现金日记账、总账和应付账款明细账，看是否存在大额或异常交易
	付款应经过具有相应权限人员的批准	检查签字	从付款凭证追查至采购资产明细账，并检查收款人的真实性
	付款前应由会计人员审核手续是否齐全	访谈、观察前述员工工作	核对付款的审批签字，核对采购发票、验收报告等支持性文档
所有资金支付均已入账（完整性）	支票预先连续编号	检查支票的连续编号情况	亲自编制调节表调节付款记录（重新执行）
	由非出纳人员领取银行对账单并按月编制银行存款余额调节表	检查银行存款余额调节表的编制情况	

续表

审计目标	常见的控制活动	控制测试	实质性程序
资金支付已正确入账，并正确汇总（过账与汇总）	对应付账款记账凭证进行审核	检查审核记录	加总应付账款记账凭证追查至总账，核对其准确性
	记账凭证汇总数与科目汇总表、总账相核对	检查核对记录	
资金支出已记入正确账户（分类）	对记账凭证进行审核	检查审核记录	从日记账追查至采购资产明细账及发票，复核账户的正确性
资金支付的入账时间正确（及时性）	制定办理支付后立即入账的规定	检查是否有前述规定，并观察是否得到执行	将银行回单上的日期与日记账上的日期相核对
	对记账凭证的日期进行审核	检查审核记录	将支票存根上的日期与日记账上的日期相核对

第三节　应付账款的审计程序

教学视频3-2

应付账款审计

由图3-1可以看出，应付账款账户在购置与付款循环中处于枢纽地位，所有的购置与付款循环交易一般都要经过该账户，因此该账户的审计很重要。应付账款是指因购买材料、商品或接受劳务供应而发生的债务。在实务中，被审计单位采购原材料、低值易耗品、库存商品等各种存货，采购固定资产、无形资产，接受修理加工、电信服务等，期末未结清账款都会形成应付账款。

注册会计师应注意应付账款与其他融资性债务的区别。如果合同约定是分期付款或超过一年支付采购资产价款，可能形成长期应付款；如果是租入资产确认使用权资产时会形成租赁负债；如果采用商业汇票进行结算，那么形成应付票据；如果是公开发行债券，那么形成应付债券；如果是向特定对象借入资金，那么形成短期借款（或长期借款）；如果是形成了与经营无关的债务，那么可能形成其他应付款。

应付账款余额细节测试的程序和范围取决于购置与付款循环风险评估的结果和控制测试的结果。如果风险评估的结果为低风险，而且控制测试的结果表明应付账款相关控制是有效的，那么审计人员可以缩小应付账款余额细节测试的范围，只需对较少的样本量进行测试即可。但是，由于应付账款账户很重要，因此，审计人员不能不执行余额细节测试而只实施分析程序。

一、应付账款相关经营风险评估

不同类型的企业，其采购过程差异很大，有些紧缺产品（如紧缺芯片、内存、茅台酒）的采购需要预付资金并等待较长的排货期，而有些规模较大的企业拥有庞大的供应商团体为其提供配套产品和服务，如知名汽车厂商和手机厂商，且主导企业在采购交易中拥有很强的话语权、享有更为优惠的账期和折扣，甚至要求供应商采用遵循主导企业交易习惯的业务处理系统，采用能与主导企业协同、联机的信息系统，从而提高主导企业采购交易的效率，进而增进与供应商的信息共享，更强调采购管理的实时性。还有一些采购交易涉及复杂的支付手段或更多的表外事项，如供应链金融服务，采购附带担保、反担保或其他财务承诺等。也有一些企业处于高速发展阶段，涉及大量的采购，分权管理模式下采购权限被下移至较低的层级。这些情况都可能导致增加应付账款的风险，如供应商可能更容易通过系统接触应付账款记录，允许他们连续监督应付账款余额的情况并对交易进行详细核对，如果对该类接触缺乏有效控制，那么就增加了数据错报的风险。另外，对整个公司供应链中的存货实物流转过程的不断改进，也增加了截止认定的困难。审计人员必须了解这些采购过程和信息系统的处理过程，以评价被审计单位经营风险是否对应付账款重大错报产生影响。应付账款审计设计示意图如图3-3所示。

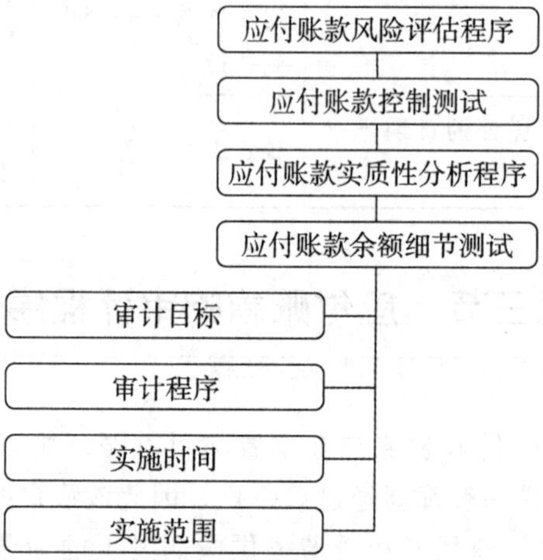

图3-3 应付账款审计设计示意图

二、确定重要性水平和评价固有风险

采购交易一般都涉及应付账款，其明细账户很多，有些账户经常发生，有些账户不经常发生，余额大小分布范围也很广，因而审计该账户需要大量的时间和精力。所以，从效率的角度考虑，在分配重要性水平时，审计人员一般给应付账款分配较高的重要性水平，同时将其固有风险初步评价为中等水平或高水平。由于应付账款是负债类账户，其余额容易被低估，所以，审计人员应重点关注应付账款的完整性，以及与完整性相关的截止目标。

三、应付账款内部控制

应付账款内部控制涉及采购、验收以及应付账款会计部门的所有业务活动，其控制的目标在于合理保证企业一定会收到所有付款的对价，也就是在付款核准之前，必须证明已经收到符合合同条款质量、数量的货物。有效控制的第一要素是不相容职务的有效分离，而且只有在采购、验收、会计和财务部门审核之后才可以向债权人支付资金。所有的采购交易都应有顺序编号的订单或合同作为证明，订购单的其中一联送交应付账款部门，并应与采购发票、验收报告核对一致。

验收部门不应隶属于采购部门。收到货物后应填写验收报告，验收报告必须按顺序编号并一式多联，及时发送给应付账款、采购和仓储部门。小型公司常利用卖方装箱单直接核对作为验收报告。

应付账款部门内，各类文件表格均应注明收件日期，该部门所开具的凭证、文件均应连续编号。应付账款入账之前应对证明材料进行复核，复核的内容包括核对验收文件、核对发票、验证乘积、汇总和现金折扣的适当性等，然后填写复核记录表，责任人员在每完成一项复核步骤时，必须在对应的核对记录上签字。将发票上的数量和订购单、验收报告中所列信息认真核对，可以避免超付货款。将订购单上所列单价、折扣和运送条件与卖方发票核对，可以防止付款高于原定价格。

将发票的验证、审批职能和支付资金的职能分开，是防止错误和舞弊的另一步骤，在审批付款时，应提供附有记录交易事项的各方面均已经复核的书面证据。应付账款会计应定期（比如按月）编制试算表，并将应付账款明细账和总分类账按月轧平，从而有助于发现错误。

应付账款会计应将供应商月对账单与应付账款明细账或未付款凭证明细表相核对并编制调节表，分析、上报差异及原因。有些企业通常先行给供应商预付款项，之后取得发票时按百分比扣回，使用这种方式进行交易的，审计人员应查明付款之后所采取的控制程序，是否能够合理保证按照合同规定从发票中扣回款项。

四、应付账款控制测试与分析程序

在进行重要性水平设定并评价固有风险之后，审计人员应对应付账款内部控制进行了解，以评价控制风险。在实际中，对内部控制的了解和风险评估是同时进行的，前者本身就是后者程序的一部分。注册会计师可以编制流程图或利用被审计单位的流程图来了解被审计单位应付账款的内部控制，也可以通过文字描述和问卷调查的方式获取应付账款内部控制的摘要。常见的问题如下：是否按月编制应付账款试算表并与总账调节相符？供应商对账单是否定期和应付账款明细账或未付凭单相调节？有关发票价格、数量或计算上的差异是否要求供应商退货或冲销、退款？

审计人员要对明细账向总账的过账准确性进行抽查，要对应付账款总账金额的准确性进行确认，应追查连续一个月（或以上）的应付凭单登记簿和资金支出日记账，还应抽查其他相关采购账户明细账过入总账的记录。这项工作可以在资产负债表日前完成，作为各项记录中的过账部分的一般性遵循测试。同时，审计人员还应检查在整个被审会计期间总账账户的所有记录以确定有无特殊项目。

审计人员要核对所选应付账款明细账中的各笔记录的附件凭证。从资金支出日记账和采购明细账逆查特殊项目的原始凭证（如订购单、验收报告、发票和支票存根），以验证应付凭单登记簿或应付账款明细账的正确性。如果采购、验收、发票复核和资金支付等职能分别由各独立部门负责，而且内部控制又很有效，那么从明细账内个别项目追查至原始记录就可以确定内部控制是否得到了适当遵守。审计人员也可以从审计轨迹的相反方向进行抽查，从日记账中各记录的代表样本追查至应付账款账户，就可以验证日记账中的各记录是否一贯地过入了明细账。

审计人员还要对现金折扣的内部控制进行测试。审计人员关注购货折扣基于两种可能，即经办人员舞弊和未取得折扣的意外损失。一些舞弊案发生在折扣期限内以发票金额支付款项，然后相关职员利用自身地位向债权人要求退款，以此中饱私囊而不必修改会计记录。在折扣分开记账时最简便的抽查方法是计算当期应获现金折扣和进货总额的比率，并与以前各期进行比较，如果有显著降低，那么表示购货条件变更、未取得折扣或者职员舞弊。

审计人员对应付账款实施实质性程序的范围取决于应付账款相关内部控制的有效性。内部控制有效性越高，需实施的实质性程序范围就越小，反之则越大，所以必须考虑相关内部控制对应付账款的影响。购置与付款循环内部控制有效的证据有：采购验收时填有预先编号的验收报告；所有付款申请都经过具有权限人员的书面批准，并及时办理支付，及时记入应付账款明细账和资金日记账；按月将供应商的对账单与应付账款明细账中的余额进行比较核对并调整相符，然后随之更新应付账款总账，而且应该由独立的人员或程序来完成。购置与付款循环内部控制不健全、有效程度不足的证据有：没有完整有效的验收记录；应付账款入账不及时，直到付款时才入账，甚至未入账；应付账款往往延期支付，在这种情况下，说明应付账款相关控制风险水平较高，需要降低重要性水平，在较大的范围内进行应付账款的余额细节测试。

在进行控制风险估计之后，审计人员需要根据估计的风险水平设计相应的控制测试、分析程序。在采购循环审计中，分析程序非常重要，有助于审计人员发现未入账的应付账款和需要进一步重点关注的领域。在审计实务中，审计人员可以根据被审计单位的实际情况，选择以下方法对应付账款执行实质性分析程序：

1.将应付账款本期期末余额与上期期末余额进行比较，分析波动原因。

2.分析账龄较长的应付账款，与被审计单位进行沟通，判断被审计单位是否缺乏偿债能力或利用应付账款隐瞒利润；注意其是否可能无须支付，对确实无须支付的应付账款的会计处理是否正确，依据是否充分；关注账龄超过3年的大额应付账款在资产负债表日后是否偿还，检查偿还记录及披露情况。

3.计算应付账款与存货的比率、应付账款与流动负债的比率，并与以前年度相关比率进行对比分析，以评价应付账款整体的合理性。

4.分析存货和营业成本等项目的增减变动情况，以判断应付账款增减变动的合理性。

费用账户中的错报也会导致对应应付账款的错报。一般而言，企业每年相同费用发生的金额会较为稳定或随收入同比例变化。审计人员可以将本年发生的费用支出金额与以前年度进行比较，以发现应付账款和费用账户中的错报。

五、应付账款余额细节测试

对于资产和负债，审计人员关注的重点要有所差异。对于资产类项目，审计人员重点关注其是否被高估，也就是重点关注“存在性”，对应的审计程序是函证、监盘、查看实物、检查原始凭证等；而对于负债类项目，审计人员一般侧重于关注其是否被低估，即重点关注其“完整性”，在实务中需要运用从原始凭证追查至明细账、分析程序、询问等多种审计程序以检查其是否被隐瞒或漏记。高估资产或低估负债都会造成所有者权益被高估。如果被审计单位的所有者权益被严重高估（虚增）而审计人员未能发现，那么投资者、债权人等利益相关者很可能会起诉会计师事务所，要求其承担连带责任；当被审计单位的所有者权益被低估时，利益相关者一般不会遭受经济损失，所以一般不会引发诉讼风险。但是，审计人员不能单纯以规避诉讼风险作为目标，应严格按照中国注册会计师审计准则的要求，发现所有类型的重大错报和漏报。

应付账款审计目标和应收账款审计目标很类似，但也有区别。首先，应收账款“权利和义务”中的“权利”不适用于应付账款，对于应收账款，审计人员应关注被审计单位是否拥有收回和处置该项资产的权利，而对于应付账款，审计人员则应关注是否属于被审计单位应偿还的义务；其次，应收账款的“可实现价值”目标也不适用于应付账款，当应收账款存在减值迹象时，应评价其可实现价值，而应付账款则需根据谨慎性原则全额列示反映；最后，应收账款是一项资产，在审计时应重点关注其存在性，确认其是否被高估，而应付账款是一项负债，在审计时应重点关注其完整性，确认其是否被低估。

表3-5列示了与应付账款余额相关的审计目标和常见的余额细节测试程序。具体采用的审计程序要根据被审计单位的性质、应付账款的重要性、内部控制的性质和有效性、固有风险等因素来确定。

表3-5 **应付账款审计目标、实质性程序及认定对应表**

审计目标	实质性程序	认定
应付账款以恰当的金额包括在财务报表中，与之相关的计价调整已恰当记录	获取或编制应付账款明细表：(1) 复核加计是否正确，并与报表数、总账数和明细账合计数核对是否相符；(2) 检查非记账本位币应付账款的折算汇率及折算是否正确；(3) 分析出现借方余额的项目，查明原因，必要时，作重分类调整；(4) 结合预付账款等往来项目的明细余额，调查有无同挂的项目、异常余额或与购货无关的其他款项（如关联方账户或员工账户），如有，应作出记录，并在必要时作调整	计价
所有应当记录的应付账款均已记录； 应付账款以恰当的金额包括在财务报表中，与之相关的计价调整已恰当记录	获取被审计单位与其供应商之间的对账单（应从非财务部门获取，如采购部门），并将对账单和被审计单位财务记录之间的差异进行调节（如在途款项、在途货物、付款折扣、未记录的负债等），查找有无未入账的应付账款，以确定应付账款金额的准确性	完整性、计价
	检查债务形成的相关原始凭证，如采购发票、验收报告或入库单等，查找有无未及时入账的应付账款，以确定应付账款金额的准确性	完整性、计价
资产负债表中记录的应付账款是存在的； 应付账款已按照企业会计准则的规定在财务报表中作出恰当列报	检查应付账款长期挂账的原因并作出记录，注意其是否可能无须支付；对确实无须支付的应付账款的会计处理是否正确，依据是否充分；关注账龄超过3年的大额应付账款在资产负债表日后是否偿还，检查偿还记录及单据，并加以披露	存在和发生、列报

续表

审计目标	实质性程序	认定
所有应当记录的应付账款均已记录	针对资产负债表日后付款项目，检查银行对账单及有关付款凭证（如银行划款通知、供应商收据等），询问被审计单位内部或外部的知情人员，查找有无未及时入账的应付账款	完整性
所有应当记录的应付账款均已记录	复核截至审计现场工作日的全部未处理的采购发票，并询问是否存在其他未处理的采购发票，确认所有的负债都记录在正确的会计期间内	完整性
资产负债表中记录的应付账款是存在的； 资产负债表中记录的应付账款是被审计单位应当履行的现时义务	选择应付账款的重要项目（包括零余额账户），函证其余额和交易条款，对未回函的再次发函或实施替代的检查程序（检查原始凭单，如合同、发票、验收单，核实应付账款的真实性）	存在和发生、权利和义务
所有应当记录的应付账款均已记录	针对已偿付的应付账款，追查至银行对账单、银行付款单据和其他原始凭证，以检查其是否在资产负债表日前真实偿付	完整性
资产负债表中记录的应付账款是存在的； 所有应当记录的应付账款均已记录	检查资产负债表日后应付账款明细账贷方发生额的相应凭证，关注其购货发票的日期，确认其入账时间是否合理	存在和发生、完整性
	结合存货监盘程序，检查被审计单位在资产负债表日前后的存货入库资料（验收报告或入库单），检查是否有大额存货“料到单未到”的情况，确认相关负债是否记入了正确的会计期间	存在和发生、完整性
	针对异常或大额交易及重大调整事项（如大额的购货折扣或退回、会计处理异常的交易、未经授权的交易或缺乏支持性凭证的交易等），检查相关原始凭证和会计记录，以分析交易的真实性、合理性	存在和发生、完整性
应付账款以恰当的金额包括在财务报表中，与之相关的计价调整已恰当记录	检查带有现金折扣的应付账款是否按发票上记载的全部应付金额入账，在实际获得现金折扣时再冲减财务费用	计价
应付账款已按照企业会计准则的规定在财务报表中作出恰当列报	检查应付账款是否已按照企业会计准则的规定在财务报表中作出恰当列报	列报

六、应付账款完整性的证实

如前所述，对于负债项目而言，注册会计师一般重点关注其是否被低估，即是否有负债被隐瞒或漏报，所以，对于应付账款审计，其中一项主要审计程序就是确认应付账款的“完整性”，也就是查找是否存在未入账的应付账款。

未入账的应付账款存在两种可能：一种是已发生的采购业务已经入账，但对应的应付账款尚未入账；另一种是发生的采购业务和应付账款均未入账。确认应付账款“完整性”常用的审计程序如下：

1.检查期后的资金支付原始凭证。这一审计程序可以通过表3-6来实施，其逻辑是“从结果寻找原因”，期后如果存在付款业务，那么很有可能是前期存在欠款，审计人员应检查该款项支付对象在期末的明细账，确认该项负债在期末是否入账。如果被审计单位采购业务的交易习惯是在收货之后很久才付款，那么审计人员更应关注较长时间的期后支付凭证记录，如一至两个月。

表3-6　**应付账款期后付款测试表**

项目：应付账款期后付款测试表　　编制人：　　日期：

财务报表截止日/期间：　　复核人：　　日期：

序号	金额	银行对账单日期	支票		明细账凭证		说明	截止是否适当
			编号	日期	编号	日期		

审计说明：

2.检查期后一段时间内准备支付的应付账款的原始凭证。这一审计程序的逻辑与上一审计程序一样，只不过是应付款项已经在办理手续，如履行完审批签字手续而尚未从银行支付的事项。审计人员应仔细检查采购合同和原始凭据，确认负债入账的正确时间。例如在年度财务报表审计中，如果审计人员通过检查待支付的原始凭证发现一笔要到下一年度的2月28日才支付的款项，那么审计人员就应审查该债务是否属于审计基准日为12月31日的那一会计期间。

3.从期末截止日前的采购商品验收报告追查至采购发票和应付账款明细账。这一审计程序的逻辑是，对于一般商品采购，如果商品已经于期末之前收到并验收入库，那么应确认负债。如果供应商开具发票的时间是下一个会计期间，那么应于期末暂估入账，等到发票到来时再重新入账，而不是直接等到发票到来时才按发票开具日期入账。

4.检查被审计单位供应商的月对账单，并与被审计单位对应的应付账款明细账核对是否一致。如果供应商的对账单显示对被审计单位拥有债务，而被审计单位对应的应付账款明细账存在少记甚至未记该供应商明细账，那么表明被审计单位存在未入账的应付账款。

5.函证。审计人员可以向与被审计单位有经常业务往来的供应商和有疑问的供应商进行函证，函证的对象包括期末应付账款余额为零但与被审计单位往来频繁的供应商，即"零余额函证"。函证最好采用积极的函证方式，并具体说明应付金额。同应收账款的函证一样，注册会计师必须对函证的过程进行控制，要求债权人直接回函，并根据回函情况编制与分析函证结果汇总表，对未回函的，应考虑是否再次函证。

七、应付账款的截止测试

应付账款截止测试的目的是确认被审计单位的采购业务和负债记录是否按照权责发生制的原则记入了正确的会计期间，也就是说资产负债表日前后几日入账的应付账款是否记入了正确的会计期间。应付账款的截止测试经常与采购入库的截止测试结合在一起，选取资产负债表日前最末几笔（3~5笔）和资产负债表日后最初几笔应付账款明细记录追查至验收报告（入库单）和发票，也可以分别以发票、验收报告（入库单）为起点追查至其他两项记录。如果被审计单位在年终之前进行存货盘点，那么审计人员须在盘点时执行应付账款截止测试。此外，审计人员还应确认在存货盘点日与会计期末之间发生的采购交易是否相应记入了存货明细账和应付账款明细账。

审计人员在检查原始凭证的过程中，必须认真检查供货合同和交易习惯，区分控制权实质移交的时点，这对于确认应付账款非常重要。如果是在目的地交货，那么只有当存货收到并验收入库时，才完成所有权的转移，从而确认资产和负债，因而只有在资产负债表日或之前收到商品，企业才能将其确认为本期的存货和应付账款；如果是在起运地交货，那么只要供应商在资产负债表日或之前发出商品，存货和相应的应付账款就应记入本期。还有些特殊商品涉及延期安装和检验等，这些要根据合同的约定和行业的交易习惯来确认入账时点。审计人员应检查资产负债表日后几天收到的购货发票，再追查至合同记录，以确认其控制权转移的时点，进而确认应付账款的入账时间是否正确。

八、审计证据的可靠性

在应付账款审计过程中，涉及发票、验收报告、对账单和函证回函等多种审计证据，审计人员应对各种审计证据的可靠性进行评价，特别是当不同的审计证据之间所记载的信息存在差异时。

发票和对账单都来自被审计单位之外的供应商，然后又经过被审计单位之手，一般的商品和服务采购都需要开具增值税发票，增值税发票开具必须通过与税务局联网的防伪税控系统，因此具有很高的可信度，而且在发票中含有商品的名称、数量、单价和总额以及税款，在验证具体的交易时，具有很强的证明力。对账单一般由供应商按月寄送，用于核对截至某一日期双方的债权债务记录是否一致，在验证具体交易时对账单的证明力不如发票强，因为对账单只记载交易总额和账户余额，不含数量、价格等详细信息。所以，当对采购业务进行控制测试和实施实质性程序时，采购发票更具有证明力，因为审计人员的目的是验证某项交易，发票上对单个交易信息的记录更为详细；在验证应付账款余额时，对账单更为可靠，因为它包含了期末余额。

对账单和函证都来源于被审计单位的供应商，不同之处在于：对账单是供应商寄给被审计单位，然后审计人员从被审计单位获取的，所以可能存在涂改与伪造的可能；而应付账款函证是审计人员发给被审计单位供应商，并要求其直接回函至会计师事务所，所以函证回函更可靠。应付账款询证函的格式如下：

询证函

编号：

××（公司）：

本公司聘请的××会计师事务所正在对本公司××年度财务报表进行审计，按照《中国注册会计师审计准则》的要求，应当询证本公司与贵公司的往来账项等事项。下列数据出自本公司账簿记录，如与贵公司记录相符，请在本函下端“信息证明无误”处签章证明；如有不符，请在“信息不符”处列明不符金额。回函请直接寄至××会计师事务所。

回函地址：

邮编：　　　　　　电话：　　　　　　传真：　　　　　　联系人：

1.本公司与贵公司的往来账项列示如下：

截止日期	贵公司欠我公司款项	我公司欠贵公司款项	备注

2.本函仅为复核账目之用，并非催款结算。若款项在上述日期之后已经付清，仍请及时函复为盼。

结论：1.信息证明无误。

（公司盖章）

年　　月　　日

经办人：

2.信息不符，请列明不符的详细情况：

（公司盖章）

年　　月　　日

经办人：

对账单和发票都是被审计单位供应商编制的，相对于销售业务中的销售发票和出库单等被审计单位的内部凭证而言，具有较高的可靠性，所以应付账款的函证并不像应收账款的函证那样普遍。如果被审计单位相关内部控制较为有效，且获取的审计证据相互印证一致，那么可以对应付账款不进行函证。如果相关的控制风险评价为较高水平，或几种证据不相一致，就应向供应商发出询证函，前已述及，应付账款函证有别于应收账款函证，在选择函证对象时，应选择那些余额较大、交易频繁但余额很小甚至为零的账户及其他异常账户。

一般情况下，应在资产负债表日后尽量接近资产负债表日的时间内实施函证，因为函证的应付账款余额是截至资产负债表日的余额，如果时间太长则不容易获取准确数据。如果对内部控制了解后认为其有效程度很高，也可在临近期末的预审中实施函证。但是，如果函证的结果存在较大差异，那么表明内部控制较为薄弱，到期末时仍需对应付账款的余额进行函证或实施其他替代程序，以确认期末应付账款的准确金额。

实施了上述审计程序对应付账款确认之后，应根据对账单或函证回函对应付账款进行调节，如果是正常原因造成的差异经调节后应该相符。正常原因可能有：被审计单位的供应商已发出存货和发票，而被审计单位尚未收到；被审计单位已办理付款支票，而其供应商尚未到银行办理手续，或者会计人员未及时入账等。

九、应付账款的测试范围

审计人员在对应付账款实施实质性程序时，除了考虑审计目标、对应的审计程序、需检查的凭证和记录、实施的时间外，还应考虑测试的范围，也就是样本规模。影响样本规模的因素有很多，如控制测试的结果、应付账款的重要性水平、应付账款的余额等。其中最重要的就是控制测试的结果。如果控制测试表明被审计单位应付账款的内部控制很薄弱，那么需对所有应付账款明细账户进行详细测试；反之，只需选取较少的样本量。需要强调的是，对于应收账款审计，审计人员主要关注其真实性，可以直接以所有的明细账户作为总体；而应付账款审计则不同，审计人员重点关注其完整性，如果实施统计抽样，那么难以确定总体的范围，因此在对应付账款实施抽样时，很难实施统计抽样。

学思践悟　C公司的采购业务内部控制

学思践悟案例

C公司的采购业务内部控制

【案例简介】

本案例介绍了C公司的采购业务内部控制。C公司是一个集团下属的计算机硬件生产制造基地，它以国产CPU为基础生产的电脑终端产品始终处于行业前列，拥有排名第一的产能。C公司在采购业务各环节建立了相应的内部控制制度，但制度的设计和执行存在着或多或少的问题。公司采购中心采购员小方为帮姐姐提升销售业绩选择之前公司已淘汰的A公司作为供应商。为规避公开招标，小方便将223万元的大额采购项目进行拆解，分别与A公司签署三个金额几十万元的合同，理由是“公开招标太麻烦”，负责审批的王经理也觉得很有道理，同意其把合同进行拆分，并且在未关注采购价格的合理性的前提下就通过了审批，从而给公司带来了损失，后被细心的内部审计人员小李发现。从中可以看出，采购员小方明显缺乏诚信和责任感，违规舞弊；负责审批的王经理对工作疏忽懈怠，缺乏诚信、应有的职业敏感和责任意识；内部审计人员小李对工作认真负责，具有高度的职业谨慎。通过本案例反思员工和管理层应具备诚信、应有的职业敏感、认真负责的敬业精神和职业操守的重要性。

【关键词】

采购申请控制；招标；采购比价；供应商管理

【教学目的和用途】

本案例旨在引导学生通过梳理C公司采购人员、采购部门经理、内部审计人员在采购业务控制中的表现，分析C公司采购业务的内部控制存在的问题。在此基础上引导学生进行深刻反思，研讨和分析员工或管理层具备诚信、应有的职业敏感、认真负责的敬业精神和职业操守的重要性。

【素养目标】

1. 培养学生树立诚信的价值观。诚信的人或企业会获得他人的信任，从而便于其更好地开展工作，有利于其将来更好地发展；反之，则会给个人、企业甚至国家带来损失。在案例中，采购员小方和王经理都存在诚信问题，也因为违背了诚信原则而最终受到了惩罚。由此，让学生看到秉承诚信价值观的重要性，切实做到无论何时何地都要诚信守约、不可失信于人。

2. 引导学生树立职业敏感或职业谨慎的意识。在案例中，负责审批的王经理轻易相信采购员小方"公开招标太麻烦"的理由，并对不合理的采购价格轻易予以审批，给公司带来了损失，王经理明显缺乏应有的职业敏感。相反，内审人员小李在审计工作中发现了三份属于同一项目的合同，职业敏感使得他进行进一步的追查，并最终发现了其中的问题，内审人员小李做到了应有的职业谨慎，为公司挽回了一定的损失。因此，在工作中，树立职业敏感意识至关重要。

3. 培养学生树立认真工作的责任意识。在案例中，采购中心采购员小方为帮姐姐提升销售业绩选择之前公司已淘汰的A公司作为供应商，为规避公开招标，便擅自将223万元的大额采购项目进行拆解，分别与A公司签署三个金额几十万元的合同，理由是"公开招标太麻烦"，明显对工作缺乏责任感；负责审批的王经理，对工作疏忽懈怠，给公司带来了损失，可见王经理对工作缺乏认真负责的责任意识。与之相反，内审人员小李对工作认真负责，为公司挽回了一定的损失。

【价值塑造】

1. 树立诚信的价值观：采购员小方和负责审批的王经理的诚信观念问题。

2. 树立职业敏感意识：负责审批的王经理和内审人员小李的职业谨慎对比。

3. 树立认真工作的责任意识：采购员小方、负责审批的王经理、内审人员小李对工作的认真负责态度对比。

【思考问题】

1. 采购业务内部控制测试如何入手？

2. 采购业务舞弊的手段通常有哪些？

3. 采购员小方有哪些不符合内部控制规范要求的行为？

4. 采购部王经理有哪些不符合内部控制规范要求的行为？

5. 请结合案例，谈谈C公司如何对采购业务内部控制存在的问题做出改进。

6. 通过这个案例，反思在日常工作中我们有哪些可以借鉴之处。

【分析思路】

第一步，利用案例介绍的内容梳理出C公司在采购过程中存在的问题。

第二步，分析和研讨采购员小方存在的问题。

第三步，分析和研讨采购部门王经理存在的问题。

第四步，分析和研讨内审人员小李有哪些值得我们学习的？

第五步，全面研讨和反思诚信、勤勉的职业操守和认真负责工作的责任意识对于保质保量完成审计工作的重要性。

复习思考题

1. 试解释购置与付款循环测试与应付账款测试之间的联系，并举出两类测试相互影响的具体例子。

2. 如何查找未入账的应付账款？

3. 应付账款函证和应收账款函证是否同样重要？有何异同？试论述之。

4. 在建立健全应付账款交易事项的内部控制时，发票核准后方可付款和签发支票偿付发票价款的两大步骤中哪一个较为重要？

5. 解释为什么大多数注册会计师认为收到商品和劳务是购置与付款循环中最重要的环节。

6. 采购发票与供应商月对账单这两个审计证据，哪一个更具有可靠性？在验证应付账款余额时，哪个作为审计证据更妥当？为什么？

本章习题

第三章练习题

第四章
购置与付款循环其他账户审计

学习目标

1. 熟悉购置与付款循环的其他相关账户；
2. 掌握固定资产相关账户的审计程序；
3. 掌握无形资产的审计程序；
4. 掌握费用账户的审计程序。

通过上一章的学习已经了解到，购置与付款循环除了应付账款外，还涉及多个资产和费用类账户，如固定资产、在建工程、存货、管理费用等，此外，应付职工薪酬也涉及多个费用账户。本章将对购置与付款循环中的资产与费用账户的审计程序进行介绍。

因为购置与付款循环相关业务牵涉到资产、负债和损益类账户，所以其交易非常重要，金额错报和分类错报都会影响财务报表。所以，注册会计师应该认真分析各项交易的性质，以便能够有效评价重大错报风险，并执行进一步的审计程序。

表4-1列示了同购置与付款循环业务相关联的资产、负债和费用账户。这些账户的具体内容因企业的经营性质而有所差异，审计时应具体了解被审计单位的经营性质和业务内容，以确定应采用的账户是否正确。这些账户的审计程序与以前介绍的其他账户审计程序类似，首先对其实施风险评估程序，确定重要性水平，进行控制测试，然后实施实质性分析程序，并针对具体审计目标实施余额细节测试。

表4-1 购置与付款循环中的相关账户

资产	费用	负债
库存现金	制造费用	应付账款
银行存款	所得税费用	长期应付款
存货	管理费用	应交税费
固定资产		应付职工薪酬
在建工程		
无形资产		
预付账款		

第一节 固定资产审计

教学视频4-1

固定资产审计

固定资产是指为生产商品、提供劳务、出租或经营管理而持有的，且使用寿命超过一个会计年度的有形资产。出于经营活动需要而持有且预计使用期限超过一年是其区别于存货、预付账款和投资类资产最明显的特征。固定资产一般可以分为房屋和建筑物、机器设备、运输设备、办公设备、电子设备等，不同经营类型的企业其固定资产的种类和占总资产的比例差异很大。

一、固定资产相关账户及相互关系

图4-1列出了固定资产的相关账户及其钩稽关系。购置与付款循环业务主要涉及固定资产账户的借方发生额，一般而言，固定资产的金额较大，发生不是很频繁，直接对其实施实质性程序即可，但对于大型企业而言，仍需要对其固定资产的内部控制进行了解，并在必要时进行控制测试，而且，对于某些复杂的固定资产交易而言，审计人员如果仅通过实质性程序无法获取充分适当的审计证据，那么应进行控制测试。

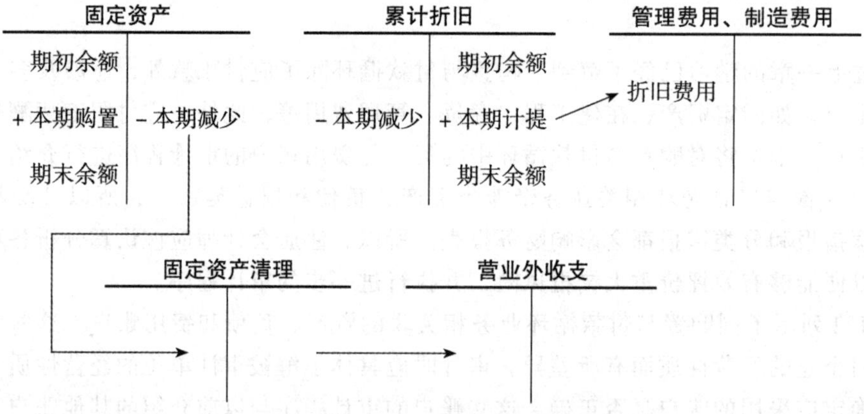

图4-1 固定资产相关账户钩稽关系示意图

二、固定资产的内部控制

对于制造业企业而言，固定资产占总资产的比例很高，购建固定资产会影响其现金流量，而固定资产的折旧、维修等费用对企业当期损益影响很大。固定资产管理一旦失控，所造成的错报会影响多期损益，所以，为了确保固定资产的真实、完整、安全和有效利用，被审计单位应当建立健全固定资产的内部控制。以下结合企业常见的固定资产内部控制，列举了审计人员在对固定资产内部控制进行了解和测试时应重点关注的内容：

1.固定资产的预算管理

预算管理是固定资产内部控制中最重要的部分。通常情况下，大中型企业应编制旨在预测与控制固定资产增减和合理运用资金的年度预算；小规模企业即使没有正规的预算，对固定资产的购建也要事先进行计划。

2.固定资产购建、转移和处置的授权审批

完善的授权审批制度包括：企业的资本性支出预算只有经过董事会等高层管理机构批准方可生效；所有固定资产的取得和处置均需要经过企业管理层的书面认可。

3.固定资产的凭证记录控制

除固定资产总账外，被审计单位还需设置固定资产明细分类账、固定资产清单和固定资产登记卡，按固定资产类别、使用部门和项目进行明细分类核算。固定资产增减变动均需要有原始凭证。企业取得固定资产之后应编制固定资产清单，列明固定资产编号、名称、种类、所处位置、使用部门、责任人、数量、账面价值、使用年限、损耗等内容，便于维护统计；按单项资产建立固定资产卡片，卡片的编号应与固定资产清单一致，上面记载各项固定资产的名称、原值、投入使用时间、预计使用年限、预计残值率、责任单位和责任人、运转维修、改造等内容，固定资产清单和卡片均应定期或不定期进行复核，以保证信息真实、完整。固定资产在企业内部各部门的流转、借用均应有书面记录。

4.不相容职务分离

企业对固定资产的取得、记录、保管、使用、维修、处置等，均应明确划分责任。取得固定资产时，由独立的验收部门（人员）进行验收。企业外购固定资产应当根据合同、供应商发货单等对所购固定资产的品种、规格、数量、质量、技术要求及其他内容进行验收，并出具验收报告。企业自行建造的固定资产，应由建造部门、固定资产管理部门、使用部门共同填制固定资产移交使用验收单，并于验收合格后移交使用部门投入使用。未通过验收的不合格固定资产，不得接收，必须按照合同等有关规定办理退换货或采取其他弥补措施。对于具有权属证明的固定资产，在取得时必须有合法的权属证明。

5.合理划分资本性支出和收益性支出

企业应有效划分资本性支出和收益性支出，并制定书面标准。通常需明确资本性支出的范围和最低金额，凡不属于资本性支出的范围，以及金额低于下限的任何支出，均应列作费用并抵减当期收益。

6.固定资产的抵押、质押控制

（1）企业要加强固定资产的抵押、质押管理，明晰固定资产抵押、质押流程，规定固定资产抵押、质押的程序和审批权限等，以确保固定资产抵押、质押经过授权审批及适当程序。同时，应做好相应记录，以保障企业资产安全。

（2）财务部门办理固定资产抵押时，如需要委托专业中介机构鉴定评估固定资产的实际价值，应当会同金融机构有关人员、固定资产管理部门、固定资产使用部门现场勘验抵押品，并对抵押资产的价值进行评估。对于抵押资产，应编制专门的抵押资产目录。

7.固定资产的处置控制

（1）对使用期满、正常报废的固定资产，应由固定资产使用部门或管理部门填制固定资产报废单，经企业授权部门或人员批准后对该固定资产进行报废清理。

（2）对使用期限未满、非正常报废的固定资产，应由固定资产使用部门提出报废申请，注明报废理由、估计清理费用和可回收残值、预计处置价格等。企业应组织有关部门进行技术鉴定，并按规定程序审批后进行报废清理。

（3）对拟出售或投资转出及非货币性资产交换的固定资产，应由有关部门或人员提出处置申请，对固定资产的价值进行评估，并出具资产评估报告。报经企业授权部门或人员批准后予以出售或处置。固定资产的处置应由独立于固定资产管理部门和使用部门的相关授权人员办理，固定资产处置价格应报经企业授权部门或人员审批后确定。对于重大固定资产处置，应当考虑聘请具有资质的中介机构进行资产评估，并采取集体审议或联签制度。涉及产权变更的，应及时办理产权变更手续。

（4）对拟出租的固定资产由相关管理部门提出出租申请或出借申请，写明申请的理由和原因，并由相关授权人员和部门就申请进行审核。审核通过后应签订出租或出借合同，包括合同双方的具体情况、出租或出借的原因和期限等内容。

8.定期盘点固定资产

（1）财务部门需要组织固定资产使用部门和管理部门定期对固定资产进行盘点，以明确固定资产的权属，从而确保实物与卡片、账表相符，在盘点实施之前要编制盘点计划，经过管理部门审核后实施盘点。

（2）盘点结束后，盘点人员要编制盘点报告，管理部门再对盘点报告进行审核，以确保报告的真实性、可靠性。

（3）在盘点过程中出现的盘盈（盘亏），应分析原因，追究责任，妥善处理，报告审核通过后要及时调整固定资产账面价值，以确保账实相符，并上报备案。

9.维护保养制度

固定资产应有严格的维护保养制度，以防止其因各种自然和人为的因素而遭受损失，并应建立日常维护制度和定期检修制度，以延长其使用寿命。此外，还要为固定资产恰当投保，企业应根据固定资产的性质和特点，确定固定资产的投保范围并严格执行固定资产投保政策，从而避免固定资产损失的风险。对于重大固定资产项目投保，应当采取招标方式确定保险人，从而防范固定资产投保的舞弊。已投保的固定资产发生损失的，应及时向保险公司办理索赔手续。

三、固定资产的控制测试

结合上述固定资产关键内部控制，审计人员在对被审计单位的固定资产实施控制测试时应注意下列问题：

（1）对于固定资产预算管理，审计人员应选取固定资产投资预算和投资可行性研究报告，检查是否在预算范围之内并进行论证，以及是否经过适当层次审批；对实际支出与预算之间的差异以及未列入预算的特殊事项，应检查其是否履行特别的审批手续。如果在控制测试中发现固定资产增减都经过正确的审批，并在预算范围之内，审计人员就可适当减少固定资产实质性程序的样本量。

（2）对于固定资产授权审批控制，审计人员不仅要检查被审计单位固定资产授权审批制度本身是否完整，而且应该选取固定资产请购单及相关采购合同，检查是否得到适当审批和签署，并关注授权审批制度是否得到切实执行。

（3）对于固定资产的凭证记录，审计人员应当认识到，一套设置完善的固定资产明细分类账和登记卡，将为分析固定资产的取得和处置、复核折旧费用和修理支出带来帮助。

（4）对于不相容职务分离，审计人员应当认识到，明确的职责分工制度有利于防止舞弊，降低审计风险。

（5）对于合理划分资本性支出和收益性支出，审计人员应当检查该制度是否遵循企业会计准则的要求，是否适应被审计单位的行业特点和经营规模，并抽查实际发生与固定资产相关支出时是否按照该制度进行恰当的会计处理。

（6）对于固定资产处置控制，审计人员应当关注被审计单位是否建立了有关固定资产处置的分级申请审批程序；抽取固定资产盘点表，检查账实之间的差异是否经审批后及时处理；抽取固定资产报废申请单，检查报废是否经适当批准和处理；抽取固定资产内部调拨单，检查调入、调出是否已进行适当记录；抽取固定资产增减变动情况分析报告，检查是否经复核。

（7）对于固定资产定期盘点制度，审计人员应了解和评价其制定和实施情况，并应注意查询盘盈、盘亏固定资产的处理情况。

（8）对于固定资产的保险情况，审计人员应根据固定资产保险汇总表抽取固定资产保险单，检查是否已办理商业保险。

四、固定资产的实质性程序

通常情况下，在一个会计年度内固定资产的取得发生较少，但每次发生的金额通常都很大，而且固定资产一旦取得之后一般都会使用好几年，相关的文件记录也要保存好几年。因此，固定资产审计的重点应放在本期新增固定资产上，同时，由于固定资产需要计提折旧，所以需要对累计折旧和制造费用、管理费用进行审计，最后，由于本期固定资产可能被出售或处置，因此，审计人员还应该验证固定资产清理和营业外收支。

固定资产的审计方法与流动资产不同，但与在建工程、无形资产的审计方法大同小异。固定资产实质性程序一般包括实质性分析程序、验证本期新增固定资产、验证本期处置固定资产、验证固定资产账户期末余额、验证本期计提的累计折旧、验证累计折旧的期末余额等步骤。

固定资产实质性程序涉及的最重要的审计证据包括固定资产清单和固定资产卡片。固定资产卡片记录了被审计单位所拥有的每一项固定资产的相关信息，包括该项资产的编号、名称、摘要说明、生产厂家、采购日期、账面原值、本期折旧和累计折旧等，固定资产清单是固定资产卡片的汇总，应该与固定资产卡片记载的信息一致。

（一）实质性分析程序

与其他项目类似，分析程序的性质取决于被审计单位的经营性质。在通常情况下，应根据对被审计单位及其环境的了解，考虑不同业务数据间的预期逻辑关系，并进行以下分析：

1.分类计算本期计提折旧额、累计折旧额占固定资产原值的比例，并与上期比较，以评价折旧费用和累计折旧是否可能存在错报。

2.计算固定资产修理及维护费用占固定资产原值的比例，并进行本期各月、本期与以前各期的比较，以评价资本化支出与费用化支出是否可能被混淆。

3.将产量、总成本与固定资产的比率分别与以前年度进行比较，以评价固定资产是否存在闲置或已处置而仍然挂账的情况。

（二）验证本期新增固定资产

固定资产的记录和核算对被审计单位的财务报表会有长期影响，若记录不当或核算错误，例如将应资本化的支出进行了费用化处理，或者将费用资本化，或者对固定资产的入账价值核算有误，都会影响资产负债表直至被审计单位处置完毕该项资产，同样，对利润表的影响则一直持续到提足折旧为止。

鉴于本期新增固定资产审计的重要性，新增固定资产的审计目标一般包括：确定账面记录的本期新增固定资产是否存在；确定本期所有新增固定资产是否均已记录；确定新增固定资产是否由被审计单位所有或控制；确定新增固定资产的计价方法是否恰当；是否已按照企业会计准则的规定在财务报表中作出恰当列报。所以，余额细节测试与以下7个目标相关：存在、完整性、准确性、分类、截止、计价和分摊以及权利和义务。在这7个目标中，存在、完整性、准确性、分类4个目标又是此部分审计的重点。固定资产审计目标与审计程序间的关系见表4-2。

表4-2 固定资产审计目标与审计程序间的关系

审计目标	审计程序
计价和分摊	获取或编制固定资产（包括累计折旧及减值准备）明细表，复核加计是否正确，与报表数、总账数和明细账合计数核对是否相符
存在、完整性、计价和分摊	实施固定资产监盘程序： （1）在本期新增的固定资产中选取适量的项目，实地观察和检查固定资产（如为首次接受委托，应针对期初固定资产实施相应程序），以确定其是否存在，并记录当期的实际使用情况； （2）观察是否存在已报废但仍未核销的固定资产； （3）观察是否存在封存或闲置的固定资产； （4）检查是否存在尚未入账的固定资产
权利和义务	检查固定资产的所有权或控制权是否归被审计单位所有，并关注是否存在“他项权”： （1）对外购的机器设备等固定资产，审核采购发票、采购合同等； （2）对房地产类固定资产，查阅权属证书、合同、财产税单、抵押借款的还款凭证、保险单等书面文件； （3）对融资租入的固定资产，检查融资租赁合同； （4）对汽车等运输设备，检查有关运营证件等； （5）结合银行借款等有关负债项目的检查，了解固定资产是否存在抵押等担保情况
计价和分摊	检查本期增加固定资产的入账价值： （1）检查本期增加固定资产的计价（初始计量）是否正确，手续是否齐备，会计处理是否正确； （2）固定资产有关的后续支出是否满足资产确认条件，如不满足，检查该支出是否在后续支出发生时计入当期损益； （3）结合借款等负债项目的审计，检查计入固定资产的借款费用资本化金额
存在、完整性、计价和分摊	检查本期减少的固定资产： （1）结合固定资产清理科目，检查固定资产账面转销额是否正确，原计提的减值准备是否同时结转，会计处理是否正确； （2）检查出售、盘亏、转让、报废或毁损的固定资产是否经授权批准，会计处理是否正确； （3）检查投资转出固定资产的会计处理是否正确； （4）检查债务重组或非货币性交易转出固定资产的会计处理是否正确； （5）检查其他减少固定资产的会计处理是否正确

续表

审计目标	审计程序
存在、权利和义务、计价和分摊	获取经营性租出和融资租入固定资产的相关证明文件，并结合租金收入、融资租入固定资产分期付款情况以检查相关科目的会计处理是否正确
列报、计价和分摊	检查购置固定资产时是否存在与资本性支出有关的财务承诺
计价和分摊	检查固定资产的折旧： (1) 检查被审计单位的折旧政策和方法是否符合企业会计准则的规定，前后期是否一致，预计使用寿命和预计净残值的确定是否合理； (2) 将被审计单位账面计提折旧额与上年同期金额、测算折旧额进行比较，根据可接受的差异额分析评估测试结果； (3) 重新计算各类固定资产本期应计提的折旧额； (4) 检查折旧费用的分配方法是否合理，与上期是否一致，分配计入各项目的金额占本期全部折旧计提额的比例与上期比较是否有重大差异，将本期计提折旧额与成本费用中的折旧金额进行核对； (5) 关注固定资产增减变动时，相应的累计折旧账户的会计处理是否符合规定
计价和分摊	检查固定资产是否存在减值迹象，如果存在减值迹象，复核被审计单位估计的可收回金额，以确定固定资产是否已经发生减值： (1) 与被审计单位管理层讨论，固定资产是否存在可能发生减值的迹象； (2) 复核被审计单位估计的可收回金额，以及计提固定资产减值准备的依据是否充分，会计处理是否正确
列报	检查固定资产是否按照企业会计准则的规定进行恰当列报

固定资产实质性程序的范围与该账户的重要性水平、重大错报风险和控制测试的结果有关。审计风险与重要性水平呈反向关系，重要性水平越低，重大错报风险越高，测试的范围就越广；控制测试的结果表明控制风险为低水平时，可以选择较少的测试样本。对于本期新增固定资产审计，其重要性水平尤为重要，因为有些年份可能只发生些零星的小额采购，而有些年份可能发生大规模的采购，其性质和金额的重要性并不相同，这都会影响实质性程序的范围。

如同每个项目的审计起点，验证本期新增固定资产的起点也是获取或编制固定资产明细表，然后编制固定资产增加检查表，检查表的信息可从固定资产清单中获得。固定资产明细表和固定资产增加检查表的格式见表4-3、表4-4。

对于新增固定资产，最重要的是检查其权属证明文件，如房屋、建筑物，应检查其房产证、土地使用证和竣工决算报告、验收文件等；对于机器设备，应检查其采购发票和验收报告；对于融资租入固定资产，应检查其合同和验收报告；对于车辆等，应检查其行驶证、采购发票等。除控制测试和交易实质性程序外，出于对许多设备的交易复杂性和金额重要性的考虑，通常需要执行追加程序。一般来说，追加程序通常验证全年大额项目中的金额异常项目和有代表性的项目，验证的范围取决于审计人员对控制风险和采购交易重要性的估计。

表4-3

固定资产明细表

被审计单位：　　　　　　　　　索　引　号：
项　　　目：　　　　　　　　　截　止　日：
编　　　制：　　　　　　　　　复　　　核：
日　　　期：　　　　　　　　　日　　　期：

项目名称	期初余额	本期增加	本期减少	期末余额	备注
一、固定资产原价合计					
其中：房屋、建筑物					
机器设备					
运输工具					
⋮					
二、累计折旧合计					
其中：房屋、建筑物					
机器设备					
运输工具					
⋮					
三、固定资产减值准备合计					
其中：房屋、建筑物					
机器设备					
运输工具					
⋮					
四、固定资产账面净额合计					
其中：房屋、建筑物					
机器设备					
运输工具					
⋮					

审计说明：

表4-4　　　　　　　　　　　　**固定资产增加检查表**

被审计单位：　　　　　　　　　　索　引　号：
项　　　目：　　　　　　　　　　截　止　日：
编　　　制：　　　　　　　　　　复　　　核：
日　　　期：　　　　　　　　　　日　　　期：

固定资产名称	取得日期	取得方式	固定资产类别	增加情况		凭证号	核对内容（用√、×表示）							
				数量	原价		①	②	③	④	⑤	⑥	⑦	⑧

核对内容说明：①与发票是否一致；②与付款单据是否一致；③与购买/建造合同是否一致；④与验收报告或评估报告等是否一致；⑤审批手续是否齐全；⑥与在建工程转出数核对是否一致；⑦会计处理是否正确（入账日期和入账金额）；⑧……

审计说明：

审计人员在对新增固定资产进行审计时，应该按照企业会计准则的规定，结合被审计单位的实际情况，确定固定资产的入账价值。特别是许多固定资产牵涉一些运输成本、安装成本、途中保险费用和运行保险费用，审计人员应确定这些支出是否构成了固定资产的初始入账价值。如果是以旧换新或非货币性资产交易换入的资产，那么审计人员应认真审核其入账价值。还有些固定资产在本期发生了升级改造或修理修缮，审计人员应了解被审计单位的资本化政策是否符合企业会计准则的要求，以及在会计期间内是否得到了一贯遵守。把本应资本化的支出计入修理和维护费用、租赁费用、物料费用和其他相关账户是审计过程中经常出现的错误。特别是民营企业，该错误可能是因为对会计准则的误解，也可能是故意为之，以便少缴所得税。如果审计人员通过风险评估程序或控制测试认为该类错误风险较高，那么应对费用账户的大额借方发生额进行余额细节测试。相反，如果被审计单位正在准备公开募集资金（如首次公开上市），那么很可能将本应费用化的支出进行资本化，以便虚增本期收入。针对这类错误，审计人员可以在对本期新增固定资产、无形资产或在建工程的原始凭证进行审核时发现。

（三）验证本期处置固定资产

如果企业固定资产的内部控制存在缺陷，比如未进行定期盘点、未登记造册给各项固定资产建立卡片、在固定资产进行移动时未履行充分的书面登记程序、固定资产保管人员与会计部门没有经常对账等，都会造成管理层无法及时获知固定资产被出售、报废、失窃的信息，从而出现财务报表错报。如果某项固定资产已被处置而未反映在报表中，那么必然会造成虚增资产、虚增成本，直至该项固定资产提完折旧。所以，完善的固定资产簿记制度和处置授权审批制度能够减少该类错报的发生。

审计人员首先要对本期处置固定资产进行验证，其目标为：一是确认账面记录的当期已处置固定资产是否实际发生，记录是否准确；二是确认当期所有已处置固定资产是否均已入账。验证的起点仍然是编制或获取固定资产明细表，该明细表上列有当期已处置资产的名称、账面价值、累计折旧、账面净值、处置日期、责任部门等信息。

然后可以根据固定资产明细表，抽样进行余额细节测试，以检查相关原始凭证和单据，如批准文件、处置记录、发票等，并可延伸追查至累计折旧账户进行核对。一般而言，本期处置的固定资产交易不是很多，可以根据风险评估的结果和重要性水平决定是否检查全部项目。固定资产减少检查表见表4-5。

表4-5　**固定资产减少检查表**

被审计单位：　　　　索　引　号：
项　　目：　　　　截　止　日：
编　　制：　　　　复　　核：
日　　期：　　　　日　　期：

固定资产名称	处置日期	处置方式	固定资产原价	累计折旧	减值准备	账面净值	处置费用	处置收入	收益（损失）	索引号	核对内容（用√、×表示）				
											①	②	③	④	⑤

核对内容说明：①与收款单据是否一致；②与合同是否一致；③审批手续是否完整；④会计处理是否正确；⑤……

审计说明：

相对而言，验证固定资产减少检查表中的记录是否实际发生较为容易，直接追查至相关原始凭证即可；然而，验证本期实际已处置的固定资产是否均已记录，即确认本期减少固定资产的完整性较为困难，在实务中审计人员一般执行以下程序以发现该类错报：

1.检查是否有新取得固定资产替代原有固定资产。新取得固定资产可能是为了扩大产能，也有可能是为了提高产品品质而更新原有固定资产。如果属于本期取得新的固定资产，那么审计人员应采取询问、观察等必要的审计程序以搞清楚真实原因。

2.分析营业外收支的内容，查明其中是否有因资产处置而产生的利得或损失，并延伸追查至固定资产相关账户，以确认其是否入账。

3.对本期固定资产的维修维护费用、保险支出实施分析程序，如果与上期相比有明显减少，那么可能发生固定资产减少。

4.向管理层和生产人员询问是否有固定资产处置活动。

最后针对“计价和分摊”目标验证本期固定资产减少的账面记录的准确性。审计人员应检查相关原始凭证，如发票、合同、累计折旧计算文件等，以验证账面记录的准确性，必要时要重新计算。如果涉及非货币性交易或以旧换新等复杂业务，审计人员应特别注意原固定资产是否已被取代或构成了新固定资产的一部分，其账面记录是否进行了正确记录和调整。

（四）验证固定资产账户期末余额

固定资产账户期末余额的审计目标：一是确认账面记录的固定资产是否实际存在，金额是否准确；二是确认所有固定资产是否均已入账。前者对应的认定是“存在”，后者对应的认定是“完整性”。在对固定资产账户期末余额进行细节测试前，应了解固定资产内部控制，估计其风险，然后再确定是否进行控制测试。如果控制测试结果表明非常有效，那么就可以进行较少的细节测试。如果被审计单位是庞大的制造业企业，那么良好的固定资产内部控制可以节约大量的审计时间。前已述及，固定资产相关的主要内部控制包括：为每项固定资产编制卡片，登记造册；固定资产进行移动或变更责任人时要填写移交手续；经常盘点固定资产并与会计部门的数据进行比较调整；明确每项固定资产的责任人、使用人。

固定资产账户期末余额的审计程序与各个项目的审计程序相同，首先应编制或获取固定资产明细表（见表4-3），并与总账、明细账、报表核对是否一致。如果不一致，那么说明被审计单位相关内部控制可能存在重大缺陷，存在较高的控制风险，应扩大余额细节测试的范围，以选取更多的样本。在一般情况下，这一程序通过Excel表格或审计软件很快就能完成。然后，审计人员应根据控制测试的结果，确定固定资产细节测试的范围。如果审计人员通过控制测试或者分析程序发现账面上的固定资产可能已经缺失，那么应该从固定资产清单中选取一定的样本进行测试，以检查其权属证明，并实地观察其是否存在。如果审计人员认为控制风险很高，那么应进行100%项目的盘点或监盘。盘点程序的设计与存货监盘类似，应事先制订盘点计划，确定盘点路线和时间，并准备好盘点标签，再做好盘点记录。

如果被审计单位上期经过审计，且不存在对固定资产异常情况的披露，那么审计人员一般无须对上期期末的固定资产余额进行验证，除非在审计过程中发现有导致上期期末余额存在错报的因素。因为上期期末已存在的固定资产在其购置或入账的当期审计中，已经经过核实和验证，只要折旧计提正确，那么存在错误的可能性就很小。

针对固定资产列报与披露目标，首先，审计人员应确认固定资产分类的适当性。审计人员应通过观察、询问、检查等程序关注固定资产的物理存在状态，确定是否存在未使用固定资产、不需用固定资产、已提足折旧继续使用固定资产等，以及其在报表附注中的列示是否正确，此外，还需根据固定资产的存在状态，关注其是否存在减值迹象，进而评估其是否应计提减值准备。其次，审计人员应该关注固定资产的法律存在状态，确认被审计单位固定资产是否有抵押、质押等情况。审计人员可以从被审计单位获取借款合同、抵押合同等，并进行检查，以确认是否存在抵押条款，也可以在向银行函证银行存款和向往来单位函证往来款项时一并函证被审计单位是否存在固定资产抵押、质押情况，还可以向被审计单位的律师、法律顾问等进行函证或沟通。此外，审计人员还必须要求被审计单位在管理层声明书中就固定资产抵押、质押这一事项进行声明。

最后，审计人员应对固定资产在财务报表中的列报与披露进行检查，不同类别的固定资产应分别单独列示，按照房屋建筑物、机器设备、运输工具、电子设备等种类进行归总反映，并披露固定资产的抵押情况、融资租入的固定资产等，从而确认企业按照会计准则的规定进行了列示和披露。

（五）验证本期计提的累计折旧

累计折旧的计提不涉及外部第三方，是由被审计单位会计部门按照该单位制定的折旧政策按月计提分摊，所以在验证本期计提的累计折旧时通常直接进行余额细节测试，并借助Excel或审计软件，重新计算折旧。本期计提累计折旧最重要的审计目标是准确性，审计人员首先应确认其折旧政策是否符合会计准则的要求并与该企业的经营性质和经营方式相适应；然后确认其折旧政策是否遵循了一贯性原则，本期折旧政策是否发生变更；最后重新计算折旧，复核计提金额是否准确，是否存在漏提、多提现象。

审计人员可以从上期工作底稿或上期经审计的财务报表附注中获取被审计单位的折旧政策资料，如果本期折旧政策发生变更，那么审计人员还应取得本期经董事会审批的折旧政策文件。审计人员应重点关注折旧政策中的预计资产使用年限、计提折旧的方法、预计残值率等三个因素，可以根据职业判断以及与被审计单位相关技术人员的沟通来判断会计政策的合理性，必要时可以参考相同行业企业的情况以及向技术专家进行咨询。在判断固定资产的预计使用年限时，审计人员不仅要考虑该项固定资产的物理寿命，而且要考虑因技术进步和环境变化导致的更新淘汰。在某些情况下，被审计单位可能会由于环境的变化而对固定资产的预计使用年限重新进行评估，延长或缩短原定的预计使用年限，而折旧方法没有变化。在这种情况下，审计人员应认真复核其变化依据是否适当，以及对因为会计估计的变化而影响的损益金额是否进行了准确披露。因为被审计单位往往出于对外披露信息的目的，如为了配股、增发股票、发行债券、“摘星”等，进行利润操纵，从而随意变更折旧政策，这往往蕴含着较高的风险。

对于累计折旧计算的准确性目标，一般首先是通过分析程序评价其总体合理性。审计人员可以根据固定资产清单，将应该计提折旧的固定资产总额乘以其年折旧率，再按照类别汇总计算。利用Excel中的公式功能或使用审计软件，可以在很短时间内完成固定资产本期计提累计折旧的测算。如果审计人员的测算结果与被审计单位本期计提的累计折旧总额差额很小，而且固定资产控制测试的结果表明控制风险很低，那么不必再对每项固定资产逐个进行细节测试。但是，如果审计人员的测算结果与被审计单位本期计提的累计折旧总额差额较大，那么应该分析产生差额的原因，进而选择可疑的固定资产进行细节测试。如果产生差额的原因难以分析，那么需要在更大的范围内选择更多的固定资产进行细节测试，并根据其卡片上的信息，逐一计算折旧费用，进而确认被审计单位是否遵循了恰当的折旧政策。本期计提累计折旧的测算与细节测试可以通过折旧计算检查表（见表4-6）完成。

表4-6　　　　　　　　　　　　**折旧计算检查表**

被审计单位：　　　　　　　　　索　引　号：
项　　　目：　　　　　　　　　截　止　日：
编　　　制：　　　　　　　　　复　　　核：
日　　　期：　　　　　　　　　日　　　期：

固定资产	取得时间	使用年限	固定资产原值	残值率	折旧方法	累计折旧期初余额	减值准备期初余额	本期应计提折旧	本期已计提折旧	差异

审计说明：

对于累计折旧的列报与披露目标，审计人员主要执行检查程序，复核被审计单位在财务报表附注中是否对固定资产折旧政策（如折旧方法、预计使用年限和预计残值率等）进行了披露，还应复核被审计单位本期已计提折旧的情况，以及本期折旧政策变更的情况，以及变更影响损益的金额。这一审计程序往往不需要单独执行，而是在实施前面几项审计程序时一并进行的，例如，审计人员可以核对在验证本期计提累计折旧时获得的信息和报表附注中披露的信息是否一致。

（六）验证累计折旧的期末余额

累计折旧期末余额审计主要有两个目标：一是确认固定资产清单（卡片）上记载的累计折旧总额与总账是否一致；二是确认固定资产清单（卡片）上记载的累计折旧金额是否准确。前一个目标可以通过对固定资产清单（卡片）上的累计折旧进行汇总并与总账核对来确认，后一个目标取决于累计折旧的期初余额、本期贷方发生额和本期借方发生额是否准确。本期计提的折旧应记入累计折旧的贷方，但如果发生固定资产处置，那么应将该项固定资产已计提的折旧转入固定资产清理，借记累计折旧，所以其借方发生额一般与固定资产清理账户在验证资产处置时一同测试，而不单独进行测试。如果本期计提的累计折旧已经执行了充分的审计程序并确认无误，累计折旧的借方发生额也获取了充分适当的证据进行确认，那么在一般情况下累计折旧的期末余额就无须再进行过多的追加审计测试，只需进行简单复核，以确认其机械准确性即可。

第二节 无形资产审计

无形资产，是指企业拥有或者控制的没有实物形态的可辨认非货币性资产。常见的无形资产包括软件、土地使用权、商标使用权、专利权、非专利技术、著作权、特许使用权等，其寿命从几个月到若干年不等。与无形资产紧密相关的账户是“研发支出”，根据《企业会计准则第6号——无形资产》的规定，企业内部研究开发项目的支出，应当区分研究阶段支出与开发阶段支出。研究是指为获得并理解新的科学或技术知识而进行的独创性的有计划调查。开发是指在进行商业性生产或使用前，将研究成果或其他知识用于某项计划或设计，以生产出新的或具有实质性改进的材料、装置、产品等。对于企业内部的研究开发项目（包括企业取得的已作为无形资产确认的正在进行中的研究开发项目），研究阶段的支出应当于发生当期归集后计入损益（管理费用）；开发阶段的支出在符合特定条件时则可以确认为无形资产，即资本化。如果进行资本化，应在资产负债表中的“开发支出”项目进行填列。研究支出的核算内容主要是在研究与开发过程中所使用资产的折旧、消耗的原材料、直接参与开发人员的工资及福利费、开发过程中发生的租金以及借款费用等。

如果被审计单位属于高科技企业，拥有大量的无形资产、产生大量的研发费用，如芯片制造、软件开发、生物疫苗等企业，那么这些账户非常重要；如果被审计单位较少涉及这类账户，那么只需执行实质性分析程序就可以了。

一、无形资产内部控制

企业应当在对无形资产取得、验收、使用、保护、评估、技术升级、处置等环节进行全面梳理的基础上，明确无形资产业务流程中的主要风险，并采用适当的控制措施。

（一）无形资产的取得与验收

该环节的主要风险是：取得的无形资产不具有先进性，或权属不清，可能导致企业资源浪费或引发法律诉讼。

针对无形资产取得和验收的主要内部控制措施有：企业应当建立严格的无形资产交付使用验收制度，明确无形资产的权属关系，并及时办理产权登记手续；企业外购无形资产，必须仔细审核有关合同协议等法律文件，以及时取得无形资产所有权的有效证明文件，同时特别关注外购无形资产的技术先进性；企业自行开发的无形资产，应由研发部门、无形资产管理部门、使用部门共同填制无形资产移交使用验收单，移交使用部门使用；企业购入或者以支付土地出让金方式取得的土地使用权，必须取得土地使用权的有效证明文件；当无形资产权属关系发生变动时，应当按照规定及时办理权证转移手续。

（二）无形资产的使用与保全

该环节的主要风险是：无形资产使用效率低下，效能发挥不到位；缺乏严格的保密制度；由于商标等无形资产疏于管理，导致其他企业侵权，严重损害企业利益。

针对无形资产使用和保全的主要内部控制措施有：企业应当强化无形资产使用过程的风险管控，充分发挥无形资产对提升企业产品质量和市场影响力的重要作用；建立健全无形资产核心技术保密制度，严格限制未经授权人员直接接触技术资料，对技术资料等无形资产载体的保管及接触应进行详细记录，实行责任追究，以保证无形资产的安全与完整；对侵害本企业无形资产的行为，要积极取证并形成书面调查记录，进而提出维权对策，按规定程序审核并上报。

（三）无形资产的处置

该环节的主要风险是：无形资产长期闲置或低效使用，就会逐渐失去其使用价值；无形资产处置不当，往往造成企业资产流失。

针对无形资产处置的主要内部控制措施有：企业应当建立无形资产处置的相关管理制度，明确无形资产处置的范围、标准、程序和审批权限等要求；无形资产的处置应由独立于无形资产管理部门和使用部门的其他部门或人员按照规定的权限和程序办理；应当选择合理的方式确定处置价格，并报经企业授权部门或人员审批；重大的无形资产处置，应当委托具有资质的中介机构进行资产评估。

审计人员尤其要对被审计单位无形资产的会计处理相关控制进行深入了解，如无形资产的确认、摊销、资本性支出与费用性支出的划分和审批权限，是否定期进行账实核对，是否定期评估其价值等。这些控制如果不当，那么可能对报表产生重大影响。

二、无形资产的实质性程序

（一）验证账面记载的无形资产是否存在

对于无形资产审计而言，有两个主要目标：一是确认账面上列示的无形资产、开发支出是否存在，是否为被审计单位所拥有和控制；二是确认研发支出的分类是否正确，资本性支出与费用性支出的划分是否适当。

同大多数项目的审计一样，无形资产审计的起点仍然是获取或编制无形资产明细表，复核加计是否正确，并与总账数和明细账合计数核对是否相符；结合累计摊销、无形资产减值准备账户与报表数核对是否相符。针对第一个主要审计目标，审计人员应该检查无形资产的权属证书原件、非专利技术的持有和保密状况等，并获取有关协议和董事会会议纪要等文件、资料，以检查无形资产的性质、构成内容、计价依据、使用状况和受益期限，从而确定无形资产是否存在，并由被审计单位拥有或控制。审计人员应检查被审计单位的担保合同、贷款合同等，必要时向被审计单位律师进行沟通或函证，确认无形资产是否存在担保或抵押情况。

（二）验证本期无形资产增减情况

审计人员应该重点关注的是本期新增的无形资产和本期减少的无形资产。

对于投资者投入的无形资产，应检查其是否按投资各方确认的价值入账，并检查确认价值是否公允，交接手续是否齐全；涉及国有资产的，是否有评估报告并经国有资产管理部门评审备案或核准确认；对自行研发取得、购入或接受捐赠的无形资产，检查其原始凭证，确认计价是否正确，法律程序是否完备（如依法登记、注册及变更登记的批准文件和有效期），会计处理是否正确；对债务重组或非货币性资产交换取得的无形资产，检查有关协议等资料，确认其计价和会计处理是否正确；对于土地使用权，应检查本期购入土地使用权相关税费计算清缴情况，以及与购入土地使用权相关的会计处理是否正确。

对于因无形资产处置而导致的资产减少，审计人员应取得无形资产处置的相关合同、协议，检查其会计处理是否正确。对于土地使用权的处置，如果是房地产开发企业，那么应检查以下事项：其取得的土地用于建造对外出售的房屋建筑物的，相关的土地使用权是否转入所建造房屋建筑物的成本；在土地上自行开发建造厂房等建筑物的，土地使用权和地上建筑物是否分别进行摊销和计提折旧；如果土地使用权用于出租或增值目的，检查其是否转为投资性房地产核算，会计处理是否正确。

（三）验证无形资产摊销情况

与固定资产类似，无形资产需要在预计使用寿命内进行摊销，因此，预计使用寿命会对被审计单位的损益产生影响。审计人员应检查被审计单位确定无形资产使用寿命的依据，并分析其合理性。无形资产使用寿命的确定可通过下列方式进行判断：源自合同性权利或其他法定权利取得的无形资产，其使用寿命是否超过合同性权利或其他法定权利规定的期限；如果合同性权利或其他法定权利能够在到期时因续约等延续，那么续约期是否计入使用寿命；合同或法律没有规定使用寿命的，检查被审计单位是否综合各方面情况判断，以确定无形资产能为被审计单位带来未来经济利益的期限，比如与同行业的情况进行比较、参考历史经验、聘请相关专家进行论证等，按照上述方法仍无法合理确定无形资产为被审计单位带来经济利益期限的，该项无形资产应作为使用寿命不确定的无形资产。

审计人员还应验证无形资产摊销的准确性，获取或编制无形资产累计摊销明细表，复核加计是否正确，并与总账数和明细账合计数核对是否相符；检查无形资产各项目的摊销政策是否符合有关规定，是否与上期一致，若改变摊销政策，检查其依据是否充分，注意使用期限不确定的无形资产不应摊销，但应当在每个会计期间对其使用寿命进行复核；检查被审计单位是否在年度终了对使用寿命有限的无形资产的使用寿命和摊销方法进行复核，其复核结果是否合理；检查无形资产的应摊销金额是否为其成本扣除预计净残值和减值准备后的余额，检查其预计净残值的确定是否合理；复核本期摊销是否正确，与相关账户核对是否相符。

（四）验证无形资产的账面余额

如果上期经过审计，确认了本期新增的无形资产和减少的无形资产，则对无形资产的账面余额无须再执行过多的追加测试，但是，审计人员应对无形资产的可实现价值进行确认和验证。审计人员应获取或编制无形资产减值准备明细表，复核加计是否正确，并与总账数和明细账合计数核对是否相符；检查无形资产减值准备计提和转销的批准程序，取得书面报告等证明文件；检查被审计单位计提无形资产减值准备的依据是否充分，会计处理是否正确；检查无形资产转让时，相应的减值准备是否一并结转，会计处理是否正确；对于使用寿命有限的无形资产，逐项检查是否存在减值迹象，并作出详细记录；对于使用寿命不确定的无形资产，无论是否存在减值迹象，都要进行减值测试；通过检查期后事项，以及比较前期无形资产减值准备数与实际发生数，评价计提无形资产减值准备的合理性。

（五）验证无形资产的列报与披露

审计人员应对无形资产在财务报表中的列报与披露进行检查，并确认按照企业会计准则的规定进行了列报和披露。不同类别的无形资产应分别单独列示，并披露无形资产的抵押或担保情况，以及无形资产确认、摊销的会计政策。此外，在报告期内发生的单项价值具有重大影响的无形资产，若该无形资产原始价值是以评估值作为入账依据的，还应披露评估机构的名称、评估方法；对于使用寿命不确定的无形资产，说明每一个会计期间对该无形资产使用寿命进行复核的程序，以及针对该项无形资产的减值测试结果。

（六）开发支出审计

开发支出在资产负债表上列示，但它不是一个会计科目，属于研发支出科目中的一部分，研发支出包括费用化的研究支出和资本化的开发支出。对于开发支出，最主要的审计目标是确认开发支出的发生，也就是发生的支出按照企业会计准则的要求是可以资本化的；另一个目标就是开发支出的准确性，也就是开发支出的归集、计算是准确的。

第一，审计人员应获取或编制开发支出明细表，所需信息可以从开发支出明细账、总账或科目余额表中得到；复核加计是否正确，并将该表与报表金额、总账金额、明细账合计数核对是否相符。

第二，审计人员应检查开发支出的本期增加额。首先根据明细项目，分别获取各项目的协议和董事会会议纪要、无形资产研究开发的可行性研究报告等文件，向被审计单位财务人员和研发人员询问各项目的基本情况，并根据询问的情况结合获取的资料，与明细表各项目逐一进行核对，以检查研发支出的性质、构成内容、计价依据，从而确定其是否归被审计单位拥有或控制。然后复核被审计单位划分研究支出与开发支出的依据，并与其财务人员和研发人员进行讨论，确定研究开发项目处于研究阶段还是开发阶段，必要时应获取研发部门的说明或借助专家工作。还要注意，向客户询问及讨论的内容应当形成记录，重点记录关于研发项目的立项、组织实施、划分研究阶段与开发阶段的标准等内容。结合以上情况对研发支出明细项目进行抽查，将研发支出中的职工薪酬、折旧等费用，与相关账户进行核对。

第三，审计人员应检查开发支出的本期减少数。对于研究项目，检查其期末是否全部结转至管理费用，有无挂账未结转情况；对于开发项目，检查其是否已经在使用或已经达到预定用途，如果在使用或已经达到预定用途，应将其结转至无形资产项目，并进行摊销或减值测试，关注有无长期挂账的开发支出，如果不能给企业带来经济利益，应将其全部转销。

开发支出项目的审计重点在于：一是确定支出事项是否属于研发支出项目，需要检查被审计单位有无研发支出项目的立项及决议等资料，将支出内容与有关资料核对确定。二是注意研发支出费用化与资本化的划分，当研发支出金额较大时，费用化与资本化的划分对被审计单位影响较大，因此，这一领域存在较高的舞弊风险，由于费用化与资本化的划分涉及较多的判断及研发项目的专业知识，因此在实务中应由经验丰富的审计人员来实施相应的审计程序。三是关注长期挂账的开发支出，除正常情况之外，要么存在舞弊的可能，要么可能属于研究支出。

第三节 费用账户审计

费用账户也是购置与付款循环中的重要账户。就采购内容而言，费用账户反映的一般是服务性质的支出和小额的资产购买，如办公用品等，主要包括管理费用和部分制造费用、部分销售费用核算的内容，审计人员必须确定它们是否存在重大错报，因为其可能对利润表存在重大影响。在审计费用账户时，审计人员应注意费用是否和收入在会计期间内相配比，另外还应注意在前后会计期间内费用会计处理的一贯性，这些都是确保费用账户金额正确的前提和基础。

一、费用账户的审计方法

费用如果进行资本化处理，那么就成为资产，列入资产负债表，并逐期摊销；如果计入当期损益，那么会影响资产负债表中的未分配利润。利润表账户的错报几乎总是同样地影响资产负债表账户，反之亦然。所以，费用账户的审计与资产负债表息息相关，而不是在审计过程中独立的一部分。费用账户的审计总是与其他账户的审计盘根错节地夹杂在一起，所以对费用账户审计程序的介绍就是对其他章节中有关内容的回顾。费用账户的审计程序主要有：分析程序、控制测试和账户余额细节测试。

二、分析程序

分析程序是费用账户审计的一种重要方法，可以帮助我们初步评价费用账户是否公允表达，并快速揭示可能存在的错报。审计人员应计算分析管理费用中各子项目的发生额及占费用总额的比率，并将本期管理费用和上期管理费用的各主要明细项目作纵向比较分析，判断其变动的合理性，以发现在费用账户中可能出现高估或低估的错报；将管理费用的实际金额与预算金额进行比较，以发现在费用及相关资产负债表账户中可能存在的错报；比较本期各月份管理费用，对有重大波动和异常情况的项目应查明原因，必要时作适当处理；比较本期和以前年度的预付保险费，以发现在保险费用和预付保险账户中可能存在的错报；比较本期和以前年度的个别制造费用占总制造费用的比率，以发现在个别制造费用和相关的资产负债表账户中可能存在的错报。

三、控制测试

费用账户的控制测试和实质性程序实际上是和其他资产负债表及利润表账户的审计同时进行的。例如，如果审计人员实施风险评估程序后认为，购置与付款循环的控制风险很低，足以合理地保证采购日记账记录的交易是真实发生的、记录金额是准确的、账户分类是准确的、记录是及时的，那么就取得了有关具体资产负债表账户（如应付账款和固定资产）、利润表账户（广告费用和修理费用）的可靠证据。当然，如果购置与付款循环的内部控制存在缺陷，并通过控制测试和交易的实质性程序发现了费用账户存在错报，那么资产负债表和利润表都会存在错报。如果在对购置与付款循环的内部控制进行充分的了解并实施风险评估程序之后，注册会计师估计的控制风险为低水平，那么只需对常规的费用支出（如广告费、业务招待费等）实施分析程序和截止测试即可，无须进行追加测试。但是，如果某些费用账户的性质较为重要，可能通过它发现其他错报或漏报，如律师费、咨询费等，那么需要实施进一步的账户余额细节测试。

四、账户余额细节测试

对于某些费用账户而言，即使控制良好，也需要对其进行余额细节测试。首先来讨论费用账户余额细节测试的意义和方法，然后讨论其实施时间。费用账户余额细节测试是对费用账户明细账和具体交易的原始凭证进行检查。这些原始凭证与那些在采购交易测试中用于检查交易发生及准确性的原始凭证性质相同，主要包括发票、验收报告、订货单和合同等。

以管理费用为例，应执行的账户余额细节测试如下：

第一，获取或编制管理费用明细表，复核加计是否正确，并与报表数、总账数及明细账合计数核对是否相符；将管理费用中的职工薪酬、无形资产摊销、长期待摊费用摊销额等项目与各有关账户进行核对，分析其钩稽关系的合理性，并作出相应记录。

第二，检查企业经费（包括行政管理部门职工薪酬、物料消耗、低值易耗品摊销、办公费和差旅费）是否在经营管理中发生或应由企业统一负担，检查相关费用报销内部管理办法是否有合法的原始凭证支持；检查董事会经费（包括董事会成员津贴、会议费和差旅费等）是否在合规范围内支付费用；检查聘请中介机构费、咨询费（含顾问费）是否按合同规定支付，有无涉及诉讼及赔偿款项支出；检查诉讼费用并结合或有事项审计，检查涉及的相关重大诉讼事项是否已在附注中进行披露，还需进一步关注诉讼状态，判断有无或有负债，有无已发生损失而未入账的事项；检查业务招待费的支出是否合理，如超过规定限额，应在计算应纳税所得额时作出调整；结合相关资产的检查，核对筹建期间发生的开办费（包括人员工资、办公费、培训费、差旅费、印刷费、注册登记费以及不计入固定资产成本的借款费用等）是否直接计入管理费用。

第三，选择重要或异常的管理费用，检查费用的开支标准是否符合有关规定，计算是否正确，原始凭证是否合法，会计处理是否正确；实施截止测试，若存在异常迹象，考虑是否有必要追加审计程序，对于重大跨期项目，应作必要调整。

第四，确定管理费用是否已按照企业会计准则的规定在财务报表中作出恰当列报。

如果审计人员在执行控制测试和交易实质性程序的过程中发现结果比较可靠，那么对这些费用账户的分析一般就仅限于那些错报可能性非常高的账户。例如，审计人员经常分析法律费用，以确定是否存在或有负债、违法行为或其他对财务报表有影响的法律问题。除非分析程序表明业务招待费、差旅费和广告费等账户可能存在重大错报，否则，审计人员一般很少分析这些账户。

费用账户分析经常作为相关资产验证的一部分来实施。例如，折旧费用的测试通常可以作为验证固定资产的一部分来实施；专利权摊销的测试可以作为验证新增或处置专利权的一部分来实施；制造费用在存货和主营业务成本之间分摊的测试可以作为验证存货的一部分来实施。

学思践悟　“鲁布革水电站”工程项目审计

【案例简介】

学思践悟案例

“鲁布革水电站”工程项目审计

本案例介绍了鲁布革水电站建设情况。鲁布革水电站位于云南省罗平县与贵州省兴义市交界的黄泥河下游河段，原是由水电部十四工程局负责施工，1982年11月，鲁布革水电站开工建设；1984年4月，水电部利用世界银行贷款，同时根据协议，将“鲁布革水电站”工程的引水隧洞工程进行国际招标。它是中国第一座使用世界银行贷款建设的水电站，也是中国第一个向国际公开招标的工程。在8个国家承包商的竞争中，日本大成公司以比中国与外国公司联合体投标价低3 600万元中标，形成“一项工程、两种体制、三方施工”的格局。1988年8月13日，引水隧道工程正式竣工，而水电部十四局承担的首部枢纽工程却由于种种原因，进展迟缓，不被看好，但经过工程指挥部的整顿管理，最终实现了按期截流。1991年12月，工程全面竣工。该案例推动了我国工程项目管理水平产生质的改变。

【关键词】

鲁布革；工程建设；工程项目管理

【教学目的和用途】

本案例旨在引导学生梳理和还原鲁布革水电站建设过程。案例所反映鲁布革水电站开始建设以来，由于资金缺乏，准备工程进展缓慢，前后拖延7年之久。在1984年向世界银行贷款并公开招标后，鲁布革水电站形成了“一项工程、两种体制、三方施工”的复杂格局。鲁布革工程管理体制的局部突破，使得鲁布革成了一个混合物，四方八国，两种管理体制，于是在工程建设期间产生了摩擦、较量。除了体制的对比外还有理念的碰撞和技术的交锋。结合工程项目内部控制的关键点，认真分析在鲁布革水电站工程建设过程中工程项目内控存在的问题，对比分析，为何引水隧道工程能够提前122天竣工，而首部枢纽工程却进展迟缓。分析该工程项目控制在设计和执行上的有效性，评价该工程项目开展风险评估的有效性。并在此基础上进行深刻反思，研讨和分析在任何情况下坚持遵循规则、遵守法律、忠于职守的重要性，同时也要从中逐渐建立起诚信、道德的价值观。

【素养目标】

1. 引导学生树立法治意识，培养学生的敬畏精神。法治观念是社会公民素养的重要组成部分，只有树立了正确的法治观念，学生才能成为具有法治意识的社会公民，遵守法律，维护正常的社会秩序。同时法治观念对个人未来发展起到指导作用，在现代社会，法律意识是各行各业的基本要求，树立了正确的法治观念，能够帮助学生更好地适应未来的社会发展，提高自身的素质和竞争能力。

2. 引导学生深刻认识到保持敬业爱岗工作态度的重要性，任何人都必须首先做到爱岗敬业，这是职业道德基础，是一种职业精神，要做到以“干一行、爱一行”的态度对待自己的工作，以敬畏的心投入到自己的工作中，将尊重、责任、勇气、秩序、实干、精诚等美德融入到工作中，以出色的表现，追求事业发展、家庭美满、国家富强的梦想。

3. 培养学生遵守基于诚信、责任的契约精神。诚信和责任是社会价值观的重要组成部分。通过培养学生遵守契约精神，可以加强其对道德和伦理价值的认识，塑造其正确的价值观念。同时，诚信和责任的契约精神也是社会秩序和稳定的基石。信守契约、履行承诺的社会成员更能建立起信任关系，促进合作共赢，促进社会和谐有序健康发展。鲁布革工程中第一次使用了国际性的合同管理制度，由鲁布革工程管理局与日本大成公司签订承发包合同。由于中国施工管理人员对合同制管理体制的陌生，对于许多合同条款并不清晰，导致工程成本增加。但想要工程顺利完成，必须按照契约精神，严格遵循合同条款。可以让学生明白坚守契约精神的可贵可敬，切实做到无论何时何地都要诚信守约、不可以违背承诺。

【价值塑造】

1. 树立法治意识，培养敬畏精神：分析建设单位招标过程对法律的遵循。

2. 树立爱岗意识，培养敬业精神：分析员工昼夜奋战按期竣工的敬业精神。

3. 树立诚信意识，培养契约精神：分析工程严格遵循合同条款最终顺利完工的契约精神。

【思考问题】

1. 内部控制的业务活动包括哪些？工程项目内部控制的总体要求有哪些？

2. 工程项目业务的基本流程包括哪些？

3. 工程项目的主要风险都有哪些？如何针对这些风险点进行规避？

4. 结合案例，梳理鲁布革水电站的工程项目工作流程，根据内部控制的有关规范和原理，分析判断鲁布革水电站的工程项目控制的关键点是什么？避免了怎样的后果？

5.请你从设计、执行两个方面评价鲁布革水电站在工程项目内部控制制度方面的有效性。

6.分析案例，判断针对鲁布革水电站工程项目内部控制有哪些值得借鉴的地方？

7.在这个案例中有哪些问题需要我们在现实生活中进行反思和借鉴？

【分析思路】

第一步，了解工程项目的背景及项目概况，深入分析鲁布革工程项目所面临的困难和突破点。

第二步，分析判断建设单位在该工程项目控制中面临哪些主要风险，是否存在风险管理不当的情况。

第三步，根据工程项目发展阶段，在充分了解招标全过程的基础上对比分析各投标公司能力如何，以及日本大成公司成功中标的原因，分析建设单位的评判标准是否符合工程项目控制中招标、投标、开标、评标和定标以及签订施工合同的标准。

第四步，具体分析在工程建设过程中建设单位、承包单位与监理单位之间的摩擦，判断哪一方应对差错负主要责任，违背了哪些工程项目控制的要求。

第五步，分析和研讨鲁布革水电站工程在建设过程中哪些人坚守岗位，体现了建设人员怎样的品质。

第六步，分析和研讨被调查的每个岗位人员是否在工作中做到了知法守法，是否体现了敬畏精神。

第七步，分析和研讨建设单位是否秉持了基于诚信、责任的契约精神。

复习思考题

1.大新公司成立3年后，初次聘请大公会计师事务所进行审计，审计时发现其中几笔资本性支出已误作收益性支出。列举这些错误在未更正之前对大新公司当年财务报表的影响。

2.昌德公司本年度取得新的机器设备而停止使用报废的旧机器设备，但旧机器设备仍然保留，以便公司一旦需要增产时再投入使用。旧机器设备在会计记录和报表中应该如何反映？

3.列举注册会计师应使用何种审计程序以便发现未入账的报废固定资产。

4.列举在固定资产内部控制中最为重要的三项以上的控制程序。

5.注册会计师是否应询问被审计单位固定资产的使用年限？注册会计师是否必须接受该使用年限而无须审查？试予以说明。

6.列举在审计资产负债表账户中同时覆盖的三类费用科目，并指出相关资产负债表账户的名称。

7.注册会计师应如何使用分析程序审核费用账户？

本章习题

第四章练习题

第五章
生产与费用循环审计

学习目标

1.掌握生产与费用循环涉及的报表项目及其审计目标；
2.了解生产与费用循环的业务处理与凭证记录；
3.掌握生产与费用循环的内部控制与测试要求；
4.熟练掌握生产与费用循环报表项目的实质性程序。

第一节　生产与费用循环中的主要业务活动及相关的凭证与记录

教学视频5-1

生产与费用循环审计

生产与费用循环是制造业企业重要的经营环节。本循环的主要内容包括：企业领用原材料，将原材料投入生产过程，生产加工出具有品质、成本、交期特性的产品入库，并归集生产费用、计算产品成本的过程。本循环与其他业务循环联系紧密。企业通过购置与付款循环取得原材料，本循环对原材料进行加工，生产出产成品给销售与收款循环进行商品销售。

本循环涉及的报表项目主要有：存货、应付职工薪酬等资产负债表项目；营业成本等利润表项目。在本循环中，涉及的部门较多，业务复杂；相关账户较多；存货种类和数量繁多，计价方法各异，存货计价方法和成本计算方法直接影响当期损益。因此本循环的审计风险较大，应投入较多的时间和精力。

一、生产与费用循环的主要业务活动①

制造业企业的生产与费用循环所涉及的主要经营活动包括计划和安排生产、发出原材料、生产产品、核算产品成本、产成品入库与储存、发出产成品等。上述业务活动通常涉及计划部门、仓储部门、生产部门、发运部门、人事部门、会计部门等。

生产与费用循环的主要业务活动如图5-1所示。

（一）生产与存货循环部分的主要业务活动

1.计划和安排生产。生产计划部门的职责是根据顾客订单或者对销售预测和产品需求的分析来决定生产授权，如决定授权生产，即签发预先编号的生产通知单。该部门通常应

① 生产活动常常伴随着存货的不同形态变化，也伴随着人工费用的发生，因此在审计实务中可以把生产与存货、工薪等活动作为一个循环来开展工作。因为生产与存货业务和人力资源与工薪业务的相对独立性和完整性，在本章有关内容叙述中，我们将分别介绍生产与存货循环和人力资源与工薪循环。

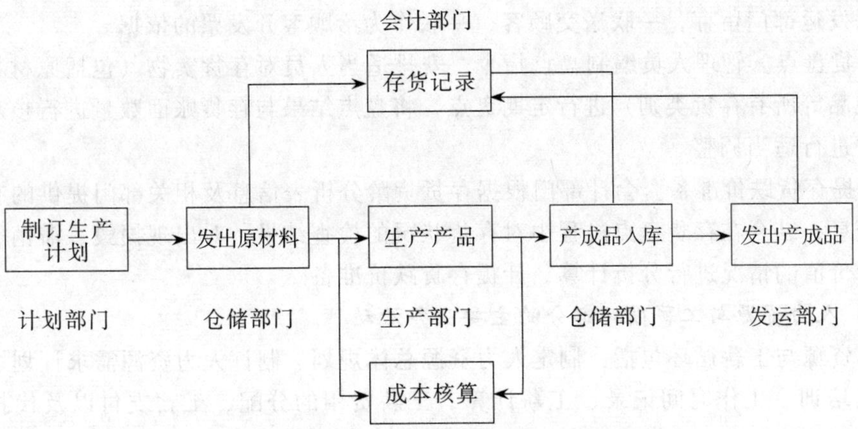

图5-1　生产与费用循环的主要业务活动

将发出的所有生产通知单编号并加以记录控制。此外，还需要编制一份材料需求报告，列示所需要的材料和零件及其库存。生产计划应在企业年度经营计划的基础上，提前进行科学编制，同时还要结合企业产能数据、历史产销数据、市场信息等作适当放量。生产计划的编制下达应归口统一管理。生产计划应由有关部门进行评审，并由相应管理层签发下达车间执行。生产计划的执行与过程控制应做到：生产准备充分又不浪费，生产过程前有技术指导，生产过程后有质量检验，工序交接有据可查，控制生产中的外包业务风险，通过现场调度以及生产例会实现生产均衡有序进行。领料单上必须列示所需的材料数量和种类，以及领料部门的名称。领料单可以一料一单，也可以多料一单，通常需要一式三联。仓库发料后，将其中一联连同材料交给领料部门，其余两联经仓库登记材料明细账后，送会计部门进行材料收发核算和成本核算。

2.生产产品。生产部门在收到生产通知单及领取原材料后，便将生产任务分解到每一个生产工人，并将所领取的原材料交给生产工人，据此执行生产任务。生产工人在完成生产任务后，将完成的产品交生产部门查点，然后转交检验员验收并办理入库手续；或是将所完成的产品移交下一个部门，作进一步加工。

3.核算产品成本。为了正确核算并有效控制产品成本，会计部门必须建立健全成本会计制度，将生产控制和成本核算有机地结合在一起。一方面，生产过程中的各种记录（如生产通知单、领料单、计工单、入库单等文件资料）都要汇集到会计部门，由会计部门对其进行检查和核对，以了解和控制生产过程中的存货的实物流转；另一方面，会计部门要设置相应的会计账户，会同有关部门对生产过程中的成本进行核算和控制。成本会计制度可以非常简单，比如只在期末记录存货余额；也可以非常完善，完善的标准成本会计制度应该提供生产周期所消耗的原材料、人工成本和间接费用的分配与归集的详细资料。

4.产成品入库与储存。产成品入库，须由仓库部门先行点验和检查，然后签收。签收后，仓库部门再将实际入库数量通知会计部门。据此，仓库部门明确本身应承担的责任，并对验收部门的工作进行验证。除此之外，仓库部门还应根据产成品品质特征分类存放，并填制标签。

5.发出产成品。产成品的发出须由独立的发运部门进行。装运产成品时必须持有经有关部门核准的发运通知单，并据此编制出库单。出库单至少一式四联：一联送交仓库部门，一联发运部门留存，一联送交顾客，一联作为给顾客开发票的依据。

6.存货盘点。管理人员编制盘点指令，安排适当人员对存货实物（包括原材料、在产品和产成品等所有存货类别）进行定期盘点，将盘点结果与存货账面数量进行核对，以调查差异并进行适当调整。

7.计提存货跌价准备。会计部门根据存货货龄分析表信息及相关部门提供的有关存货状况的信息，结合在存货盘点过程中对存货状况的检查结果，对出现损毁、滞销、跌价等降低存货价值的情况进行分析计算，计提存货跌价准备。

（二）人力资源与工薪循环部分的主要业务活动

人力资源与工薪循环包括：制定人力资源总体规划、制订人力资源需求计划、员工招聘、员工培训、工作时间记录、工薪计算、工薪费用的分配、工薪支付以及代扣代缴税金、员工退出等。在制造业企业中，员工工薪影响两个重要的交易类型，即工薪的发放和工薪费用的分配。

与其他循环相比，人力资源与工薪循环的特点更加明显：一是接受员工提供的劳务与向员工支付报酬都在短期内发生；二是交易比相关的资产负债表账户余额更为重要；三是与工薪相关的内部控制通常是有效的。

人力资源与工薪循环是不同企业之间最可能具有共同性的领域，涉及的主要经营活动（与审计相关）通常包括批准招聘、记录工作时间或产量、计算工薪总额和扣除、工薪支付等。

1.批准招聘。批准雇用的文件应当由负责人力资源与工薪相关事宜的人员编制，最好由在正式雇用过程中负责制定批准雇用、支付率和工薪扣除等政策的人力资源部门履行该职责。人力资源部门同时还负责编制支付率变动及员工合同期满的通知。

2.记录工作时间或产量。员工工作的证据以工时卡或考勤卡的形式产生，通过监督审核和批准程序予以控制。如果支付工薪的依据是产量而不是时间，数量也同样应经过审核，并且与产量记录或销售数据进行核对。

3.计算工薪总额和扣除。在计算工薪总额和扣除时，需要将每名员工的交易数据，即本工薪期间的工作时间或产量记录与基准数据进行匹配。在确定相关控制活动已经执行后，应当由一名适当的人员批准工薪的支付。同时，由一名适当人员审核工薪总额和扣除的合理性，并批准该金额。

4.工薪支付。企业通常利用电子货币转账系统将工薪支付给员工，有时也会使用现金支付方式。批准工薪支票，通常是在工薪计算中不可分割的一部分，包括比较支票总额和工薪总额。使用支票支付工薪的职责划分，应该与使用现金支出的职责划分相同。

二、生产与费用循环涉及的主要账户与凭证记录

（一）生产与费用循环涉及的主要账户

生产与费用循环涉及的账户：存货（包括材料采购或在途物资、原材料、材料成本差异、库存商品、发出商品、商品进销差价、委托加工物资、委托供销商品、受托代销商品、周转材料、生产成本、制造费用、劳务成本、存货跌价准备、资产减值损失、受托代销商品款等）、应付职工薪酬、制造费用、生产成本、营业成本等账户。其关系如图5-2所示：

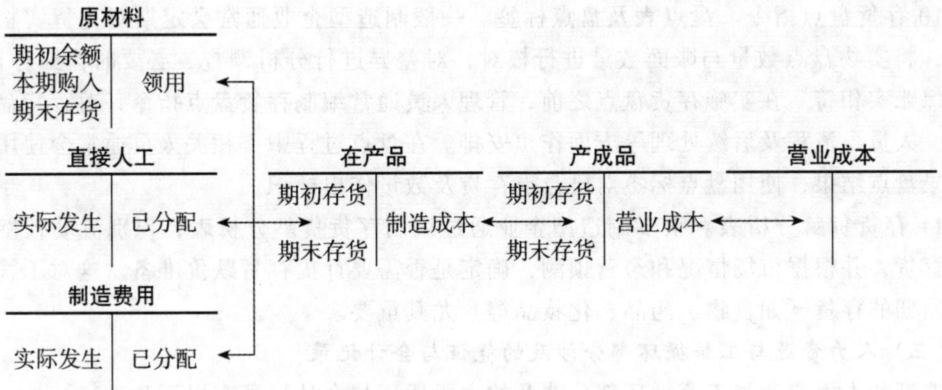

图5-2 生产与费用循环的主要账户及其关系

(二)生产与存货循环部分涉及的主要凭证与会计记录

生产与存货循环部分涉及的主要凭证与会计记录有以下几种:

1.生产指令。生产指令,又称生产任务通知单,是企业下达制造产品等生产任务的书面文件,用以通知供应部门组织材料发放、生产车间组织产品制造、会计部门组织成本计算。广义的生产指令也包括用于指导产品加工的工艺规程。

2.领发料凭证。领发料凭证是企业为控制材料发出所采用的各种凭证,如材料发出汇总表、领料单、限额领料单、领料登记簿、退料单等。

3.产量和工时记录。产量和工时记录是登记工人或生产班组在出勤内完成产品数量、质量和生产这些产品所耗费工时数量的原始记录。产量和工时记录的内容与格式是多种多样的,在不同的生产企业甚至在同一企业的不同生产车间,常由于生产类型的不同而采用不同格式的产量和工时记录。常见的产量和工时记录主要有工作通知单、工序进程单、工作班产量报告、产量通知单、产量明细表、废品通知单等。

4.工薪汇总表及工薪费用分配表。工薪汇总表是为了反映企业全部工薪的结算情况,并据以进行工薪结算、总分类核算和汇总整个企业工薪费用而编制的,它是企业进行工薪费用分配的依据;工薪费用分配表反映了各生产车间各产品应负担的生产工人工薪和福利费。

5.材料费用分配表。材料费用分配表是用来汇总反映各生产车间各产品所耗费的材料费用的原始记录。

6.制造费用分配汇总表。制造费用分配汇总表是用来汇总反映各生产车间各产品应负担的制造费用的原始记录。

7.成本计算单。成本计算单是用来归集某一成本计算对象应承担的生产费用,计算该成本计算对象的总成本和单位成本的记录。

8.产成品入库单和出库单。产成品入库单是产品生产完成并经检验合格后从生产部门转入仓库的凭证。产成品出库单是根据经批准的销售单发出产成品的凭证。

9.存货明细账。存货明细账是用来反映各种存货增减变动情况和期末库存数量及相关成本信息的会计记录。由于企业性质不同,存货形式也多种多样。对于从事零售和批发的企业来说,财务报表中最重要的账户通常是可用于销售的库存商品。对于制造业企业来说,存货可能包括原材料、外购零配件、生产用物料、在产品和可供销售的产成品等。

10.存货盘点指令、盘点表及盘点标签。一般制造型企业通常会定期对存货实物进行盘点，将实物盘点数量与账面数量进行核对，对差异进行分析调查，必要时作账务调整，以确保账实相符。在实施存货盘点之前，管理人员通常编制存货盘点指令，对存货盘点的时间、人员、流程及后续处理等方面作出安排。在盘点过程中，相关人员通常会使用盘点表记录盘点结果，使用盘点标签对已盘点存货及数量作出标识。

11.存货货龄分析表。很多制造型企业通过编制存货货龄分析表，识别流动较慢或滞销的存货，并根据市场情况和经营预测，确定是否需要计提存货跌价准备。这对于管理具有保质期的存货（如食物、药品、化妆品等）尤其重要。

（三）人力资源与工薪循环部分涉及的凭证与会计记录

典型的人力资源与工薪循环部分涉及的主要凭证与会计记录有以下几种：

1.人事和雇用记录。

（1）人事记录：包括雇用日期、工薪率、业绩评价、雇佣关系终止等方面的记录。

（2）扣款核准表：核准工薪预扣款的表格，包括预先扣除个人所得税等。

（3）工薪率核准表：根据工薪合同、管理层的授权、董事会对管理层的授权，核准工薪率的一种表格。

2.工时记录和工薪表。

（1）工时卡：记录员工每天上下班期间和工时数的书面凭证。对大多数员工来说，工时卡是根据时钟或打卡机自动填列的。

（2）工时单：记录员工在既定时间内完成工作的书面凭证，通常在员工从事不同岗位的工作或没有固定部门时使用。

（3）工薪交易文件：包括在一定期间（如一个月）内，通过会计系统处理的所有工薪交易。该文件含有输入系统的所有信息和每项交易的信息，如员工的姓名、日期、支付总额和支付净额、各种预扣金额、账户类别。

（4）应付职工薪酬明细账或清单：由工薪交易文件生成的报告，主要包括每项交易的员工的姓名、日期、工薪总额及工薪净额、预扣金额、账户类别等信息。

（5）工薪主文档：记录每位员工的每一项工薪交易并保留已付员工总额的文件。记录包括在每个工薪期间的工薪总额、预扣金额、工薪净额、支票号、日期等。

3.支付工薪记录：记录向员工支付劳务的转账资金。转账资金应等于工资总额减去税金和其他预扣款的余额。

4.个人所得税纳税申报表：记录向税务部门申报的税额。

三、生产与费用循环的风险特点与审计策略

（一）生产与存货循环部分的风险特点与审计策略

在制造业企业中，最主要的经营活动就是生产制造。生产与存货循环占用的资金量往往较大，交易频繁，交易数量众多，且与其他循环都有联系。生产活动中所使用的原材料来自采购与付款循环，生产成本的归集需要考虑员工工资、材料成本及众多的直接费用、间接费用，这些费用需要购置与付款循环来支付，购置的固定资产通过折旧的形式也要将成本转移到生产成本中，生产完工后的产成品还要通过销售循环售出后取得货币资金，完成整个经营活动的周转。

生产与存货循环中流动着大量的实物资产，如原材料、低值易耗品、半成品、在产

品、委托加工材料、产成品等，其收支流转频繁、工作量大，十分容易发生遗失、损坏和盗窃等。另外，生产成本的计算过程十分复杂，工作量大，也容易发生无意的计算错误，更容易隐藏有意的成本操纵行为。

基于生产与存货循环的特点，对审计人员而言，审计测试的工作量大，审计成本较高。考虑到生产与存货循环中的主要风险，审计人员应对本循环的内部控制进行详细了解与评价，并把存货监盘和成本审计作为实质性程序的重点。

（二）人力资源与工薪循环部分的风险特点与审计策略

无论在哪种行业，工薪都具有重要性。例如，在服务业中，大多数企业属于劳动密集型企业，工薪支出在其所有支出中占有较高比例；在高科技行业中，企业支付的工薪取决于员工的技能，这些企业可能设计出一套复杂的补偿方案雇用和留住最好的员工，以保持良好的持续经营能力；在制造业中，企业支付的工薪取决于产品生产过程的劳动密集程度。人工成本不适当的计价和分摊会造成净损益的重大错报，工薪也可能是一个由于无效率或舞弊、盗窃而造成公司资源严重浪费的领域。

在计划审计工作时，审计人员需要了解工薪的重要性：一是人力资源政策的相对重要性及对工薪费用和工薪负债的影响；二是所支付补偿的性质和复杂程度，包括小时工薪、月薪；三是企业在处理和保持员工记录时对计算机程序的依赖程度，以及工薪工作是否被外包给服务商；四是可能使管理层和高级员工产生对财务成果进行错报动机的性质，如与利润目标挂钩的股票期权和奖金。在分析人力资源风险时，审计人员应当考虑业绩指标。假如雇用政策或补偿政策不能够吸引到具有较高技能的员工，或不能留住这些员工，那么企业持续经营的能力将面临风险。管理层应当很好地识别出关键职位，以及该职位所必需的人员数量与资格，并要求就这些关键职位的空缺程度提供定期报告。

工薪交易和余额中主要的重大错报风险是对费用的高估，如向虚构的员工发放工薪、对未实际发生工时支付工薪或以未授权的工薪率发放工薪等（存在和发生以及准确性认定）。严格的监管环境、工薪活动的敏感性和保密性、未遵守法律法规可能受到的严厉惩罚、管理层针对工薪系统实施的严格控制，在大多数情况下能够有效且预先发现并纠正错误和舞弊。

同其他循环一样，人力资源与工薪循环审计也包括以下环节：了解内部控制；评估控制风险；控制测试、交易的实质性程序和分析程序；账户余额细节测试等。

另外，人力资源与工薪循环审计与其他循环审计相比还有几点明显差异：在人力资源与工薪循环中只有一类交易，即因接受员工提供的劳务而在短期内向员工支付的劳务报酬，而在其他循环中至少有两类交易，例如，在销售与收款循环中，交易包括销售、收取现金，通常还有销售退回和坏账注销；与工薪相关的账户（如应付职工薪酬和应交税费）的金额通常小于整年交易的总额；对所有公司（即使是小公司）而言，工薪的内部控制通常是较有效的，如果员工的工薪未支付或支付不足，那么员工会提出异议。考虑到上述原因，审计人员在审计工薪时，应重点关注控制测试、交易的实质性程序和分析程序，而在账户余额细节测试上不需花费更多的时间。

审计人员在测试关键控制后可能将工薪交易和余额中的重大错报风险评估为低水平，并考虑通过实施分析程序获取所需要的大多数实质性审计证据，以减少细节测试。针对剩余重大错报风险，审计人员应当采用细节测试对期末应付工薪和工薪负债的完整性、准确性、计价以及权利和义务进行测试。

第二节 生产与费用循环的内部控制与控制测试

一、生产与存货循环部分的内部控制与控制测试

（一）生产与存货循环部分的内部控制

总体上看，生产与存货循环中与审计密切相关的内部控制主要包括生产与存货业务的内部控制和成本会计制度的内部控制两项内容。

1.生产与存货业务活动中的内部控制

（1）对于计划和安排生产这项主要业务活动，有些被审计单位的内部控制要求，根据经审批的月度生产计划书，由生产计划经理签发预先按顺序编号的生产通知单。

（2）对于发出原材料这项主要业务活动，有些被审计单位的内部控制要求：领料单应当经生产主管批准，仓库管理员凭经批准的领料单发料；领料单一式三联，分别作为生产部门存根联、仓库联和财务联。仓库管理员应把领料单编号、领用数量、规格等信息输入计算机系统，经仓储经理复核并以电子签名方式确认后，系统自动更新材料明细台账。

（3）对于生产产品和核算产品成本这两项主要业务活动，有些被审计单位的内部控制要求：生产成本记账员应根据原材料领料单财务联，编制原材料领用日报表，与计算机系统自动生成的生产记录日报表核对材料耗用和流转信息；由会计主管审核无误后，生成记账凭证并过账至生产成本及原材料明细账和总分类账。生产部门记录生产各环节所耗用工时数，包括人工工时数和机器工时数，并将工时信息输入生产记录日报表。每月月末，由生产车间与仓库核对原材料和产成品的转出记录和转入记录，如有差异，仓库管理员应编制差异分析报告，经仓储经理和生产经理签字确认后交会计部门进行调整。每月月末，由计算机系统对生产成本中的各项组成部分进行归集，按照预设的分摊公式和方法，自动将当月发生的生产成本在完工产品和在产品之间按比例分配；同时，将完工产品成本在各不同产品类别之间分配，由此生成产品成本计算表和生产成本分配表；由生产成本记账员编制生产成本结转凭证，经会计主管审核批准后进行账务处理。

（4）对于产成品入库和储存这项主要业务活动，有些被审计单位的内部控制要求：当产成品入库时，质量检验员应检查并签发预先按顺序编号的产成品验收单，由生产小组将产成品送交仓库，仓库管理员应检查产成品验收单，并清点产成品数量，填写预先顺序编号的产成品入库单，经质检经理、生产经理和仓储经理签字确认后，由仓库管理员将产成品入库单信息输入计算机系统，计算机系统自动更新产成品明细台账，并与采购订购单编号核对。存货应存放在安全的环境（如上锁、使用监控设备）中，只有经过授权的工作人员才可以接触及处理存货。

（5）对发出产成品这项主要业务活动，在销售与收款业务循环中涉及了产成品出库这一环节，此外还有后续的结转销售成本环节。有些被审计单位可能设计以下内部控制要求：当产成品出库时，由仓库管理员填写预先按顺序编号的出库单，并将产成品出库单信息输入计算机系统，经仓储经理复核并以电子签名方式确认后，计算机系统自动更新产成品明细台账，并与发运通知单编号核对。产成品装运发出前，由运输经理独立检查出库

单、销售订购单和发运通知单，确定从仓库提取的商品附有经批准的销售订购单，并且所提取商品的内容与销售订购单一致。每月月末，生产成本记账员根据计算机系统内状态为“已处理”的订购单数量，编制销售成本结转凭证，并结转相应的销售成本，经会计主管审核批准后进行账务处理。

（6）存货盘点的内部控制：

原材料（产成品）仓库分别于每月、每季和年度终了对原材料（产成品）存货进行盘点，由会计部门对盘点结果进行复盘。

需要注意的是，生产部门和仓储部门在盘点日前对所有存货进行清理和归整，便于盘点顺利进行。每一组盘点人员中应包括仓储部门以外的其他部门人员，即不能由负责保管存货的人员单独负责盘点存货；安排不同的工作人员分别负责初盘和复盘。盘点表和盘点标签事先应连续编号，发放给盘点人员时要登记领用人员；盘点结束后回收并清点所有已使用和未使用的盘点表和盘点标签。为防止存货被遗漏或重复盘点，所有盘点过的存货贴盘点标签，注明存货品名、数量和盘点人员，完成盘点前检查现场确认所有存货均已贴上盘点标签。将不属于本单位的代其他方保管的存货单独堆放并作标识；将盘点期间需要领用的原材料或出库的产成品分开堆放并作标识。

盘点结束后，仓库管理员应编写原材料（产成品、存货）盘点明细表，与存货账面数量进行比较，调查分析差异原因，并对认定的盘盈和盘亏提出账务调整意见，经仓储经理、生产经理、财务经理和总经理复核批准后入账。

（7）对计提存货跌价准备业务活动，有些被审计单位的内部控制要求：

定期编制存货货龄分析表，管理人员复核该分析表，确定是否有必要对滞销存货计提存货跌价准备，并计算存货可变现净值，据此计提存货跌价准备。

生产部门和仓储部门每月上报“残次冷背①”存货明细，采购部门和销售部门每月上报原材料和产成品最新价格信息，会计部门据此分析存货跌价风险并计提跌价准备，由财务经理和总经理复核批准后入账。

2.成本会计制度的内部控制目标与关键控制

（1）生产业务是根据管理层一般或特定的授权进行的。记录的成本为实际发生的而非虚构的（发生认定）。关键控制主要包括：对生产指令的授权批准、领料单的授权批准、工薪的授权批准这三个关键点，应履行恰当手续，经过特别审批或一般审批；成本的核算是以经过审核的生产通知单、领发料凭证、产量和工时记录、工薪费用分配表、材料费用分配表、制造费用分配表为依据的。

（2）所有耗费和物化劳动均已反映在成本中（完整性认定）。关键控制是指生产通知单、领发料凭证、产量和工时记录、工薪费用分配表、材料费用分配表、制造费用分配表均事先编号并已经登记入账。

（3）成本以正确的金额在恰当的会计期间及时记录于适当的账户（准确性、计价和分摊认定）。关键控制有：采用适当的成本核算方法，并且前后各期一致；采用适当的费用分配方法，并且前后各期一致；采用适当的成本核算流程和账务处理流程；内部核查等。

另外，还有一些控制措施同时合理保证多项认定，比如，对存货实施保护措施，存货

---

① 残，指残品，不能使用的；次，指次品，有缺陷的成品；冷，相对于热销而言，指不热门的产品；背，指呆滞产品。

保管人员与记录、批准人员相互独立，存货保管人员与记录人员职务相分离；账面存货与实际存货定期核对相符，定期进行存货盘点等，同时实现存在、完整性、计价和分摊等多项认定。

（二）初步评估生产与存货循环的重大错报风险

1.了解本循环内部控制

了解本循环内部控制的工作包括：了解被审计单位生产与存货循环的内部控制的设计，并记录获得的了解；针对生产与存货循环的控制目标，记录相关的控制活动，以及受该控制活动影响的交易和账户余额及其认定；执行穿行测试，证实对交易流程和相关控制的了解，并确定相关控制是否得到执行；记录在了解和评价生产与存货循环的控制设计和执行过程中识别的风险，以及拟采取的应对措施。

了解本循环的业务活动和相关内部控制的方法与程序主要有：询问参与本循环各业务活动的被审计单位人员，一般包括生产部门、仓储部门、人事部门和会计部门的员工和管理人员；获取并阅读企业的相关业务流程图或内部控制手册等资料；观察本循环中的特定控制的运用，例如观察生产部门如何将完工产品移送入库并办理手续；检查文件资料，例如检查原材料领料单、成本计算表、产成品出入库单等；实施穿行测试，即追踪一笔交易在财务报告信息系统中的处理过程，例如选取某种产成品，追踪该产品制订生产计划、领料生产、成本核算、完工入库的整个过程。值得注意的是，在了解控制的设计并确定其是否得到执行时，应当记录所获取的信息和审计证据来源。如果拟利用以前审计获取的有关控制运行有效的审计证据，应考虑被审计单位的业务流程和相关控制自上次测试后是否发生重大变化。

2.重大错报风险的初步评估

在了解生产与存货循环的内部控制后，可以对生产与存货循环的重大错报风险进行初步的评估。其关键是找出生产与存货管理的关键要素和关键业绩指标，为找到潜在的重大错报风险提供线索。当生产流程得到良好控制时，审计人员可以将重大错报风险评价为中或低，并且，可以了解不同级别的管理层收到的例外报告的类型、实施的不同的监督活动，以及是否有证据表明所选取的控制的设计和运行是适当的，是否能够保证管理层采取及时有效的措施来识别错误并处理舞弊。

以制造业企业为例，影响生产与存货交易和余额的重大错报风险因素还可能包括：

（1）交易的数量和复杂性。制造业企业交易数量庞大，业务复杂，这就增加了错误和舞弊的风险。

（2）成本基础的复杂性。制造业企业的成本基础是复杂的。虽然原材料和直接人工等直接费用的分配比较简单，但间接费用的分配较为复杂，并且，同一行业中的不同企业也可能采用不同的认定和计量基础。

（3）员工变动或者会计电算化。这可能导致在各个会计期间将费用分配至产品成本的方法出现不一致。

（4）产品的多元化。这可能要求聘请专家来验证其质量、状况或价值。另外，计算存货数量的方法也可能是不同的。例如，计量煤堆、筒仓里的谷物或糖、钻石或者其他贵重的宝石、化工品和药剂产品的存储量的方法都可能不一样。这并不是要求审计人员每次清点存货都需要专家配合，只要存货容易辨认，存货数量容易清点，就无须专家帮助。

（5）某些存货项目的可变现净值难以确定。例如价格受全球经济供求关系影响的存货，由于其可变现净值难以确定，会影响存货采购价格和销售价格的确定，并将影响审计人员对与存货计价认定有关的风险进行评估。

（6）销售附有担保条款的商品。企业出售附有担保条款的商品，就会面临换货或者销售退回的风险。出口到其他国家的商品也有途中毁损的风险，这将导致投保人索赔或者由企业来补充毁损的商品。

（7）将存货存放在很多地点。大型企业可能将存货存放在很多地点，并且可能在不同的地点之间配送存货，这将增加商品途中毁损或遗失的风险，或者导致存货在两个地点被重复列示，也可能产生转移定价的错误或舞弊。

（8）寄存的存货。有时候存货虽然还存放在企业，但可能已经不归企业所有；反之，企业的存货也可能被寄存在其他企业。

审计人员应当了解被审计单位对生产与存货的管理程序。预防性控制经常在交易初期和记录过程中实施，作为管理层的监督程序的组成部分；检查性控制通常在交易执行和记录过程之后实施，以便检查、纠正错误与舞弊。测试已选取的、涉及几项认定的监督控制，要比测试交易初期的预防性控制更为有效。

审计人员对于生产过程和存货管理控制的了解，来自观察控制活动执行情况、询问员工以及检查文件和资料。这些文件和资料包括以前年度审计工作底稿，原材料领料单上记录的各个生产流程的制造成本、人工成本记录和间接费用分配表，以及例外报告和及时采取的相应的纠正行动。

（三）根据重大错报风险评估结果设计进一步审计程序

审计人员基于生产与存货业务循环的重大错报风险评估结果，制订实施进一步审计程序的总体方案（包括综合性方案和实质性方案）（见表5-1），继而实施控制测试和实质性程序，以应对识别出的认定层次的重大错报风险。

表5-1　　生产和存货业务循环的重大错报风险和进一步审计程序总体方案

重大错报风险描述	相关报表项目及认定	风险程度	是否信赖控制	进一步审计程序的总体方案
存货实物可能不存在	存货：存在	特别	是	综合性
存货的单位成本可能存在计算错误	存货：计价和分摊； 营业成本：准确性	一般	是	综合性
已销售产品的成本可能没有准确结转至营业成本	存货：计价和分摊； 营业成本：准确性	一般	是	综合性
存货的账面价值可能无法实现	存货：计价和分摊	特别	否	实质性

审计人员通过控制测试和实质性程序获取的审计证据综合起来应足以应对识别出的认定层次的重大错报风险。审计人员根据重大错报风险的评估结果初步确定实施进一步审计程序的具体审计计划，因为风险评估和审计计划都是贯穿审计全过程的动态活动，而且控制测试的结果可能导致审计人员改变对内部控制的信赖程度，因此，具体审计计划并非一成不变的，可能需要在审计过程中进行调整。

然而，无论是采用综合性方案还是实质性方案，获取的审计证据都应当能够从认定层次应对所识别的重大错报风险，直至针对该风险所涉及的全部相关认定均已获得了足够的保证程度。

（四）生产与存货循环控制测试

审计人员应当通过控制测试获取支持将被审计单位的控制风险评价为中或低的证据。如果能够获取这些证据，那么审计人员就可以接受较高的检查风险，并在很大程度上可以通过实施实质性分析程序获取进一步的审计证据，以减少对生产与存货交易和营业成本、存货等相关项目的细节测试的依赖。

控制测试涉及性质、时间和范围的选择。测试性质的考虑主要依赖测试对象，而测试对象的选择关键在于内部控制的目标和措施。因此，审计中的控制测试一般是以内部控制目标为起点的控制测试。

1.与存货相关的内部控制测试

与存货相关的内部控制测试应对应其内部控制目标和措施，其具体实施过程可以分以下三个环节开展：

（1）发出原材料的控制测试。

结合前述有些被审计单位发出原材料的内部控制要求，审计人员在实施控制测试时应当：抽取出库单及相关的领料单，以检查信息输入是否正确并经适当层次复核；抽取原材料盘点明细表并检查是否经适当的人员复核，有关差异是否得到处理。

（2）生产产品和核算产品成本的控制测试。

结合前述有些被审计单位生产产品和核算产品成本的内部控制要求，审计人员在实施控制测试时应当：抽取原材料领用凭证，检查是否与生产记录日报表一致，是否经适当审核，如有差异是否及时处理；抽取核对记录，检查差异是否已得到处理；抽取生产成本结转凭证，检查与支持性文件是否一致并经适当复核。当然，必要时应当考虑利用计算机专家的工作。

（3）储存产成品和发出产成品的控制测试。

结合前述有些被审计单位储存产成品和发出产成品的内部控制要求，审计人员在实施控制测试时应当：抽取产成品验收单、产成品入库单并检查输入信息是否准确；抽取发运通知单、出库单并检查是否一致；抽取发运单和相关销售订购单，检查内容是否一致；抽取销售成本结转凭证检查与支持性文件是否一致并适当复核；抽取产成品存货盘点报告并检查是否经适当层次复核，有关差异是否得到处理。

2.成本会计制度的控制测试

根据成本会计制度内部控制目标和措施，对应的控制测试应该包括：检查在凭证中是否包括对这三个关键点的恰当审批（发生认定的控制测试）；检查有关成本的记账凭证是否附有生产通知单、领发料凭证、产量和工时记录、工薪费用分配表、材料费用分配表、制造费用分配表等原始凭证（真实性认定的控制测试）；检查生产通知单、领发料凭证、产量和工时记录、工薪费用分配表、材料费用分配表、制造费用分配表的顺序编号是否完整（完整性认定的控制测试）；选取样本测试各种费用的归集和分配以及成本的计算，测试是否按照规定的成本核算流程和账务处理流程进行核算和账务处理（计价和分摊认定的控制测试）；询问和观察存货与记录的接触以及相应的批准程序，询问和观察存货盘点程序（真实性、完整性、计价和分摊等认定的控制测试）。具体包括直接材料成本控制测试、直接人工成本控制测试、制造费用控制测试和生产成本在当期完工产品与在产品之间分配的控制测试4项内容。

（1）直接材料成本控制测试。

对采用定额单耗的企业，可选择某一成本报告期若干种具有代表性的产品成本计算单，获取样本的生产指令或产量统计记录及直接材料单位消耗定额，根据材料明细账或采购业务测试工作底稿中的该材料的单位实际成本，计算直接材料的总消耗量和总成本，与该样本成本计算单中的直接材料成本核对，并注意下列事项：生产指令是否经过授权批准；单位消耗定额和材料成本计价方法是否适当，在当年有无重大变更。

对未采用定额单耗的企业，获取材料费用分配汇总表、材料发出汇总表（或领料单）、材料明细账（或采购业务测试工作底稿）中该直接材料的单位成本，作如下检查：在成本计算单中的直接材料成本与材料费用分配汇总表中该产品负担的直接材料费用是否相符，分配标准是否合理；将抽取的材料发出汇总表或领料单中的若干种直接材料的发出总量和各该种材料的实际单位成本之积，与材料费用分配汇总表中的各该种材料费用进行比较，并注意领料单的签发是否经过授权批准，材料发出汇总表是否经过适当的人员复核，材料单位成本计价方法是否适当，在当年有无重大变更。

对采用标准成本法的企业，获取样本的生产指令或产量统计记录、直接材料单位标准用量、直接材料标准单价及发出材料汇总表或领料单，检查下列事项：根据生产量、直接材料单位标准用量和标准单价计算的标准成本与成本计算单中的直接材料成本核对是否相符；直接材料成本差异的计算与账务处理是否正确，并注意直接材料的标准成本在当年有无重大变更。

（2）直接人工成本控制测试。

对采用计时工资制的企业，获取样本的实际工时统计记录、职员分类表和职员工薪手册（工资率）及人工费用分配汇总表，作如下检查：成本计算单中的直接人工成本与人工费用分配汇总表中的该样本的直接人工费用核对是否相符；样本的实际工时统计记录与人工费用分配汇总表中的该样本的实际工时核对是否相符；抽取生产部门若干天的工时台账与实际工时统计记录核对是否相符；当没有实际工时统计记录时，则可根据职员分类表及职员工薪手册中的工资率，计算复核人工费用分配汇总表中该样本的直接人工费用是否合理。

对采用计件工资制的企业，获取样本的产量统计报告、个人（小组）产量记录和经批准的单位工资标准或计件工资制度，检查下列事项：根据样本的统计产量和单位工薪标准计算的人工费用与成本计算单中直接人工成本核对是否相符；抽取若干个直接人工（小组）的产量记录，检查是否被汇总计入产量统计报告。

对采用标准成本法的企业，获取样本的生产指令或产量统计报告、工时统计报告和经批准的单位标准工时、标准工时工资率、直接人工的工资汇总表等资料，检查下列事项：根据产量和单位标准工时计算的标准工时总量与标准工时工资率之积同成本计算单中直接人工成本核对是否相符；直接人工成本差异的计算与账务处理是否正确，并注意直接人工的标准成本在当年有无重大变更。

（3）制造费用控制测试。

获取样本的制造费用分配汇总表、按项目分列的制造费用明细账，与制造费用分配标准有关的统计报告及相关原始记录，作如下检查：制造费用分配汇总表中的样本分担的制造费用与成本计算单中的制造费用核对是否相符；制造费用分配汇总表中的合计数与样本所属成本报告期的制造费用明细账总计数核对是否相符；制造费用分配汇总表选择的分配标准（机器工时数、直接人工工资、直接人工工时数、产量等）与相关的统计报告或原始记录核对是否相符，并对费用分配标准的合理性作出评估；如果企业采用预计费用分配率分配制造费用，那么应针对制造费用分配过多或过少的差额，检查其是否作了适当的账务处理；如果企业采用标准成本法，那么应检查样本中的标准制造费用的确定是否合理，计入成本计算单的数额是否正确，制造费用差异的计算与账务处理是否正确，并注意标准制造费用在当年有无重大变更。

（4）生产成本在当期完工产品与在产品之间分配的控制测试。

检查成本计算单中的在产品数量与生产统计报告或在产品盘存表中的数据是否一致；检查在产品约当产量计算或其他分配标准是否合理；计算复核样本的总成本和单位成本，最终对当年采用的成本会计制度作出评价。

在审计实务中，审计人员还可以以识别的重大错报风险为起点实施控制测试。根据控制测试的结果，对初步识别评估的重大错报风险进行修正，并根据修正后的重大错报风险，进一步确定实质性程序的性质、时间和范围。

生产与存货业务内部控制测试程序见表5-2。

表5-2 **生产与存货业务内部控制测试程序表**

内部控制目标	关键控制程序	常用控制测试程序
生产业务是根据管理层一般或特定的授权进行的（发生）	对以下三个关键点应履行恰当手续，经过特别审批或一般审批：生产指令的授权批准；领料单的授权批准；工薪的授权批准	检查在凭证中是否包括这三个关键点的恰当审批
原材料发出经过适当授权	所有领料单由生产主管签字批准，仓库管理员凭经批准的领料单发出原材料	选取领料单，检查是否有生产主管的签字授权
发出的原材料正确记入相应产品的生产成本中（准确性）	将领料单信息输入系统时须输入对应的生产任务单编号和所生产的产品代码，每月月末系统自动归集生成材料成本明细表。生产主管每月月末将其生产任务单及相关领料单存根联与材料成本明细表进行核对，调查差异并处理	检查生产主管核对材料成本明细表的记录，并询问其核对过程及结果
已完工产品的生产成本转移到产成品中（计价和分摊、准确性）	系统根据当月输入的产成品入库单和出库单信息自动生成产成品收（入库）发（出库）存（余额）报表。成本会计将产成品收发存报表中的产品入库数量与当月成本计算表中结转的产成品成本对应的数量进行核对	询问和检查成本会计将产成品收发存报表与成本计算表进行核对的过程和记录

续表

内部控制目标	关键控制程序	常用控制测试程序
销售发出的产成品的成本准确转入营业成本（计价和分摊、准确性）	系统根据确认的营业收入所对应的售出产品自动结转营业成本。财务经理和总经理每月对毛利率进行比较分析，对异常波动进行调查和处理	检查系统设计的自动结转功能是否正常运行，成本结转方式是否符合公司成本核算政策。询问和检查财务经理和总经理进行毛利率分析的过程和记录，并对异常波动的调查和处理结果进行核实
存货账实相符	仓库保管员每月月末盘点存货，并与仓库台账核对并调节一致；成本会计监督其盘点与核对，并抽查部分存货进行复盘。每年年末盘点所有存货，并根据盘点结果分析盘盈盘亏，再进行账面调整	抽查盘点表，检查是否定期盘点
存货的价值得到公允反映（列报和披露）	系统自动根据存货入库信息统计货龄，每月月末生成存货货龄分析报告。财务部根据系统生成的存货货龄分析报告，结合生产和仓储部门上报的存货损毁情况及在存货盘点过程中对存货状况的检查结果，计提存货跌价准备，报总经理审核批准后入账	询问财务经理识别减值风险并确定减值准备的过程，检查总经理的复核批准记录

成本会计制度内部控制测试程序见表5-3。

表5-3　**成本会计制度内部控制测试程序表**

内部控制目标	关键的内部控制测试	常用的控制测试
记录的成本为实际发生的而非虚构的（发生）	成本的计算是以经过审核的生产通知单、领发料凭证、产量和工时记录、工薪费用分配表、材料费用分配表、制造费用分配表为依据的	检查有关成本的记账凭证是否附有生产通知单、领发料凭证、产量和工时记录、工薪费用分配表、材料费用分配表、制造费用分配表等原始凭证
所有耗费和物化劳动均已反映在成本中（完整性）	生产通知单、领发料凭证、产量和工时记录、工薪费用分配表、材料费用分配表、制造费用分配表均事先编号并已经登记入账	检查生产通知单、领发料凭证，产量和工时记录、工薪费用分配表、材料费用分配表、制造费用分配表的顺序编号是否完整
成本以正确的金额，在恰当的会计期间及时记录于适当的账户（发生、完整性、准确性、计价和分摊）	采用适当的成本核算方法，并且前后各期一致；采用适当的费用分配方法并且前后各期一致；采用适当的成本核算流程和账务处理流程；内部稽查	选取样本测试各种费用的归集和分配以及成本的计算；测试是否按照规定的成本核算流程和账务处理流程进行核算和账务处理

续表

内部控制目标	关键的内部控制测试	常用的控制测试
对存货实施保护措施，保管人员与记录、批准人员相互独立（完整性）	存货保管人员与记录人员职务相分离	询问和观察存货与记录的接触以及相应的批准程序
账面存货与实际存货定期核对相符（存在、完整性、计价和分摊）	定期进行存货盘点	询问和观察存货盘点程序

二、人力资源与工薪循环部分的内部控制与控制测试

（一）人力资源与工薪循环部分的内部控制目标与关键控制点

人力资源与工薪循环内部控制通常都设计良好且运行有效，最大限度地减少员工的抱怨和不满，各类公司通常都有一套高质量的工资信息系统。由于对绝大多数公司来说，工资处理都是相似的，因此审计人员经常需要依赖组织的内部控制。

从人力资源与工薪循环的内部控制基本原则看，内部控制主要包括下面几个方面：

（1）适当的职务分离。在本循环中，职务分离非常重要，特别是能够防止超额支付和向不存在的员工支付工薪。为了防止向员工过量支付工薪，或向不存在的员工虚假支付工薪，人力资源部门应独立于工薪部门职能，负责确定员工的雇用、解雇及其支付率和扣减额的变化。

（2）适当的授权。人力资源部门应当对员工的雇用与解雇负责。支付率和扣减额也应当进行适当授权。每一个员工的工作时间，特别是加班时间，都应经过主管人员的授权。所有工时卡都应表明核准情况，例外的加班时间也应当经过核准。

（3）适当的凭证和记录。适当的凭证和记录依赖工资系统的特性。计时卡或工时记录只针对计时工。对于那些以计件工资率或其他激励系统为基础计算酬金的，应该有不同的工资记录。工时记录必须通过计时工作或任务单位充分收集工资成本。鉴于工资完整性目标通常不是审计人员的关注点，因此在该循环中较少关注记录工时的有关凭证是否预先编号。

（4）资产和记录的实物控制。应当限制接触未签字的工薪支票。支票应由有关专职人员签字，工薪应当由独立于工薪和考勤职能之外的人员发放。

（5）工薪的独立检查。工薪的计算应当独立验证，包括将审批工薪总额与汇总报告进行比较。管理层成员或其他负责人应当复核工薪金额，以避免明显的错报和异常的金额。

如果要体现在内部控制目标和措施上，则本循环的内部控制目标和措施主要包括：

（1）工薪账项均经正确批准（发生认定）。对以下关键控制点应履行恰当手续并经过特别审批或一般审批：批准工作时间，特别是加班时间；工资、薪金或佣金；代扣款项；工薪结算表和工薪汇总表等。

（2）记录的工薪真实而非虚构（发生认定）。关键控制点包括：工时卡经领班核准；用生产记录钟记录工时等。

（3）所有已发生的工薪支出已做记录（完整性认定）。关键控制点包括：工薪分配表、工薪汇总表完整反映已发生的工薪支出等。

（4）工薪以正确的金额在恰当的会计期间及时记录于适当的账户（发生、完整性、准确性、计价和分摊等认定）。关键控制点包括：采用适当的工资费用分配方法，并且前后各期一致；采用适当的账务处理流程等。

（5）人事、考勤、工薪发放、记录等职务之间相互分离（准确性认定）。关键控制点包括：人事、考勤、工薪发放、记录等职务相互分离。

（二）评估重大错报风险

员工工薪包括每月支付给员工的固定薪水。对于固定薪水的员工，审计人员通过实施实质性分析程序和获取对期末余额的声明就能够对工薪交易和余额的完整性、截止、发生、准确性和分类认定获取高度的保证水平，这种实质性分析程序包括每周或每月对支出进行的趋势分析。

工薪费用可能具有较高的舞弊固有风险，因为企业可能为不存在的员工支付工薪。但是，由于围绕员工福利问题存在广泛的监管，以及工薪交易和余额包含了重要的交易类别，企业常常广泛采取预防性的控制活动（如果少支付了工资，那么员工一定会申诉，出于对预扣所得税、社会保险、失业保险的关注，国家相关部门均要对此进行检查），因此，剩余重大错报风险会降低。在这种情况下，审计人员应当确定控制设计和实施的适当性，以支持评估为中或低的认定层次剩余重大错报风险。审计人员拟依赖的特别重要的控制，是管理层在实施监控程序时实施的高层次控制。

工薪交易和余额的重大错报风险主要是由于以下原因产生的：在工薪单上虚构员工；由一位可以更改员工数据主文档的员工在没有授权的情况下更改总工薪的付费标准；为员工并未工作的工时支付工薪；在进行工薪处理过程中出错；工薪扣款可能是不正确的，或未经员工个人授权，导致应付工薪扣款的返还和支付不正确；电子货币转账系统的银行账户不正确；将工薪支付给错误的员工；由于工薪长期未支付造成挪用现象。

（三）控制测试

在本循环中，控制测试是验证账户余额的最重要的方法。之所以强调这些测试，是由于缺乏独立的第三方证据（如函证）来验证应付职工薪酬、应交税费和其他资产负债表账户余额。而且，在大多数审计中，以上账户余额较小，特别是当审计人员确信有关工资交易已正确地输入计算机以及纳税申报表已恰当地编制时，对以上账户余额的验证也是相当容易的。尽管控制测试及交易实质性程序是测试该循环的最重要部分，但通常审计人员并不对此进行大范围的测试。

内部控制测试可以以内部控制目标为起点进行，也可以以风险为起点进行。在以内部控制目标为起点的情况下，对应内部控制目标，在测试工薪内部控制时，首先，应选择若干月份工薪汇总表，做如下检查：计算复核每一份工薪汇总表；检查每一份工薪汇总表是否已经授权批准；检查应付工薪总额与人工费用分配汇总表中的合计数是否相符；检查其代扣款项的账务处理是否正确；检查实发工薪总额与银行付款凭单及银行存款对账单是否相符，并正确过入相关账户。其次，从工薪单中选取若干个样本（应包括各种不同类型人员），做如下检查：检查员工工薪卡或人事档案，确保工薪发放有依据；检查员工工薪率及实发工薪额的计算；检查实际工时统计记录（或产量统计报告）与员工工时卡（或产量记录）是否相符；检查员工加班记录与主管人员签名的月度加班费汇总表是否相符；检查员工扣款依据是否正确；检查员工的工薪签收证明；实地抽查部分员工，证明其确在本公司工作，如已离开本公司，需获得管理层证实。工薪循环内部控制测试程序表见表5-4。

表5-4　工薪循环内部控制测试程序表

内部控制目标	关键的内部控制	常用的控制测试
记录的工薪为实际发生的而非虚构的，已记录的工资支付确实与现有员工实际完成的工作相对应（发生）	保持充分的人事档案，工作经过授权，对人事、考勤和工资发放进行职责分工；对以下五个关键点，应履行恰当的批准手续，并经过特别审批或一般审批：批准上工，工作时间（特别是加班时间），工薪、薪金或佣金，代扣款项，工薪结算表和工薪汇总表；计时卡经管理人员核准，使用时钟记录工时；支票在签字前经过授权	复核人事政策、组织结构图，检查人事档案中的授权；同员工讨论，观察职责履行情况；检查工时卡的核准说明，检查工时卡的有关核准；检查工薪记录有关内部检查标记，审查反映有关管理人员核准的标志
所有已发生的工薪支出已记录（完整性）	工薪分配表、工薪汇总表完整反映已发生的工薪支出	检查工薪分配表、工薪汇总表、工薪结算表，并核对员工工薪手册、员工手册等
工薪以正确的金额，在恰当的会计期间及时记录于适当的账户（发生、完整性、准确性、计价和分摊）	采用适当的工薪费用分配方法，并且前后各期一致；采用适当的账务处理流程	选取样本测试工薪费用的归集和分配；测试是否按照规定的账务处理流程进行账务处理
工资交易已适当分类（分类）	科目选择合适，对分类进行内部验证	复核科目表；审查反映内部验证的标记

第三节　存货的审计目标与实质性程序

在完成控制测试之后，审计人员应基于控制测试的结果，即控制运行是否有效，确定从控制测试中已获得的审计证据及其保证程度，确定是否需要对具体审计计划中设计的实质性程序的性质、时间安排和范围作出适当调整。例如，如果控制测试的结果表明内部控制未能有效运行，那么审计人员需要从实质性程序中获取更多的相关审计证据。审计人员可以修改实质性程序的性质，如采用细节测试而非实质性分析程序获取更多的外部证据等，或修改实质性审计程序的范围，如扩大样本规模。

在实务中，审计人员通过计划阶段执行的风险评估程序，已经确定了已识别的重大错报风险的相关认定。在下面的介绍中，我们从风险应对的具体审计目标和相关认定的角度出发，对实务中较为常见的针对存货和营业成本的实质性程序进行阐述。这些程序可以从一个或多个认定应对识别的重大错报风险。

一、存货项目的审计目标与实质性程序概述

（一）存货项目及其对财务报表的影响

《企业会计准则第1号——存货》指出，存货是指企业在日常活动中持有以备出售的产成品或商品、处在生产过程中的在产品、在生产过程或提供劳务过程中耗用的材料和物料等。存货的性质因被审计单位业务的不同而有很大的差别，表5-5列示了不同行业类型的存货性质。

表5-5　　　　不同行业类型的存货性质

行业类型	存货性质
一般制造业	采购的原材料、低值易耗品和配件等，生产的半成品和产成品
贸易业	从厂商、批发商或其他零售商处采购的商品
餐饮业	用于加工食品的食材、饮料等
建筑业	建筑材料、在建项目成本（一般包括建造活动发生的直接材料、直接人工和间接费用，以及支付给分包商的建造成本等）

在通常情况下，存货对企业经营特点的反映能力强于其他资产项目，存货对于生产制造、贸易行业一般十分重要。通常，存货的重大错报对于财务状况和经营成果都会产生直接影响。审计中的许多复杂和重大的问题都与存货有关。存货、产品生产和销售成本构成了会计、审计乃至企业管理中的最为普遍、重要和复杂的问题。

由于企业存货的品种、数量很多，收入支出频繁，存货金额在流动资产中占很高比例，存货的耗用又与产成品成本密切相关，存货的计价和相关销售成本都会对利润表和财务状况产生重大影响。审计人员应确认存货在财务报表上是否实际存在和归被审计单位所有、在财务报表中列示的存货金额是否符合计价等认定。期末库存价值的高估会虚增税前净利润，低估则相反。期末存货单位成本核算不准确，很有可能导致销售价格低于实际成本，长此以往，企业将很难持续经营，所以存货审计是一项重要内容。存货具有容易被盗和变质、毁损等不同于其他财务报表项目的特性，因此存货的高估风险较高。

（二）存货项目审计的目标、程序与审计特点

1.存货审计的目标

存货是企业的重要资产，存货的采购、使用和销售都与企业的经营活动紧密相关，对企业的财务状况和经营成果具有重大而广泛的影响。

审计人员针对重大错报风险实施的实质性审计程序的目标在于获取存货存在、完整性、权利和义务、计价和分摊等多项认定的审计证据，为确定原材料、在产品、产成品以及销售商品的成本在财务报表上得以公允表达获得合理保证。存货实质性程序的具体目标包括：

（1）账面存货余额对应的实物是否真实存在（存在认定）；

（2）属于被审计单位的存货是否均已入账（完整性认定）；

（3）存货是否属于被审计单位（权利和义务认定）；

（4）存货单位成本的计算是否准确（计价和分摊认定）；

（5）存货的账面价值是否可以实现（计价和分摊认定）。

2.存货审计的程序

为实现上述审计目标，审计人员应当识别管理层用于监控生产与存货交易和余额的关键性的业绩指标；确定影响被审计单位核心业务的重要的内部、外部经营风险，并考虑其对生产与存货流程可能产生的影响；将有关存货项目的期初余额与以前年度工作底稿核对相符；复核制造费用和销售成本总分类账中的异常情况，以及原材料、在产品和产成品等余额的变动情况，调查异常的会计处理，并将有关存货项目的期末余额与总分类账核对相符，并在此基础上实施实质性程序。

存货实质性程序可分为实质性分析程序和细节测试两个方面。《中国注册会计师审计准则第1311号——对存货、诉讼和索赔、分部信息等特定项目获取审计证据的具体考虑》第三章第四条特别强调：如果存货对财务报表是重要的，注册会计师应当实施下列审计程序，对存货的存在和状况获取充分、适当的审计证据：在存货盘点现场实施监盘（除非不可行）；对期末存货记录实施审计程序，以确定其是否准确反映实际的存货盘点结果。

3.存货审计的特点与要求

在通常情况下，与其他资产项目相比，存货更能反映企业的经营特点。对于制造业、贸易业等行业的被审计单位而言，存货采购、生产和销售通常对其财务状况、经营成果和现金流量都具有重大影响，资本市场上的很多舞弊案例也都涉及存货的虚假记录。存货审计，尤其是对年末存货余额的测试，通常是审计中最复杂也最费时的部分。对存货存在和存货价值的确定常常十分困难。

导致存货审计复杂的主要原因包括：

（1）存货通常是资产负债表的一个主要项目，并且通常是构成营运资本的最大项目；

（2）存货存放于不同的地点，这使得对它的实物控制和盘点都很困难，企业必须将存货存放于便于产品生产和销售的地方，但是这种分散也给审计带来了困难；

（3）存货项目的多样性给审计带来了困难，例如化学制品、宝石、电子元件以及其他高科技产品；

（4）存货本身的陈旧以及存货成本的分配也使得存货的估价困难；

（5）不同企业采用的存货计价方法存在多样性。

正是存货对于企业的重要性、存在问题的复杂性以及存货与其他项目密切的关联度，要求审计人员对存货项目的审计应当予以特别关注。相应地，要求存货项目审计人员应具备较高的专业素质和相关业务知识，从而分配较多的审计时间，运用多种有针对性的审计程序。

二、确定各存货明细项目与总账、报表的余额是否相符

审计人员可以通过编制“存货明细表”确认存货的余额。“存货明细表”可以按会计科目明细数列示，如原材料、低值易耗品、库存商品等。该实质性程序为“计价和分摊”认定提供证据。其具体格式见表5-6。

三、实质性分析程序

分析程序在存货审计中是经常用到的方法，因为一般制造业企业存货金额较大，并且流动频繁，在审计时很难做到全面确认和盘点，运用分析性方法可以大致分析出在存货中是否存在巨额的高估或低估问题。在生产与存货循环的分析性复核中，审计人员通常运用的方法有简单比较法和比率比较法两种。

表5-6 **存货明细表**

被审计单位: 索 引 号:
项 目: 财务报表截止日/期间:
编 制: 复 核:
日 期: 日 期:

序号	项目	年初余额			年末余额		
		调整前	审计调整	调整后	调整前	审计调整	调整后
	在途材料						
	库存材料						
	包装物						
	低值易耗品						
	库存商品						
	生产成本						
	合计						
注释							
结论	[经审计/经审计调整],存货余额可以确认						

(一)简单比较法

(1)根据对被审计单位的经营活动、供应商的发展历程、贸易条件、行业惯例和行业现状的了解,审计人员要确定被审计单位的营业收入、营业成本、毛利以及存货周转和费用支出项目的期望值。

(2)根据本期存货余额组成、存货采购、生产水平与以前期间和预算等进行比较,审计人员要估计营业收入、营业成本和存货可接受的重大差异额,并评价其总体合理性,可以使用计算机辅助审计方法下载被审计单位存货主文档和总分类账户以便计算财务指标和经营指标,并将计算结果与期望值进行比较。按区域分析被审计单位各月的存货变动情况,并考虑存货变动情况是否与季节性变动和经济因素变动一致。

(3)审计人员要将存货余额与现有的订单、资产负债表日后各期的销售额和下一年度的预测销售额进行比较,以评估存货滞销和跌价的可能性。

(4)审计人员要将存货跌价准备与本年度存货处理损失的金额相比较,以判断被审计单位是否计提足额的跌价准备。

(5)审计人员要将与关联企业发生存货交易的频率、规模、价格和账款结算条件,与非关联企业进行对比,以判断被审计单位是否利用关联企业的存货交易虚构业务交易、调节利润。

(二)比率比较法

在生产循环的分析程序中,审计人员通常运用的比率主要是存货周转率和毛利率。

存货周转率是用以衡量销售能力和存货是否积压的指标。存货周转率的异常波动可能意味着被审计单位存在有意或无意地减少存货储备；存货管理或控制程序发生变动；存货成本项目或核算方法发生变动以及存货跌价准备计提基础或冲销政策发生变动等情况。

毛利率是反映盈利能力的主要指标，用以衡量成本控制及销售价格的变化。对周转缓慢或者长时间没有周转（如超过半年）以及出现负余额的存货项目要单独摘录并列表。毛利率的异常变动可能意味着被审计单位存在销售价格、销售产品总体结构、单位产品成本发生变动等情况。审计人员可利用所掌握的、适用于被审计单位的销售毛利率知识，来判断各类产品的销售毛利率是否符合期望值，存货周转率或者周转能力是否随着主要存货项目的变化而变化。

教学视频5-2

存货监盘

四、存货监盘

（一）存货监盘的目的与实施概述

存货监盘是指审计人员现场观察被审计单位存货的盘点，并对已盘点的存货进行适当检查。

存货监盘的目的在于获取有关存货数量和状况的审计证据。因为存货的结存数量将直接影响财务报表中的存货金额，并与企业利润有密切联系。因此，在一般情况下，监盘年末存货数量是存货审计中的首要内容和必经的审计程序。除非审计人员无法实施监盘程序，且可选择可以信赖的替代程序，否则审计人员应对未实施监盘的存货价值提出保留意见。

需要指出的是，定期盘点存货、合理确定存货的数量和状况是被审计单位管理层的责任。实施存货监盘，获取有关存货存在和状况的充分、适当的审计证据，是注册会计师的责任。除存货的存在和状况外，注册会计师还可能在存货监盘中获取有关存货所有权的部分审计证据。例如，如果注册会计师在监盘存货的过程中注意到某些存货已经被法院查封，那么需要考虑被审计单位对这些存货的所有权是否受到了限制，但如《〈中国注册会计师审计准则第1311号——对存货、诉讼和索赔、分部信息等特定项目获取审计证据的具体考虑〉应用指南》第6段所述，存货监盘本身并不足以供注册会计师确定存货的所有权，注册会计师可能需要执行其他实质性审计程序以应对所有权认定的相关风险。在实务中，注册会计师需要恰当区分被审计单位对存货盘点的责任和注册会计师对存货监盘的责任，在执行存货监盘过程中不应协助被审计单位的存货盘点工作。

《中国注册会计师审计准则第1311号——对存货、诉讼和索赔、分部信息等特定项目获取审计证据的具体考虑》对注册会计师实施存货监盘程序作出了规定。在存货盘点现场实施监盘时，注册会计师应当实施下列审计程序：

（1）评价管理层用以记录和控制存货盘点结果的指令和程序；

（2）观察管理层制定的盘点程序的执行情况；

（3）检查存货；

（4）执行抽盘。

（二）存货监盘计划

有效的存货监盘需要制订周密、细致的计划，为了避免误解并有助于有效地实施存货监盘，审计人员通常需要与被审计单位就存货监盘等问题达成一致意见。因此，审计人员应当根据被审计单位存货的特点、盘存制度和存货内部控制的有效性等情况，在评价被审计单位存货盘点计划的基础上，编制存货监盘计划，并对存货监盘作出合理安排。存货存在与完整性的认定具有较高的重大错报风险，而且审计人员通常只有一次机会通过存货的实地监盘对有关认定作出评价。根据计划过程所搜集到的信息，有助于审计人员合理确定参与监盘的地点以及存货监盘的程序。

在编制存货监盘计划时，审计人员应当实施下列审计程序：

1.了解存货的内容、性质、各存货项目的重要程度及存放场所；

2.了解与存货相关的内部控制（包括存货盘点程序）；

3.评估与存货相关的重大错报风险和重要性；

4.查阅以前年度的存货监盘工作底稿；

5.考虑实地查看存货的存放场所，特别是金额较大或性质特殊的存货；

6.考虑是否需要利用专家的工作或其他审计人员的工作；

7.复核或与管理层讨论其存货盘点计划。

审计人员在考虑到以上因素之后，制订存货监盘计划。存货监盘计划应当包括以下主要内容：（1）存货监盘的目标、范围及时间安排；（2）存货监盘的要点及关注事项；（3）参加存货监盘人员的分工；（4）检查存货的范围。

（三）存货监盘实施

1.观察被审计单位的盘点过程

在被审计单位盘点存货前，审计人员应当观察盘点现场，确定应纳入盘点范围的存货是否已经适当整理和排列，并附有盘点标识，防止遗漏或重复盘点。对未纳入盘点范围的存货，审计人员应当查明未纳入的原因。对所有权不属于被审计单位的存货，审计人员应当取得其规格、数量等资料，确定是否已分别存放、标明，且未被纳入盘点范围。

2.执行抽盘

审计人员应当对已盘点的存货进行适当检查，将检查结果与被审计单位盘点记录进行核对，并形成相应记录。审计人员可以从存货盘点记录中选取项目追查至存货实物，以测试存货盘点记录的准确性；也可以从存货实物中选取项目追查至存货盘点记录，以测试存货盘点记录的完整性。检查的目的既可以是验证被审计单位的盘点计划得到适当的执行（控制测试），也可以是证实被审计单位的存货实物总额（实质性程序）。如果观察程序能够表明被审计单位的组织管理得当，盘点、监督以及复核程序充分有效，那么审计人员可据此减少所需检查的存货项目。当实施检查程序时，审计人员应尽可能避免让被审计单位事先了解将抽取检查的存货项目。检查的范围通常包括每个盘点小组盘点的存货以及难以盘点或隐蔽性较强的存货。

3.需要特别关注的情况

（1）存货存放在多个地点的情况。《〈中国注册会计师审计准则第1311号——对存货、诉讼和索赔、分部信息等特定项目获取审计证据的具体考虑〉应用指南》第3段提及，在计划存货监盘时，注册会计师需要考虑的事项包括存货的存放地点（包括不同存放地点的存货的重要性和重大错报风险），以确定适当的监盘地点。如果被审计单位的存货存放在多个地点，那么注册会计师可以要求被审计单位提供一份完整的存货存放地点清单（包括期末库存量为零的仓库、租赁的仓库，以及第三方代被审计单位保管存货的仓库等），并考虑其完整性。根据具体情况下的风险评估结果，注册会计师可以考虑执行相应审计程序。

（2）存货移动情况。一般而言，被审计单位在盘点过程中停止生产并关闭存货存放地点以确保停止存货的移动，有利于保证盘点的准确性。但在特定情况下，被审计单位可能由于实际原因无法停止生产或收发货物。在这种情况下，审计人员可以根据被审计单位的具体情况考虑其无法停止存货移动的原因及其合理性。同时，审计人员可以通过询问管理层以及阅读被审计单位的盘点计划等方式，了解被审计单位对存货移动所采取的控制程序和对存货收发截止影响的考虑。例如，如果被审计单位在盘点过程中无法停止生产，可以考虑在仓库内划分出独立的过渡区域，将预计在盘点期间领用的存货移至过渡区域、将盘点期间办理入库手续的存货暂时存放在过渡区域，以此确保相关存货只被盘点一次。

（3）存货的状况。审计人员应当特别关注存货的状况，观察被审计单位是否已经恰当区分所有毁损、陈旧、过时及残次的存货，并追查这些存货的处置情况。

（4）存货的截止。审计人员应获取盘点日前后存货收发及移动的凭证，即获取存货验收入库、装运出库以及内部转移截止等信息，以检查库存记录与会计记录期末截止是否正确。审计人员可通过观察存货的验收入库地点和装运出库地点来执行截止测试，对于在存货入库和装运过程中采用连续编号的凭证，应当关注截止日期前的最后编号；若没有使用连续编号的凭证，则应当列出截止日期以前的最后几笔装运和入库记录。

（5）对特殊类型存货的监盘。常见的盘点方法和控制程序可能并不完全适用某些特殊类型的存货，这些存货可能存在无法用标签予以标识、数量难以估计或质量难以确定等情况。对于这些特殊类型的存货，审计人员可以首先了解被审计单位计划采用的盘点方法，并评估其盘点方法是否满足会计核算的需要，即保证存货在财务报表中得以恰当计量和披露。在此基础上，审计人员需要运用职业判断，根据被审计单位所处行业的特点、存货的类型和特点以及内部控制等具体情况，设计针对特殊类型存货的具体监盘程序。在某些情况下，对于特定类型的存货（例如矿藏、贵金属等），被审计单位可能会聘请外部专业机构协助进行存货盘点，利用专家协助进行监盘。《中国注册会计师审计准则第1421号——利用专家的工作》规范了如何利用专家协助注册会计师获取充分、适当的审计证据，如果注册会计师决定利用专家的工作，那么应当按照该准则的要求执行工作。

4.存货监盘结束时的工作

当被审计单位存货盘点结束前，审计人员应当再次观察盘点现场，以确定所有应纳入盘点范围的存货是否均已盘点，并检查已填用、作废及未使用盘点表单的号码记录，确定其是否连续编号，查明已发放的表单是否均已收回，并与存货盘点的汇总记录进行核对。审计人员应根据自己在存货监盘过程中获取的信息对被审计单位最终的存货盘点结果汇总记录进行复核，并评估其是否正确地反映了实际盘点结果。

《中国注册会计师审计准则第1311号——对存货、诉讼和索赔、分部信息等特定项目获取审计证据的具体考虑》第五条要求，如果存货盘点在财务报表日以外的其他日期进行，注册会计师除实施本准则第四条规定的审计程序外，还应当实施其他审计程序，以获取审计证据，确定存货盘点日与财务报表日之间的存货变动是否已得到恰当的记录。在实务中，注册会计师可以结合盘点日至财务报表日之间间隔期的长短、相关内部控制的有效性等因素进行风险评估，设计并执行适当的审计程序。在实质性程序方面，注册会计师可以实施的程序示例包括：（1）比较盘点日和财务报表日之间的存货信息以识别异常项目，并对其执行适当的审计程序（例如实地查看等）；（2）对存货周转率或存货销售周转天数等实施实质性分析程序；（3）对盘点日至财务报表日之间的存货采购和存货销售分别实施双向检查（例如，对存货采购从入库单查至其相应的永续盘存记录及从永续盘存记录查至其相应的入库单等支持性文件，对存货销售从货运单据查至其相应的永续盘存记录及从永续盘存记录查至其相应的货运单据等支持性文件）；（4）测试存货销售和采购在盘点日和财务报表日的截止是否正确。

此外，如果被审计单位采用永续盘存制核算存货，那么审计人员应当关注永续盘存制下的期末存货记录与存货盘点结果之间是否一致。如果两者之间存在较大差异，那么应当实施追加的审计程序，以查明原因并检查永续盘存记录是否已经适当调整。

（四）对于由第三方保管或控制的存货以及存货监盘不可行时的审计程序

《中国注册会计师审计准则第1311号——对存货、诉讼和索赔、分部信息等特定项目获取审计证据的具体考虑》第八条规定，如果由第三方保管或控制的存货对财务报表是重要的，注册会计师应当实施下列一项或两项审计程序，以获取有关该存货存在和状况的充分、适当的审计证据：（1）向持有被审计单位存货的第三方函证存货的数量和状况；（2）实施检查或其他适合具体情况的审计程序。

《〈中国注册会计师审计准则第1311号——对存货、诉讼和索赔、分部信息等特定项目获取审计证据的具体考虑〉应用指南》第16段进一步提及，根据具体情况（如获取的信息使注册会计师对第三方的诚信和客观性产生疑虑），注册会计师可能认为实施其他审计程序是适当的。其他审计程序可以作为函证的替代程序，也可以作为追加的审计程序。其他审计程序的示例包括：（1）实施或安排其他注册会计师实施对第三方的存货监盘（如可行）；（2）获取其他注册会计师或服务机构注册会计师针对用以保证存货得到恰当盘点和保管的内部控制的适当性而出具的报告；（3）检查与第三方持有的存货相关的文件记录，如仓储单；（4）当存货被作为抵押品时，要求其他机构或人员进行确认。

《中国注册会计师审计准则第1311号——对存货、诉讼和索赔、分部信息等特定项目获取审计证据的具体考虑》第七条要求，如果在存货盘点现场实施存货监盘不可行，注册会计师应当实施替代审计程序，以获取有关存货的存在和状况的充分、适当的审计证据。如果不能实施替代审计程序，注册会计师需要按照《中国注册会计师审计准则第1502号——在审计报告中发表非无保留意见》的规定，在审计报告中发表非无保留意见。

（五）存货监盘时舞弊风险影响的考虑

按照《中国注册会计师审计准则第1101号——注册会计师的总体目标和审计工作的基本要求》的规定，为获取合理保证，注册会计师应当在整个审计过程中保持职业怀疑。对于存货监盘，注册会计师需要在监盘工作执行过程中关注可能存在舞弊的迹象。例如，如果管理层不允许注册会计师在同一时间对所有存放地点的存货实施监盘，那么可能存在管理层操纵转移不同地点的存货以虚增或虚减存货的风险。注册会计师需要根据具体情况对被审计单位与存货数量相关的舞弊风险进行评估，设计和实施相应的存货监盘审计程序，并恰当应对在监盘过程中所识别出的舞弊或舞弊嫌疑。例如，对于注册会计师在监盘过程中注意到但并未反映在被审计单位存货盘点表上的存货，如果管理层解释称这些存货为代第三方持有或保管的存货，那么注册会计师可以通过进一步的审计程序，包括查看与这些存货权属相关的证明文件、向第三方函证等，来评估管理层答复的真实性和合理性，以应对可能存在的这些存货已被确认为销售收入但其相关风险和报酬实际尚未转移的重大错报风险。

五、存货函证

如前所述，如果由于被审计单位存货的性质或位置等原因导致无法实施存货监盘，或者对被审计单位委托其他单位保管的或已作质押的存货，审计人员应该向顾客或供应商、保管人或债权人对存货实施函证。以下是委托代管存货询证函的示例：

委托代管存货询证函

甲公司：

本公司聘请的××会计师事务所正在对本公司财务报表进行审计。按照中国注册会计师审计准则的要求应当询证截至20×1年××月××日由贵公司持有、代本公司加工、销售或保管的存货的详细资料。下列数据出自本公司账簿记录，如与贵公司记录相符请在本函下端“询证事项证明无误”处签章证明；如有不符，请在“询证事项不符”处列明不符情况。回函请直接寄至××会计师事务所。

回函地址：　　　　　　　　　　　　　　邮编：

电话：　　　　　　　　传真：　　　　　联系人：

截至20×1年××月××日由贵公司持有、代本公司加工、销售或保管的存货列示如下：

类别	品名	数量	是否有留置权	状况
1.代加工存货				
2.代销售存货				
3.代保管存货				

本函仅为复核账目之用，请及时函复为盼。

（公司盖章）

20×2年××月××日

以下仅供被询证单位使用

结论：

1. 询证事项证明无误。	2. 询证事项不符，请列明不符项目及具体内容。
（甲公司盖章） 年　月　日 经办人：	（甲公司盖章） 年　月　日 经办人：

六、确定存货是否归被审计单位所有

企业存货的确认通常以获得该项商品或物资的所有权为标志，如某项存货已经验收入库且可供企业支配，即使货款尚未支付，也应该看作该企业的存货；同样，购买某项货物的货款已经支付而商品或材料尚未运达企业，也应看作该企业的存货。

对于发出的存货，应以标志该存货所有权已经转移的事件是否发生或凭证是否取得来确认存货的所有权归属而不管款项是否已经收到，若上述事实已存在，则存货的所有权已经转移，存货已不归被审计单位所有，不管该存货是否仍存放在被审计单位的仓库。

代人保存和来料加工的存货，其所有权不归被审计单位所有，不应计入存货余额；而企业存放或寄销在外地的存货，因其所有权属于被审计单位，所以其金额和数量应列入被审计单位存货余额。

审计中应注意收集能证明存货所有权的文件和凭证，如购销合同、购销发票等。

七、存货截止测试

（一）存货截止测试的含义

存货截止测试就是检查已经记录为企业所有并包括在12月31日存货盘点范围内的存货中是否含有截至该日尚未购入或已经售出的部分。存货正确截止的关键在于存货实物纳入盘点范围的时间与存货引起的借贷双方会计科目的入账时间都处于同一会计期间。

正确确定存货购入与售出的截止日期是正确、完整地记录企业期末存货的前提。如果被审计单位当年12月31日购入货物，并已包括在当年12月31日的实物盘点范围内，而当年12月份账上并无进货与相应的负债记录，这就少记了账面存货和应付账款，这时若将盘盈的存货冲减有关费用或增加有关收入，那么就会虚增本年利润；相反，如果在当年12月31日收到一张购货发票，并记入当年12月份账内，而这张发票所对应的存货实物却在次年1月3日才收到，未包括在当年年度的盘点范围内，如果此时根据盘亏结果增加费用或损失，那么就会虚减本年的存货和利润。

（二）存货截止测试的方法

1.检查存货盘点日前后的购货（销售）发票与验收报告、入库单（或出库单）

在一般情况下，档案中的每张发票均附有验收报告与入库单（或出库单），因此，测试购销业务年末截止情况的主要方法是检查存货盘点日前后的购货发票、验收报告与入库单（或销售发票与出库单，下同）。如果12月底入账的发票附有12月31日或之前日期的验收报告与入库单，那么货物肯定已经入库，并包括在本年的实地盘点存货范围内；如果验收报告日期为1月份的日期，那么货物不会列入年底实地盘点的存货；反之，如果仅有验收报告与入库单而没有购货发票，那么应认真审核每一验收报告单上面是否加盖了暂估入库印章，并以暂估价记入当年存货账内，待次年年初以红字冲销。

2.查阅验收部门的业务记录

存货截止测试的另一审核方法是查阅验收部门的业务记录，凡是接近年底（包括次年年初）购入或销售的货物，均必须查明其相应的购货或销售发票是否在同期入账。对于未收到购货发票的入库存货，应查明是否将入库单分开存放并暂估入账；对已填制出库单而未发出的商品，应查明是否将其单独保管。

对于测试完成后发现的截止期处理不当的情况，审计人员应提请被审计单位做必要的账务调整。

八、存货的计价测试

监盘程序主要是对存货的结存数量予以确认，为验证财务报表上存货余额的真实性，还必须对存货的计价进行审计，即确定存货实物数量和永续盘存记录中的数量是否经过正确的计价和汇总。存货计价测试的主要程序包括：

（一）选择测试样本

用于计价测试的样本应从存货数量已经盘点、单价和总金额已经记入存货汇总表的结存存货中选择，应着重选择结存余额较大且价格变化较频繁的项目。同时考虑所选样本的代表性。抽样方法一般采用分层抽样法，抽样规模应足以推断总体的情况。

（二）计价方法的确认

存货的计价方法多种多样，被审计单位应结合企业会计准则的基本要求选择符合自身特点的方法。审计人员除应了解企业的存货计价方法外，还应对这种计价方法的合理性与一贯性予以关注，没有足够理由，存货计价方法在同一会计年度内不得变动。对于已变动的计价方法，审计人员应审查其变动是否在财务报表中予以充分披露。

1.存货价格组成内容的测试

在进行计价测试时，审计人员首先应对存货价格的组成内容予以审核，然后按照所了解的计价方法对所选择的存货样本进行计价测试。测试时，应尽量排除被审计单位已有计算方法和结果的影响，独立地进行测试。测试结果出来后，应与被审计单位账面价值对比，编制对比分析表，分析差异形成的原因。如果差异过大，那么应扩大测试范围，并根据测试结果考虑是否应提出审计调整建议。

在存货计价测试中，由于被审计单位对期末存货采用成本与可变现净值孰低的方法计价，所以审计人员应充分关注其对存货可变现净值的确定及存货跌价准备的计提。

可变现净值是指企业在正常经营过程中，存货的估计售价减去至完工时估计将要发生的成本、估计的销售费用以及相关税费后的金额。企业确定存货的可变现净值应当以取得的确凿证据为基础，并且考虑持有存货的目的、资产负债表日后事项的影响等因素。

存货跌价准备应按单个存货项目的成本与可变现净值计量。如果某些存货具有相同或类似的最终用途或目的，并与在同一地区生产和销售的产品系列相关，且实际上难以将其与该产品系列的其他项目区别开来进行估价，可以合并计量成本与可变现净值；对于数量繁多、单价较低的存货，可以按存货类别计量成本与可变现净值。

2.存货成本的计价测试

存货成本审计主要包括直接材料成本的审计、直接人工成本的审计、制造费用的审计等内容。具体内容将在下一节详细阐述。

九、确定存货的品质状况，存货跌价准备的计提是否合理

企业应当定期或者至少于每年年度终了，对存货进行全面清查，当存在下列情况之一时，应当提取存货跌价准备：（1）市价持续下跌，并且在可预见的未来无回升的希望；（2）企业使用该项原材料生产的产品成本大于产品的销售价格；（3）企业因产品更新换代，原有库存原材料已不适应新产品的需要；（4）因企业所提供的商品、劳务过时或消费者偏好改变而使市场的需求发生变化，导致市场价格逐渐下降；（5）其他足以证明该项存货实质上已经发生减值的情形。

当存在以下一项或若干项情况时，应当将存货账面余额全部转入损益：（1）已霉烂变质的存货；（2）已过期不可退回的存货（主要指食品等）；（3）生产中已不再需要，并且已无转让价值的存货；（4）其他足以证明已无使用价值和转让价值的存货。

如果被审计单位认定其存货系高技术产品，那么审计人员可请求外界专家提供帮助。审计人员只有在对该专家的能力和超然独立性感到满意时，才能将使用专家的工作作为一种获取适当证据的审计程序。对于被审计单位的存货跌价准备，审计人员应检查被审计单位存货跌价准备计提和结转的依据、手续和会计处理是否正确，是否经过授权批准，前后各期是否一致。这项实质性程序与“估价和分摊”认定有关。存货跌价准备审计的难点是计提的恰当性。计提资产减值准备是为了把公司的“水分”挤干，避免公司一方面存在大量的不良资产甚至潜亏，另一方面报表上又体现可观的利润。但除了坏账准备计提有明确的标准外，其余资产减值准备计提并无明确标准，大部分看起来似乎比较“灵活”。所以，审计人员既要关注计提的充分性，又要关注是否存在通过计提秘密准备来调节利润的现象。对于存货而言，审计人员可采取向采购部门和销售部门询问的方式，了解库存原材料和产成品的最近市场价格。

对于存货中存在的不良资产，审计人员还需要：首先，对存货进行盘点，确定存货的短缺、霉变毁损数量及金额；其次，对存货的账面价值与市价进行比较，以确定存货账面价值高于实际价值的金额，对于其中人为高估利润而造成产成品、自制半成品、生产成本等存货的虚增，应与正常的市价下跌引起的存货减值加以区分，以确定问题性质，分清责任；最后，审查分期收款发出商品合同，以检查货款收回情况，对未执行合同而长期挂账的分期收款发出商品，应通过查询及函证，对其可收回性进行评估，以确认其中包含的不良资产数额。若原来影响存货跌价的因素已经消失的，减记的金额应当予以恢复，并在原计提的存货跌价准备金额内转回，转回的金额应计入当期损益。相应地，审计人员应当关注存货跌价准备的转回，判断转回金额及时间的依据是否合理，会计处理是否正确，相应的披露是否恰当。

十、存货相关账户审计

存货在企业总资产中占有很高比例，资产负债表中的“存货”一项由众多账户组成，如材料采购、原材料、包装物、低值易耗品、材料成本差异、自制半成品、库存商品、委托加工物资、委托代销商品、受托代销商品、分期收款发出商品、生产成本、制造费用等。作为构成“存货”的项目，它们有相同之处，所以可以考虑一并审计；同时，每一个科目又有其单独的核算内容，所以若被审计单位有这些科目的核算内容，那么应考虑制定审计程序并进行审计测试。具体来讲，存货相关账户的审计程序包括以下几点：

1.应获取或编制存货相关账户明细表，复核加计是否正确，并与总账数、明细账合计数核对是否相符。

2.进行分析性复核，对期末存货相关账户余额与上期期末余额进行比较，解释其波动原因，并对大额异常项目进行调查。

3.对存货项目进行监盘和抽点，取得盘点资料和盘盈、盘亏报告表，作重点抽查，并注意查明账实不符原因，有关审批手续是否完备，账务处理是否正确；存放在外的库存材料，应现场查看或函证核实。

4.检查存货购入和发出的入账基础与计价方法是否正确，前后期是否一致；抽查年末结存量较大的存货项目的计价是否正确，必要时进行复算，若原材料以计划成本计价，还应检查“材料成本差异”账户发生额、转销额计算是否正确。

5.查阅资产负债表日前后若干天的存货增减变动的有关账簿记录和原始凭证，检查有无跨期现象，如有，则应作出记录，必要时作调整。

6.对原材料的审计，应注意审核有无长期挂账原材料的事项，如有，应查明原因，必要时作调整；结合原材料的盘点，检查期末有无料到单未到的情况，如有，应查明是否已暂估入账，其暂估价是否合理。

7.对低值易耗品的审计，应检查低值易耗品与固定资产的划分是否符合规定，低值易耗品的摊销方法是否正确，前后期是否一致。

8.对材料成本差异的审计，应重点对每月材料成本差异率进行分析性复核、检查是否有异常波动，注意是否存在调节成本现象；抽查若干月的发出材料汇总表，检查材料成本差异的分配是否正确，并注意分配方法前后各期是否一致。

9.对委托加工物资的审计，应重点检查若干份委托加工业务合同，抽查有关发料凭证、加工费、运费结算凭证，核对其计费、计价是否正确，会计处理是否及时、正确；抽查加工完成物资的验收入库手续是否齐全，会计处理是否正确；对委托加工物资的期末余额，应现场查看或函证核实；检查是否定期收到委托代销商品销售月结单（对账单），抽查若干月的销售月结单（对账单），验明会计处理是否及时、正确。

10.对受托代销商品的审计，应重点检查若干份受托代销业务合同，抽查有关收货凭证，核对其会计处理是否及时、正确；检查是否定期发出受托代销商品销售月结单（对账单），抽查若干月的销售月结单（对账单），验明会计处理是否及时、正确；对受托代销商品的期末余额，应现场查看其是否存在。

11.对分期收款发出商品的审计，应重点检查若干份分期收款业务协议、合同，抽查有关发货凭证，核对其会计处理是否及时、正确；结合库存商品审计，抽查分期收款发出商品的入账基础，与库存商品结转额核对是否相符。检查是否按合同约定时间分期收回货款，并复核其转销成本是否与约定收到货款比例配比，验明会计处理是否及时、正确；对分期收款发出商品的期末余额，必要时应函证核实。

十一、确定存货在财务报表的披露是否恰当

审计人员应重点确认资产负债表中的存货和利润表中的营业成本的恰当披露，以及报表附注中有关存货计价方法、抵押存货、重大购货承诺的披露。审计人员还可以通过复核董事会会议记录和询问管理层，获得更多证据。按照企业会计准则和《企业会计制度》的规定，企业应当披露下列与存货有关的信息：

1.材料、在产品、产成品等类存货的当期期初和期末账面价值及总额；

2.当期计提的存货跌价准备和当期转回的存货跌价准备；

3.存货取得的方式以及低值易耗品和包装物的摊销方法；

4.存货跌价准备的计提方法；

5.确定存货可变现净值的依据；

6.确定发出存货的成本所采用的方法；

7.用于债务担保的存货的账面价值；

8.当期确认为费用的存货成本，如营业成本等。

十二、各种测试的整合应用

图5-3列示了生产与存货循环审计中各种测试之间的内在联系。

当审计人员对采购与付款循环中的采购交易进行验证时，应取得除人工以外的外购原材料和制造费用是否准确的证据。这些采购成本要么直接转为销售成本，要么成为期末原材料、在产品和产成品等存货的重要组成部分。在审计存货时，通常将它作为采购与付款循环审计中的控制测试和交易实质性程序的一部分。同样，如果制造费用按照订单和不同工序进行分配，其测试也通常作为采购与付款循环测试的一部分。

审计人员对人工成本的验证与对采购交易的验证基本相似。在大多数情况下，直接、间接人工的成本会计记录测试可作为工薪循环审计的一部分。

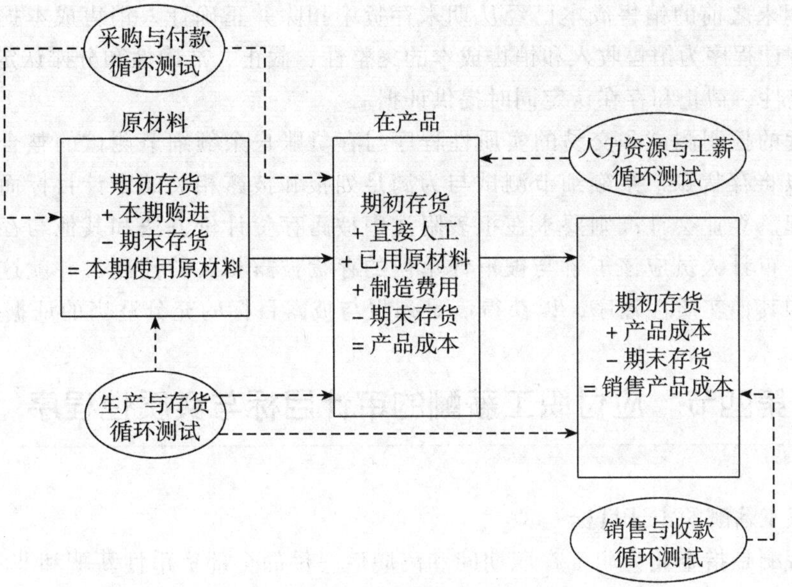

图5-3　各种测试之间的关系

尽管销售与收款循环和生产与存货循环的关系不如上述两个循环同生产与存货循环的关系那样紧密，但它仍然很重要。关于产成品入库、发运和销售记录的大多数测试都在销售与收款循环测试中完成。成本会计测试对验证以上三种测试未能验证的影响存货的内部控制十分有用。这些测试包括实物控制，以及原材料成本转入在产品、在产品成本转入产成品的文件和单位成本记录。

存货的实地盘点、计价与汇总在审计中同样重要，因为其中的任何一个错报必然导致存货和销售成本的错报。在大多数存货审计的测试中，通常假定销售成本等于期初存货加上外购原材料、直接人工、制造费用，再减去期末存货。因为销售成本是一个余额，且通常还是利润表中的重大账户之一，所以期末存货审计就显得格外重要。

另外，不同来源的存货在计价和分摊方面的性质是不同的。比如，将在产品和产成品与外购商品进行比较，外购商品计量的准确性取决于供应商的价格和其达到销售状态所需的进一步成本，而在产品、产成品计量的准确性则更多依赖复杂的生产成本，包括耗用的原材料、人工成本和间接可变费用的分配，这些将影响存货余额的计价和分摊。进而言之，与生产相关的存货可变现净值的确认可能更难，由于产品的特殊性，它主要取决于被审计单位能够实现的销售价格而不是外购商品存货在公开市场上的外购价格。如果被审计单位现有的存货项目周转过慢，那么就可能没有任何近期的销售可供确认存货的可变现净值。在这种情况下，审计人员可能谨慎地给那些包括产成品在内的与生产相关的存货项目的计价和分摊认定设定一个检查风险较低的可接受水平，而同时给外购商品等存货项目的计价和分摊认定设定一个检查风险较高的可接受水平。

审计生产与存货时的另一考虑就是其与采购、销售收入及销售成本间的相互关系，因为存货认定取得的证据也同时为其对应项目的认定提供了证据。例如，通过存货监盘和对已收存货的截止测试取得的、与外购商品或原材料存货的完整性和存在认定相关的证据，自动为同一期间原材料和商品采购的完整性和发生提供了保证。类似地，销售收入的截止测试也为期末之前的销售成本已经从期末存货中扣除并正确计入销售成本提供证据。因此，这种审计程序为销售收入和销售成本的完整性、截止、准确性和分摊认定以及产成品存货的完整性、截止和存在认定同时提供证据。

像存货的控制测试和交易的实质性程序与存货账户余额细节测试的整合一样，审计人员也可以将存货账户余额细节测试与为满足列报和披露相关的审计目标而执行的测试整合在一起。企业会计准则要求在报表附注中披露存货计价方法和其他与存货相关的信息，所以，审计人员应该了解与被审计单位的存货披露相关的控制，并就这些控制执行控制测试和其他实质性程序，以获得满足列报与披露目标的充分适当的证据。

第四节　应付职工薪酬的审计目标与实质性程序

一、应付职工薪酬的审计目标

职工薪酬是指企业为职工在职期间和离职后提供的全部货币性薪酬和非货币性福利，新会计准则下的"应付职工薪酬"科目包括"工资、奖金、津贴和补贴""职工福利"等。工资和职工福利是企业成本费用的重要构成项目，是生产与费用审计十分重要的一项内容。

工资是企业支付给员工的劳动报酬，工资曾经普遍采用现金的形式支付，因而相对于其他业务，更容易发生错误或舞弊行为，如虚报冒领、重复支付和贪污等。但随着经营管理水平的提高和技术手段的发展，在工资业务中发生舞弊及其掩饰的可能已经有所缩小。这是因为，有效的工资内部控制可以及时地揭露错误和舞弊；使用计算机编制工资表和工资卡，提高了工资计算的准确性；通过有关机构（如税务部门、社会保障机构）的复核，可相应防止工资计算错误的发生。然而，在一般企业中，职工薪酬在成本费用中所占比例较高，如果职工薪酬计算错误，那么就会影响成本费用和利润的正确性。所以，审计人员仍应重视职工薪酬业务的审计，首先应该根据管理层认定和审计总目标，确定应付职工薪酬的审计目标，再实施相应的审计程序。

应付职工薪酬审计的具体目标一般包括：确定资产负债表中记录的应付职工薪酬是否存在；确定所有应当记录的应付职工薪酬是否均已记录；确定记录的应付职工薪酬是否为被审计单位应当履行的现时义务；确定应付职工薪酬是否以恰当的金额包括在财务报表中，与之相关的计价调整是否已恰当记录；确定应付职工薪酬是否已按照企业会计准则的规定在财务报表中作出恰当列报。

二、应付职工薪酬的实质性程序

1.获取或编制应付职工薪酬明细表，复核加计是否正确，并与报表数、总账数和明细账合计数核对是否相符。

2.实施实质性分析程序。

实质性分析程序有时在识别因错误或舞弊而导致的重大错报领域或证实支出列报和披露的公允性时非常有用。分析程序包括了解企业的核心进程和相关账务处理时进行的前期比较，以及比率分析、财务与非财务信息的比较等。在人力资源和工薪循环的审计中，审计人员为收集大多数审计证据，通常采用实质性分析程序。

如果是连续审计，审计人员在前期审计中积累了一些分析记录，可以根据这些记录形成对本年度分析的预期。需要注意的是，这个预期应当根据经营和经济环境的变化而改变。

下列因素可能影响工薪金额的变化：员工结构的变更以及针对不同种类的平均工薪水平和工薪范围；员工数量的变化以及在季节性变化的情况下该数量的稳定性；是否存在年度中由于企业经营或生产期限的限制而加班所支付的高工薪；由于企业扩张而增加人员；产量的变化，如企业获得了大额合同，或丢失了主要客户或供应商，以较低产量生产。

如果不能合理预期工薪金额，则对于所抽取的月薪样本，审计人员应当进行详细检查，发现大额或非正常的项目并作进一步调查。这些项目可能包括：与正常数额不相符的数额、额外的工作时间以及不存在的或很少的工薪扣除。审计人员应当就未预期变化获取管理层的解释，并通过检查相关的文档或员工工薪或工薪记录来验证该解释。审计人员为了实现审计目标，通常实施以下实质性分析程序：

（1）检查各月职工薪酬费用的发生额是否有异常波动，若有，则要求被审计单位予以解释；

（2）将本期职工薪酬费用总额与上期进行比较，要求被审计单位解释其增减变动原因，或取得公司管理层关于员工薪酬水平变动的决议；

（3）了解被审计单位本期平均职工人数，计算人均薪酬水平，并与上期或同行业水平进行比较。

3.检查工薪、奖金、津贴和补贴的确认、计量和费用分配。

检查工薪、奖金、津贴和补贴的计算是否正确，依据是否充分。将执行的工薪标准与有关规定进行核对，并对工薪总额进行测试；被审计单位如果实行工效挂钩的，应取得有关主管部门确认的效益工薪发放额认定证明，结合有关合同文件和实际完成的指标，检查其计提额是否正确，是否应作纳税调整。国家规定了计提基础和计提比例的，应当按照国家规定的标准计提，如医疗保险费、养老保险费、失业保险费、工伤保险费、生育保险费、住房公积金、工会经费以及职工教育经费等；国家没有规定计提基础和计提比例的，如职工福利费等，应按实列支。

检查本项目的核算内容是否包括工资、职工福利、社会保险费、住房公积金、工会经费、职工教育经费、解除职工劳动关系补偿、股份支付等明细项目。外商投资企业按规定从净利润中提取的职工奖励及福利基金，也应在本项目核算。

检查分配方法与上年是否一致。除因解除与职工的劳动关系给予的补偿直接计入管理费用外，被审计单位是否根据职工提供服务的受益对象，分下列情况进行处理：应由生产产品、提供劳务负担的职工薪酬，计入产品成本或劳务成本；应由在建工程、无形资产负担的职工薪酬，计入固定资产或无形资产成本；被审计单位为外商投资企业，按规定从净利润中提取的职工奖励及福利基金，是否以董事会决议为依据，是否相应记入“利润分配——提取的职工奖励及福利基金”账户；其他职工薪酬，是否计入当期损益。

检查发放金额是否正确，代扣的款项及其金额是否正确。检查是否存在属于拖欠性质的职工薪酬，并了解拖欠的原因。

4.检查社会保险费（包括医疗、养老、失业、工伤、生育保险费）、住房公积金、工会经费和职工教育经费等计提（分配）和支付（使用）的会计处理是否正确，依据是否充分。

5.检查辞退福利。对于职工没有选择权的辞退计划，检查按辞退职工数量、辞退补偿标准计提辞退福利负债的金额是否正确；对于自愿接受裁减的建议，检查按接受裁减建议的预计职工数量、辞退补偿标准等计提辞退福利负债金额是否正确；检查实质性辞退工作在一年内完成但付款时间超过一年的辞退福利，是否按折现后的金额计量，折现率的选择是否合理；检查计提辞退福利负债的会计处理是否正确，是否将计提金额计入当期管理费用；检查辞退福利支付凭证是否真实正确。

6.检查非货币性福利。

检查以自产产品发放给职工的非货币性福利，是否根据受益对象，按照该产品的公允价值，计入相关资产成本或当期损益，同时确认应付职工薪酬；对于难以认定受益对象的非货币性福利，是否直接计入当期损益和应付职工薪酬。

检查无偿向职工提供住房的非货币性福利，是否根据受益对象，将该住房每期应计提的折旧计入相关资产成本或当期损益，同时确认应付职工薪酬；对于难以认定受益对象的非货币性福利，是否直接计入当期损益和应付职工薪酬。

7.检查以现金与职工结算的股份支付。检查授予后立即可行权的以现金结算的股份支付，是否在授予日以承担负债的公允价值计入相关成本或费用。检查完成等待期内的服务或达到规定业绩条件以后才可行权的以现金结算的股份支付，在等待期内的每个资产负债表日，是否以可行权情况的最佳估计数为基础，按照承担负债的公允价值金额，将当期取得的服务计入成本或费用。在资产负债表日，后续信息表明当期承担债务的公允价值与以前估计不同的，是否进行调整，并在可行权日调整至实际可行权水平。检查可行权日之后以现金结算的股份支付当期公允价值的变动金额，是否借记或贷记“公允价值变动损益”账户。

8.检查应付职工薪酬的期后付款情况，并关注在资产负债表日至财务报表批准报出日之间，是否有确凿证据表明需要调整资产负债表日原确认的应付职工薪酬事项。

9.检查应付职工薪酬是否在财务报表中作出恰当的列报。

检查是否在附注中披露与职工薪酬有关的下列信息：应当支付给职工的工薪、奖金、津贴和补贴及其期末应付未付金额；应当为职工缴纳的医疗、养老、失业、工伤和生育等社会保险费及其期末应付未付金额；应当为职工缴存的住房公积金及其期末应付未付金额；为职工提供的非货币性福利及其计算依据；应当支付的因解除劳动关系给予的补偿及其期末应付未付金额；其他职工薪酬。

检查因自愿接受裁减建议的职工数量、补偿标准等不确定而产生的预计负债（应付职工薪酬），是否按照《企业会计准则第13号——或有事项》进行披露。

第五节 营业成本审计

一、营业成本审计概述

营业成本是指企业从事对外销售商品、提供劳务等主营业务活动和销售材料、出租固定资产、出租无形资产、出租包装物等其他经营活动所发生的实际成本。营业成本审计是指对直接材料、直接人工、制造费用以及主营业务成本等项目开展的审查监督活动。

营业成本的审计目标一般包括：确定利润表中记录的营业成本是否已发生，且与被审计单位有关；确定所有应当记录的营业成本均已记录；确定与营业成本有关的金额及其他数据已恰当记录；确定营业成本已记录于正确的会计期间；确定营业成本已记录于恰当的账户；确定营业成本已按照企业会计准则的规定在财务报表中作出恰当的列报。

计算营业成本的过程是一系列相互衔接的过程，对营业成本实施审计时，也应该注意到这一特点。由不同人员分别实施审计时，应相互协作，避免重复性劳动，或者都以为其他的审计人员已经做了审计，自己不必"重复劳动"，而到头来忽略了非常重要的步骤，由此形成审计的"死角"，产生审计风险。

二、营业成本的实质性程序

1.获取或编制营业成本明细表，复核加计是否正确，并与总账数和明细账合计数核对是否相符，结合其他业务成本科目与营业成本报表数核对是否相符。

2.复核营业成本明细表的正确性，编制生产成本及营业成本倒轧表（见表5-7），并与库存商品等相关科目钩稽。

表5-7　**生产成本及营业成本倒轧表**

项目	未审数	调整或重分类金额		审定数
		（借）	（贷）	
原材料期初余额				
加：本期购进				
减：原材料期末余额				
其他发出额				
直接材料成本				
加：直接人工成本				
制造费用				
生产成本				
加：在产品期初余额				
减：在产品期末余额				
产品生产成本				
加：产成品期初余额				
减：产成品期末余额				
营业成本				

3.检查营业成本的内容和计算方法（主要包括直接材料、直接人工、制造费用和生产成本在当期完工产品与在产品之间分配等内容）是否符合企业会计准则的规定，前后期是否一致。

（1）直接材料成本的审计。直接材料成本审计一般应从审阅“材料”和“生产成本”明细账入手，抽查有关费用凭证，验证企业产品直接耗用材料的数量、单价和材料费用分配是否真实、合理。其主要审计程序包括：①进行分析性复核，分析比较同一产品前后各年度的直接材料成本，如有重大波动应查明原因；②检查直接材料耗用数量的真实性，有无将非生产用材料计入直接材料费用；③抽查材料发出及领用的原始凭证，检查领料单的签发是否经过授权，材料发出汇总表是否经过适当的人员复核，材料成本计价方法是否适当，是否正确及时入账；④抽查产品成本计算单，检查直接材料成本的计算是否正确，材料费用的分配标准与计算方法是否合理和适当，是否与材料费用分配汇总表中该产品分摊的直接材料费用相符；⑤对采用定额成本或标准成本的企业，应检查直接材料成本差异的计算、分配与会计处理是否正确，并查明直接材料的定额成本、标准成本在本年度内有无重大变更。

（2）直接人工成本的审计。直接人工成本审计一般应从审阅“生产成本”“制造费用”明细账和工资分配表、工资汇总表等，抽查有关的费用凭证，验证直接人工成本归集和分配是否真实、合理。其主要审计程序包括：①进行分析性复核，将本年度直接人工成本与前期进行比较，查明其异常波动的原因；分析比较本年度各个月份的人工费用发生额，如有异常波动，应查明原因；②抽查产品成本计算单，检查直接人工成本的计算是否正确、人工费用的分配标准与计算方法是否合理和适当、是否与人工费用分配汇总表中该产品分摊的直接人工费用相符；③结合应付职工薪酬的检查，抽查人工费用会计记录及会计处理是否正确；④对采用标准成本法的企业，应抽查直接人工成本差异的计算、分配与会计处理是否正确，并查明直接人工的标准成本在本年度内有无重大变更。

（3）制造费用的审计。制造费用是指企业的车间管理部门为组织和管理生产所发生的各项费用，主要包括工资和福利费用、折旧费、机物料消耗、劳动保护费、水电费、办公费、差旅费、运输费、保险费、季节性和修理期间的停工损失等内容。其主要审计程序包括：①获取或编制制造费用汇总表，并与明细账、总账核对是否相符；分析制造费用汇总表，如有波动应予查明。②审阅制造费用明细账，检查其核算内容、范围是否正确，应注意是否存在异常会计事项，如有，则应追查至记账凭证及原始凭证，重点查明企业有无将不应列入成本费用的支出计入制造费用，如投资支出、被没收的财物、支付的罚款、违约金、技术改造支出等。③检查制造费用的分配是否合理。重点查明制造费用的分配方法是否符合企业自身的生产技术条件，是否体现受益原则，分配方法一经确定，是否在相当时期内保持稳定，有无随意变更的情况，分配率和分配额的计算是否正确，有无以人为估计数代替分配数的情况。④对于采用标准成本法的企业，应抽查标准制造费用的确定是否合理，计入成本计算单的数额是否正确，制造费用的计算、分配与会计处理是否正确，并查明标准制造费用在本年度内有无重大变动。对按预定分配率分配费用的企业，还应查明计划与实际差异是否及时调整。

（4）生产成本的审计。对直接材料、直接人工和制造费用审计的程序，都构成了“生产成本”审计的一部分内容，在对生产成本的料、工、费的归集进行审计后，“生产成本”账户还有一项重要的审计内容，那就是“生产成本”在在产品和产成品之间分配的审计。审计人员在对该账户进行审计时，应关注被审计单位是否通过调整在产品和产成品成本达到调整利润的目的。

（5）营业成本的审计。营业成本核算企业因销售商品、提供劳务或让渡资产使用权等日常活动而发生的实际成本。它是由期初库存产品成本加上本期入库产品成本，再减去期末库存产品成本求得的。对产品销售成本粉饰的查证，审计人员应通过审阅营业成本明细账、库存商品明细账等记录，并核对有关的原始凭证和记账凭证进行，分析比较本年度与上年度营业成本总额以及本年度各月份的营业成本金额，如有重大波动和异常情况，应查明原因；同时，结合生产成本的检查，抽查营业成本结转数额的正确性，并检查其是否与销售收入相配比，检查营业成本账户中的重大调整事项（如销售退回、委托代销商品）是否有其充分理由，以确定营业成本是否已在利润表上恰当披露。

营业成本的分项测试程序见表5-8。

表5-8　　　　**营业成本的分项测试程序表**

项目		测试程序
直接材料成本测试	采用定额单位消耗	选择并获取某一成本报告期若干种具有代表性的产品成本计算单； 获取样本的生产指令或产量统计记录及其直接材料单位消耗定额； 根据材料明细账或采购业务测试工作底稿中的该直接材料的单位实际成本，计算直接材料的总消耗量和总成本，与该样本成本计算单的直接材料成本核对
	非采用定额单位消耗	可获取材料费用分配汇总表、材料发出汇总表（或领料单）、材料明细账（或采购业务测试工作底稿）中的该直接材料的单位成本； 检查成本计算单中的直接材料成本与材料费用分配汇总表中的该产品负担的直接材料费用是否相符，分配标准是否合理； 抽取材料发出汇总表或领料单中的若干种直接材料的发出总量和该种材料的实际单位成本之积，与材料费用分配汇总表中的该种材料费用进行比较
	采用标准成本法	获取样本的生产指令或产量统计记录、直接材料单位标准用量、直接材料标准单价及发出材料汇总表或领料单； 检查标准成本与成本计算单中的直接材料成本核对是否相符；直接材料成本差异的计算与账务处理是否正确
直接人工成本测试	采用计时工资制	获取样本的实际工时统计记录、职员分类表和职员工薪手册（工资率）及人工费用分配总表； 检查成本计算单中的直接人工成本与人工费用分配汇总表中的该样本的直接人工费用核对是否相符； 检查样本的实际工时统计记录与人工费用分配汇总表中的该样本的实际工时核对是否相符； 检查抽取生产部门若干天的工时台账与实际工时统计记录核对是否相符； 没有实际工时统计记录时，则可根据职员分类表及职员工薪手册中的工资率，计算复核人工费用分配汇总表中的该样本的直接人工费用是否合理

续表

项目		测试程序
	采用计件工资制	获取样本的产量统计报告、个人（小组）产量记录和经批准的单位工薪标准或计件工资制度； 根据样本的统计产量和单位工资标准计算的人工费用，检查人工费用与成本计算单中直接人工成本核对是否相符； 抽取若干个直接人工（小组）的产量记录，检查其是否被汇总记入产量统计报告
制造费用测试		获取样本的制造费用分配汇总表、按项目分列的制造费用明细账、与制造费用分配标准有关的统计报告及其相关原始记录； 检查制造费用分配汇总表中的样本分担的制造费用与成本计算单中的制造费用核对是否相符； 检查制造费用分配汇总表中的合计数与样本所属成本报告期的制造费用明细账总计数核对是否相符； 检查制造费用分配汇总表选择的分配标准（机器工时数、直接人工工资、直接人工工时数、产量等）与相关的统计报告或原始记录核对是否相符，并对费用分配标准的合理性作出评估； 企业采用预计费用分配率分配制造费用的，则应针对制造费用分配过多或过少的差额，检查其是否作了适当的账务处理
生产成本在当期完工产品与在产品之间分配的测试		检查成本计算单中在产品数量与生产统计报告或在产品盘存表中的数量是否一致； 检查在产品约当产量计算或其他分配标准是否合理； 计算复核样本的总成本和单位成本，最终对当年采用的成本会计制度作出评价

学思践悟　美国麦克森·罗宾斯药材公司审计案例

学思践悟案例

美国麦克森·罗宾斯药材公司审计案例

【案例简介】

本案例介绍了美国著名的麦克森·罗宾斯药材公司审计案例，包括案情简介、案情调查情况、案件处理以及本案件对审计准则和审计方法的影响。

【关键词】

存货审计；审计准则修订；审计方法改进

【教学目的和用途】

本案例旨在引导学生通过麦克森·罗宾斯药材公司审计案例，理解存货审计中的存货监盘的重要意义，掌握存货监盘程序的关键控制点，提高学生存货监盘等专业领域发现问题、解决问题的能力；引导学生理解审计案件对审计准则和审计方法进化的影响；培养学生审计创新精神。

【素养目标】

1.通过麦克森·罗宾斯药材公司舞弊案件，引导学生思考被审计单位舞弊给社会带来的各种危害，培养学生的审计职业责任感与职业荣誉感；养成以责任担当为核心的职业精神。

2.引导学生树立正确的职业理想，提升以观察能力、辨别能力、分析能力、沟通能力为核心的职业能力，培养学生发扬追求卓越的工匠精神以及热爱审计工作的职业品质。

3.引导学生立足时代、扎根经济，学好专业知识，掌握专业技能和职业道德，拓展综合能力，提升协作意识，遇到新情况、新问题时要有创新意识，立志投身社会主义建设事业。

【价值塑造】

1.职业责任：分析和研讨麦克森·罗宾斯药材公司舞弊的危害与审计的职业责任。

2.工匠精神：分析和研讨麦克森·罗宾斯药材公司存货审计的方法与流程细节。

3.创新精神：分析和研讨审计准则在麦克森·罗宾斯药材公司舞弊案后做出的修改。

【思考问题】

1.结合案例，思考实施存货审计时，注册会计师应当注意什么问题？

2.本案例对审计准则和审计方法的发展产生了哪些影响？

【分析思路】

第一步，研讨和分析案例中的财务舞弊带来的社会危害；

第二步，研讨和分析案例中的存货审计存在的问题；

第三步，研讨和分析案例中的反映出的审计责任与会计责任问题；

第四步，研讨和分析审计准则的发展；

第五步，研讨和分析审计方法的进化。

复习思考题

1.说明生产与费用循环和其他业务循环的关系。

2.列举在存货审计中常用的实质性程序。

3.说明存货监盘的基本要求和执行步骤。

4.注册会计师应如何对异地存货、特殊性质的存货进行审计？

5.简述存货计价审计的方法。

6.说明人力资源与工薪循环涉及的主要业务活动及凭证与会计记录。

7.列举在应付职工薪酬审计中常用的实质性程序。

8.人力资源与工薪循环的重大错报风险主要有哪些？

本章习题

第五章练习题

拓展阅读

中国注册会计师审计准则第1311号

第六章
筹资与投资业务审计

学习目标

1.掌握筹资与投资的主要业务活动及其审计目标；
2.熟悉筹资与投资业务的关键控制程序；
3.掌握负债类账户、权益类账户的实质性程序；
4.掌握投资类账户的实质性程序。

第一节　负债类账户审计

教学视频6-1

筹资与投资循环审计

企业的财务活动主要包括筹资、投资和利润分配三个方面。筹资是企业生产经营活动的起点，一般认为，筹资和狭义的融资表达同一概念，按筹资方式主要分为负债筹资和权益筹资，在财务核算方面主要涉及负债类账户和权益类账户，而注册会计师则主要关注来源于被审计单位外部的资金筹集状况。

一、负债筹资的主要业务活动

负债筹资是指企业通过银行借款、商业信用和发行债券等形式筹集资金。通过负债筹集资金是企业一项重要的资金来源。按照所筹集资金使用期限的长短不同，负债筹资可以分为短期负债筹资和长期负债筹资两类，本章着重介绍长期负债筹资。长期负债筹资通常采用的方式有长期借款和发行债券。

（一）长期借款的主要业务活动

长期借款是指企业向银行或其他金融机构借入的期限在一年以上（不含一年）或超过一年的一个营业周期以上的各项借款。长期借款主要用于购建固定资产以满足企业长期资金占用需要。长期借款业务主要包括以下内容：

1.通过授权或审批。企业通过长期借款筹资一般用于固定资产投资等资本性支出，金额较大且多附有抵押物，所以，借款方式、借款金额、资金用途等必须按照规定经过股东大会或董事会的授权或审批。

2.签订借款合同。经过授权与批准后，企业向银行提出借款申请，陈述借款原因、借款金额、用款时间与计划、还款期限与进度，经过银行或其他金融机构审查批准后签订借款合同，明确借贷双方的权利和义务。

3.担保与抵押。银行或其他金融机构为了降低贷款风险，一般在借款合同中都会规定保护性条款，要求企业提供担保人、质押物或抵押物。因此，企业应该按照合同规定办理相关的担保手续或抵押手续。

4.取得借款资金。借款合同签订后，在核定的贷款指标范围内，企业可以根据用款计划和实际需要，要求银行或其他金融机构一次或多次将贷款资金转入企业的用款账户。

5.长期借款入账。取得长期借款后，会计核算部门应及时按实际发生额登记入账，反映企业长期负债的增加，并按合同规定的计息方法、利率和时间核算利息支出。

6.长期借款偿还。企业应按借款合同的规定按期付息还本，并正确进行账务处理。

7.债务展期。借款企业如因暂时财务困难，需延期偿还借款时，应向借款机构提交延期还款申请，经借款机构审查核实，续签合同，通常需要加收利息。

（二）发行债券的主要业务活动

企业债券是企业依照法定程序发行，约定在一定期限内还本付息的有价证券。企业发行债券的主要业务活动包括：

1.作出发行债券决议或决定。企业在实际发行债券之前，必须作出发行债券的决议或决定，决议内容包括发行债券总额、票面金额、发行价格、募集方式、债券利率、还本付息的期限及方式等内容。

2.发行债券申请和核准。企业作出发行债券的决议或决定后，应提出发行债券申请，并提交公司营业执照、公司章程、公司债券募集办法、资产评估报告和验资报告以及国务院授权部门或国务院证券监督管理机构规定的其他文件资料，向国务院证券监督管理机构提出申请和核准。

3.债券发行与承销。发行债券经过核准后，企业应该制定债券募集办法并予以公告。根据有关法律法规的规定，一般采用公开募集方式发行债券。发行债券企业须与证券经营机构签订承销合同，由证券经营机构承销。

4.债券计价。发行企业应根据市场供求关系、银行储蓄利率等综合因素确定债券的发行价格，即按面值发行或折价、溢价发行。如果债券折价或者溢价发行，应在债券存续期间内按实际利率法对溢价或折价进行摊销。

5.债券保管。债券发行完成以后，为了保证债券的安全、完整，通常指定专人保管库存债券，或者委托银行或信托公司等独立机构代为保管。

6.资金入账。债券发行企业取得发行债券的资金以后应该及时进行账务处理，将筹集的资金正确及时登记入账。

7.支付债券利息。支付债券的利息有三种形式：一是分期付息，通常每半年支付一次；二是于债券到期日和本金一并支付；三是债券没有固定的票面利率，这是按低于面值的价格发行，期满时偿还面值，面值与发行价格之间的差额就是债券的利息。

8.债券购回或偿还。企业应根据发行债券时订立的有关条款偿还本金，债券本金偿还方式一般有一次偿还、分期偿还、提前偿还等。

9.债券转换。如果企业发行的是可转换债券，通常在债券发行办法中规定，债券持有人可将其持有的债券转为发行企业的股票。因此，债券持有人如果选择将其所持债券转换为股票时，发行企业应按规定的转换办法向其换发股票。

二、负债筹资业务涉及的凭证及账户

（一）负债筹资业务涉及的主要凭证和会计记录

1.企业（公司）债券。其是指企业（公司）依据法定程序发行、约定一定期限还本付息的有价证券。

2.债券契约。其是指载明债券持有人（记名债券）与发行企业双方所拥有的权利与义务的法律性文件。

3.企业（公司）债券存根簿。发行记名企业（公司）债券应记载的内容一般包括：债券持有人的姓名或者名称及住所；债券持有人取得债券的日期及债券的编号；债券总额、债券的票面金额、债券的利率、债券还本付息的期限和方式；债券的发行日期。发行无记名债券的应当在企业（公司）债券存根簿上记载债券总额、利率、偿还期限和方式、发行日期和债券编号等。

4.债券承销或包销协议。其是指被审计单位向社会公开发行债券时，被审计单位与依法设立的证券经营机构签订的债券承销协议或债券包销协议。

5.借款合同或协议。被审计单位向银行或其他金融机构借入款项时与其签订的合同或协议。

6.有关记账凭证。其是指被审计单位为了核算各类负债筹资业务而产生的各种记账凭证。

7.负债类总分类账。其是指被审计单位为核算各类借款所设置的“短期借款”“长期借款”“应付债券”等总分类账。

8.负债类明细分类账。“长期借款”账户一般设置“本金”“应计利息”等明细账，此外，可能还需要按借款单位设置明细账并按借款种类进行明细分类核算。“应付债券”账户则需要设置“面值”“利息调整”“应计利息”3个明细账户，以便更全面地记录应付债券的相关信息。

（二）负债筹资业务涉及的主要账户及其关系

负债筹资业务涉及的主要账户之间的关系如图6-1所示。

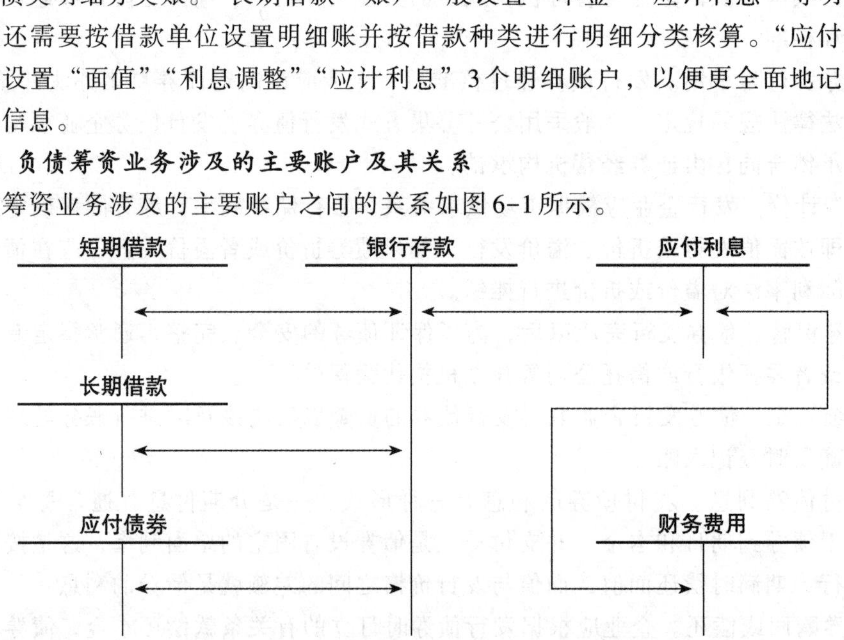

图6-1 负债筹资业务涉及的主要账户及其关系

三、负债筹资业务的审计目标

企业的负债筹资业务，尤其是长期负债筹资业务相对较少，但是，交易涉及的金额一般都很大，对企业的账户余额及财务报告都会产生重要影响，因此，注册会计师应该达到以下审计目标：

1.确定负债筹资业务是否真实。主要确定记录中所有与负债筹资有关的交易是否确实发生；企业的债务是否存在；与负债筹资相关的利息费用是否为本期发生的交易和事项引起的。

2.确定所有的负债筹资业务是否均已记录。漏记负债筹资业务的每一笔交易都将产生重大影响，注册会计师需要确定记录的完整性。

3.确定所记录的债务是否为被审计单位应当履行的全部义务。注册会计师需要确定被审计单位记录的所有债务都是真实发生的，被审计单位没有承担其他企业的债务，也没有将自己的债务隐匿或转移出去。

4.确定与所记录的债务相关的金额是否正确。注册会计师需要确定被审计单位所记录的债务金额与借款合同、债券发行协议等法律文件的规定确实一致，相关费用分摊合理。

5.确定与债务有关的利息是否正确计提并恰当支付。注册会计师需要确定被审计单位按照规定的利率、方法、期限等要素正确计提所记录债务的利息，并按合同或协议规定恰当支付，没有提前支付或延迟支付，支付金额和计提金额完全一致。

6.确定所记录的债务是否已经按照企业会计准则的规定在财务报表中进行恰当列报。

四、负债筹资业务内部控制及控制测试

企业的负债筹资业务影响账户余额的交易相对较少，但是，每一笔交易的金额都相当重要，比如发行债券，注册会计师需要验证该类业务的每一笔交易，或者直接进行实质性程序。负债筹资业务涉及短期借款、长期借款和应付债券等，这些业务的内部控制基本类似。

（一）负债筹资业务的内部控制

一般情况下，负债筹资业务的内部控制包括以下主要内容：

1.合理的职责分工。负债筹资计划的编制与审批严格分离，保证负债筹资计划的科学性；借款或发行债券业务的执行人员与记录人员严格分离，债券的记录人员不得参与债券的发行，保证业务严格按程序执行，相互牵制；借款、发行债券业务的记录人员和相关的证券保管人员也要分离。

2.严格的授权审批。负债筹资业务应该经过严格的授权审批。一般情况下要有董事会的正式授权程序，财务经理或者财务部门编制负债筹资计划，在经过相关机构审批，比如申请发行债券时，应向证券监督管理机构递交相关文件资料，债券的回购也要有正式的授权程序。

3.签订合同或协议。企业借款时，需要和银行或者其他金融机构签订借款合同；发行公司债券的，要由受托管理机构来保护发行人和持有人的合法权益，应该和相关的受托管理机构签订债券发行契约、承销协议等法律文件。

4.完整的会计记录。企业应该建立完整的账簿体系和记录制度，以保证负债筹资业务按正确的金额、恰当的方法及时完整地在相应的账户中进行记录。债券的溢价、折价应选用恰当的摊销方法，利息的计算及支付要及时记录在对应账户。如果企业设置债券持有人明细分类账，那么应同总分类账核对相符；如果发行债券的相关记录由外部机构保存，那么须定期与外部机构进行核对。

5.健全的保管制度。企业应该建立健全保管制度，以保管借款、发行债券的相关文件

资料、档案资料、记录资料，未发行的债券也必须有人专门负责保管。

（二）负债筹资业务的控制测试

1.了解负债筹资业务的内部控制。审计人员对负债筹资业务内部控制的了解，一般可以通过编制流程图、文字说明、设计问卷调查表等方式进行。负债筹资业务的内部控制测试调查表见表6-1。如果被审计单位上年度的审计工作是由同一会计师事务所完成的，那么审计人员应将调查重点放在企业内部控制制度的变动部分，掌握各项制度变动的原因和影响。如果在上年度审计工作中，针对筹资业务内部控制提出过管理建议，那么审计人员还应该证实各项管理建议是否已经得到落实，并揭示未予落实的原因。

表6-1 **负债筹资业务内部控制测试调查表**

控制测试目标	测试结果			备注
	是	否	不适用	
一、控制环境				
负债筹资业务的计划、执行、记录及实物和资料保管是否分离？				
二、授权目标				
借款或者发行债券是否经过相关授权及审批程序？				
三、真实性目标				
负债筹资业务的发生是否签订借款合同、债券发行契约、承销协议等？				
四、完整性目标				
借款合同、债券发行协议等是否由专人保管，并同明细账、总账核对？				
五、正确性目标				
1.会计账簿的设置是否合理？				
2.会计核算方法是否恰当？				
六、分类准确性目标				
负债筹资业务是否分类记录并核算？				
七、核算准确性目标				
借款或债券利息计提是否准确，是否计入恰当的会计期间？				
八、账务处理完整性目标				
负债筹资业务是否正确完整地记入总账及明细账？				

2.测试负债筹资业务的内部控制。审计人员在了解被审计单位负债筹资业务内部控制的基础上，应该运用一定的方法进行测试，以验证其健全及有效程度。

基本的测试程序包括：取得借款合同或发行债券的法律性文件，检查借款业务或发行债券是否经过董事会授权、是否履行了适当的审批手续、是否符合相关法律的规定；检查企业借款或发行债券取得的资金是否立即存入银行；取得借款合同或债券契约，检查被审计单位是否根据合同或契约的规定正确计算并支付利息；检查相关的账务处理是否正确；取得董事会决议文件，检查债券的偿还或购回是否按董事会的授权进行。

3.分析评价负债筹资业务的控制风险。审计人员在完成上述控制测试的程序后，应对企业负债筹资业务的内部控制进行分析、评价，初步确定控制风险水平，以确定其在实质性程序中的影响，并针对薄弱环节提出改进建议。控制风险水平一般用高、中、低三种档次表示。

审计人员在对负债筹资业务内部控制进行控制测试时，如果被审计单位发生的此类业务不多，那么审计人员可以根据成本效益原则决定直接进行实质性程序；如果被审计单位发生的此类业务繁多，那么审计人员则必须对其内部控制进行测试。

五、负债类账户审计的实质性程序

对于负债类项目，审计人员在实质性程序中应重点关注其完整性，防止被审计单位低估负债。低估债务经常伴随着低估成本费用，从而高估利润。因此，低估债务不仅影响财务状况的反映，而且还会极大地影响企业财务成果的反映。

（一）短期借款的实质性程序

1.从负责记录短期借款的部门获取或编制短期借款明细表。审计人员应首先获取或编制短期借款明细表，复核其合计数是否正确，并与明细账和总账核对是否相符。

2.函证短期借款的真实金额。审计人员应在期末短期借款余额较大或认为必要时向银行或其他债权人函证短期借款。

3.检查短期借款的增加数。对审计年度内增加的短期借款，审计人员应检查借款合同和授权批准材料，以了解借款数额、借款条件、借款日期、还款期限、借款利率，并与相关会计记录进行核对。

4.检查短期借款的减少数。对审计年度内减少的短期借款，审计人员应检查相关记录和原始凭证，以核实还款数额。

5.检查有无到期未偿还的短期借款。审计人员应检查相关记录和原始凭证，检查被审计单位有无到期未偿还的短期借款，如果有，那么应查明是否已向借款人提出申请并经同意后办理延期手续。

6.复核短期借款利息。审计人员应根据短期借款的利率和期限，复核被审计单位短期借款的利息计算是否正确，有无计算不准确的情况。如果有未计利息和多计利息的情况，应作出记录，必要时进行调整。

7.检查外币借款的折算。如果被审计单位有外币短期借款，那么审计人员应检查外币短期借款的增减变动是否按业务发生时的市场汇率或期初市场汇率折算为记账本位币金额；期末是否按市场汇率将外币短期借款余额折算为记账本位币金额；折算差额是否按规定进行会计处理；折算方法前后期是否一致。

8.检查短期借款在资产负债表上的列报是否恰当。企业的短期借款在资产负债表上通常设置“短期借款”项目单独列示，对于因抵押而取得的短期借款，应在资产负债表附注中进行揭示，审计人员应注意被审计单位对短期借款项目的披露是否充分。

（二）长期借款的实质性程序

1.从记录长期借款的部门获取或编制长期借款明细表。复核其合计数是否正确，并与明细账和总账核对相符；在审查时，审计人员应通过审阅有关决议及契约文件，核对账簿和凭证，并根据有关资料编制长期借款明细账表，内容包括债权人姓名、地址、借入金额、利率、到期日、付款日、已还款金额、附有抵押品种类、名称、价值及保管情况。

2.检查长期借款的增加数。检查借款合同和授权批准文件，了解借款数额、借款条件、借款日期、还款期限、借款利率，并与相关会计记录进行核对。

3.向银行或其他债权人函证重大的长期借款。长期借款期末余额较大，或者审计人员认为必要时，可函证各贷款银行或其他金融机构，函证时，一般可结合银行存款余额的函证进行，不仅能验证长期借款的期末余额，而且可发现未入账的长期借款。

4.检查年度内金额较小的长期借款。检查相关的会计记录和原始凭证，核实还款数额。

5.检查年末有无到期未偿还的长期借款，逾期借款是否办理延期手续，分析计算逾期借款的金额、比率和期限，并判断被审计单位的资信程度和偿债能力。

6.检查长期借款利息费用是否正确。由于长期借款金额大，偿还期较长，因而一般都需要支付利息。审计人员通过对利息费用的计算，不仅能确定利息费用的计算与入账的正确性，而且可以间接查明被审计单位的长期借款数额。因此，认真验算利息费用是发现未入账长期借款的有效手段之一。

对长期借款利息费用的验证，审计人员应复核被审计单位利息计算表的正确性，并与账面已记载利息进行核对，如有未计利息应作出记录，必要时可以要求被审计单位进行适当调整。另一方面，审计人员还应审查企业长期借款利息资本化的会计处理是否正确，审查企业资本性支出与收益性支出的利息费用界限是否严格划分。

7.如果是外币借款，还应检查非记账本位币折算记账本位币采用的折算汇率是否正确，折算差额是否按规定进行会计处理。

8.确定长期借款是否在资产负债表上充分披露。长期借款在资产负债表中列示在“非流动负债”项目之下，应根据“长期借款”科目期末余额扣除将于一年内到期的长期借款后的余额填列，该项扣除数应填列在“流动负债”项目之下的“一年内到期的非流动负债”项目中。审计人员应根据审计结果，确定被审计单位长期借款在资产负债表上的列报是否充分，并注意长期借款的抵押和担保是否已在财务报表附注中作了充分说明。

更应该注意的是，长期借款一旦形成，在其偿还期内，除了按规定计提利息外，相关的经济业务一般不会发生，如果审计人员在上一审计年度已对相关的长期借款进行了审查，那么本年度的审计工作将大大简化，有关的工作底稿仍可继续使用，审计的侧重点则放在各项长期借款本年内发生的变动上，这样就可以大大节约审计时间。

（三）应付债券的实质性程序

1.从负责债券记录的部门获取或编制应付债券明细表。表6-2列示了债券类型、票面利率、债券溢价或折价金额、本年度增减变动情况，并与明细账和总账的金额核对相符。

2.检查与应付债券业务有关的原始凭证。检查债券交易的各项原始凭证，是确定应付债券及其合法性的重要程序，审计人员应做好以下工作：

（1）检查被审计单位现有债券副本，以确定其发行是否合法，各项内容是否与相关的会计记录相一致；

（2）检查被审计单位发行债券获取资金的收据、汇款通知单、送款登记簿及相关的银行对账单；

表6-2 **应付债券明细表**

被审计单位：__________ 索引号：__________ 页次：__________

项　　目：应付债券明细表 编制人：__________ 日期：__________

财务报表截止日/期间：__________ 复核人：__________ 日期：__________

<table>
<tr><th rowspan="3">项目</th><th rowspan="3">债券类型</th><th rowspan="3">借款期限</th><th rowspan="3">票面利率</th><th colspan="4">期初余额</th><th rowspan="3">借方发生数</th><th rowspan="3">贷方发生数</th><th colspan="4">期末余额</th><th colspan="2">变动比例</th><th rowspan="3">备注</th></tr>
<tr><th rowspan="2">调整前</th><th colspan="2">审计调整</th><th rowspan="2">调整后</th><th rowspan="2">调整前</th><th colspan="2">审计调整</th><th rowspan="2">调整后</th><th rowspan="2">调整前</th><th rowspan="2">调整后</th></tr>
<tr><th>金额</th><th>索引号</th><th>金额</th><th>索引号</th></tr>
<tr><td>××债券</td><td></td><td></td><td></td><td></td><td></td><td></td><td></td><td></td><td></td><td></td><td></td><td></td><td></td><td></td><td></td><td></td></tr>
<tr><td>面值</td><td></td><td></td><td></td><td></td><td></td><td></td><td></td><td></td><td></td><td></td><td></td><td></td><td></td><td></td><td></td><td></td></tr>
<tr><td>利息调整</td><td></td><td></td><td></td><td></td><td></td><td></td><td></td><td></td><td></td><td></td><td></td><td></td><td></td><td></td><td></td><td></td></tr>
<tr><td>应计利息</td><td></td><td></td><td></td><td></td><td></td><td></td><td></td><td></td><td></td><td></td><td></td><td></td><td></td><td></td><td></td><td></td></tr>
<tr><td>合计</td><td></td><td></td><td></td><td></td><td></td><td></td><td></td><td></td><td></td><td></td><td></td><td></td><td></td><td></td><td></td><td></td></tr>
</table>

审计说明：

注：需要说明主要项目变动较大的原因或其他项目异常变动的原因；如果存在外币债券，应列明原币金额及折算汇率；如果发行债券时进行了保证或抵押，应列明保证人及抵押资产情况。

（3）检查用以偿还债券的支票存根，并检查利息费用的计算是否正确；

（4）检查已偿还债券数额同应付债券借方发生额是否相符；

（5）如果被审计单位发行债券时已作抵押或担保，那么审计人员还应检查相关契约的履行情况。

3.检查利息费用和应计利息。检查应计利息、债券折（溢）价摊销及其会计处理是否正确，这项工作主要通过检查债券利息、溢价、折价等账户分析表来实施，该表可由被审计单位代为编制，再由审计人员进行检查，或者由审计人员自行编制。

4.函证应付债券期末余额。应付债券的函证可直接向作为委托人的承销商或包销商询证，询证函一般应请求受托人证实债券的种类或名称、发行日、到期日、利率、付息日、发行日的金额、本年度已偿付的债券金额、结账日尚未偿还的债券余额及其他注册会计师认为应包括的重要事项。

5.检查对到期债券偿还的会计处理是否正确。对到期债券的偿还，审计人员应检查相关会计记录，并检查其会计处理是否正确。对可转换公司债券持有人行使转换权利，将其持有的债券转换为股票，审计人员则应检查债转股的会计处理是否正确。

6.检查一年内到期的应付债券是否转为流动负债。审计人员应根据应付债券明细表，确定即将在一年内到期的应付债券数额，并与资产负债表中的有关数据进行核对，如有不符，应予以记录或调整。

7.验明应付债券是否已在资产负债表中充分披露。应付债券在资产负债表中列示于“非流动负债”项目，该项目根据“应付债券”科目的期末余额扣除将于一年内到期的应付债券后的数额填列，该扣除数应当填列在“流动负债”项目之下的“一年内到期的非流动负债”中，审计人员应根据审计结果，确定被审计单位应付债券在财务报表上的披露是否充分，应付债券的类别是否已在财务报表附注中作了充分说明。

（四）财务费用的实质性程序

1.获取或编制财务费用明细表，复核其合计金额是否正确，并与报表金额、总账金额和明细账合计金额核对相符。

2.实施实质性分析程序。

（1）针对已识别需要运用分析程序的有关项目，并基于对被审计单位及其环境的了解，通过进行以下比较，同时考虑有关数据之间的相互影响，以建立有关数据的期望值。

①将本期财务费用各明细项目与上期进行对比，必要时比较本期各月份财务费用，如有重大波动和异常情况应追查原因；

②计算借款、应付债券平均实际利率并同以前年度及市场平均利率相比较；

③根据借款、应付债券平均余额、平均利率测算当期利息费用和应付利息，并与账面记录进行比较；

④根据银行存款平均余额和存款平均利率复核利息费用。

（2）确定可接受的差异额。

（3）将实际情况与期望值相比较，识别需要进一步调查的差异。

（4）如果其差异额超过可接受的差异额，那么需要调查并获取充分的解释和恰当的审计证据。

（5）评估分析程序的测试结果。

3.检查财务费用明细项目的设置是否符合规定的核算内容与范围，是否划清财务费用与其他费用的界限。

4.检查利息支出明细账。

（1）审查各项借款期末应计利息有无预计入账。

（2）审查现金折扣的会计处理是否正确。

（3）结合长短期借款、应付债券等项目的审计，检查财务费用中是否包括为购建或生产满足资本化条件的资产发生的应予资本化的借款费用。

（4）检查融资租入的固定资产、购入有关资产超过正常信用条件延期支付价款、实质上具有融资性质的，采用实际利率法分期摊销未确认融资费用时计入财务费用的数额是否正确。

（5）检查应收票据贴现利息的计算与会计处理是否正确。

（6）检查存在资产弃置费用义务的固定资产或油气资产，在其使用寿命内，是否按期计算确定应负担的利息费用。

5.检查利息收入明细账。

（1）确认利息收入的真实性及正确性。

（2）检查从其他企业或非银行金融机构取得的利息收入是否按规定计缴增值税。

（3）检查采用递延方式分期收款、实质上具有融资性质的销售商品或提供劳务，采用实际利率法按期计算确定的利息收入是否正确。

6.检查汇兑损益明细账，确定汇兑损益的计算方法是否正确，核对所用汇率是否正确，前后期是否一致。

7.检查大额金融机构手续费的真实性与正确性。

8.根据具体情况抽取资产负债表日前后若干期限的财务费用相关凭证，实施截止测试，若存在异常迹象，应考虑是否有必要追加审计程序，对于重大跨期项目应作必要调整。

9.根据评估的舞弊风险等因素增加其他审计程序。

10.检查财务费用是否已按照企业会计准则的规定在财务报表中作出恰当的列报。

第二节　权益类账户审计

企业筹资的另一个来源是所有者投入的权益资金，所有者投入的资金一般形成企业的实收资本（股本），超额缴入的资本形成资本公积，未分配利润可视为权益筹资的一项来源。应付股利与权益资本相关，因此在本节一并介绍。

一、权益筹资的主要业务活动

企业通过权益筹资有两种基本方式：一种是非股份制企业以直接吸收投资方式筹集资金；另一种是股份制企业以发行股票方式筹集资金。非股份制企业直接吸收投资活动业务内容单一，内部控制较为简单。因此，本节重点介绍股份制企业发行普通股股票筹资的主要业务活动。

1.授权与批准。股份制企业在首次公开发行股票或增资发行新股时，必须由股东大会作出决定，包括新股种类及数额，新股发行条件，新股发行的起止日期，向原有股东发行新股的种类及数额等事项，授权董事会作出增资决策。

2.提出发行股票申请并经核准。股份制企业作出发行新股的决议后，董事会必须向国务院授权的部门或省级人民政府申请批准，属于向社会公开募集的新股，需经国务院证券监督管理部门批准。

3.公告招股说明书、制作认股书、签订承销协议。募股申请获得批准后，需在规定期限内向社会公告招股说明书，如果是发行新股还需公告财务报表及附注资料，制作认股书，并与证券承销机构签订证券承销协议。

4.招认股份，缴纳股款。召开创立大会，选举董事会、监事会、办理公司设立登记，交割股票。如果是增发新股的，应改组董事会、监事会，办理变更登记。

5.股票记录。股份制企业发行股票后，应设立“股本”账户，核算各股东投入的资本，为了反映股份的构成情况，还应在“股本”账户下设置股东明细账，按股东姓名登记其持有股票数量及金额。除此之外，还应该在股票备查记录中登记企业存续期间发行和回购股票的情况等。

6.股票上市。企业满足股票上市条件并经批准后，其股票可以在证券交易所公开交易。

7.股利分配。企业根据可供分配利润数额，按照企业性质和组织形式或合同章程的约定，经公司股东大会确定分配方案，并形成决议后进行股利分配。

二、权益筹资业务涉及的凭证及账户

（一）权益筹资业务涉及的主要凭证和会计记录

1.发行股票的决议及批准文件。发行股票必须有股东大会的决议以及国务院证券监督管理机构的批准文件，保证权益筹资的程序符合法律法规的规定。

2.股本凭证。企业签发的证明股东持有被审计单位股份的凭证。

3.股份承销或包销协议。企业向社会公开发行股份时，应当由依法设立的证券经营机构承销或包销，被审计单位应与其签订股份承销或包销协议。

4.股东名册。发行记名股票的公司应记载的内容一般包括：股东的姓名或者名称及住所；各股东所持股份数额；各股东所持股票的编号；各股东取得被审计单位股份的日期。发行无记名股票的，企业应当记载其持有股票数量、编号及发行日期。

5.有关记账凭证。被审计单位为了核算发行股份业务而产生的各种记账凭证。

6.所有者权益类总分类账。被审计单位为核算所有者权益类项目所设置的“实收资本（股本）”、“其他权益工具”、“资本公积”、“库存股”、“其他综合收益”、“盈余公积”、“利润分配”以及“应付股利”等总分类账。

7.所有者权益类明细分类账。企业为了核算需要还应该设置与所有者权益类总分类账相应的明细分类账。一般情况下“实收资本（股本）”账户不需要设置明细账；“资本公积”账户设置“资本溢价”“股本溢价”“其他资本公积”三个明细账；“盈余公积”账户需要设置“法定盈余公积”“任意盈余公积”“储备基金”“企业发展基金”“利润归还投资”等明细账；“利润分配”账户需要设置“盈余公积转入”“提取法定盈余公积”“应付优先股股利”“提取任意盈余公积”“应付普通股股利”“转作资本的普通股股利”“未分配利润”等明细账；如果有需要，“应付股利”账户可以依照股东名册按股份（股票）持有人进行明细核算。

（二）权益筹资业务涉及的主要账户及其关系

权益筹资业务涉及的主要账户之间的关系如图6-2所示。

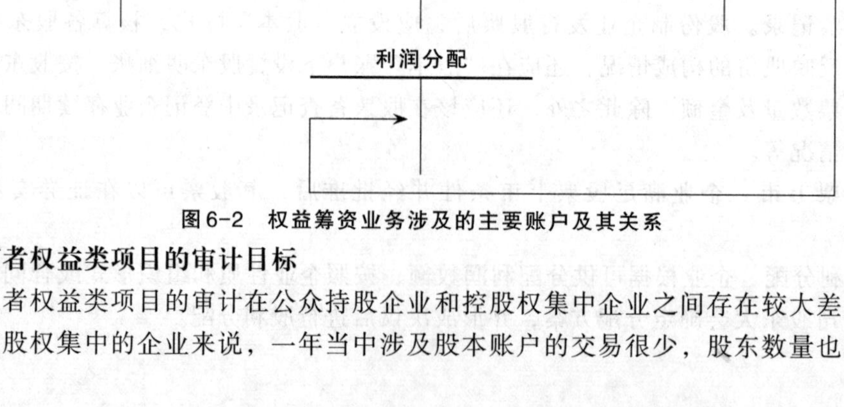

图6-2 权益筹资业务涉及的主要账户及其关系

三、所有者权益类项目的审计目标

所有者权益类项目的审计在公众持股企业和控股权集中企业之间存在较大差异。对于大多数控股权集中的企业来说，一年当中涉及股本账户的交易很少，股东数量也较少，改变所有者权益的交易在一般情况下有年度收益或损失以及股利支付。虽然注册会计师必须审查已有的记录，但是验证所有者权益花费的时间一般很少。而对公众持股企业而言，由于股东数目众多且持股数量经常发生变动，因此，验证所有者权益要复杂很多，审计人员也要花费很多的时间。本部分主要讨论所有者权益类的主要账户的验证，包括“实收资本（股本）”“资本公积”“盈余公积”“利润分配”“应付股利”等。

所有者权益类项目的审计目标一般应该包括以下几个方面：

1.确定资产负债表中列报的实收资本（股本）、资本公积、盈余公积、未分配利润、应付股利等均真实存在或发生。

2.确定所有已经发生的所有者权益交易均已在相关账户中完整记录。

3.确定所有者权益的所有项目以正确的金额准确地进行记录。

4.确定所有者权益类项目已按照企业会计准则的规定在财务报表中进行恰当列报和披露。

四、所有者权益类项目的内部控制及控制测试

（一）所有者权益类项目的内部控制

1.交易的恰当授权。由于所有者权益类项目的每笔交易事项都很重要，并且交易金额巨大，因此，大多数此类交易甚至全部交易都必须经过股东大会或董事会批准，比如股票发行、股票回购、股利支付等事项。

2.正确的记录及职责分离。企业必须要有充分的内部控制，以保证在记录股票交易和流通在外的股票时，确保所有的实际股票持有人都在企业的记录中，从而确保正确地向股权登记日登记在册的股东支付股利，使潜在的资产分配错误最小化。因此，企业应有适当的人员分工和充分的会计记录程序。

3.独立的中介机构参与。凡是股票在证券交易所上市交易的企业一般都需要聘请独立的证券公司进行代理，以防止股票发行不当。聘请代理机构不仅可以将股东记录存放于独立机构保管而对其进行控制，而且能通过利用专家工作降低成本。

（二）所有者权益类项目的控制测试

对于绝大多数企业来说，所有者权益项目在一年之中的交易或变动非常少，甚至没有交易。内部控制多数都是较为严格的法律规定或程序性规定，内部控制比较规范，外部监管也较为严格，在一般情况下审计人员不需要进行所有者权益项目的控制测试。但是，所有者权益项目一旦发生交易，无论是对发生交易的金额还是对财务报表以及损益的影响都是巨大的，因此，如果被审计单位在审计年度发生所有者权益项目的交易事项，那么审计人员就可以直接进行全面的实质性程序，以确保每笔交易的真实性、完整性、准确性。

五、权益类账户审计的实质性程序

（一）实收资本（股本）的实质性程序

实收资本（股本）项目在一般情况下很少发生变动，因此，直接对其进行实质性程序，测试的重点在于关注其真实性。

1.获取或编制实收资本（股本）明细表。

（1）复核加计是否正确，并与报表金额、总账金额和明细账合计金额核对是否相符。

（2）以非记账本位币出资的，检查其折算汇率是否符合规定，折算差额的会计处理是否正确。

2.首次接受委托的客户，取得历次验资报告，将其所载明的投资者名称、投资方式、投资金额、到账时间等内容与被审计单位历次实收资本（股本）变动的账面记录、会计凭证及附件等进行核对。

3.审阅公司章程及股东（大）会、董事会会议记录中的有关实收资本（股本）的规定。收集与实收资本（股本）变动有关的董事会会议纪要、股东（大）会决议、合同、协议、公司章程及营业执照，公司设立批文、验资报告等法律性文件，并更新永久性档案。

4.检查投入资本是否真实存在。审阅并核对与投入资本有关的原始凭证、会计记录，必要时向投资者函证实缴资本额，对有关财产和实物价值进行鉴定，以确定投入资本的真实性。

（1）对于发行在外的股票，应检查其发行活动。检查的内容包括已发行股票的登记簿、募股清单、银行对账单、会计账面记录等。必要时可向证券交易所和金融机构函证股票发行的数量及金额。

（2）对于发行在外的股票，应检查股票发行费用的会计处理是否符合有关规定。

5.检查出资期限和出资方式、出资额。检查投资者是否按合同、协议、章程约定的时间和方式缴付出资额，是否经过注册会计师验证。若已验资，应审阅验资报告。

6.检查实收资本（股本）增减变动的原因。查阅其是否与董事会会议纪要、补充合同、协议及其他有关法律性文件的规定一致，逐笔追查至原始凭证，检查其会计处理是否正确。注意有无抽资或变相抽资的情况，如果有，应取证核实，作恰当处理。对首次接受委托的客户，除取得验资报告外，还应检查并复印记账凭证及进账单。

（1）对于股份有限公司，应检查股票收回的交易活动。检查的内容包括已发行股票的登记簿、收回的股票、银行对账单、会计账面记录等。

（2）以发放股票股利增资的，检查股东（大）会决议，检查相关增资手续是否办理，会计处理是否正确。

（3）对于以资本公积、盈余公积和未分配利润转增资本的，应取得股东（大）会等会议资料，并审核是否符合国家有关规定，会计处理是否正确。

（4）以权益结算的股份支付行权时增资的，取得相关资料，检查是否符合相关规定，会计处理是否正确。

（5）以回购股票以及其他法定程序报经批准减资的，检查股东（大）会决议以及相关的法律文件，检查相关减资程序是否按规定办理，会计处理是否正确。

（6）中外合作经营企业在合作期间归还投资的，收集与已归还投资变动有关的公司章程、合同、董事会会议纪要、政府部门的批准文件等资料，查明其是否合规、合法，并更新永久性档案，对已归还投资的发生额应逐项审计至原始凭证，检查应用的折算汇率和会计处理是否符合相关规定。

7.根据证券登记公司提供的股东名录，检查被审计单位及其子公司、合营企业与联营企业是否有违反规定的持股情况。

8.检查认股权证及其有关交易，确定委托人及认股人是否遵守认股合约或认股权证中的有关规定。

9.根据评估的舞弊风险等因素增加的审计程序。

10.检查实收资本（股本）是否已按照企业会计准则的规定在财务报表中作出恰当

列报。

（二）资本公积的实质性程序

1.获取或编制资本公积明细表，复核加计是否正确，并与报表数、总账数和明细账合计数核对是否相符。

2.首次接受委托的单位，应对期初的资本公积进行追溯查验，以检查原始发生的依据是否充分。

3.收集与资本公积变动有关的股东（大）会决议、董事会会议纪要、资产评估报告等文件资料，并更新永久性档案。

4.根据资本公积明细账，对“资本（股本）溢价”的发生额逐项审查至原始凭证。

（1）对股本溢价，应取得董事会会议纪要、股东（大）会决议、有关合同、政府批文，追查至银行收款等原始凭证，并结合相关科目的审计，检查会计处理是否正确，注意发行股票溢价收入的计算是否已扣除股票发行费用。

（2）对资本公积转增资本的，应取得股东（大）会决议、董事会会议纪要、有关批文等，检查资本公积转增资本是否符合有关规定，会计处理是否正确。

（3）若存在同一控制下的企业合并，应结合“长期股权投资”科目，检查被审计单位（合并方）取得的被合并方所有者权益账面价值的份额与支付的合并对价账面价值的差额计算是否正确，是否依次调整本科目、盈余公积和未分配利润。

（4）股份有限公司回购本公司股票进行减资的，检查其是否按注销的股票面值总额和所注销的库存股的账面余额，冲减资本公积。

（5）检查与发行权益性证券直接相关的手续费、佣金等交易费用的会计处理是否正确，是否将与发行权益性证券间接相关的手续费记入本账户，若有，判断是否需要被审计单位进行调整。

5.根据资本公积明细账，对“其他资本公积”的发生额逐项审查至原始凭证。

（1）检查以权益法核算的被投资单位除净损益以外所有者权益的变动，被审计单位是否已按其享有的份额入账，会计处理是否正确；处置该项投资时，是否已转销与其相关的资本公积。

（2）检查以权益结算的股份支付，取得相关资料，检查在权益工具授予日和行权日的会计处理是否正确。

6.检查资本公积各项目，考虑对所得税的影响。

7.记录在资本公积中不能转增资本的项目。

8.根据评估的舞弊风险等因素增加的审计程序。

9.检查资本公积是否已按照企业会计准则的规定在财务报表中作出恰当列报。

（三）盈余公积的实质性程序

1.获取或编制盈余公积明细表，复核加计是否正确，并与报表数、总账数及明细账合计数核对是否相符。

2.收集与盈余公积变动有关的董事会会议纪要、股东（大）会决议以及政府主管部门、财政部门批复等文件资料，进行审阅以确定其合法性。

3.对法定盈余公积和任意盈余公积的发生额逐项审查至原始凭证以确定其计提金额是否正确、会计处理是否恰当。

4.检查盈余公积是否已按照企业会计准则的规定在财务报表中作出恰当列报。

（四）未分配利润的实质性程序

1.获取或编制利润分配明细表，复核加计是否正确，与报表数、总账数及明细账合计数核对是否相符。

2.将未分配利润年初数与上年审定数核对是否相符，检查涉及损益的上年审计调整是否正确入账。

3.检查董事会会议纪要、股东（大）会决议、利润分配方案等资料，确认利润分配方案实施的合法性。

4.检查未分配利润变动的相关凭证，确定未分配利润的增减变动金额及会计处理是否正确。

5.检查未分配利润是否已按照企业会计准则的规定在财务报表中作出恰当列报。

（五）应付股利的实质性程序

1.获取或编制应付股利明细表，复核加计是否正确，并与报表数、总账数及明细账合计数核对是否相符。

2.审阅公司章程、股东（大）会和董事会会议纪要中的有关股利支付的规定，了解股利分配标准和发放方式是否符合有关规定并经法定程序批准。

3.检查应付股利的计提是否依据董事会或股东（大）会决定的利润分配方案，是否从税后可供分配利润中计算确定，并复核应付股利计算和会计处理的正确性。

4.检查股利支付的原始凭证的内容、金额和会计处理是否正确；检查现金股利是否按公告规定的时间、金额予以发放。

5.向主要股东函证，以确定未支付股利的真实性和完整性。

6.检查董事会或类似机构通过的利润分配方案中拟分配的现金股利或利润，是否按规定已作账务处理，并已在报表附注中进行了披露。

7.根据评估的舞弊风险等因素增加的审计程序。

8.检查应付股利的列报是否恰当：按主要投资者列示欠付的应付股利金额并说明原因。

第三节　投资类账户审计

企业的投资业务主要包括股权投资、实物投资和金融资产投资等。实物投资是指通过增加固定资产、无形资产来扩大生产规模，即企业对内的投资，与实物投资相关的审计在购置与付款循环中已经介绍，本章重点介绍企业对外的证券类投资的审计问题。证券投资从性质上分类可以分为权益性投资、债权性投资和混合性投资，投资业务涉及的主要账户有“交易性金融资产”、“债权投资”、“其他债权投资”、“长期股权投资”、“其他权益工具投资”、“投资性房地产”、“投资收益”、“其他综合收益”、“应收股利”及“公允价值变动损益”等。

一、投资的主要业务活动及审计特点

（一）投资的业务活动内容

1.投资的授权批准。按照企业章程规定，投资业务应该按照其规模不同、风险大小经过不同级别的部门或人员批准，签发投资决议或授权文件。

2.取得投资。投资经办人员按照指令进行投资，取得股权、股票、债券或房地产等投资项目，办理相关交割、过户及登记手续。

3.投资入账。取得投资后，会计部门依据相关合同、过户手续和资金支出凭据等登记入账，入账时应按照取得该项投资所支出的资产（或承担债务）按照会计准则的规定进行合理计量。

4.取得投资收益。按照投资协议的规定，定期或到期取得投资收益，并按投资目的、投资种类不同选择相应的账务处理方法进行计量和记录。

5.转让投资资产或收回其他投资项目。根据授权或批准文件，企业可以通过转让证券或其他方式处置投资项目，收回投资资产；其他投资一经投出，除联营或合资合同期满，或由于其他特殊原因联营企业终止外，一般不得收回投资。

（二）投资业务审计的特点

1.投资业务金额大、发生不频繁（上市公司关联方较多除外），一般以详查为主。

2.投资业务的审计目的具有特殊性。除了审计投资业务的真实性、账务处理以及投资计价的正确性等内容以外，更要注重投资业务的合理性、合法性、效益性审计。

二、投资业务涉及的凭证及账户

（一）投资业务涉及的主要凭证和会计记录

1.债券投资凭证。载明被审计单位持有的与发行企业双方所拥有的权利与义务的法律性文件，其内容一般包括：债券发行的标准、债券的明确表述、利息或利率、受托管理人证书、登记和背书。

2.股票投资凭证。股票投资凭证包括买入凭证和卖出凭证。买入凭证记载股票投资购买业务，包括购买股票数量、被投资企业名称、股票买价、交易成本、购买日期、结算日应付金额合计等内容。卖出凭证记载股票投资卖出业务，包括卖出股票数量、被投资企业名称、股票卖价、交易成本、卖出日期、结算日期、结算金额合计等内容。

3.股票证书。股票证书是载明股东所有权的证据，记录股票所有者持有被投资企业所有股票的数量。如果被投资企业发行了多种类型的股票，那么也反映股票的类型，如普通股、优先股。

4.股利收取凭证。被投资企业向所有股东派发股利的文件等凭证，标明股东、股利数额、每股股利、被审计单位在交易截止日期应收取的总股利金额等。

5.长期股权投资协议。被审计单位向被投资企业进行长期股权投资而签署的投资协议或者相关文件。

6.投资总分类账。被审计单位为了记录其所持有的投资而需要设置的总分类账，投资业务总分类账户主要记录各种投资的初始购买成本和后续的账面价值，还包括所获得或收取的投资收益。这些账户主要有“交易性金融资产”、“债权投资”、“其他债权投资”、“长期股权投资”、“其他权益工具投资”、“投资性房地产”、“应收股利”、“投资收益”、“其他综合收益”及“公允价值变动损益”等。

7.投资明细分类账。为了更详细地核算各类投资业务的具体内容而需要设置各投资类账户的明细分类账，用来记录所有投资业务的详细信息，如期末对账面价值的调整、公允价值的变动，以及处置各类投资相关的损益等。例如，“交易性金融资产”应当按照类别和品种，分别设置“成本”和“公允价值变动”等明细账户进行明细核算。“债权投资”及“其他债权投资”需要设置“成本”、“利息调整”和“应计利息”等明细账户进行明细核算。“其他权益工具投资”需要设置“成本”和“公允价值变动”等明细账户进行明细核算。当使用权益法进行核算时，“长期股权投资”需要按投资单位设置二级明细账，再分别设置“投资成本”、“损益调整”、“其他权益变动”和“其他综合收益”等明细账户进行明细核算。“投资性房地产”可按投资性房地产类别和项目进行明细核算，采用公允价值模式计量的投资性房地产，还应当设置“成本”和“公允价值变动”账户进行明细核算。

（二）投资业务涉及的主要账户及其关系

投资业务涉及的主要账户之间的关系如图6-3所示。

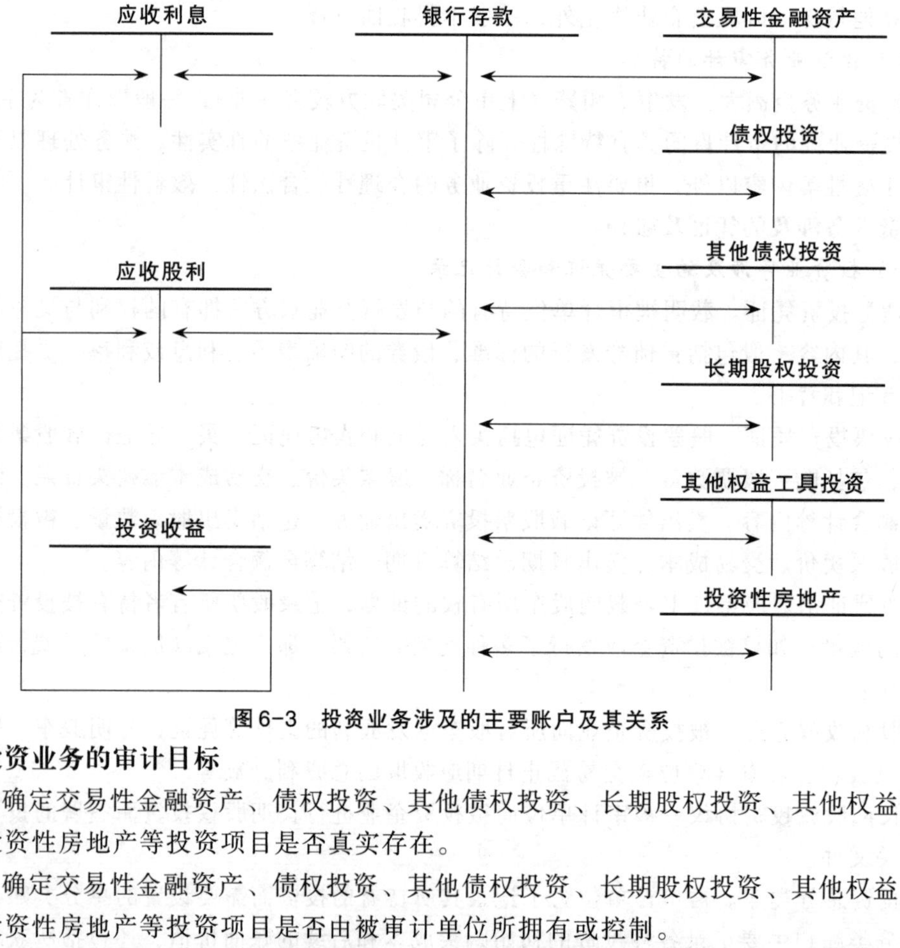

图6-3 投资业务涉及的主要账户及其关系

三、投资业务的审计目标

1.确定交易性金融资产、债权投资、其他债权投资、长期股权投资、其他权益工具投资、投资性房地产等投资项目是否真实存在。

2.确定交易性金融资产、债权投资、其他债权投资、长期股权投资、其他权益工具投资、投资性房地产等投资项目是否由被审计单位所拥有或控制。

3.确定交易性金融资产、债权投资、其他债权投资、长期股权投资、其他权益工具投资、投资性房地产等投资项目是否均已记录入账。

4.确定交易性金融资产、债权投资、其他债权投资、长期股权投资、其他权益工具投资、投资性房地产等投资项目的增减变动及其收益（或损失）的记录是否完整准确。

5.确定交易性金融资产、债权投资、其他债权投资、长期股权投资、其他权益工具投资、投资性房地产等投资项目是否以恰当的金额列报在财务报表中，与之相关的计价方法或计价调整是否恰当记录。

6.确定交易性金融资产、债权投资、其他债权投资、长期股权投资、其他权益工具投资、投资性房地产等投资项目在财务报表中是否恰当列报或披露。

四、投资业务的内部控制及控制测试

（一）投资业务的内部控制

一般来讲，投资业务内部控制的主要内容包括下列几个方面：

1.合理的职责分工。为确保投资业务的合法合规，投资业务的授权、执行和记录应有严格的职责分工。尤其是长期投资事关重大，对企业资产、损益甚至盈利与亏损都有很大的影响，所以一定要经过企业权力部门授权、审批，相关人员的职责也要进行合理分工。

2.健全的资产保管制度。企业对外投资资产，尤其是其中的证券类资产很容易变现，因此，企业应对购入的投资资产采取限制接触的实物控制以及职务分离的制度控制等措施予以保护。一般来说，证券类资产由独立的专门机构负责保管，如银行、证券公司、信托投资公司等。房产类资产购入后应该由资产管理部门进行经营管理。

3.详尽的会计核算制度。企业对自身拥有的或代他人持有的各种投资资产，不论其规模大小，都应该为每一项投资资产建立相应的账户，进行完整的会计记录，并对其增减变动及投资收益进行相应的会计核算。

4.严格的记名登记制度。由于证券具有流动性强、交易频率高的特点，企业拥有的各种投资证券必须于购入之日立即以企业的名义登记（除无记名证券），而不能以经办人员的个人名义进行登记，防止冒领转移或未经授权利用证券获取投资利益等舞弊行为发生。

5.定期盘点制度。企业所拥有的投资资产，应由内部审计人员或不参与投资业务的其他人员进行定期盘点，以检查其存在性和所有权，核对证券的编号，检查证券的数量、面值、购入日期、成本资料是否与账面记录保持一致。如果不符，那么应该对产生差额的原因及时进行调查并调整。

如果企业委托专门机构代为保管证券，那么对证券的盘点则应由企业与专业保管机构的保管人员共同配合完成。企业应定期与专业保管机构的保管记录进行核对，以保持两者相符，防止保管人员在未接到企业的书面指令时擅自处理或出售证券等行为的发生。

（二）投资业务的控制测试

审计人员应对上述内部控制的主要内容执行控制测试，测试的基本步骤如下：

1.了解并描述投资业务的内部控制。审计人员必须全面了解被审计单位在审计年度的各种投资业务及其内部控制情况，并采用一定方式加以描述，以便进行控制测试。在了解投资业务内部控制的过程中，涉及的问题应该包括：

（1）投资业务的计划执行是否经授权批准，投资资产的出售是否经适当授权；

（2）是否与被投资单位签订合同、协议，并获得被投资单位出具的相关证明；

（3）各项投资资产是否以被审计单位的名义及时登记入账；

（4）是否具有投资资产的保管制度并有效执行；

（5）是否定期盘点各项投资资产并与会计记录核对；

（6）投资资产的经营管理人员是否处理会计记录；

（7）是否建立投资资产的明细记录；

（8）投资收益或损失的会计处理是否适当；

（9）是否提交投资业务的管理报告。

如果注册会计师对投资业务的控制测试采用内部控制测试调查表的形式，那么其格式见表6-3。

表6-3 投资业务内部控制测试调查表

控制测试目标	测试结果			备注
	是	否	不适用	
一、控制环境				
1.投资业务的计划、执行和审批是否分离？				
2.投资业务的记录和投资资产的保管是否分离？				
二、授权目标				
1.投资业务的开展是否经过相关授权及审批程序？				
2.投资资产的购入或出售是否经过批准？				
三、真实性目标				
1.是否具有投资合同或者协议？				
2.是否具有被投资单位的相关证明？				
四、完整性目标				
投资业务的合同、协议等是否由专人保管，并同明细账、总账核对一致？				
五、正确性目标				
1.投资业务的会计账簿设置是否合理？				
2.投资业务的会计核算方法是否恰当？				
3.投资业务的跌价或减值损失计提是否恰当？				
六、分类准确性目标				
投资业务是否分类记录和核算？				
七、核算准确性目标				
投资收益或损失确认是否准确，是否计入恰当的会计期间？				
八、账务处理完整性目标				
投资业务是否正确完整地记入总账及明细账？				

2.实施简易抽查。抽查的具体办法是从每种投资业务的明细记录中选取部分会计记录，从原始凭证到明细账、总账的顺序核对投资资产购售情况，以确定投资资产名称、买

卖日期、编号、购入成本或出售价值、证券数量等有关数据和资料是否相互一致，判断会计处理过程是否合规、完整，并据以核实相关的内部控制是否被有效执行。

3.审阅内部盘核报告。一般来说，被审计单位应由内部审计人员或不参与投资业务的其他人员定期盘核所拥有的各种投资资产以使账实相符。在这种情况下，审计人员应认真审阅其盘核报告。审阅时，应注意被审计单位盘核资产的方法是否适当，盘核的结果与会计账面记录是否存在差异以及出现差异的处理结果是否合规。如果各期盘核报告均未发现显著的差异，那么可说明其投资的内部控制得到了有效执行，因而是可以信赖的。

4.分析投资业务管理报告。在作出长期投资决策之前，企业最高管理层需对投资进行可行性研究和论证，并形成一定的记录。投资业务一经执行，又会形成一系列的投资凭证和文件，如证券投资取得的各类证券，联营投资中的投资协议、合同及章程等。因此，负责投资业务的管理人员（一般为财务经理）需定期（一般按月）向企业最高管理层报告有关投资业务的开展情况，即提交投资业务管理报告，以供最高管理层进行投资决策和控制。审计人员应认真分析这些投资业务管理报告的具体内容，并据以对重大投资交易事项进行必要调查，以判断企业投资业务的内部控制。

5.评价投资业务的内部控制。根据上述控制测试结果，审计人员取得了有关内部控制是否健全、有效的证据，从而可以对投资业务的内部控制作出评价，以初步估计投资业务的控制风险水平，确定其内部控制存在的薄弱环节或尚待进一步调查的问题，并据以修改、补充或调整实质性程序的范围、内容和重点。

五、投资类账户审计的实质性程序

（一）交易性金融资产的实质性程序

交易性金融资产、债权投资、其他债权投资、其他权益工具投资从形式上看，区别不大，在我国主要是股票、债券和权证等，根据管理层对其持有目的不同而分为这几个项目在报表上反映。这几个项目的审计程序基本相同或类似，因此，此处以交易性金融资产为例进行介绍。

1.获取或编制交易性金融资产明细表。复核加计是否正确，并与报表金额、总账金额和明细账合计金额核对是否相符，检查非记账本位币交易性金融资产的折算汇率及折算是否正确，与被审计单位讨论以确定划分为交易性金融资产是否符合企业会计准则的规定。

2.对于在明细表中列示的交易性金融资产，确认其分类是否正确。审计人员应就被审计单位管理层将投资确定划分为交易性金融资产的意图获取审计证据，并考虑管理层实施该意图的能力。审计人员应向管理层询问，并通过下列方式对管理层的答复予以印证：

（1）考虑管理层对于划分为交易性金融资产的意图的实际实施情况；

（2）复核包括预算、会议纪要等在内的书面计划和其他文件记录；

（3）考虑管理层选择划分为交易性金融资产的理由；

（4）考虑管理层在既定经济环境下实施特定措施的能力。

3.确定交易性金融资产余额的正确性。审计人员应获取股票、债券、基金等账户对账单，与明细账余额核对，作出记录或进行适当调整；被审计单位人员盘点交易性金融资产，编制交易性金融资产盘点表，审计人员实施监盘并与相关账户余额进行核对；如有差异，查明原因，作出记录或进行适当调整；在外保管的交易性金融资产等应查阅有关保管文件，必要时可向保管人函证，复核并记录函证结果。

4.确定交易性金融资产的完整性。审计人员应该取得有关账户流水单，对照检查账面记录是否完整。检查取得的交易性金融资产是否为被审计单位拥有；必要时向相关机构发函，并确定是否存在变现的限制，同时记录函证过程。

5.确认交易性金融资产的计价准确性。审计人员需要复核交易性金融资产的计价方法，以检查其是否按公允价值计量，前后期是否一致；复核公允价值取得的依据是否充分；公允价值与账面价值的差额是否记入“公允价值变动损益”科目；在交易性金融资产项目不多的情况下一般对全部项目进行测试，在项目较多的情况下，可以进行抽样检查；另外，注意检查出售交易性金融资产时其成本结转是否正确。

此外，审计人员还应该检查有无变现存在重大限制的交易性金融资产，如果存在，那么应该查明情况，并作适当调整；针对识别的舞弊风险等因素增加审计程序；最后对交易性金融资产是否已经按照企业会计准则的规定在财务报表中作出恰当列报进行复核。

（二）长期股权投资的实质性程序

1.取得或编制长期股权投资明细表，复核加计金额是否正确，并与明细账和总账金额核对是否相符。

2.获取长期股权投资相关合同、文件和投资协议，确认股权投资的股权比例和持有时间，检查股权投资核算方法是否正确。检查长期股权投资交易主要从以下三方面进行：

（1）检查长期股权投资是否符合《公司法》等相关法律的规定。

（2）检查长期股权投资的增减变动是否经过授权和批准。

（3）核对投资支出和收回的金额是否正确无误。

3.为证实被审计单位的长期股权投资是否完整存在，以及账实是否相符或发现其他异常情况，审计人员应对代为管理证券的专门机构进行函证，对持有的非上市公司股权投资应进行函证。

对于外部机构托管的证券，审计人员一般采用积极式函证，在询证函中应询问在盘点被审计单位持有证券之日代为保管证券的数量。因此，审计人员必须控制询证函的寄发并直接从保管人那里得到回复。

对于被审计单位持有的非上市公司股权，审计人员通过向被投资者询证，核对被审计单位明细表或账面反映的其他投资是否与在被投资单位账上反映的实际投资数相符，有无弄虚作假的现象。对于以固定资产、无形资产、流动资产等进行的对外投资，审计人员还应结合被审计单位的“固定资产”“无形资产”等相关账户一起进行审查。

4.审查长期股权投资的入账价值。审计人员应审查长期股权投资入账基础是否符合投资合同、协议的规定，会计处理是否正确。重大投资项目，应查阅董事会有关决议并取证。

5.审查长期股权投资的核算方法，主要是检查股票投资和其他股权投资是否按规定采用权益法或成本法进行核算。

对于应采用权益法核算的长期股权投资，获取被投资单位已经注册会计师审计的年度财务报表，如果未经注册会计师审计，那么应考虑对被投资单位的财务报表实施适当的审计或审阅程序。

（1）复核投资收益时，应以取得投资时被投资单位各项可辨认净资产等的公允价值为基础，对被投资单位的净利润进行调整后加以确认；被投资单位采用的会计政策及会计期间与被审计单位不一致的，应当按照被审计单位的会计政策及会计期间对被投资单位的财务报表进行调整，并据以确认投资损益。

（2）将重新计算的投资收益与被审计单位所计算的投资收益相核对，如有重大差异，则查明原因，并作适当调整。

（3）检查被审计单位按权益法核算的长期股权投资，在确认应分担被投资单位发生的净亏损时，应首先冲减长期股权投资的账面价值，其次冲减其他实质上构成对被投资单位净投资的长期权益账面价值（如长期应收款等）；如果按照投资合同和协议约定被审计单位仍需承担额外损失义务的，应按预计承担的义务确认预计负债，并与预计负债中的相应金额进行核对；被投资单位以后期间实现盈利的，被审计单位在其收益分享额弥补未确认的亏损分担额后，恢复确认收益分享额，审计时应检查被审计单位的会计处理是否正确。

（4）检查除净损益以外的被投资单位所有者权益的其他变动，是否调整计入被审计单位的所有者权益。

对于采用成本法核算的长期股权投资，检查股利分配的原始凭证及分配决议等资料，以确定会计处理是否正确；对被审计单位实施控制而采用成本法核算的长期股权投资，比照权益法编制变动明细表，以备编制合并报表使用。

对于成本法和权益法相互转换的，检查其投资成本的确定是否正确。

6.检查本期发生的重大股权变动，确定长期股权投资增减变动的记录是否完整。

（1）检查本期增加的长期股权投资，追查至原始凭证及相关的文件或决议及被投资单位验资报告或财务资料等，确认长期股权投资是否符合投资合同、协议的规定，如果确实增加投资，那么相关的会计处理是否正确。

（2）检查本期减少的长期股权投资，追查至原始凭证，确认长期股权投资的收回是否有合理的理由及授权批准手续，如果确实收回投资，那么相关的会计处理是否正确。

7.检查长期股权投资减值准备的计提及会计处理是否正确。对长期股权投资减值准备，应从以下几个方面进行检查：

（1）检查长期股权投资减值准备的会计政策，审查其是否与以前年度的核算方法一致，如果不一致则应追查其发生变动的原因，并评价其对本期损益的影响，考虑是否应进行披露。

（2）对长期股权投资进行逐项检查，根据被投资单位所处的经济环境、市场形势、法律环境、行业竞争状况等评价长期股权投资是否存在减值迹象。确有导致长期股权投资可收回金额低于账面价值的，将可收回金额低于账面价值的差额作为长期股权投资减值准备予以计提，并与被审计单位已计提金额进行核对看是否一致，如果差异较大，那么应查明原因。

（3）将被审计年度明细账中的长期股权投资减值准备计提金额、注册会计师测算的减值准备金额与利润表资产减值损失中的相应金额进行核对。

（4）检查长期股权投资减值准备计提依据是否充分且按单项资产计提，并经过恰当的授权和批准。减值损失一经确认，在以后会计期间不得转回。

（5）对核销的长期股权投资，应取得被审计单位核销的依据，检查其核销的理由是否充分，并检查对应的长期股权投资减值准备是否同时核销。

8.通过询问或函证了解长期股权投资是否存在质押、担保情况。此项检查可与银行存款、长期借款的审计结合进行，如有质押、担保等情况，则应在审计工作底稿中详细记录，并提请被审计单位进行披露。

9.检查长期股权投资在资产负债表上是否已恰当列报。第一，需要确定长期股权投资与交易性金融资产、其他权益工具投资之间的分类是否正确；第二，考虑被审计单位对被投资企业的控制能力，确定是否存在被投资单位由于所在国家和地区及其他方面的影响，其向被审计单位转移资金的能力受到限制的情况，如果存在这些情况，应该进行详细记录，并提请被审计单位进行充分披露。

（三）投资性房地产的实质性程序

1.获取或编制投资性房地产项目明细表。

（1）复核加计是否正确，并与总账金额和明细账合计金额核对是否相符；结合投资性房地产累计摊销（折旧）、投资性房地产减值准备账户金额与报表金额核对是否相符。

（2）与被审计单位讨论以确定划分为投资性房地产的建筑物、土地使用权是否符合会计准则的规定。

2.根据被审计单位管理层的能力和意图，检查对投资性房地产的分类和采用的计量属性是否恰当，是否符合企业会计准则的规定。

3.确定投资性房地产是否存在，期末余额是否正确。

（1）获取本期投资性房地产增加和减少的明细表以及投资性房地产登记簿，检查投资性房地产增加、减少明细表和投资性房地产登记簿中的本期增减累计数与投资性房地产变动表中的本期增减累计数核对是否相符，检查会计处理是否正确。

（2）依据投资性房地产增加明细表和期初投资性房地产成本分别选取适量项目进行抽查。

（3）如果选取的所有项目在期末仍然存在，那么对其进行实地检查，复核该项资产是否真实存在。

（4）如果选取的样本在期末已经清理或处理，那么需要确认清理或处理的投资性房地产已经办理了相关审批手续，其清理的收益或损失已正确计算，并进行了正确的会计处理。

4.确定投资性房地产增加计价是否恰当，并确定其是否归被审计单位所有，增减变动的记录是否完整、正确。

（1）对于所选取的本期新增加的投资性房地产项目，追查至购买协议（合同）、原始发票、验收报告等以确认其有效性、金额的正确性以及新增投资性房地产是否经过有效的批准，并归被审计单位所有。

（2）检查建筑物所有权证、土地使用权证等证明文件，以确定建筑物、土地使用权是否归被审计单位所有。

（3）对于所选取的本期增加和期初的投资性房地产项目，追查至资产负债表日的投资性房地产备查簿以确认选取的项目是否已经被清理。

（4）对于所选取的本期减少的项目，需要确认处置的投资性房地产经过必要的审批程序，其处置的收益或损失已经正确计算，并进行正确的会计处理。

5.与被审计单位讨论以确定投资性房地产后续计量模式选用的依据是否充分，并与上期会计政策进行比较，以确定后续计量模式的一致性；如果不一致，那么需要详细记录变动原因。

6.确定投资性房地产后续计量选用公允价值模式的政策是否恰当，相关公允价值是否能够持续可靠取得，计算复核期末计价是否正确。

（1）被审计单位投资性房地产后续计量采用公允价值模式的，期末应逐项检查公允价值的确定依据是否充分，重点检查公允价值能够持续可靠取得的确凿证据，检查公允价值变动损益的计算是否正确，会计处理是否正确，并与利润表公允价值变动收益中的相应金额进行核对。

（2）询问并获取相关资料，评价被审计单位确定公允价值方法的适当性，公允价值选用的合理性，包括被审计单位的决策程序、公允价值的确定方法、估值模型的选择、披露的充分性等。

（3）考虑利用专家工作的程度，对专家的胜任能力和客观性或工作结果的适当性进行评价。

7.投资性房地产后续计量选用成本计量模式的，确定投资性房地产累计摊销（折旧）政策是否恰当，并复核本期摊销（折旧）的计提是否正确。

（1）了解被审计单位所拥有的建筑物折旧率或土地使用权摊销率，并判断是否恰当。

（2）确认被审计单位除已提足折旧或摊销的投资性房地产外，其他投资性房地产均已计提折旧和摊销。

（3）根据投资性房地产的平均水平测算整个会计期间的摊销（折旧）额，与“投资性房地产”账户中的折旧和摊销本期增加数相核对，如有差异，查明原因。

（4）将本期折旧和摊销金额与利润表营业成本项目中的其他业务成本的相应金额进行核对。

8.期末对以成本模式计量的投资性房地产进行如下检查，以确定投资性房地产是否已经发生减值。

（1）核对本期与以前年度投资性房地产减值准备计提方法是否一致，如有差异，查明会计政策调整的原因，并确定此项会计政策变更对本期损益的影响，提请被审计单位进行适当披露。

（2）期末对以成本模式计量的投资性房地产逐项进行检查，以确定是否已经发生减值，确有导致其可收回金额低于账面价值的情况，将可收回金额低于账面价值的差额作为投资性房地产减值准备予以计提，并与“投资性房地产减值准备”本期增加数进行核对，如有差异，需要查明原因。

（3）将本期投资性房地产减值准备计提金额与利润表资产减值损失中的相应金额核对是否一致。

（4）投资性房地产减值准备是否按单项资产（或资产组）计提，计提依据是否充分，是否得到适当批准。

9.确定投资性房地产后续计量模式的转换是否恰当。

（1）检查董事会等决议文件，确定后续计量模式改变的适当性、会计处理的正确性，并提请被审计单位进行充分披露。

（2）检查投资性房地产成本计量模式转为公允价值计量模式是否作为会计政策变更进行追溯调整期初留存收益。

10.如果被审计单位的投资性房地产与其他投资资产发生相互转换的，那么审计人员应该审查转换的依据是否充分，是否经过有效批准，转换日投资性房地产成本计量是否正确，会计处理是否正确。

（1）在成本计量模式下，复核是否将投资性房地产转换前的账面价值作为转换后的入账价值。

（2）采用公允价值模式计量的投资性房地产转换为自用房地产时，复核是否以其转换当日的公允价值作为自用房地产的入账价值，公允价值与原账面价值的差额是否计入当期损益。

（3）自用房地产或存货转换为采用公允价值模式计量的投资性房地产时，复核投资性房地产是否按照转换当日的公允价值计价，转换当日的公允价值与原账面价值的差额是否计入其他综合收益。

11.获取租赁合同等文件，重新计算租金收入，检查投资性房地产的租金收入计算是否正确、会计处理是否正确，租金收入是否计入其他业务收入。

12.检查本期对投资性房地产进行改良或装修的会计处理是否正确。

13.检查有无与关联方的投资性房地产购售活动，交易价格是否公允。

14.检查非货币性资产交换、债务重组时取得或转出的投资性房地产的会计处理是否正确。

15.检查投资性房地产的处置目的，有关凭证是否齐全、合法，会计处理是否正确。

16.结合长期借款等项目的审计，了解建筑物、土地使用权是否存在抵押、担保情况。如果存在，应该详细记录，并提请被审计单位进行充分披露。检查投资性房地产的保险情况。

17.对投资性房地产实施监盘程序，以了解其存在状态、使用状况等。

18.根据评估的舞弊风险等因素增加的审计程序。

19.检查投资性房地产的列报是否充分恰当。

（1）投资性房地产的种类、金额和计量模式。

（2）采用成本计量模式的，投资性房地产的折旧或摊销以及减值准备的计提情况。

（3）采用公允价值计量模式的，说明公允价值的确定依据和方法，以及公允价值变动对损益的影响。

（4）投资性房地产转换情况及理由，以及对损益或所有者权益的影响。

（5）当期处置的投资性房地产及其对损益的影响。

（四）衍生金融资产的实质性程序

1.获取或编制衍生金融资产明细表，复核加计是否正确，并与报表金额、总账金额及明细账合计金额进行核对是否相符。

2.检查衍生金融资产的合同和交易单据，并对照检查账面记录是否完整。

3.验证衍生金融资产的初始确认，资产负债表日衍生金融资产的公允价值与账面价值差额的账务处理是否正确；衍生金融资产终止确认的账务处理是否正确。

4.检查衍生金融资产是否已经按照企业会计准则的规定在财务报表中作出恰当列报。被审计单位除应在报表中反映已确认的金融资产和金融负债之外，是否在报表附注中披露了衍生金融资产的范围、性质、交易目的、会计政策和方法，以及可能的风险等内容。

（五）投资收益的实质性程序

1.获取或编制投资收益分类明细表，复核加计是否正确，并与报表金额、总账金额及明细账合计金额核对是否相符。

2. 与以前年度投资收益比较，并结合本期的投资变动情况，分析本期投资收益是否存在异常现象。如果存在，应查明原因，并作出适当调整。

3. 与长期股权投资、交易性金融资产、债权投资、其他债权投资、其他权益工具投资等相关项目的审计相结合，重新计算或验证确定投资收益的记录是否正确，确定投资收益已计入正确的会计期间。

4. 确定投资收益是否已恰当列报。检查投资协议等文件，确定国外投资收益汇回是否存在重大限制，如果存在重大限制，应说明原因，并作出恰当披露。

学思践悟 “忽悠式重组”的勤勉尽责及契约精神

学思践悟案例

“忽悠式重组”的勤勉尽责及契约精神

【案例简介】

2015年至2016年间，九好集团与鞍重股份联合上演“忽悠式重组”大戏，以期实现借壳上市的目的，2017年，涉案的九好集团和利安达会计师事务所（以下简称“利安达”）均被证监会实施处罚。一方面，九好集团利用虚增收入2.65亿元、虚构存款3亿元等手段进行财务舞弊。另一方面，作为审计机构的利安达在此次“忽悠式重组”案中的审计失败，主要反映的审计质量控制问题包括：在业务承接阶段，对客户关系与业务承接的认识不足；在业务实施阶段，对函证、银行存款等方面的审计不当；在业务完成阶段，复核失效。此外，通过本案例强化审计人员勤勉尽责及契约精神的重要性。

【关键词】

“忽悠式重组”；财务舞弊；审计质量；勤勉尽责

【教学目的和用途】

本案例的教学目的在于：一方面，通过对九好集团“忽悠式重组”上市案件的梳理和探讨，帮助学生认识互联网平台型行业财务舞弊的手段和特点，思考舞弊的动因，了解资产重组的相关内容。另一方面，通过对涉事第三方审计机构利安达屡审屡败的案例，引导学生了解审计质量控制的基本要素和审计流程，重点剖析在业务承接、实施及完成阶段各个环节存在的风险点，探析出现审计质量问题的原因以及如何健全其质量控制程序、提升审计质量。此外，在传授知识和培养能力的同时，引导学生寻找价值力量，培养勤勉尽责的工作作风，践行法治、公正、敬业、诚信等社会主义核心价值观，激发高度的社会责任感。

【素养目标】

1. 激发学生高度的社会责任感。注册会计师是我国市场经济监督体系的重要组成部分，从微观角度看，注册会计师用审计服务对企业做了积极的保证，不仅会降低信息使用者的决策风险，而且可以规范企业的内部管理以促进企业的长远发展。从宏观角度看，注册会计师不仅能有效提高我国社会主义市场经济的信息质量，而且在维护国家经济秩序、保障经济健康发展等方面发挥重要作用。因此，用屡审屡败的利安达警示审计专业学生应树立对企业、相关信息使用者、国家等主体负责的高尚情操，培育审计职业荣誉感与使命感。

2. 培养学生勤勉尽责的契约精神。勤勉尽责是审计的基本要求，若未勤勉尽责，则会受到一定的行政处罚，对其判定标准分为主观标准和客观标准，主观标准是指注册会计师是否在执业中谨慎负责或持有合理怀疑态度，以及注册会计师是否具备执业资格与专业胜任能力；客观标准则是由审计过程和审计结论共同构成的。正是由于利安达未能勤勉尽责，才导致了审计失败事件接二连三地爆发，通过对利安达在“忽悠式重组”的案例分析，能加深学生对勤勉尽责的认识和理解，提升执业质量。

3.塑造学生健全的人格。学生作为中国特色社会主义建设事业的接班人，其健全人格的塑造对实现中华民族伟大复兴意义深远。通过对参与“忽悠式重组”案例各方主体行为的分析，感受和理解基本的职业道德，从诚实守信、知法守法、敬业等方面潜移默化地进行社会主义核心价值观教育，帮助学生树立正确的世界观、人生观、价值观，塑造拥有独立人格、优良品质和健康心智的新青年。

【价值塑造】

1.培养勤勉尽责的工作作风。分析“忽悠式重组”案例中利安达的谨慎态度和专业胜任能力，以及审计过程和审计结果，发现其未勤勉尽责的行为主要包括：在审计结构中，针对九好集团2013—2015年的财务舞弊发表了不恰当的审计意见；在审计过程中，存在未遵守职业准则的情形、获取的审计证据不充分不恰当、风险评估程序存在缺陷等问题。强化对勤勉尽责的认识和理解，助力审计执业质量的提升。

2.激发学生的社会责任感。利安达在年报审计、资产重组审计、IPO审计等方面屡审屡败的行为以及九好集团财务舞弊的行为，不仅给企业自身带来了巨大的负面影响，如被证监会行政处罚、企业声誉受损等，而且损害了相关信息使用者（如投资者）的利益，更是对资本市场的扰乱。这个案例能使学生深切地感受到在每一个岗位上，如果缺乏高度的负责意识，终将害人害己。

3.保有诚实守信、实事求是的职业道德。分析和反思九好集团为借壳上市而选择财务舞弊的行为，以及利安达在审计过程中对现场走访等方面的审计工作底稿虚假记录，这些“账实不符”都是由于相关人员的不诚实不守信所致，其付出的代价也是巨大的。由此教育学生诚信待人、诚信做事、珍惜声誉，不为名利所诱惑。

4.树立知法守法的底线意识。明知舞弊违法却依旧心存侥幸盲目逐利的九好集团，以及冲破审计准则开展审计活动的利安达缺乏对法律的敬畏之心，从而受到了证监会的处罚。由此教育学生敬畏法律和规则，做遵纪守法、恪守职业道德的典范。

5.树立职业谨慎的责任意识。利安达在审计中未能保持应有的职业谨慎也是导致审计失败的原因之一，在对九好集团的报表审计过程中，如果审计人员在对银行存款进行审计的环节中，能够在浙江省证监局提示过关注3亿元定期存单的情况下，进一步执行有效审计程序以确保获取充分、可靠的审计证据，那么可能就会发现银行存款的猫腻。据此反思审计中必须坚持谨慎原则，建立风险防范意识，对审计事项重要性和审计风险水平进行合理的判断，制订合理的审计方案，严格遵守审计准则和执业规范，科学获取审计证据，避免因工作疏忽而遗漏重要审计事项或造成审计结论错误。

【思考问题】

1.九好集团“忽悠式重组”案例的参与方有哪些？其参与动机是什么？

2.九好集团进行财务报表舞弊的动因有哪些？

3.九好集团运用了哪些手段进行财务舞弊？体现了互联网平台型企业的哪些审计难点？

4.如何定义审计质量控制？审计质量控制体系有哪些组成要素？

5.利安达的质量控制存在哪些问题导致其未能识别出九好集团的财务舞弊行为？

6.针对银行存款、函证、收入等项目进行审计的注意事项有哪些？

7.会计师事务所如何健全审计质量控制程序？

8.如何理解审计中的勤勉尽责及契约精神？会计师事务所是否勤勉尽责的标准有哪些？与审计失败有怎样的逻辑关系？

9.这个案例中有哪些问题需要我们在现实生活中进行反思和借鉴？

【分析思路】

第一步，依据案例介绍相关内容，明确其参与方和各自的参与动机。

第二步，选择运用舞弊的“三角理论”、“GONE理论”或“风险因子理论”等理论，分析九好集团的舞弊动因。

第三步，依据证监会披露的九好集团违规违法事实，结合互联网平台型企业的特点，归纳其舞弊手段和审计难点。

第四步，学习《质量控制准则第5101号——会计师事务所对财务报表审计和审阅、其他鉴证和相关服务业务实施的质量控制》和《中国注册会计师审计准则第1121号——对财务报表审计实施的质量控制》的内容，明确其审计质量控制制度应包括对业务质量承担的领导责任、相关职业道德要求、客户关系和具体业务的接受与保持、人力资源、业务执行、监控六大要素。

第五步，从利安达审计执业流程出发，如图6-4所示，结合质量控制六要素，将利安达在九好集团年报审计中出现的问题和其业务流程进行匹配，以剖析利安达存在的质量控制缺陷，并据此提出健全审计质量控制程序的建议。

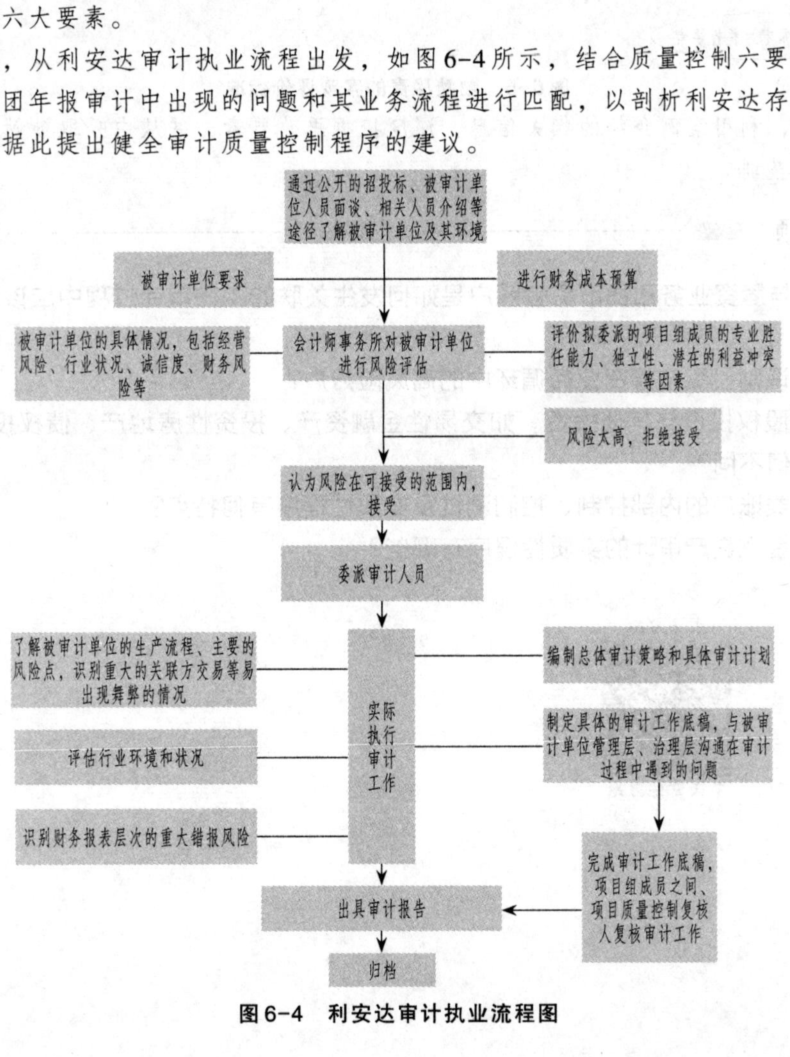

图6-4　利安达审计执业流程图

第六步，依据勤勉尽责的客观评价标准，如图6-5所示，将上述质量控制缺陷与勤勉尽责相联系，深化课程思政教学效果。

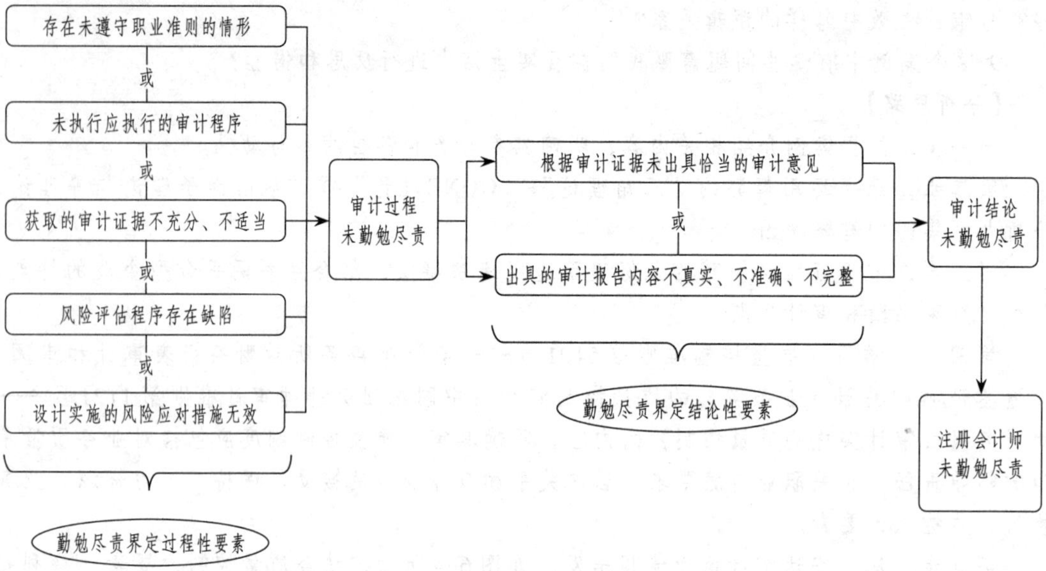

图6-5　勤勉尽责的客观评价标准

第七步，利用案例介绍的相关信息，深度挖掘思政要素，并从中吸取勤勉尽责及契约精神方面的教训。

复习思考题

1. 投资与筹资业务和货币资金账户是如何发生关联的？在审计过程中应该如何利用这一关联性？

2. 如何识别投资与筹资业务循环中的高风险账户？

3. 长期股权投资与其他投资，如交易性金融资产、投资性房地产、债权投资等相比，审计重点有何不同？

4. 权益类账户的内部控制、控制测试及实质性程序有何特点？

5. 各类金融资产审计的实质性程序有哪些？

本章习题

第六章练习题

第七章
货币资金审计

学习目标

1. 了解货币资金与各业务循环之间的关系；
2. 掌握货币资金业务涉及的凭证、账户；
3. 掌握货币资金内部控制的主要内容及其控制测试；
4. 掌握库存现金内部控制及其测试；
5. 掌握银行存款内部控制及其测试；
6. 掌握库存现金、银行存款的实质性程序；
7. 掌握银行函证的内容及其作用。

货币资金是企业资产的一个重要组成部分，也是任何一个企业经营活动得以正常运转所必须拥有的一项资产。它是任何一个企业开展经营活动的基本条件。由于货币资金具有其他资产所不具有的最强的流动性特征，因此其在企业的会计核算中占据非常重要的地位。同时，货币资金业务是涉及企业各种业务循环最多的业务，除了存货和生产业务循环之外，其他四种业务循环均涉及货币资金的收入或支付。

货币资金的特征，决定该项业务存在舞弊和错误的可能性很大，因此对货币资金的审计显得十分重要。审计人员尤其需要关注货币资金舞弊问题。

第一节 货币资金概述

一、货币资金与相关交易循环

货币资金同除了存货与生产业务循环之外的所有其他业务循环都有直接关系，这种关系如图7-1所示。企业在经营活动过程中，从货币资金流入企业形成货币资金开始，经过购置付款，到通过销售收回货币资金、成本补偿后分享利润会导致部分货币资金流出企业为止。企业货币资金的不断循环往复，构成企业的货币资金周转。从图7-1中我们可以看出，货币资金账户处于核心位置，这也说明了对货币资金的审计在所有循环中都显得重要的原因。

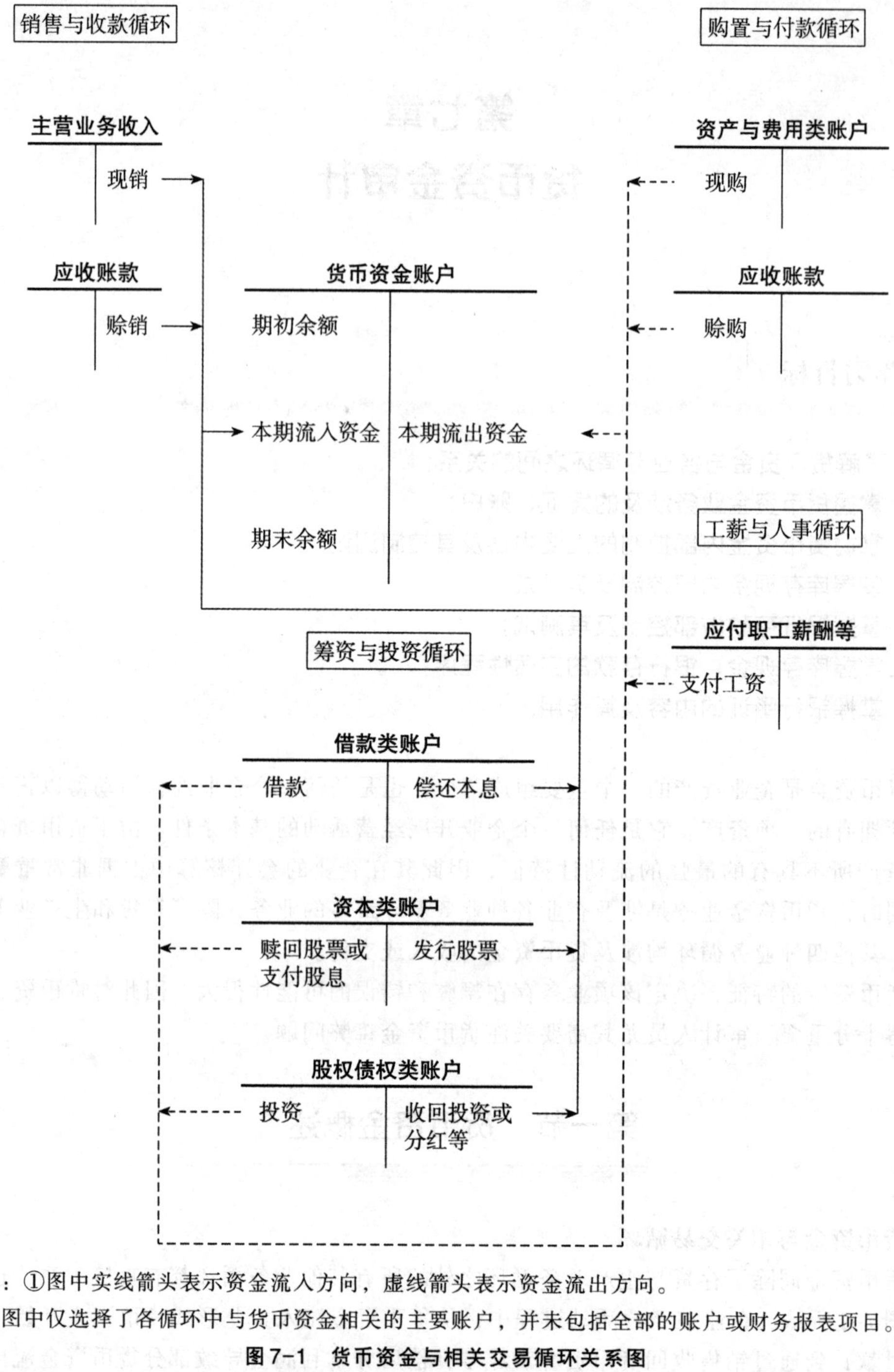

注：①图中实线箭头表示资金流入方向，虚线箭头表示资金流出方向。

②图中仅选择了各循环中与货币资金相关的主要账户，并未包括全部的账户或财务报表项目。

图 7-1 货币资金与相关交易循环关系图

在通常情况下，货币资金期末余额无论是大是小，其本期借贷方发生额都会比其他账户的发生额大得多，尤其是货币资金中的银行存款账户，因为绝大多数资金收支都是通过银行进行结算的。

二、凭证与会计记录

货币资金的业务凭证较多，主要包括以下几种：（1）现金收付款凭证；（2）银行收付款凭证；（3）库存现金盘点表；（4）银行存款余额调节表；（5）库存现金、银行存款及其日记账、总账；（6）其他相关账簿。

三、货币资金种类

货币资金主要包括三大类：库存现金、银行存款和其他货币资金。

每一个企业都会持有一定数量的现金，用于企业日常的小额物资采购或费用的支付等，同时也会收取一定数量的现金或取得不便于通过银行结算的现金收入。尽管每笔业务支付的金额有限，但业务发生频繁，累计金额并不一定会小。

银行存款是企业存放于银行或其他金融机构的货币资金，用于现金结算以外的所有货币资金收支业务，它是企业对外结算的主要方式。

其他货币资金主要包括外埠存款、银行汇票存款、银行本票存款、信用卡存款、信用证保证金存款、存出投资款等。

四、货币资金内部控制的一般内容

（一）货币资金的内部控制概述

教学视频 7-1

货币资金
内部控制

由于货币资金是流动性很强的资产，而且具有通用性，因此，任何一个企业对其所持有的货币资金都应建立良好的内部控制，以保证企业能够按照约定的时间和收款方式及时收回属于本企业的货币资金并对其持有的货币资金进行妥善记录和保管；对所有的货币资金支付业务都必须经过适当授权，且这种支付符合企业的经济利益；保证企业拥有其正常经营所需的一定货币资金。

尽管不同的企业对货币资金的具体控制和管理方式不同，但总体来讲，一个良好的货币资金内部控制应该包括以下内容：

1. 适当的岗位分离。出纳人员与其他会计人员应该分离；货币资金收支业务应由多人办理。

2. 严格的授权审批。对资金的支付应按照业务的性质和金额的大小，书面授权于不同的人员，资金支付前，有关支付原始凭证必须经授权人员审批签字。审批人员只能在授权范围内进行审批，不得越权审批。

3. 规范的收支业务程序。对资金业务的支出程序，应严格规范，包括资金使用的申请、相关负责人的审批、会计人员的复核以及出纳人员的支付。重要货币资金支付业务，应当实行集体决策和审批。

4. 账簿的记录。对货币资金应建立完整的账簿记录，包括库存现金日记账、银行存款日记账（或银行收支特种日记账）、库存现金总账、银行存款总账，并及时、完整地记录所有的货币资金收支业务。出纳员每日应对库存现金自行盘点，编制库存现金日报表，并与实际库存额核对，如发现差异，应当及时查明原因。会计主管要不定期检查库存现金日报表。

5. 货币资金的日常保管。企业应按照国家《现金管理暂行条例》和《支付结算办法》等有关规定，对货币资金进行保管，以保证企业货币资金的安全、完整。

6. 货币资金的月末盘点。企业应建立货币资金的月末盘点制度。对库存现金，应定期在月末进行库存现金盘点（也可以在月中进行盘点），并编制库存现金盘点表，所有参加盘点的人员均应签字。对银行存款，应由银行出纳以外的人员每月月末定期编制银行存款余额调节表，以保证账实相符。

7.票据与印章的管理。对与货币资金相关的票据和印章应建立适当的分离制度，管票据的不管印章，财务印章授权专人保管，并建立相应的用印程序。

8.建立应收款项的催收制度。对企业的债权，应建立催收负责制，谁形成，谁按时收回。

9.建立统一的货币资金收支体系。企业应明确任何部门不得在外私设账户，企业所有的货币资金收支业务必须经企业的财务会计部门统一办理，不得私设“小金库”，也不得随意坐支现金，更不得将企业的资金做体外循环。因特殊情况需坐支现金的，应事先报经开户银行审查批准并核定。

10.内部监督检查。企业应当建立对货币资金业务的监督检查制度，明确监督检查机构或人员的职责权限，定期和不定期地进行检查。比如企业内部审计部门应对货币资金业务进行监督检查，以保证有关货币资金的内部控制确实落到实处，对检查中发现的货币资金内部控制中的薄弱环节问题，应及时向有关负责人汇报，并提出改进建议，及时采取措施加以纠正，促使企业货币资金内部控制不断改进、完善。货币资金监督检查的内容主要包括：货币资金业务相关岗位及人员的设置情况，重点检查是否存在货币资金业务不相容岗位职责未分离的现象；货币资金授权批准制度的执行情况，重点检查货币资金支出的授权批准手续是否健全，是否存在越权审批行为；支付款项印章的保管情况，重点检查是否存在办理付款业务所需的全部印章交由一人保管的现象；票据的保管情况，重点检查票据的购买、领用、保管手续是否健全，票据保管是否存在漏洞等。

（二）了解货币资金的内部控制

对企业货币资金内部控制的了解，可以通过内部控制问卷调查表的方式来进行，也可以采用流程图的方式来了解。具体采用何种方式，审计人员应根据实际情况进行选择。无论采用何种方式了解货币资金的内部控制，审计人员必须收集企业与货币资金相关的书面内部控制制度，并对有关部门和人员作必要的询问和观察，同时收集所需要的资料。如果审计人员以前年度对该企业进行过审计，那么可以借用以前年度的流程图或问卷调查表，但需要根据调查了解的情况对其进行修订，以供本年度使用。审计人员对货币资金内部控制了解的重点是货币资金内部控制的健全性和有效性。

了解货币资金内部控制的程序主要有以下几个方面：（1）询问参与货币资金业务活动的人员，例如销售、采购和财务部门的员工和管理人员等；（2）观察在货币资金业务流程中特定控制的执行，例如出纳人员如何进行现金盘点等；（3）检查相关文件和报告，例如银行存款余额调节表的编制及调节事项是否经会计主管的恰当复核与处理等；（4）实施穿行测试，即追踪货币资金业务在与财务报表编制相关的信息系统中的处理过程，穿行测试通常综合了询问、观察、检查等多种程序。通过实施穿行测试，审计人员通常能获取充分的信息以评价控制的设计和运行。例如，选取一笔已收款的银行借款，追踪该笔交易从借款预算审批直至收到银行借款的整个过程。

（三）与货币资金相关的重大错报风险

在评价与货币资金的交易、账户余额和披露相关的认定层次重大错报风险时，审计人员通常运用职业判断，依据受相关固有风险因素影响的认定易于发生错报的可能性（即固有风险），以及风险评估是否考虑了与之相关的控制（即控制风险）形成对与货币资金相关的重大错报风险的评估，进而影响进一步审计程序。

1.与货币资金相关的重大错报风险的可能情形

与货币资金相关的认定层次的重大错报风险的可能情形主要有以下几个方面：（1）虚假的余额或交易导致银行存款余额的存在或交易的发生存在重大错报风险（存在或发生认定）；（2）因未采用正确的折算汇率导致外币交易计价错误（准确性、计价和分摊认定）；（3）期末银行存款收支存在大额的截止性错误（截止认定），如银付企未付、企收银未收等；（4）未按规定对货币资金作出恰当披露（列报认定），如未披露限制使用的大额银行存款。

2.在货币资金审计中需要保持警觉的主要情形

此外，货币资金领域也是财务造假的易发高发领域。实践中的财务造假案例表明，一些被审计单位可能由于某些压力、动机和机会，通过虚构货币资金、大股东侵占货币资金和虚构现金交易等方式实施舞弊。当存在以下事项或情形时，可能表明企业的货币资金存在舞弊风险，审计人员需要保持警觉：（1）被审计单位的现金交易比例较高，并且与其所在行业的常用结算模式不同；（2）库存现金规模明显超过业务周转所需资金；（3）银行账户开立数量与企业实际业务规模不匹配，或存在多个零余额账户且长期不注销；（4）在没有经营业务的地区开立银行账户，或将高额资金存放于其经营和注册地之外的异地；（5）被审计单位资金存放于管理层或员工个人账户，或通过个人账户进行被审计单位交易的资金结算；（6）货币资金收支金额与现金流量表中的经营活动、筹资活动、投资活动的现金流量不匹配，或经营活动现金流量净额与净利润不匹配；（7）不能提供银行对账单或银行存款余额调节表，或提供的银行对账单没有银行印章、交易对方名称或摘要；（8）存在长期或大量银行未达账项；（9）银行存款明细账存在非正常转账，如在短期内相同金额的一收一付或相同金额的分次转入转出等大额异常交易；（10）存在期末余额为负数的银行账户；（11）受限货币资金占比较高；（12）存款收益金额与存款的规模明显不匹配；（13）针对同一交易对方，在报告期内存在现金和其他结算方式并存的情形；（14）违反货币资金存放和使用规定，如上市公司将募集资金违规用于质押、未经批准开立账户转移募集资金、未经许可将募集资金转作其他用途等；（15）存在大额外币收付记录，而被审计单位并不涉足进出口业务；（16）被审计单位以各种理由不配合注册会计师实施银行函证、不配合注册会计师至中国人民银行或基本户开户行打印《已开立银行结算账户清单》；（17）与实际控制人（或控股股东）、银行（或财务公司）签订集团现金管理账户协议或类似协议。

在审计其他财务报表项目时，审计人员需要保持警觉的其他事项或情形：（1）存在没有真实业务支持或与交易不相匹配的大额资金或汇票往来；（2）存在长期挂账的大额预付款项等；（3）存在在大量货币资金的情况下仍高额或高息举债；（4）付款方全称与销售客户名称不一致、收款方全称与供应商名称不一致；（5）开具的银行承兑汇票没有银行承兑协议支持；（6）银行承兑票据保证金余额与应付票据相应余额比例不合理；（7）存在频繁的票据贴现；（8）实际控制人（或控股股东）频繁进行股权质押（冻结）且累计被质押（冻结）的股权占其持有被审计单位总股本的比例较高；（9）在存在大量货币资金的情况下，频繁发生债务违约，或者无法按期支付股利或偿付债务本息；（10）首次公开发行股票公司申报期内持续现金分红；（11）工程付款进度或结算周期异常等。

基于以上识别的重大错报风险评估结果，审计人员制定实施进一步审计程序的总体方案（包括综合性方案和实质性方案），继而实施控制测试和实质性审计程序，以应对识别出的重大错报风险。审计人员通过综合性方案或实质性方案获取的审计证据应足以应对识别出的认定层次的重大错报风险。

（四）货币资金的内部控制测试

对企业货币资金的内部控制测试主要包括以下几个方面：

1.抽查收款凭证。审计人员抽取部分收款凭证，并就以下内容进行检查：（1）收款凭证与进账单的日期、金额是否相符；（2）收款凭证与现金缴款单的日期、金额是否相符；（3）收款凭证与银行对账单记录是否相符；（4）收款凭证所附原始凭证与应收账款明细账记录内容是否相符（赊销）；（5）收款凭证与有关收入账户是否相符（现销）；（6）收款凭证中的实收金额与有关发票金额是否一致。通过审查，评价企业收款过程的内部控制是否得到一贯执行，是否有挪用货币资金的情况。

2.抽查付款凭证。审计人员可以抽查一定数量付款凭证，检查货币资金付款控制的执行情况。检查的内容主要有以下几个方面：（1）付款凭证所附的原始凭证付款审批手续是否符合企业的规定；（2）付款凭证与相应的货币资金日记账记录金额是否一致；（3）付款凭证与银行对账单的记录是否一致；（4）付款凭证所附的原始凭证与应付账款明细记录是否相符（赊购）；（5）付款凭证所附的原始凭证与有关资产或费用类明细账的记录是否相符（现购）；（6）付款凭证中的实付金额与购货发票所列金额是否一致等。

3.抽查一定期间的库存现金、银行存款日记账与总账核对。如果存在多个日记账，应先将日记账加总，然后再与总账核对，确定过账是否无误，会计记录是否可靠。

4.抽取一定期间的库存现金盘点表和银行存款余额调节表，检查是否每月月末按照规定进行盘点和编制银行存款余额调节表。为了检查银行存款余额调节表编制的正确性，审计人员可以将调节表中的有关数据与银行存款日记账和银行对账单进行核对，并将库存现金盘点表上的金额与日记账和总账核对。

5.检查外币资金的折算方法是否符合有关规定，与企业现行的会计政策是否一致，与上期是否一致。

6.其他货币资金检查通常可能需要特别关注以下事项：（1）保证金存款的检查，检查开立银行承兑汇票的协议或银行授信审批文件。可以将保证金账户对账单与相应的交易进行核对，根据被审计单位应付票据的规模合理推断保证金数额。检查信用证的开立协议与保证金是否相符，检查保证金与相关债务的比例是否与合同约定一致，特别关注是否存在有保证金发生而被审计单位无对应保证事项的情形。（2）对于存出投资款，跟踪资金流向，并获取董事会决议等批准文件、开户资料、授权操作资料等。如果投资于证券交易业务，通常结合相应金融资产项目审计，核对证券账户户名是否与被审计单位相符，获取证券公司证券交易结算资金账户的交易流水，抽查大额的资金收支，关注资金收支的账面记录与资金流水是否相符。（3）检查因互联网支付留存于第三方支付平台的资金。了解是否开立支付宝、微信等第三方支付账户，如是，获取相关开户信息资料，了解其用途和使用情况，获取与第三方支付平台签订的协议，了解第三方平台使用流程等内部控制，比照验证银行存款或银行交易的方式对第三方平台支付账户函证交易发生额和余额（如可行）。

获取第三方支付平台发生额及余额明细，在验证这些明细信息可靠性的基础上（如观察被审计单位人员登录并操作相关支付平台导出信息的过程，核对界面的真实性，核对平台界面显示或下载的信息与提供的明细信息的一致性等），将其与账面记录进行核对，对大额交易考虑实施进一步的检查程序。

7.评价货币资金内部控制。审计人员对货币资金进行控制测试以后，应就以下方面得出结论：（1）确定货币资金内部控制总体上是否健全和有效，审计人员对其可依赖的程度有多大；（2）确定货币资金收付业务中的薄弱环节或缺点，以及由此可能带来的审计风险；（3）确定哪些环节可以适当减少审计程序，哪些方面应增加审计程序，增加哪些审计程序等。

第二节　库存现金审计

一、库存现金的审计目标

库存现金包括被审计单位持有的人民币现金或各种外币现金。由于现金资产的特殊性，它几乎是所有个人舞弊涉及的对象。由此，审计人员对现金的审计尤其重视。

库存现金的审计目标一般包括以下几个方面：

1.确定被审计单位在资产负债表中列示的库存现金在资产负债表日是否存在。

2.确定被审计单位在报表编制期间发生的所有现金收支是否均已记录完毕，有无遗漏。

3.确定库存现金余额是否正确。

4.确定库存现金在财务报表上的列报与披露是否恰当。

二、库存现金内部控制及其控制测试

（一）库存现金内部控制

被审计单位应结合自身经营业务性质及特点，制定符合自身需要的现金管理制度。库存现金内部控制一般都有书面的管理制度，尤其是现金支出制度。库存现金内部控制包括一般性的库存现金内部控制和备用金内部控制两个方面的内容：

1.一般性的库存现金内部控制

（1）专职出纳。实行适当的岗位分离，被审计单位应设置专门人员负责管理库存现金的收支和库存现金日记账的记录，其他人员不得经手库存现金的收支业务，库存现金出纳人员也不得经手除库存现金收支与记录之外的其他与库存现金收支相关的业务和记录，如总分类账和明细分类账的登记。

（2）授权批准。对库存现金收支业务，尤其是库存现金支出业务，被审计单位应建立严格的授权审批制度。授权时，既要对库存现金使用额度进行限制，又要对库存现金使用用途进行限制，授权人员只能在授权范围内使用库存现金。

（3）库存现金收支管理制度。被审计单位应以书面形式，明确库存现金收支程序，规定详细的库存现金开支范围。不符合收支程序的库存现金业务，不予办理；不属于库存现金收支范围的，应按照银行存款业务处理。严禁设置“小金库”。

（4）盘点制度。被审计单位应制定库存现金盘点制度，对库存现金应定期或不定期进

行盘点，以保证库存现金账面记录与实存库存现金一致。一般月末盘点，会计主管指定出纳员以外的人员对现金进行盘点，编制库存现金盘点表，并将盘点金额与现金日记账余额进行核对。会计主管复核库存现金盘点表，如果盘点金额与现金日记账余额存在差异，需查明原因并报经财务经理批准后进行财务处理。

（5）库存现金日常保管制度。库存现金应由库存现金出纳人员单独保管，平时放在保险柜，不得乱放；不得公款私存；不得白条抵库等。超过库存限额的现金应及时存入银行。不属于现金开支范围的业务应当通过银行办理转账结算。

（6）轮岗制度。对库存现金出纳人员，应定期轮换。

除此之外，库存现金内部控制还包括建立统一的货币资金收支体系、应收款项的催收制度和内部监督检查等，相关内容在上一节已基本阐述，这里不再赘述。

2.备用金内部控制

（1）备用金定额控制。被审计单位应以书面形式确定设置备用金部门的定额及开支范围。

（2）专人管理。对设置备用金的部门，应指定专人管理备用金，其他人员不得经手。

（3）报销与补充制度。明确规定备用金设置、报销、补充的程序。备用金应在规定的范围内使用，不得转作他用。报销时，须有授权人员的签字。如果备用金不足，应及时补充；如果不需要设置备用金，应及时上缴。

（4）定期盘点。被审计单位对内部有关部门管理的备用金，应由财务部门人员定期进行盘点，以保证账实相符。

（二）了解库存现金的内部控制

对被审计单位库存现金（包括备用金）内部控制的了解可以采用多种方法，这主要取决于审计人员对库存现金内部控制的了解程度和以前年度审计所采用的方法。了解的内容主要包括：（1）库存现金出纳与其他会计人员是否职责分离；（2）库存现金收支业务是否按照规定的程序办理；（3）库存现金管理制度是否完善，并得到一贯执行；（4）是否存在重大的库存现金内部控制缺陷。表7-1列示了库存现金内部控制调查表及其内容。

表7-1 **库存现金内部控制调查表**

被审计单位： 调查人： 调查日期：

调查问题		回答结果			备注
		是	否	不适用	
1	库存现金收支及记录是否设置专职的库存现金出纳？				
2	库存现金出纳是否将每日库存现金收支逐笔登记日记账？				
3	库存现金出纳是否还登记其他总账或明细账？				
4	负责应收账款记录的人员是否登记库存现金收入日记账？				
5	负责应付账款记录的人员是否登记库存现金支出日记账？				
6	银行出纳是否负责库存现金支出日记账记录？				
7	库存现金支出审批人员是否与库存现金出纳、记账分离？				

续表

调查问题		回答结果			备注
		是	否	不适用	
8	当日库存现金收入是否当日及时存入银行？				
9	当日库存现金收入未能及时存入银行的是否报请财务主管批准？				
10	如果需要坐支库存现金，是否经财务主管批准？				
11	库存现金支出是否有明确的开支范围？				
12	所有库存现金支出是否经授权人员的审批？				
13	借款是否需要部门授权人员的审批？				
14	库存现金出纳是否在支付库存现金前，在有关原始凭证上加盖“现金付讫”章？				
15	库存现金出纳是否对原始凭证进行核对？				
16	对库存现金是否定期盘点？				
17	是否存在白条抵库？				
18	是否存在未入账的库存现金？				
19	每次库存现金盘点结果与库存现金日记账是否都相符？				
20	对盘点的长款或短款是否都查明原因？				
21	对盘点的长款与短款的处理是否均有财务主管的审批？				
22	库存现金日记账是否每月与总账核对？				
23	备用金的使用是否有明确规定？				
24	备用金的报销和补充是否需要经授权人员的审批？				
25	财务部门是否对备用金进行定期盘点？				
26	备用金明细账与总账是否定期核对？				

（三）库存现金的内部控制测试

1.抽查现金收款凭证。对现金收款凭证的检查，主要是测试现金收款控制的有效性。当被审计单位现销业务比较多时，对现金收款凭证的检查应该抽取不同期间的收款凭证。对现金收款凭证的检查内容主要包括：（1）原始凭证（如销售发票、日销售汇总表、收款机销售记录等）是否齐全，其业务记录是否为被审计单位正常的经济业务；（2）现金收款凭证与原始凭证的业务记录是否一致，金额是否相等；（3）现金收款凭证与相关明细账、库存现金日记账记录是否一致；（4）收款凭证上的经手人员的签章手续是否齐全。

2.抽查现金付款凭证。现金付款的控制测试一般包括三个方面的内容：（1）上述重新核对经审批及复核的付款申请及其相关凭据，并检查是否经签字确认；(2) 询问相关部门经理和财务经理，确定其是否与内部控制政策要求保持一致；(3) 观察财务经理复核付款申请的过程，是否核对了付款申请的用途、金额及后附相关凭据，以及核对无误后是否签字确认。审计人员抽查现金付款凭证，主要是为了验证被审计单位现金付款业务内部控制的有效性。由于现金支付的金额小，业务种类多，如果可能，审计人员应将支付业务进行分类，然后对每一类业务抽查一定数量的业务进行审查。尽管现金付款凭证由于经济业务的不同，原始凭证也多种多样，但审计的主要内容基本相同。审计人员审查现金付款凭证的主要内容包括：(1) 检查原始凭证是否真实、内容是否完整、手续是否齐全；(2) 检查原始凭证记录的经济内容是否符合被审计单位的利益，是否符合被审计单位的现金支付规定；(3) 根据原始凭证记录的经济内容，检查是否经主管该业务授权的人员签字，有无越权行为；(4) 检查现金付款凭证记录的内容与原始凭证是否一致，并与有关账簿相比较；(5) 检查付款凭证及所附原始凭证上是否有“现金付讫”印章；(6) 检查现金付款凭证上收款人的签章与有关原始凭证的记录是否一致；(7) 检查现金付款凭证上的经办人员是否签章。

3.核对库存现金日记账与总账。核对的目的是保证账账相符，账簿记录无差错。

4.现金盘点的控制测试。现金盘点的控制测试一般包括三个方面的内容：(1) 检查现金以确定其是否存在，并检查现金盘点结果；(2) 观察现金盘点计划的遵循情况，以及记录和控制现金盘点结果的情况；(3) 获取有关盘点程序可靠性的审计证据。如果被审计单位库存现金存放部门有两处或两处以上的，那么应同时进行盘点。现金监盘程序是用作控制测试还是实质性程序，取决于审计人员对风险评估结果、审计方案和实施的特定程序的判断。审计人员可以将现金监盘同时用作控制测试和实质性程序。

5.检查外币现金折算。被审计单位若持有外币现金，应检查其外币折算方法是否合理，前后期折算方法是否一致，并抽取一定的币种，检查特定时间的外币折算是否符合被审计单位的规定。

6.评价库存现金的内部控制。审计人员对库存现金内部控制实施控制测试以后，根据测试收集的证据，就可以对被审计单位的库存现金内部控制进行评价。审计人员主要从以下几个方面给出结论：(1) 库存现金内部控制是否可靠及其可以依赖的程度；(2) 库存现金内部控制的弱点，以及由此可能产生的风险；(3) 实施库存现金实质性测试时，需要在哪些环节增加审计程序，或在哪些环节减少审计程序；(4) 库存现金审计的重点领域。

三、库存现金的实质性测试

根据重大错报风险的评估和从控制测试（如实施）中所获取的审计证据和保证程度，库存现金的实质性测试程序主要包括：

1.日记账与总账核对。测试现金余额的起点是，将库存现金日记账余额与总账余额核对，确定是否相符。如有不一致，应查明原因，必要时应建议作出适当调整；如有外币，检查外币的折算是否正确。

2.分析被审计单位库存现金余额的合理性。在分析被审计单位库存现金余额的合理性时，审计人员应注意以下几个方面：

(1) 不同的企业由于经营业务的性质不同，对现金收支的需求也是不同的。例如，以鲜活农产品为加工对象的食品加工企业，由于原材料的采购受农产品收获季节的影响，因此在收购原材料的季节，往往持有大量的现金。当采购季节结束后，库存现金就比采购季节少很多。

（2）需要考虑公司的规模。公司规模往往与库存现金余额成正比关系，公司越大，相应的余额应越多。

（3）需要考虑公司对现金管理的方式。比如，在正常情况下，出差人员会直接从财务部门借出现金，出差后报销时冲销借款，不足部分多退少补。现在由于银行卡业务的普及，人们出差时不用再带大量现金，因此，借款时，财务部门可以将现金业务支出变成银行业务支出，即直接将借款转入借款人账户，而报销时，多退少补。这样就减少了大量的现金支付。

（4）分析时，要选择不同时段进行分析，不要只分析一个时点或一个时段，要全面掌握平时的库存现金余额，通过分析库存现金余额，确定其余额的合理性，关注现金的管理。

3.抽查大额现金支出业务。审计人员应抽查不同时期一定数量的大额现金支出业务，以确定大额现金支出的合理性。对抽查的每一笔大额现金支出，审计人员需要检查的内容主要包括以下几个方面：一是原始凭证的内容是否完整、齐全，是否符合被审计单位的管理规定；二是是否经过授权人员的签字；三是现金收款人是否签字；四是原始凭证记录内容与记账凭证是否一致；五是账务处理是否正确。

4.监盘库存现金。监盘库存现金是审计人员核实报表列示的库存现金是否存在的一项重要审计程序，是获取库存现金存在的最直接、最有效的方法。对库存现金的盘点，审计人员的工作主要是监督和记录，盘点工作仍由被审计单位的人员来完成。现金监盘程序是采用控制测试还是实质性程序，取决于注册会计师对风险评估结果、审计方案和实施的特定程序的判断。如果基于风险评估的结果判断无须对现金盘点实施控制测试，那么仅实施实质性程序即可。企业盘点库存现金，通常包括对已收到但未存入银行的现金、零用金、找换金等的盘点。盘点库存现金的时间和人员应视被审计单位的具体情况而定，但现金出纳员和被审计单位会计主管人员必须参加，并由审计人员进行监盘。

被审计单位人员进行库存现金盘点工作的步骤主要有以下几个方面：

教学视频7-2

库存现金监盘

（1）制订盘点计划，确定监盘方式、监盘时间和监盘范围。被审计单位的盘点计划应获得审计人员的确认，盘点的方式、人员、时间等应与审计人员达成一致，能够满足审计人员审计取证的需要。库存现金监盘最好实施突击性检查，时间最好选择在上午上班前、下午下班时，或刚上班、接近下班，尽可能避免在工作中间进行，以保证库存现金日记账记录的完整。监盘范围一般包括经管的所有现金。

（2）查阅库存现金日记账并与现金收付凭证相核对。出纳人员应在盘点前结账，计算当日库存现金日记账余额（如果在上班开始时进行盘点，按照现金管理规定，库存现金日记账日清月结，每日应登记当日发生库存现金收支业务，因此只需核实上一日结账余额）。检查库存现金日记账与凭证的内容和金额是否相符，了解库存现金日记账与凭证日期是否相符或接近。

（3）检查现金实存数，将盘点金额与库存现金日记账余额进行核对。盘点库存现金，并填写库存现金盘点核对表。库存现金盘点核对表由被审计单位有关人员根据审计人员的要求进行填写，并签字确认，具体见表7-2。如有差异，应要求被审计单位查明原因，必要时提请调整。如果有冲抵库存现金的借条、未提现的支票、未作报销的原始凭证，那么应当在“库存现金盘点核对表”中注明，必要时提请调整。

表7-2 **库存现金盘点核对表**

被审计单位：

盘点日期：

<table>
<tr><th colspan="4">账面检查记录</th><th colspan="5">库存现金盘点记录</th></tr>
<tr><th rowspan="2">项目</th><th rowspan="2">项次</th><th rowspan="2">人民币</th><th rowspan="2">某外币</th><th rowspan="2">面额</th><th colspan="2">人民币</th><th colspan="2">某外币</th></tr>
<tr><th>张</th><th>金额</th><th>张</th><th>金额</th></tr>
<tr><td>盘点日库存现金日记账账面余额</td><td>①</td><td></td><td></td><td>100</td><td></td><td></td><td></td><td></td></tr>
<tr><td>盘点日未记账现金收入金额</td><td>②</td><td></td><td></td><td>50</td><td></td><td></td><td></td><td></td></tr>
<tr><td>盘点日未记账现金付出金额</td><td>③</td><td></td><td></td><td>20</td><td></td><td></td><td></td><td></td></tr>
<tr><td>盘点日账面应有余额</td><td>④=①+②-③</td><td></td><td></td><td>10</td><td></td><td></td><td></td><td></td></tr>
<tr><td>盘点日实有现金数额</td><td>⑤</td><td></td><td></td><td>5</td><td></td><td></td><td></td><td></td></tr>
<tr><td>盘点日应有余额与实际金额差异</td><td>⑥=④-⑤</td><td></td><td></td><td>1</td><td></td><td></td><td></td><td></td></tr>
<tr><td rowspan="3">差异原因分析</td><td colspan="3" rowspan="3"></td><td>0.5</td><td></td><td></td><td></td><td></td></tr>
<tr><td>0.2</td><td></td><td></td><td></td><td></td></tr>
<tr><td>0.1</td><td></td><td></td><td></td><td></td></tr>
<tr><td rowspan="5">追溯至报表账面结存额</td><td>报表日至盘点日现金付出总额（+）</td><td></td><td></td><td>0.05</td><td></td><td></td><td></td><td></td></tr>
<tr><td>报表日至盘点日现金收入总额（-）</td><td></td><td></td><td>0.02</td><td></td><td></td><td></td><td></td></tr>
<tr><td>报表日库存现金应有余额</td><td></td><td></td><td>0.01</td><td></td><td></td><td></td><td></td></tr>
<tr><td>报表日账面汇率</td><td>—</td><td></td><td>金额合计</td><td colspan="2"></td><td colspan="2"></td></tr>
<tr><td>报表日余额折合本位币金额</td><td>—</td><td></td><td colspan="5" rowspan="3">审计结论：</td></tr>
<tr><td>调　整</td><td colspan="3"></td></tr>
<tr><td>审定数</td><td colspan="3"></td></tr>
</table>

出纳员：　　　　　　会计主管：　　　　　　审计人员：

（4）在非资产负债表日监盘时，应调整至资产负债表日，并对变动情况实施程序。

5.检查资产负债表上的库存现金列报的恰当性。库存现金在财务报表上通常是和银行存款、其他货币资金合并在一起列报的，审计人员应根据库存现金的审计情况，确定其在财务报表中的反映是否适当，以及在附注中的披露是否完整。

第三节　银行存款审计

一、银行存款的审计目标

教学视频7-3

银行存款审计

被审计单位应按照国家的有关规定，在注册当地银行开设银行账户。银行账户主要包括基本存款账户、一般存款账户、专项存款账户和临时存款账户。无论是哪种账户，存放在账户中的资金均归被审计单位所有。被审计单位除现金以外的一切收支业务，均需通过银行存款账户结算。

银行存款的审计目标主要包括以下五个方面：

1.确定资产负债表上列示的银行存款在资产负债表日是否存在。

2.确定当期所有已发生的银行收支业务是否均已记录。

3.确定记录的银行存款是否归被审计单位所拥有或控制。

4.确定银行存款余额是否正确。

5.确定银行存款在报表上的列示是否适当，披露是否充分。

二、银行存款的内部控制及其控制测试

（一）银行存款的内部控制

任何一个单位，对银行存款的收支都应进行严格的控制，以防止资金的无效使用和流失。尽管不同单位的管理方式和业务性质、经营规模有区别，但对银行存款的内部控制内容大致相同。其主要内容包括：

1.银行存款开户相关的控制。银行存款账户的开设必须严格按照中国人民银行有关《银行账户管理办法》的规定执行，不得随意开设账户。银行账户开立、变更或注销须经财务经理审核，报总经理审批。

2.专职人员管理。实行适当的岗位分离，设置专职银行出纳员，专门负责银行存款日记账的记录以及银行结算凭证的收取，并不得兼任其他会计业务的处理及账簿的记录。

3.职责分离。银行存款收支业务职责分离主要包括审批职务与执行职务分离、银行存款的执行职务与审查职务分离、银行存款的记录职务与经办职务分离、银行结算票据的管理职务与日记账的记录职务分离。这些职务的分离，可能是部门之间的，也可能是部门内不同人员之间的。例如，销售货款的催收，就是销售部门的职责，而收款和记录是会计部门的职责，对结算票据的收取并记录日记账是银行出纳的职责，对其他相应账户的记录和总账的记录则是其他会计人员的职责。

4.支付授权。所有的银行支付，都必须进行适当的授权，由不同的部门和人员对不同的业务发生支付负责。如有必要，可以实行金额等级授权，即支付的金额越大，所需批准的部门或人员的级别越高。任何部门和人员不得越权审批支付。实行网上交易、电子支付等方式办理资金支付业务的企业，操作人员应当根据操作授权和密码进行规范操作，不应

因支付方式的改变而随意简化、变更所必需的授权审批程序，应当配备专人加强对交易和支付行为的审核。

5.收款的授权。明确规定谁形成债权，谁负责按期收回债权，以保证资金的及时回收。

6.原始凭证审核。审核原始凭证的内容是否完整、手续是否齐备、各种原始凭证之间是否一致（收付款单位名称、金额、经济业务内容等）。审核无误后，编制银行收付款凭证，并记录银行存款日记账等。

7.定期对账。定期将银行存款日记账与银行存款总账进行核对，以保证账账相符，账簿记录无误。

8.定期编制银行存款余额调节表。银行存款余额调节表应由银行出纳员以外的会计人员于每月月底编制，将银行存款日记账与银行对账单之间的未达账项进行调节，使调节后的余额相符。也就是说，一般每月月末，会计主管指定出纳员以外的人员核对银行存款日记账和银行对账单，编制银行存款余额调节表，使银行存款账面余额与银行对账单调节相符，如调节不符，需查明原因。会计主管复核银行存款余额调节表，对需要进行调节的项目及时进行处理。

9.印章的控制。财务专用章、银行结算预留印鉴应由不同的人员管理，并规定印章的使用程序和范围，防止一人办理全部付款程序。一般财务专用章由财务经理保管，使用的个人名章由出纳员保管。

10.银行结算票据的管理。银行结算票据从购买、保管、领用均由专人管理，尽量做到票章分离，具体而言还主要体现在以下几个方面：（1）财务部门设置银行票据登记簿。出纳员登记银行票据的购买、领用、背书转让及注销等事项。空白票据存放在保险柜中。（2）作废票据应当保存。已使用的票据应保留好存根，作废的票据应保留，并加盖“作废”印章。对超过保管期限可以销毁的票据，在履行审核手续后需要销毁，但应建立销毁清册并由授权人员监销。（3）每月月末，会计主管指定非出纳人员盘点空白票据、未办理收款和承兑的票据，编制银行票据盘点表，与银行票据登记簿进行核对。会计主管复核库存银行票据盘点表，如果存在差异，那么需查明原因。（4）不签发没有资金保证的票据或远期支票；不签发、取得和转让没有真实交易和债权债务的票据。

（二）了解银行存款的内部控制

审计人员对被审计单位银行存款内部控制了解的内容主要包括：（1）是否设置专职银行出纳人员；（2）银行收支业务是否按照规定的业务程序和权限办理；（3）是否定期编制银行存款余额调节表；（4）银行存款日记账与总账是否定期核对；（5）收付款的审批、复核、记录、支付的职责分离情况。表7-3是银行存款调查表。

（三）银行存款的控制测试

银行存款的控制测试主要包括以下内容：

1.银行账户的开立控制。银行账户的开立、变更和注销测试主要包括以下几个方面：（1）询问会计主管被审计单位本年开户、变更、撤销的整体情况；（2）取得本年度账户开立、变更、撤销申请项目清单，检查清单的完整性；（3）选取样本检查账户的开立、变更、撤销是否经财务经理和总经理审批。

表7-3　　银行存款调查表

调　查　问　题		回答结果			备注
		是	否	不适用	
1	是否根据不同的银行账号分别设置银行存款日记账？				
2	银行出纳是否将每日银行存款收支逐笔登记日记账？				
3	银行出纳是否还登记其他总账或明细账？				
4	负责应收账款记录的人员是否登记银行收入日记账？				
5	负责应付账款记录的人员是否登记银行支出日记账？				
6	现金出纳是否负责银行支出日记账记录？				
7	银行支出审批人员是否与银行出纳、记账分离？				
8	除零星开支外的支付是否均通过银行支付？				
9	银行结算票据的收取是否由专职人员完成？				
10	空白支票是否存放在安全的地方？				
11	空白票据是否由专门人员管理？				
12	具有签署支票资格的人员是否不同时保管支票和银行预留印鉴？				
13	付款是否需要部门授权人员的审批？				
14	银行出纳是否在签署支票前，在有关原始凭证上加盖“银行付讫”章？				
15	会计人员是否对与银行收支相关的原始凭证进行核对？				
16	对支票是否采用会签制度？				
17	支付的金额越大，审批的部门和人员的权限是否也越大？				
18	作废的支票是否加盖“作废”章，并与存根一并保存？				
19	银行开户或注销是否需要经过正式的审批程序？				
20	是否对每一个存款账户定期编制银行存款余额调节表？				
21	银行存款余额调节表的编制人员是否对有关未达账项进行检查？				
22	编制银行存款余额调节表的人员是否不编制银行存款收付款凭证？				
23	银行存款日记账与总账是否定期核对？				

如果对被审计单位银行账户的完整性存有疑虑，审计人员可以考虑实施以下内部控制相关的审计程序：(1) 了解并评价被审计单位与开立银行账户相关的内部控制的设计和执行，了解报告期内被审计单位开立账户的数量及分布，与被审计单位实际经营需要进行比较，判断其合理性，关注是否存在越权开立账户等异常情形；(2) 询问负责货币资金业务的相关人员（如出纳），了解账户的开立、使用、注销等情况，必要时，获取被审计单位

已将全部银行账户信息提供给审计人员的书面声明。如果发现银行存款账户户名为个人，但记录在被审计单位账户清单或账簿中，那么考虑该个人与被审计单位的关系，并获取书面声明。

2.抽查银行收款凭证。审计人员应选择一定数量的银行收款凭证进行检查，确定被审计单位银行收款业务内部控制的有效性。抽查业务应以销售业务引起的银行收款业务为主。筹资业务引起的银行收款，由于发生次数少、金额大、内部和外部控制严格，且审计人员往往对每一笔业务都进行检查，因此一般不会太依赖内部控制（具体参见第六章有关内容）。审计人员检查银行收款凭证的内容主要包括几个方面：（1）核对收款凭证与银行入账通知单等原始凭证的日期、金额是否相符；（2）银行存款日记账记录金额与记账凭证是否相符；（3）银行存款日记账与银行对账单是否一致；（4）收款凭证记录与应收账款明细账记录是否相符（包括付款人、付款日期、付款用途、金额等）；（5）核对实收金额与发票金额是否一致等。

3.抽查银行付款凭证。审计人员可以在选取适当样本的基础上，针对银行付款的审批和复核实施的控制测试程序主要包括以下几个方面：（1）询问相关业务部门的部门经理和财务经理在日常银行付款业务中执行的内部控制，以确定其是否与被审计单位内部控制政策要求保持一致；（2）观察财务经理复核付款申请的过程，是否核对了付款申请的用途、金额及后附相关凭据，以及核对无误后是否进行了签字确认；（3）重新核对经审批和复核后的付款申请及其相关凭据，并检查是否经签字确认。审计人员为了检验核对银行付款业务内部控制的执行情况，应抽取一定数量的银行付款凭证进行检查。被审计单位银行付款凭证涉及被审计单位银行支付业务的各个方面，大致分为向外偿还筹资本金及利息（股息）、支付人工费用和支付各项与物资采购业务相关的费用等三个方面，前两个方面在第五章、第六章中讲述的相关业务支付的审计过程中检查，在此，审计人员可以只抽查与各种物资采购业务相关的银行付款凭证。审计人员重新核对及审查的内容主要包括：（1）审查银行付款授权审批手续是否符合被审计单位的规定，包括支付申请、审批人、经办人等签字；（2）将付款凭证与银行存款日记账进行核对，以确定银行存款日记账记录金额是否正确；（3）核对付款凭证与银行对账单，以确定二者记录是否相符；（4）将付款凭证与对应的应付账款明细账记录进行核对，以确定其名称、日期、金额是否相符；（5）现购时，核对付款凭证与购货发票金额是否一致等。

4.银行存款日记账与总账核对。抽查一定期间的银行存款日记账与总账，确定审计期间银行存款日记账与银行存款总账账账相符，无记账汇总错误。

5.抽查银行存款余额调节表。审计人员为了核实被审计单位是否定期编制银行存款余额调节表，一是要了解并评价与银行存款余额调节表的编制和复核及差异处理相关的内部控制，二是要设计和实施控制测试，并针对与银行存款余额调节表相关的控制测试运行的有效性，以获取充分、适当的审计证据，主要包括以下几个方面：（1）询问应收账款会计和会计主管，确定执行的内部控制是否与要求保持一致，特别是针对未达账项的编制及审批流程；（2）选取样本检查银行存款余额调节表，查看在调节表中记录的企业银行存款日记账余额是否与银行存款日记账余额保持一致、在调节表中记录的银行对账单余额是否与被审计单位提供的银行对账单中的余额保持一致；（3）针对调节项目，检查是否经会计主管签字复核；（4）针对大额未达账项进行期后收付款的检查。审计人员为了核实被审计单位是否定期编制银行存款余额调节表，应选取一定期间的银行存款余额调节表，检查其编制是否符合其内容，检查的内容包括：(1) 通过检查银行存款日记账，并与已经编制的调节表核对，确定是否所有的银行存款账户都按照规定编制银行存款余额调节表；(2) 抽取一定数量的调节表，与银行对账单和存款日记账核对，确定其编制是否正确；(3) 检查编制人员是否签字，确定其是否为非银行出纳人员。

6.检查外币折算。第一，审计人员应检查其外币折算政策，确定该政策是否与上一年保持一致；第二，应选取一定时期的外币业务，根据国家公布的外汇牌价复核其外币折算，确定其外币折算是否正确；第三，选取一定时期的月末外币余额折算表，检查计算其折算的本位币金额是否正确；第四，确定外币折算差价的会计处理是否正确。

7.检查银行结算票据和印章的保管。首先，审计人员应询问相关人员印章的管理，并查看印章的具体保管人员是否为指定人员；其次，检查票据的保管，包括票据保管地点是否安全、领用登记手续是否完整、已使用票据的存根和作废的票据是否完整等。

8.评价银行存款的内部控制。实施上述程序之后，审计人员应根据在审计过程中收集的有关证据，并结合在其他业务循环审计过程中获取的有关银行收支的内部控制证据，对银行存款的内部控制进行评价。评价的内容包括：(1) 银行存款内部控制是否可靠及其可以依赖的程度；(2) 银行存款内部控制的弱点及由此可能产生的风险；(3) 实施银行存款实质性测试时，需要在哪些环节增加审计程序，或在哪些环节减少审计程序；(4) 银行存款审计的重点领域。

(四) 银行存款的实质性测试

根据重大错报风险的评估和从控制测试（如实施）中所获取的审计证据和保证程度，审计人员对被审计单位银行存款实施的实质性测试程序主要包括：

1.获取或编制银行存款余额明细表，并与总账核对，核实银行账户的完整性。审计人员首先应获取一份包括所有银行账户的余额明细表，并与银行存款日记账逐一核对其余额是否相符，然后将加总数与银行存款总账余额进行核对，以确定其是否达到账账相符。如果两者存在差异，那么审计人员应查明差异原因，并作相关记录。如果被审计单位没有银行存款明细账余额汇总表，那么审计人员应自己编制一份。如果对银行账户的完整性存有疑虑，那么审计人员可以考虑实施以下实质性程序：(1) 亲自到中国人民银行或基本存款账户开户行查询并打印已开立银行结算账户清单，以确认被审计单位账面记录的银行人民币结算账户是否完整。(2) 结合其他相关细节测试，关注原始单据中的被审计单位的收付款银行账户是否包含在审计人员已获取的开立银行账户清单内。(3) 如果对被审计单位外币银行账户的完整性存有疑虑，那么审计人员可以查阅被审计单位的公章使用登记，检查其中是否有使用公章申请开户的情况，如有，检查该账户是否已列入被审计单位提供的银行账户清单中；或者向负责保管网银密钥的人员获取被审计单位开通网银的账户清单，实地观察该人员登录被审计单位网银系统，打印相关银行开立的所有银行账户清单，并与被审计单位管理层提供的信息进行比较，以检查其完整性。如可行，审计人员可以考虑与被审计单位人员一同前往被审计单位所在地中国人民银行外汇管理局，现场查询被审计单位的外币银行账户情况。

2.实施实质性分析程序。审计人员在实质性测试阶段实施分析程序，主要是查找银行存款是否存在错记的情况。审计人员可以通过实际利息收入与相关银行存款账户余额（可以取其当年余额平均值）的比较，计算出实际利率，然后与市场利率相比较，可以看出银行存款是否存在漏记利息的可能，或者是否存在资金的高息拆借或其他形式的高息存款（如委托理财等）。相反，审计人员也可以针对不同的银行账户，通过计算其平均存款余额与市场利率的乘积，推算是否有漏记的利息。审计人员当然也可以换个角度，计算银行存款累计余额应收利息收入，分析比较被审计单位银行存款应收利息收入与实际利息收入的差异是否恰当，评估利息收入的合理性，检查是否存在高息资金拆借，确认银行存款余额是否存在，利息收入是否已经完整记录。

3.检查银行存款账户发生额。审计人员通常可以考虑选择以下银行账户进行核对：基本户，余额较大的银行账户，发生额较大且收付频繁的银行账户，发生额较大但余额较小、零余额或当期注销的银行账户，募集资金账户等。审计人员可以考虑对银行存款账户的发生额实施以下程序：（1）分析不同账户发生银行存款日记账漏记银行交易的可能性，获取相关账户在相关期间的全部银行对账单；（2）如果对被审计单位银行对账单的真实性存有疑虑，那么审计人员可以在被审计单位的协助下亲自到银行获取银行对账单，在获取银行对账单时，审计人员要全程关注银行对账单的打印过程；（3）对银行对账单及被审计单位银行存款日记账记录进行双向核对，即在选定的账户和期间，从银行对账单中选取交易样本与被审计单位银行存款日记账记录进行核对，或者从被审计单位银行存款日记账上选取样本，核对至银行对账单；（4）浏览银行对账单，选取大额异常交易，如银行对账单上有一收一付相同金额，或分次转出相同金额等，检查被审计单位银行存款日记账上有无该项收付金额记录及资金划转的文件资料，关注有关交易及相应资金流转安排是否具有合理的商业理由。（5）利用数据分析等技术，对比银行对账单上的收付款流水与被审计单位银行存款日记账的收付款信息是否一致，对银行对账单及被审计单位银行存款日记账记录进行双向核对。当运用数据分析技术时，审计人员可选择全部项目进行核对。核对内容包括日期、金额、借贷方向、收付款单位、摘要等。针对同一银行账户，审计人员可以根据具体情况实施下列审计程序：选定同一期间（月度、年度）的银行存款日记账、银行对账单的发生额合计数（借方及贷方）进行总体核对；对银行对账单及被审计单位银行存款日记账记录进行双向核对。

4.取得并检查核对银行对账单和银行存款余额调节表。审计人员执行此程序是证实在财务报表中列示的银行存款存在的重要程序。银行存款余额调节表主要用于核对企业账面记录的银行存款与银行记录的企业存款在资产负债表日是否一致。银行存款余额调节表通常由被审计单位按照不同银行存款账户及货币种类分别编制。银行存款余额调节表的格式见表7-4。

对获取的对账单和银行存款余额调节表，审计人员通常作以下测试：（1）取得被审计单位加盖银行印章的银行对账单，对对账单的真实性保持警觉，必要时审计人员亲自到银行获取对账单并对获取过程保持控制，另外观察被审计单位人员登录并操作网银系统导出信息的过程，核对网银界面的真实性，核对网银中显示或下载的信息与提供给审计人员的对账单中的信息是否一致，不切实可行的除外。（2）将获取的银行对账单余额与银行存款日记账记录进行核对，确定其是否一致，如果存在差异，那么需要获取银行存款余额调节表。（3）将被审计单位的银行对账单与银行函证回函进行核对，确定其余额是否一致。（4）检查调节表中的未达账项的加总是否正确，调节后的银行存款日记账余额与对账单的

表7-4　　　　　　　　　　　　　　**银行存款余额调节表**

开户银行：　　　　　　银行账号：　　　　　　金额单位：　　　　　　币种：

项目	金额	备注
银行对账单余额		
加：项目单位已收，银行尚未入账的金额		
其中：1.		
2.		
减：项目单位已付，银行尚未入账的金额		
其中：1.		
2.		
调节后银行对账单余额		
项目单位银行存款日记账余额		
加：银行已收，项目单位尚未入账的金额		
其中：1.利息收入		
2.		
减：银行已付，项目单位尚未入账的金额		
其中：1.		
2.		
调节后项目单位银行存款日记账余额		

编表人员（签字）：　　　　　　会计主管（签字）：

余额是否一致。如果未调节一致，那么被审计单位是否查明原因，对需要进行账务调整的事项，是否及时进行处理。（5）检查未达账项的性质和范围是否合理，检查调节事项，对企业已收付、银行尚未入账的事项，检查相关收付款凭证，并取得期后银行对账单，确认未达账项是否存在，银行是否已于期后入账；对于银行已收付、企业尚未入账的，检查期后企业入账的收付款凭证，确认未达账项是否存在。审计人员要特别关注未达账项银付企未付、企付银未付中支付异常的事项，包括没有载明收款人、签字不全等支付事项，确认是否存在舞弊；关注长期未达账项，查看是否存在挪用资金等。也就是说，了解银行存款余额调节表中调节事项的性质，对银行存款余额调节表存在的大额或长期未达账项，审计人员需要追查原因并检查相应的支持文件，判断是否为错报事项，确定是否需要提请被审计单位调整。对于企付银未付款项，审计人员需要检查被审计单位付款的原始凭证，并检查该项付款是否已在期后银行对账单上得以反映；在检查期后银行对账单时，就对账单上所记载的内容，如支票编号、金额等，与被审计单位支票存根进行核对。对于企收银未收款项，审计人员需要检查被审计单位收款入账的原始凭证，并检查其是否已在期后银行对账单上得以反映。对于银收企未收、银付企未付款项，检查收、付款项的内容及金额，确定是否为截止错报。(6) 对金额较大的未提现支票、可提现的未提现支票以及审计人员认为重要的未提现支票，应编制清单，注明开票日期和收票人姓名或单位，并追查随后的支付情况，对已过期而未支付的支票应查明原因。(7) 追查资产负债表日后对账单和银行存款日记账的记录，确定是否完整地记录资产负债表日的未达账项，必要时，应检查相应的原始凭证和记账凭证。

5.函证银行存款余额，编制银行函证结果汇总表，检查银行回函。需要关注的是，银行函证程序是证实资产负债表所列银行存款是否存在的重要程序。审计人员通过向银行函证，不仅可以了解资产的存在，而且可以了解账面反映所欠银行债务的情况，并有助于发现企业未入账的银行借款和未披露的或有负债。对银行存款账户进行函证是审计人员确定银行存款账户余额常用的审计方法。函证的账户应包括当期所有发生业务的存款账户，包括期末余额为零的存款账户和当期已经注销的账户。审计人员应当对银行存款（包括零余额账户和在本期内注销的账户）、借款及与金融机构往来的其他重要信息实施函证程序，除非有充分证据表明某一银行存款、借款及与金融机构往来的其他重要信息对财务报表不重要且与之相关的重大错报风险很低。如果没有对被审计单位的银行存款进行函证或只进行部分函证，那么审计人员应该在审计工作底稿中说明理由。银行询证函的参考格式如下：

银行询证函

编号：

××银行：

本公司聘请的××会计师事务所正对本公司××年度财务报表进行审计，按照中国注册会计师审计准则的要求，应当询证本公司与贵行的存款、借款及其他往来事项，下列数额出自本公司账簿及有关会计资料记录，如与贵行记录相符，请在本函下端“信息证明无误”处签章证明；如有不符，请在“信息不符”处列明不符金额及详细资料。有关询证费用可直接从本公司存款账户收取。回函请直接寄至××会计师事务所。

回函地址： 邮编：

联系人： 电话： 传真：

截至20××年××月××日，本公司与贵行相关的信息列示如下：

1.银行存款

账户名称	银行账户	币种	利率	余额	起止日期	质押、担保或其他使用限制	备注

除以上存款外，本公司并无其他在贵行的存款。

2.银行借款

借款人名称	银行账户	币种	本息余额	借款日期	到期日期	利率	借款条件	备注

除以上借款外，本公司并无其他在贵行的借款。

3.截至函证日12个月内注销的账户

账户名称	银行账号	币种	注销日期

除上述账户外，本公司并无至函证日12个月内在贵行注销的账户。

4.委托存款

账户名称	银行账户	借款方	币种	利率	余额	存款起止日	备注

除以上所述，本公司并无其他在贵行的委托存款。

5.委托贷款

账户名称	银行账户	贷款方	币种	利率	余额	贷款起止日	备注

除以上所述，本公司并无其他在贵行的委托贷款。

6.担保（如果采用质押或抵押方式提供担保的，应在附注中说明质押物或抵押物情况）

被担保人	担保方式	担保金额	担保期限	担保事由	担保合同编号	备注

除以上所述，本公司并无其他以贵行为受益人的担保。

7.尚未支付的银行承兑汇票

银行承兑汇票号码	票面金额	出票日	到期日

除以上所述，本公司并无其他由贵行承兑而尚未支付的银行承兑汇票。

8.已贴现而尚未到期的商业汇票

商业汇票号码	出票人名称	承兑人名称	票面金额	票面利率	出票日	到期日	贴现日	贴现率	贴现净额

除以上所述，本公司并无其他在贵行的已贴现而尚未到期的商业汇票。

9.委托贵行托收的商业汇票

商业汇票号码	承兑人名称	票面金额	出票日	到期日

除以上所述，本公司并无其他由贵行托收的商业汇票。

10.已开具且尚未完成的不可撤销信用证

信用证号码	受益人	信用证金额	到期日	未使用金额

除以上所述，本公司并无其他由贵行开具的、未履行完毕的不可撤销信用证。

11.未完成的外汇买卖合约

类别	合约号码	币种	未履行合约金额	汇率	交收日期
银行卖予公司					
公司卖予银行					

除以上所述，本公司并无其他与贵行之间未完成的外汇买卖合约。

12.存放在银行的有价证券及其他产权文件

有价证券或其他产权文件名称	产权文件编号	数量	金额

除以上所述，本公司并无其他存放于贵行的其他有价证券或其他产权文件。

13.其他重大事项

如信用存款、银行提供的担保等。如果没有，则填“无”。

（公司盖章）年　月　日

以下仅供被询证银行使用

结论： 1.信息证明无误 （银行盖章） 经办人： 年　月　日	2.信息不符，请列明不符的项目及具体内容。本函证未列示的信息，请列出金额及详细资料 （银行盖章） 经办人： 年　月　日

实施函证时，需要以被审计单位的名义向银行发函询证。审计人员填写好银行询证函，由被审计单位加盖公章后亲自将询证函寄出，不可交由被审计单位寄出。对未能按时

收回的询证函，审计人员应再次发出询证函，或要求被审计单位直接与银行联系。银行在收到询证函之日起10个工作日内，将回函直接寄往会计师事务所。审计人员对收到的回函，应与相关银行账户核对。如有信息不符情况，应及时查明原因，并作适当的记录和相应的调整。

从询证函的内容中可以看出，审计人员通过银行函证，不仅能够获得被审计单位资产负债表日的银行存款存在的真实性证据，同时还可以获得银行借款和其他与银行往来的多种信息，有助于审计人员了解发现被审计单位未入账的银行存款、借款、未披露的或有负债以及未披露的银行存款的留置权等。

6.检查银行定期存款或定期存单。银行定期存款或定期存单相对一般存款业务来讲具有业务量少、单笔金额大、余额相对固定等特点。被审计单位为了在一定的期间获取较多的收益，同时为了减少投资风险和容易变现的考虑，会将一定数量的闲置货币资金以定期存款或定期存单的方式存入银行，以获取比同期活期存款要多的存款利息。审计人员针对该业务的审计主要包括以下方面：

第一，获取或编制银行定期存单明细表。如果定期存款占银行存款的比例偏高，或同时负债比例偏高，向管理层询问定期存款存在的商业理由并评估其合理性。获取或编制银行定期存单明细表，检查是否与账面记录金额一致，存款人是否为被审计单位，定期存款是否被质押或限制使用，该表应该包括的内容见表7–5。

表7–5　**银行定期存单明细表**

序号	定期存单号	开户日期	存款期间	存款本金	利率	到期利息	到期日	本期应计利息	已收到本息	是否质押	质押金额	备注

该表应包括期初未到期存单、本期新开户并已到期存单和本期新开户但期末未到期存单。期初数可以根据上年审计人员编制的此表中未到期存单填写，当期发生和应计数额应根据日记账和有关明细账填写。

第二，将该表中“已收到本息”的数据逐笔与相关银行存款日记账核对，确定到期本息确实收回；将“本期应计利息”与应收利息明细账贷方发生额核对，确定应计利息记录是否完整、是否正确。

第三，监盘定期存款凭据，或实地观察被审计单位登录网银系统查询定期存款信息，并将查询信息截屏保存。如果被审计单位在资产负债表日有大额定期存款，基于对风险的判断，考虑选择在资产负债表日实施监盘。

第四，结合财务费用和投资收益审计，分析利息收入的合理性，判断定期存款是否真实存在，或是否存在体外资金循环的情形。如果账面利息收入远大于根据定期存款计算的应得利息，很可能表明被审计单位存在账外定期存款。如果账面利息收入远小于根据定期存款计算的应得利息，那么很可能表明被审计单位存在转移利息收入或挪用、虚构定期存款的情况。

第五，检查本期开户且未到期定期存单开户时的有关合同或协议原件，是否存在质押，如果存在质押，应检查质押合同原件以确定质押的性质、内部批准程序是否完备、质押的金额，以及报表中的披露是否适当。对存款期限跨越资产负债表日的未质押定期存款，检查开户证实书原件而非复印件，以防止被审计单位提供的复印件是未质押或未提现前原件的复印件，特别关注被审计单位在定期存单到期之前，是否存在先办理质押贷款或提前套现，再用质押贷款所得货币资金或套取的货币资金虚增收入、挪作他用或从事其他违规业务的情形。在检查时，还要认真核对相关信息，包括存款人、金额、期限等，如有异常，需实施进一步审计程序。对已质押的定期存款，检查定期存单复印件，并与相应的质押合同核对，关注定期存单对应的质押借款有无入账，对超过借款期限但仍处于质押状态的定期存款，还应关注相关借款的偿还情况，了解相关质权是否已被行使；对于为他人担保的定期存单，关注担保是否逾期及相关质权是否已被行使。只有单位定期存款，开定期存款证实书，该证实书不能作为质押用途（证实书上有注明）。根据我国定期存款质押贷款管理办法，要办理质押，必须换开定期存单，证实书交银行，因此对未质押的定期存款，检查开户证实书原件，以防止被审计单位提供的复印件是未质押（或未提现）前原件的复印件。

第六，函证定期存款相关信息。按照要求实施函证程序，关注银行回函是否对包括用于担保或存在其他使用限制在内的项目给予完整回复。

第七，对于在报告期内到期结转的定期存款、资产负债表日后已提取的定期存款，检查、核对相应的兑付凭证、银行对账单或网银记录等。

7.银行存款的其他实质性程序。银行存款的其他实质性程序主要有以下几个方面：(1) 检查银行存款账户存款人是否为被审计单位，若存款人非被审计单位，应获取该账户户主和被审计单位的书面声明，确认资产负债表日是否需要提请被审计单位进行调整。(2) 关注是否存在质押、冻结等对变现有限制或存在境外的款项，如果存在，是否已提请被审计单位作必要的调整和披露。(3) 抽查大额银行存款收支的原始凭证。审计人员应该抽取大额银行收支业务凭证进行检查，尤其注重检查大额的支出业务凭证。检查的内容包括：原始凭证是否齐全、支付的审批手续是否符合被审计单位的授权权限、账务处理是否正确。对于抽查的收支凭证，还应与相关的银行存款日记账和明细账进行核对，以确定账簿记录的及时性、准确性。(4) 检查银行存款收支的截止是否正确。选取凭证实施截止测试，如有跨期收支事项，应考虑是否提请被审计单位进行调整。

8.检查银行存款在报表中的列报是否恰当。审计人员应根据审查的情况，确定银行存款在财务报表中的列报是否适当，进而确定银行存款是否在资产负债表中被恰当披露，尤其需要关注银行存款的抵押、担保或有限制使用情况或者潜在回收风险是否已经恰当披露。

学思践悟 反腐倡廉审计案例

学思践悟案例

反腐倡廉审计案例

【案例简介】

本案例介绍了单位“小金库”这一不良现象及其成因、治理，通过学生的讨论，引导学生理解反腐败、中央八项规定的深刻意义，审计、纪检等监督在反腐治乱、增强廉洁意识方面做出的重大贡献。本案例包括审查“小金库”问题、审计工作当中面临的环境、审计在反腐背景下作用的体现以及审计反腐治理的成效。我国审计机关是国家专门设立的经济监督机构，其法律规定和职能性质决定了它所肩负的重任，要加强审计监督在反腐倡廉建设中的作用。

【关键词】

国家审计；反腐倡廉；审计体制

【教学目的和用途】

习近平总书记在党的二十大报告中强调，坚决打赢反腐败斗争攻坚战持久战。我们要深入学习贯彻习近平总书记重要讲话精神，加强审计监督，强化审计与纪检监察协调配合，不断健全完善审计监督同纪检监察监督、巡视巡察监督贯通融合、协调协同的有效路径，持续强化监督合力，用好审计监督成果，深化标本兼治，加强新时代廉洁文化建设。本案例旨在引导学生通过分析和研讨仍时有发生的单位私设“小金库”这一问题，使同学们深刻认识到反腐败斗争的持久性，“小金库”这一隐性腐败，表面为公，实则为私，故意使相应资金、财物规避或者脱离财政、审计等监管监督，存入私账便于个人支取，这既违反国家法律法规，又滋生了一系列腐败和作风问题。治理“小金库”，一方面要严格落实财务公开制度，加大日常监督、巡察监督、审计监督等的力度，另一方面还要加强新时代廉洁文化建设，让同学们充分认识到“小金库”问题的严重危害性，严格落实中央八项规定及其实施细则精神。2021年修订通过的《中华人民共和国审计法》第一条明确规定，为了加强国家的审计监督，维护国家财政经济秩序，提高财政资金使用效益，促进廉政建设，保障国民经济和社会健康发展，根据宪法，制定的审计法，即将促进廉政建设明确为审计立法的目的之一。上述规定为审计机关参与反腐倡廉建设提供了法律依据。审计部门作为经济监督的职能部门，肩负着反腐倡廉的法定职责。促进党风廉政建设是审计的重要职责。审计作为监督机构，在反腐倡廉中所担负的责任和应当发挥的重要作用，是由法律法规和其工作性质决定的。我们对腐败的顽固性和危害性绝不能低估，必须对其保持零容忍的警醒、零容忍的力度，坚决打赢反腐败斗争攻坚战持久战。正确理解党的坚强领导是推进反腐败斗争的根本政治保证。我国实行审计监督制度，坚持中国共产党对审计工作的领导，构建了集中统一、全面覆盖、权威高效的审计监督体系。只有坚持党的全面领导，才能确立正确的反腐败指导思想、工作原则和领导体制，作出正确的战略决策和工作部署，才能有效形成反腐败斗争合力。新时代深化反腐败斗争，必须始终坚持党的全面领导，发挥好党总揽全局、协调各方的作用，有效动员并组织全党、全社会力量反对腐败，建立健全责任落实机制和问责机制，为夺取反腐败斗争彻底胜利提供坚强保证。

【素养目标】

1.培养学生树立坚定崇高的理想信念。引导学生认识腐败的隐蔽性，私设“小金库”等问题既违反国家法律法规，又滋生了一系列腐败和作风问题。使学生充分理解审计监督是党和国家监督体系的重要组成部分，是推动国家治理体系和治理能力现代化的重要力量。

2.培养学生树立服务大局意识和人民至上的观念。引导学生正确看待经济社会发展中的“小金库”等特定现象，使学生认识到围绕宏观服务，始终坚持服务大局、促进发展是审计促进反腐倡廉建设的根本要求。解放思想、与时俱进，抓住经济发展的热点、难点、焦点以及改革关键环节，在新时代审计实践中彰显并传递立审为公、执审为民的审计初心，时刻从维护人民群众的根本利益出发，将审计监督与社会监督、舆论监督及其他专业监督有机结合起来，扩大相关部门和社会公众对审计结果的知情权、参与权和监督权，从而推动实现社会公平正义，促进社会和谐。

3.培养学生廉洁从审的职业精神。审计是加强反腐倡廉的有力工具，推进反腐倡廉建设是审计机关的一项重要而又具体的政治任务。引导学生廉洁从审，增强争先意识和负重观念，发扬务实、诚信的作风，敢于坚持原则，讲真话、查实账、报实情，做到客观公正、实事求是，不怕打击报复，不怕委屈，应注重研究和分析新形势下腐败案件发生的特点和规律，有针对性地加强审计监督。

【价值塑造】

1.坚持道路自信：通过分析和研讨反腐倡廉审计的运作机制。

2.敬业忠诚品质：通过分析和研讨反腐倡廉审计的工作环境。

3.廉洁客观精神：通过分析和研讨反腐倡廉审计的工作成效。

【思考问题】

1.私设“小金库”现象得到有效遏制，但仍时有发生。这里的“小金库”指的是什么?

2.“小金库”问题，表面为公，实则为私的原因何在?

3.反腐倡廉背景下如何治理“小金库”问题?

4.审计如何在反腐倡廉建设中进一步发挥作用?

【分析思路】

第一步，研讨和分析多起“小金库”案例，对私设“小金库”的成因要特别关注。

第二步，研讨和分析“小金库”的表面为公，实则为私的原因，特别要重点分析、研讨“小金库”的资金来源、用途、脱离审计监管的主要特征。

第三步，在全面了解反腐倡廉审计法律法规的基础上，梳理出反腐倡廉审计的职业道德要求，研讨审计在反腐倡廉建设中进一步发挥作用的具体举措。

第四步，研讨和分析“小金库”审计采用的取证技术，研讨并总结审计人员“小金库”治理的探索。

第五步，研讨和分析通过反腐倡廉审计案例可以发现的思政因素有哪些，应从中吸取什么教训。

复习思考题

1.简述货币资金与各业务循环之间的关系。

2.涉及货币资金的业务凭证有哪些？有哪些账户?

3.货币资金有哪几种?

4. 描述一般企业的货币资金内部控制的内容。
5. 描述库存现金的具体内部控制及其测试。
6. 描述库存现金盘点的过程及盘点核对表的编制。
7. 描述银行存款的具体内部控制及其测试。
8. 银行存款的实质性测试有哪些程序?
9. 描述银行询证函的内容。
10. 审计人员审核银行对账单与银行存款余额调节表时，应注意核对哪些内容?

本章习题

第七章练习题

拓展阅读

审计准则问题解答第12号

第八章
财务报表审计中对舞弊和法律法规的考虑

学习目标

1. 掌握舞弊的种类及评估舞弊风险的程序；

2. 掌握识别评估、应对舞弊导致的重大错报风险及重要项目认定层次舞弊审计常见程序；

3. 掌握注册会计师对被审计单位遵守法律法规的责任及识别出或怀疑存在违反法律法规行为时的处理。

第一节　财务报表审计中对舞弊的考虑

教学视频8-1
风险导向审计的内涵和价值观（一）

教学视频8-2
风险导向审计的内涵和价值观（二）

在财务报表审计中注册会计师对舞弊的考虑目标是：识别和评估由于舞弊导致的财务报表重大错报风险；通过设计和实施恰当的应对措施，针对评估的由于舞弊导致的重大错报风险，获取充分、适当的审计证据；恰当应对在审计过程中识别出的舞弊或舞弊嫌疑。

一、舞弊的含义和种类

（一）舞弊的含义

舞弊，是指被审计单位的管理层、治理层、员工或第三方使用欺骗手段获取不当或非法利益的故意行为。舞弊在现代经济社会中比较普遍，因舞弊给企业和投资者带来损失的案例不计其数。

（二）舞弊的种类

财务报表的错报可能由于舞弊或错误所致。舞弊和错误的区别在于，导致财务报表发生错报的行为是故意行为还是非故意行为。在财务报表审计中，注册会计师关注的是导致财务报表发生重大错误的舞弊，主要包括编制虚假财务报告导致的错报和侵占资产导致的错报。

1. 编制虚假财务报告导致的错报

编制虚假财务报告是指为欺骗财务报告使用者而作出的故意错报。管理层编制虚假财务报告可能的方式有：对编制财务报告所依据的会计记录或支持性文件进行操纵，弄虚作假或篡改；在财务报表中错误表达或故意漏记事项、交易或其他重要信息；故意误用与确认、计量、分类或列报有关的会计政策和会计估计。

2.侵占资产导致的错报

侵占资产是指被审计单位的管理层或员工非法占用被审计单位的资产。侵占资产的手段通常有：贪污收到的款项、盗窃实物资产或无形资产、管理层或员工在购货时收取回扣、将个人费用在单位列支、将单位资产挪为私用等。

二、治理层、管理层和注册会计师的责任

（一）治理层、管理层的责任

被审计单位治理层和管理层对防止或发现舞弊负有主要责任。管理层在治理层的监督下，高度重视对舞弊的防范和遏制是非常重要的。对舞弊进行防范可以减少舞弊发生的机会；对舞弊进行遏制，即发现和惩罚舞弊行为，能够警示被审计单位人员不要实施舞弊。对舞弊的防范和遏制需要管理层营造诚实守信和合乎道德的文化，并且这一文化能够在治理层的有效监督下得到强化。

治理层的监督包括考虑管理层凌驾于控制之上或对财务报告过程施加其他不当影响的可能性，例如，管理层为了影响分析师对被审计单位业绩和盈利能力的看法而操纵利润。

（二）注册会计师的责任

注册会计师职业界和社会公众之间就注册会计师对舞弊所负的责任各执一词。当重大的财务报表舞弊案件发生后，社会公众一般会认为注册会计师审计财务报表时，为什么没有发现舞弊行为，而注册会计师一般会辩解财务报表审计不是专门的舞弊调查，在审计过程中发现所有舞弊具有很大局限性。由于社会公众和注册会计师职业界的不同观点，势必影响社会公众对注册会计师行业的信心，因此注册会计师行业应当更积极地承担发现舞弊的责任。

注册会计师对舞弊所负的责任分为正反两个方面：

（1）在按照审计准则的规定执行审计工作时，注册会计师有责任对财务报表整体是否不存在由于舞弊或错误导致的重大错报获取合理保证。

（2）由于审计的固有限制，即使注册会计师按照审计准则的规定恰当计划和执行了审计工作，也不可避免地存在财务报表中的某些重大错报未被发现的风险。

在舞弊导致错报的情况下，固有限制的潜在影响尤其重大。舞弊导致的重大错报未被发现的风险，大于错误导致的重大错报未被发现的风险。其原因是舞弊可能涉及精心策划和蓄意实施以进行隐瞒（如伪造证明或故意漏记交易），或者故意向注册会计师提供虚假陈述。如果涉及串通舞弊，注册会计师可能更加难以发现蓄意隐瞒的企图，甚至可能导致原本虚假的审计证据被注册会计师误认为具有说服力。

注册会计师发现舞弊的能力取决于舞弊者实施舞弊的技巧、舞弊者操纵会计记录的频率和范围、舞弊者操纵的每笔金额的大小、舞弊者在被审计单位的职位级别、串通舞弊的程度等因素。

需要说明的是即使可以识别出实施舞弊的潜在机会，但对于会计估计等判断领域的错报，注册会计师也难以确定这类错报是由于舞弊导致的还是错误导致的。

三、舞弊风险评估程序和相关活动

注册会计师需要采用风险导向审计的总体思路对待舞弊。首先识别和评估舞弊风险，然后采取恰当的措施有针对性地予以应对。注册会计师评估舞弊风险的程序有：

（一）询问

1.询问对象

询问程序对于注册会计师获取信息、评估舞弊风险十分有用。注册会计师询问的对象主要有治理层、管理层、内部审计人员以及被审计单位内部的其他人员，通过询问确定其是否知悉任何影响被审计单位的舞弊事实、舞弊嫌疑或舞弊指控。

2.询问内容

注册会计师通过询问管理层可以获取有关员工舞弊导致的财务报表重大错报的有用信息。在了解被审计单位及其环境时，注册会计师应当询问管理层的事项有：

（1）管理层对财务报表可能存在由于舞弊导致的重大错报风险的评估，包括评估的性质、范围和频率等；

（2）管理层对舞弊风险的识别和应对过程，包括管理层识别出的或注意到的特定舞弊风险，或可能存在舞弊风险的各类交易、账户余额或披露；

（3）管理层就其对舞弊风险的识别和应对过程向治理层的通报；

（4）管理层就其经营理念和道德观念向员工的通报。

3.获取管理层和治理层声明

注册会计师应当就下列事项向管理层和治理层获取书面声明：

（1）管理层和治理层认可其设计、执行和维护内部控制以防止和发现舞弊的责任；

（2）管理层和治理层已向注册会计师披露了管理层对由于舞弊导致的财务报表重大错报风险的评估结果；

（3）管理层和治理层已向注册会计师披露了已知的涉及管理层、在内部控制中承担重要职责的员工以及其他人员（在舞弊行为导致财务报表出现重大错报的情况下）的舞弊或舞弊嫌疑；

（4）管理层和治理层已向注册会计师披露了从现任和前任员工、分析师、监管机构等方面获知的、影响财务报表的舞弊指控或舞弊嫌疑。

（二）评估舞弊风险因素

注册会计师通过风险评估程序和相关活动获取到了相关信息，应当评估这些信息以确定被审计单位是否存在舞弊风险因素。值得注意的是，存在舞弊风险因素并不代表一定发生了舞弊，但是在舞弊发生时通常存在舞弊风险因素。

舞弊存在时经常伴随着三种情况，这些风险因素（又被称为舞弊三角）可以分为以下三类：动机，是舞弊发生的首要条件，当舞弊者有了舞弊的动机后才有可能导致舞弊的发生；机会，当舞弊者有舞弊的机会时，舞弊才有可能成功；借口，是舞弊发生的重要条件，只有舞弊者能够对舞弊的行为予以合理化，舞弊者才可能作出舞弊行为。

注册会计师应当运用职业判断，全面考虑被审计单位的规模、复杂程度、所有权结构及所处行业等，以确定舞弊风险因素的相关性和重要程度对重大错报风险评估可能产生的影响。舞弊风险因素是注册会计师执业实践的总结，对于评估舞弊风险有很大的帮助。在了解被审计单位及其环境时，注册会计师应当考虑所获取的信息是否表明存在舞弊风险因素，考虑舞弊风险因素的存在对其评估重大错报风险可能产生的影响。

表8-1、表8-2分别列示了审计人员在执业过程中可能遇到的与两类舞弊行为相关的风险因素，无意囊括所有情形。

表8-1　**与编制虚假财务报告相关的舞弊风险因素**

舞弊发生的因素	舞弊风险因素细分	舞弊风险因素具体示例
动机或压力	1. 财务状况、经营成果、现金流量受到不利经济环境、行业或自身运营状况的威胁	(1) 竞争激烈或市场饱和，市场需求大幅下降，主营业务利润率不断下降，所处行业的经营失败增多
		(2) 与同行业的其他企业相比，增长过快或盈利能力过高
		(3) 严重或持续亏损使被审计单位可能破产、丧失抵押品赎回权或遭到恶意收购
		(4) 经营活动难以产生足够的现金净流入，或经营活动现金净流量连续为负数
		(5) 新颁布的行业相关法律法规、会计准则、监管规则对被审计单位的经营活动、投资活动或筹资活动可能产生重大影响
		(6) 难以应对技术变革、产品过时、利率或汇率调整等市场环境变化
	2. 管理层为满足外部或治理层预期而承受过多压力	(1) 政府部门、股东、重要债权人、投资分析师或其他利益相关者对盈利能力或增长趋势的预期不切实际或过于激进
		(2) 盈利能力或财务状况必须满足上市交易、偿债要求或债务协议规定的其他要求，否则可能导致退市、特别处理、清偿债务等后果
		(3) 治理层为管理层设定了过高的销售业绩或利润指标
		(4) 需要大量举债或吸收股权融资才能满足研究开发或其他资本性支出的需求
		(5) 报告不良的盈利能力或财务状况可能会导致正在进行的重大交易（企业合并或重组）失败或产生不利影响
	3. 管理层或治理层的个人经济利益与公司财务状况或业绩挂钩	(1) 管理层或治理层拥有相当数量的公司股票或股票期权
		(2) 管理层或治理层的工作薪酬中的绝大部分奖金取决于公司特定的指标要求
机会	1. 公司所处行业或所从事业务的性质提供了对财务信息作出虚假报告的机会	(1) 从事高科技、研发周期长或市场风险大的经营业务
		(2) 相关会计要素核算需要作出重大估计，涉及主观判断难以印证等不确定因素
		(3) 在所处行业中具有重要地位，有能力胁迫供应商或客户与其从事不当交易
		(4) 从事大量超出正常经营过程的关联方交易
		(5) 临近期末从事重大、异常或高度复杂的跨国交易、跨境交易等
		(6) 大量采用分销渠道、销售折扣及退货等交易方式
		(7) 存在难以判断是否具有正当商业理由在免税区设置重要的银行账户的业务或交易
	2. 治理结构不合理、复杂或不稳定	(1) 拥有控制权的股东强势，治理层缺乏有效制衡机制
		(2) 存在异常的法人组织形式或管理职级关系，难以确定公司最终控制人
		(3) 治理层、高层管理者、法律顾问等频繁变更
	3. 内部控制存在缺陷	(1) 治理层未对财务报告过程和内部控制实施有效监督
		(2) 会计信息系统存在重大缺陷
		(3) 会计人员、内部审计人员或信息技术人员变动频繁，或胜任能力不足

续表

舞弊发生的因素	舞弊风险因素细分	舞弊风险因素具体示例
借口	1.管理层对企业价值或道德标准的沟通、执行与维护不足，或传递了不适当的价值观念或道德标准	（1）过分强调保持或提高公司股票价格、盈利水平
		（2）管理层没有及时纠正已发现的内部控制重大缺陷
		（3）高级管理人员惯于对媒体等外界吹嘘不切实际的预期
		（4）高级管理人员缺乏锐意进取的精神
		（5）混淆个人业务与公司业务
	2.管理层态度不端或缺乏诚信	（1）存在通过不恰当方式降低盈利水平以偷逃税款的倾向
		（2）管理层倾向利用重要性水平概念对不适当的会计处理作出合理化解释
		（3）非财务主管的管理层过度干涉会计政策的选择或重大会计估计的作出
		（4）公司、管理层、治理层存在违反证券或其他方面法律法规的不良记录，或因涉嫌舞弊或违法而遭到起诉
	3.管理层与审计人员的关系异常或紧张	（1）在会计、审计或信息披露问题上经常与审计人员发生意见分歧
		（2）对审计人员施加限制，使其难以接触某些公司人员或信息
		（3）试图影响审计机构对参与审计业务的专业人员的选派

表8-2 **与侵占资产相关的舞弊风险因素**

舞弊发生的因素	舞弊风险因素细分	舞弊风险因素具体示例
动机	1.个人的生活方式或财务状况问题	管理层或员工可能因为个人追求奢侈的生活而十分窘迫
	2.对公司存在敌对情绪	（1）已经被裁员或预期被裁员的员工
		（2）晋升状况或所获薪酬严重偏离个人预期目标的员工
机会	1.某些资产容易被侵占的特性和特定情形	（1）单位价值高、体积小、易于变现且不易识别所有权归属的存货或其他资产项目（如钻石、不记名债券、计算机芯片）
		（2）存在大额现金被经手或处理的情况
	2.内部控制存在缺陷	（1）不相容职务分离不充分，交易的授权审批制度不健全
		（2）现金、存货等实物资产的安全防范措施不充分，会计记录不健全，保管岗位的人员选聘不严格、监督不力等
		（3）高层管理人员对财务支出的审查薄弱
		（4）管理层或处于控制监督岗位的人员缺乏对信息技术的了解
		（5）对接触自动记录的控制不充分
借口	1.管理层或员工不重视相关控制	（1）忽视对潜在侵占资产行为进行监控或预防的必要性
		（2）漠视已有的相关控制措施
	2.对公司存在不满甚至敌对情绪	高层管理者存在重大贪污舞弊行为，员工认为自己没有得到相应的报酬或待遇

资料来源：

①中国注册会计师协会．2007年度注册会计师全国统一考试辅导教材：审计［M］．北京：经济科学出版社，2007.

②《中国注册会计师审计准则第1141号——财务报表审计中与舞弊相关的责任》应用指南（2019年3月29日修订）。

（三）实施分析程序

注册会计师应当通过分析程序，对财务报表和审计产生影响的金额、比率和趋势进行分析，对识别出的异常或偏离预期的情况，应当重点考虑是否存在由于舞弊导致的重大错报风险。

（四）组织项目组进行讨论

项目组成员之间应当就舞弊相关事宜进行讨论，并由项目合伙人确定将哪些事项向未参与讨论的项目组成员进行通报。项目组内部讨论的重点包括财务报表容易发生由于舞弊导致的重大错报的方面和领域，以及舞弊可能如何发生。在讨论过程中，项目组成员不能以治理层和管理层是正直的和诚信的作为前提。

四、识别和评估舞弊导致的重大错报风险

舞弊导致的重大错报风险属于注册会计师特别考虑的重大错报风险（即特别风险），注册会计师应当在财务报表层次以及各类交易、账户余额、披露的认定层次识别和评估舞弊导致的重大错报风险。

由于多计或少计收入是企业编制虚假财务报表时常用的手段，因此，注册会计师应当基于收入确认存在舞弊风险的假定，评价哪些类型的收入、收入交易或认定导致舞弊风险。如果未将收入确认作为由于舞弊导致的重大错报风险领域，注册会计师应当将具体原因记录于审计工作底稿中。

五、应对舞弊导致的重大错报风险

当识别和评估出舞弊导致的重大错报风险后，注册会计师应当采取适当应对措施，从而将审计风险降低至可以接受的较低水平。

（一）总体应对措施

在针对评估的由于舞弊导致的财务报表层次重大错报风险确定总体应对措施时，注册会计师应当：

1.在分派和督导项目组成员时，考虑承担重要业务职责的项目组成员所具备的知识、技能和能力，并考虑由于舞弊导致的重大错报风险的评估结果；

2.评价被审计单位对会计政策（特别是涉及主观计量和复杂交易的会计政策）的选择和运用，判断管理层是否可能通过操纵利润对财务信息作出虚假报告；

3.在选择审计程序的性质、时间安排和范围时，增加审计程序的不可预见性。

（二）具体应对措施

针对由于舞弊导致的认定层次重大错报风险，注册会计师应当设计和实施进一步审计程序及其性质、时间安排和范围，从而应对舞弊导致的认定层次的重大错报风险。其具体实施程序包括：

1.改变拟实施审计程序的性质。注册会计师通过改变拟实施审计程序的性质，以获取更为可靠、相关的审计证据，或获取其他佐证性信息，包括更加重视实地观察或检查，在实施函证程序时改变常规函证内容，询问被审计单位的非财务人员等。

2.改变执行程序的时间。其具体包括在期末或接近期末实施实质性程序，或针对本期较早时间发生的交易，或贯穿本会计期间的交易或事项实施细节测试。

3.改变审计程序的范围。其具体包括扩大样本规模、采用更详细的数据实施分析程序等。

注册会计师针对舞弊导致的认定层次的重大错报风险所实施的审计程序，取决于已经发现的舞弊风险因素类型以及各类具体的交易、账户余额相关认定。在不同业务中各个审计程序的相关性和效果也存在差异，本章第二节将分别列举针对两大类舞弊的若干审计程序，包括控制测试、交易细节测试、余额测试，针对管理层凌驾于控制之上的风险审计程序及针对舞弊导致的货币资金重大错报审计程序，所列审计程序无意囊括所有可实施的审计程序。

六、会计分录测试

如上所述，在所有财务报表审计业务中，注册会计师都需要专门针对管理层凌驾于控制之上的风险设计和实施进行会计分录测试。这是因为虽然管理层凌驾于控制之上的风险水平因被审计单位而异，但所有被审计单位都存在这种风险。例如，管理层可能通过作出不恰当的会计分录或未经授权的会计分录来操纵财务报表。这种操纵行为可能发生在整个会计期间或期末，或由管理层对财务报表金额作出调整，而该调整未在会计分录中反映（如合并调整和重分类调整）。了解管理层利用虚假会计分录和其他调整实施舞弊的常用手段，有助于注册会计师更加有针对性地实施审计程序。

（一）会计分录和其他调整的类型

会计分录测试的对象是与被审计财务报表相关的所有会计分录和其他调整，包括编制合并报表时作出的调整分录和抵销分录。会计分录和其他调整的类型不同，其固有风险和受被审计单位内部控制影响的程度不同，因而具有不同程度的重大错报风险。对会计分录和其他调整进行恰当分类，有助于注册会计师选取重大错报风险较高的会计分录和其他调整进行测试，从而能够提高会计分录测试的效率。

基于会计分录测试的目的，注册会计师可将被审计单位的会计分录和其他调整分为下列三种类型：

1.标准会计分录。此类会计分录用于记录被审计单位的日常经营活动或经常性的会计估计，通常是由会计人员作出或会计系统自动生成的，受信息系统一般控制和其他系统性控制的影响。

2.非标准会计分录。此类会计分录用于记录被审计单位日常经营活动之外的事项或异常交易，可能包括特殊资产减值准备的计提、期末调整分录等。非标准会计分录可能具有较高的重大错报风险，因为此类分录通常容易被管理层用来操纵利润，并且可能涉及任何报表项目。

3.其他调整。其他调整包括为编制合并财务报表而作出的调整分录和抵销分录、通常不作为正式的会计分录反映的重分类调整等，其他调整可能不受被审计单位内部控制的影响。

（二）会计分录测试的步骤

会计分录测试通常可包括下列步骤：

1.了解被审计单位的财务报告流程，以及针对会计分录和其他调整已实施的控制，必要时，测试相关控制的运行有效性；

2.确定待测试会计分录和其他调整的总体并测试总体的完整性；

3.从总体中选取待测试的会计分录及其他调整；

4.测试选取的会计分录及其他调整，并记录测试结果。

需要指出的是，在实施会计分录测试时，注册会计师可能需要分析大量的会计分录，采用计算机辅助审计技术或电子表格（如Excel），可以显著提高会计分录测试的效率和效果。

注册会计师通常可以考虑要求被审计单位提供所需要的电子数据，如果能够以标准的格式导出、验证并传输所需要的会计分录数据，那么可以进一步提高会计分录测试的效率和效果。

（三）被审计单位内部控制系统中针对会计分录和其他调整的控制

在被审计单位的内部控制系统中，针对会计分录和其他调整，通常包括下列类型的控制措施：

1.针对会计分录和其他调整的授权、过账、审核、核对等方面设置职责分离；

2.在会计系统中设置系统访问权限，用以控制会计分录的记录权和审批权；

3.用以防止并发现虚假会计分录或未经授权的更改的控制措施；

4.由管理层、治理层或其他适当人员对会计分录记录和过入总账以及在编制财务报表过程中作出其他调整的过程进行监督；

5.由被审计单位的内部审计人员（如有）定期测试控制运行的有效性。

注册会计师了解被审计单位针对会计分录和其他调整已实施的控制，有助于其确定会计分录测试的性质、时间安排和范围。

（四）确定待测试会计分录和其他调整的总体并测试总体的完整性

注册会计师在测试会计分录和其他调整时，首先需要确定待测试会计分录和其他调整的总体，然后针对该总体实施完整性测试。

注册会计师在确定待测试会计分录和其他调整的总体时，需要根据风险评估结果，并运用职业判断。虚假会计分录和其他调整通常在报告期末作出，因此，审计准则要求注册会计师选择在报告期末对作出的会计分录和其他调整进行测试。然而，由于舞弊导致的财务报表重大错报可能发生于整个会计期间，并且舞弊者可能运用各种方式隐瞒舞弊行为，因此，审计准则要求注册会计师考虑是否有必要测试整个会计期间的会计分录和其他调整。

注册会计师考虑下列情况，可能有助于其确定待测试会计分录和其他调整的总体：

1.某些会计分录和其他调整可能并不过入被审计单位的总账，因此，注册会计师需要全面了解各总账账户，以及各明细账户与被审计财务报表项目之间的对应关系。

2.注册会计师可以结合对被审计单位财务报告流程以及被审计单位针对会计分录和其他调整实施的控制的了解，来确定待测试会计分录和其他调整的总体。在这一过程中，注册会计师可以了解会计分录和其他调整的来源和特征，例如，会计分录是由会计信息系统自动生成的，还是以手工方式生成的。

3.以手工方式生成的会计分录或其他调整通常于月末、季末或年末作出，主要用于记录会计调整或会计估计，或者用于编制合并财务报表。

4.对于以手工方式生成的会计分录或其他调整，特别是在期末用于记录会计调整或会计估计，或者用于编制合并财务报表的调整分录，注册会计师可以了解这些分录的编制者所需要的审批，以及这些分录的记录形式（例如，这些分录是以电子形式记录的，还是以纸质形式记录的）。

确定待测试会计分录和其他调整的总体后，注册会计师需要针对该总体实施审计程序，以确定总体的完整性。注册会计师在设计和实施完整性测试时，需要考虑由于舞弊导致的财务报表重大错报风险，以及对被审计单位财务报告流程的了解。

以下是一套完整性测试的例子（假设注册会计师选择测试整个会计期间的会计分录和其他调整）：

1.从被审计单位会计信息系统中导出所有待测试会计分录和其他调整；

2.加计从会计信息系统中导出的所有会计分录和其他调整中的本期发生额，与科目余额表（包括期初余额、本期借方累计发生额、本期贷方累计发生额、期末余额）中的各科目本期发生额核对相符；

3.将系统生成的重要账户余额与明细账和总账及科目余额表中的余额核对，测试计算准确性；

4.检查所有结账后作出的与本期财务报表有关的会计分录和其他调整，测试其完整性；

5.将总账与财务报表核对，以检查是否存在其他调整。

（五）选取并测试会计分录和其他调整时考虑的因素

注册会计师在选取待测试会计分录和其他调整，并针对已选取的项目确定适当的测试方法时，可以考虑下列因素：

1.对由于舞弊导致的重大错报风险的评估。注册会计师识别出的舞弊风险因素和在评估由于舞弊导致的重大错报风险过程中获取的其他信息，可能有助于注册会计师识别需要测试的特定类别的会计分录和其他调整。

2.对会计分录和其他调整已实施的控制。在注册会计师已经测试了这些控制运行的有效性的前提下，针对会计分录和其他调整的编制和过账所实施的有效控制，可以缩小所需实施的实质性程序的范围。但应注意的是，注册会计师需要充分考虑管理层凌驾于控制之上的风险。

3.被审计单位的财务报告过程以及所能获取的证据的性质。在很多被审计单位中，交易的日常处理同时涉及人工和自动化的步骤和程序。类似地，会计分录和其他调整的处理过程也可能同时涉及人工和自动化的程序和控制。当信息技术应用于财务报告过程时，会计分录和其他调整可能仅以电子形式存在。

4.虚假会计分录或其他调整的特征。不恰当的会计分录或其他调整通常具有一定的识别特征。这类特征可能包括：

（1）分录涉及不相关、异常或很少使用的账户；

（2）分录由平时不负责作出会计分录的人员作出；

（3）分录在期末或结账过程中作出，且没有或只有很少的解释或描述；

（4）分录在编制财务报表之前或编制过程中作出且没有科目代码；

（5）分录金额为约整数或尾数一致。

5.账户的性质和复杂程度。不恰当的会计分录或其他调整可能体现在以下账户中：

（1）包含复杂或性质异常的交易的账户；

（2）包含重大估计及期末调整的账户；

（3）过去易于发生错报的账户；

（4）未及时调节的账户，或含有尚未调节差异的账户；

（5）包含集团内部不同公司间交易的账户；

（6）其他虽不具备上述特征但与已识别的由于舞弊导致的重大错报风险相关的账户。

在审计拥有多个组成部分的被审计单位时，注册会计师需考虑从不同的组成部分选取会计分录进行测试。

6.在日常经营活动之外处理的会计分录或其他调整。针对非标准会计分录实施的控制的水平与针对为记录日常交易（如每月的销售、采购及现金支出）所作出的分录实施的控制的水平可能不同。

七、评价审计证据

当注册会计师对财务报表与所了解的被审计单位情况是否一致进行判断时，应当先评价在临近审计结束时实施的分析程序，是否表明存在此前尚未识别的由于舞弊导致的重大错报风险。

如果注册会计师识别出某项错误，并有理由认为该项错报可能是由于舞弊导致的，且涉及管理层，特别是涉及较高级别的管理层，那么无论该项错报是否重大，注册会计师都应当重新评价对由于舞弊导致的重大错报风险的评估结果，以及该结果对旨在应对评估的风险的审计程序的性质、时间安排和范围的影响。在重新考虑此前获取的审计证据的可靠性时，注册会计师还应当考虑相关的情形是否表明可能存在涉及员工、管理层或第三方的串通舞弊。

由于舞弊孤立发生的可能性很小，因此，注册会计师应当评价该项错报对审计工作其他方面的影响，特别是对管理层声明可靠性的影响。

八、无法继续执行审计业务

如果由于舞弊或舞弊嫌疑导致出现错报，致使注册会计师遇到对其继续执行审计业务的能力产生怀疑的异常情形，那么注册会计师应当：

1.确定适用于具体情况的职业责任和法律责任，包括是否需要向审计业务委托人或监管机构报告；

2.在相关法律法规允许的情况下，考虑是否需要解除业务约定。

如果决定解除业务约定，注册会计师应当采取下列措施：

（1）与适当层级的管理层和治理层讨论解除业务约定的决定和理由；

（2）考虑是否存在职业责任或法律责任，需要向审计业务委托人或监管机构报告解除业务约定的决定和理由。

九、书面声明

注册会计师应当就下列事项向管理层和治理层（如适用）获取书面声明：

（1）管理层和治理层认可其设计、执行和维护内部控制以防止和发现舞弊的责任；

（2）管理层和治理层已向注册会计师披露了管理层对由于舞弊导致的财务报表重大错报风险的评估结果；

（3）管理层和治理层已向注册会计师披露了已知的涉及管理层、在内部控制中承担重要职责的员工以及其他人员（在舞弊行为导致财务报表出现重大错报的情况下）的舞弊或舞弊嫌疑；

（4）管理层和治理层已向注册会计师披露了从现任和前任员工、分析师、监管机构等方面获知的、影响财务报表的舞弊指控或舞弊嫌疑。

十、与管理层、治理层和监管机构的沟通

（一）与管理层的沟通

如果注册会计师识别出舞弊或获取的信息表明可能存在舞弊，应当及时就此类事项与适当层级的管理层进行沟通，以便从管理层方面获知对防止和发现舞弊事项负有主要责任的人员。例如，当注册会计师发现基层员工挪用公款或者侵占企业其他资产的时候，并且没有证据怀疑该员工的上一级管理层参与舞弊，则可以向该员工的管理层通报该舞弊事项，否则，应当向更高级的管理层进行通报。

（二）与治理层的沟通

如果注册会计师确定或怀疑舞弊涉及管理层、在内部控制中承担重要职责的员工，以及可能导致财务报表重大错报的其他员工，应当及时就此类事项与治理层进行沟通。

如果注册会计师怀疑舞弊涉及管理层，应当就这种怀疑和治理层进行沟通，并与其讨论为完成审计工作所必需的审计程序的性质、时间安排和范围。

（三）与监管机构的沟通

如果注册会计师识别出舞弊或怀疑存在舞弊，应当确定是否有责任向被审计单位以外的机构报告。尽管注册会计师对客户信息负有的保密义务可能妨碍这种报告，但如果法律法规要求注册会计师履行报告责任，那么注册会计师应当遵守法律法规的规定。

第二节　财务报表审计中应对舞弊导致的重大错报风险审计程序

一、针对舞弊导致的认定层次重大错报风险实施的审计程序

（一）与编制虚假财务报告相关的认定层次重大错报风险的常用审计程序

1.针对收入确认的特定认定

（1）执行分析性程序。针对收入项目，从更细的数据层面上实施实质性分析程序，发现异常或未预期的收入交易或关系。例如，对每种产品或相近毛利率的产品分类，将其销售毛利率与以前年度或同行业比率进行比较，查验分析是否存在异常波动或重大波动。计算应收账款周转率，检查相邻两期数据是否发生猛然变化，以发现未记录销售、虚构销售或截止问题。利用计算机辅助审计技术可能有助于发现异常或未预期的收入关系或交易。

（2）执行收入的交易细节测试。将主营业务收入明细账中的大额销售记录与相应的销售货单进行核对，发现赊销的真实性、发货审批手续是否履行等问题，识别是否向虚构的客户发货。

执行追查应收账款明细账中的贷方发生额的记录，实施销售交易细节测试程序。例如，如果贷方发生额是注销坏账，或者直到审计时尚未收回，那么可能存在虚构销售交易情况，必须详细追查原始单据的真实性。

（3）执行截止测试。取得资产负债表日后所有销售退回记录，检查是否存在提前确认收入的情况，并于会计期末或接近期末时在公司的一处或多处销售及发货现场实地观察销售及发货情况，检查准备发出的货物情况，同时实施适当的销售及存货截止测试。存在销货退回的，检查相关手续是否符合规定，结合原始凭证检查其会计处理。实施此类程序的

目的在于验证收入的真实性和确认截止时点的准确性。

(4) 执行控制测试。对已发货或者与发运凭证相对应的发票仍保存在临时文件中的情况进行调查，以发现货物发运但未开销售发票的情形。

对于通过电子方式自动生成、处理、记录的销售交易，实施控制测试，用以确定被审计单位的电子交易系统能够保证交易的真实性和记录的准确性等。

(5) 执行询问等风险评估程序。向被审计单位财务人员以外的其他内部人员询问被审计期间，尤其是期末的销售和发货情况，以及他们所了解的异常交易状况。例如，向被审计单位销售人员或内部法律顾问询问临近期末的异常销售变化、异常交易条款。

通过询问或函证等方式向被审计单位的顾客确证销售合同的部分或全部条款以及是否存在附加协议。通过此程序可以识别与收入确认相关的会计处理是否恰当，往往合同条款的细节（如商品接受标准、交货与付款条件、退货权利、售后服务、不承担期后或者持续性的卖方义务）没有被真实、完整地记录可能会对收入确认产生重大影响。

2.针对存货确认的特定认定

(1) 执行控制测试。可利用计算机辅助审计技术，进一步测试存货实物盘点目录的编制。例如，按标签号进行检索以测试存货的标签控制，或按照项目的顺序编号进行整理以检查是否存在漏记或重复编号。

检查管理层监督控制程序能否有效防止、发现并纠正存货与生产交易及余额相关的舞弊。此程序用于控制环境和控制活动可能未使管理层关注存货数量、计价中可能存在潜在舞弊的情形。

(2) 执行存货监盘程序。按照存货的类别、存放地点等标准分类，将盘点数量与存货记录进行比较，判断审计人员需要特别重视的存货项目或存货存放地点，特别是金额较大、性质特殊或存放地点较远的存货。

在不预先通知的情况下观察某些存放地点的存货盘点，或在同一天对所有存放地点的存货实施盘点抽查，以识别是否存在存货转移或虚夸的情形。

在临近会计期末安排存货盘点，从而降低被审计单位在盘点日与资产负债表日之间的间隔期操纵存货余额的风险。

在监盘中利用专家的工作，例如在确定特殊类别存货（如钻石、矿石、电子芯片等）的质量特征（如纯度、品级）时利用专家的工作。

(3) 按存货的分类标准，将本期存货的数量与前期存货的数量进行比较，或将盘点数量与永续盘存的记录进行比较，以发现有无重大差异。

3.针对管理层估计的特定认定

(1) 聘请专家对相关认定作出独立估计，与管理层的估计进行比较；如果涉及的估计非常重大且舞弊导致的重大错报风险很高，针对专家的部分或全部假设、方法及结果实施额外程序（再聘请其他专家执行，或重新执行），以确定之前专家的工作结果没有明显不当之处。

(2) 向管理层和财务人员以外的相关工作人员询问，以验证估计的合理性，或者印证管理层完成与作出会计估计相关的计划的能力与意图。

(3) 从事后的角度评价管理层对以前期间的会计估计和判断事项的合理性。

(二)与侵占资产相关的认定层次重大错报风险的常用审计程序

1.针对大额费用开支的特定认定。检查高层管理人员提交的费用开支报告的适当性和金额；检查大额费用或异常费用开支的适当性。

2.针对劳务薪酬的特定认定。利用计算机辅助审计技术，检查人事档案记录、工资及薪酬记录、员工考核记录、劳务支付名单等记录（如姓名、身份证号、地址、银行账号等），发现重复或虚假的职员身份，以识别虚假的员工身份及潜在的舞弊，如虚领工资、虚开加班费、劳务报酬等；现场观察工薪发放中的控制运行情况；检查电子货币转账系统授权证据及对相关固定数据变更进行复核的证据等。

3.针对货币资金、有价证券等的特定认定。执行库存现金控制测试，了解出纳与会计的职责是否严格分离；在期末或接近期末时对现金或有价证券进行监盘，分析日常库存现金余额是否合理，有无挪用的可能；直接向被审计单位的顾客询问或函证付款日或退货的情况；调查已注销银行账户的恢复使用情况。由于货币资金的极端特殊性，下面单列针对舞弊导致的货币资金重大错报风险的审计程序。

4.针对存货的特定认定。通过观察或询问获取存货内部控制的执行情况，如未经授权的人员是否可以自由进入原材料仓库。原材料被盗往往与仓储的实物安全防范不力有关，按存货的存放地点或产品类型分析存货的短缺情况。

分析重要存货指标与行业正常水平是否存在显著差异，如存货周转率、存货周转能力是否随着重要存货项目的变化而相应变化。

5.针对采购活动的特定认定。利用计算机辅助审计技术，将被审计单位的供应商名单与被审计单位员工名单的某些标识信息，如地址、电话号码等相核对，以识别出具有相同标识信息的数据，并进一步检查。该程序可用以识别在采购环节谋取私利的行为。

6.针对销售活动的特定认定。分析销售折扣和销售退回等项目，识别异常的折扣、退货或异常趋势；向第三方确证销售合同的具体条款；实施审计程序，以识别销售合同是否按规定条款执行。

7.针对向员工提供资金或担保的特定认定。检查被审计单位为高层管理人员和关联方提供资金或担保的授权、贷款或担保条款以及金额。

二、针对管理层凌驾于控制之上的风险实施的程序

管理层处于实施舞弊的独特地位，其原因是管理层有能力通过凌驾于控制之上操纵会计记录并编制虚假财务报表，而这些控制却看似有效运行。在获取合理保证时，注册会计师有责任在整个审计过程中保持职业怀疑，考虑管理层凌驾于控制之上的可能性，并认识到对发现错误有效的审计程序未必对发现舞弊有效。

由于管理层凌驾于控制之上的行为的发生方式不可预见，因此这种风险属于由于舞弊导致的重大错报风险，也是一种特别风险。

对管理层凌驾于控制之上的风险评估结果无论高低，注册会计师都应当设计和实施审计程序，以实现以下目的：

（1）测试在日常会计核算过程中作出的会计分录以及在编制财务报表过程中作出的调整是否适当。

①向参与财务报告过程的人员询问与处理会计分录和其他调整相关的不恰当或异常的活动；

②选择在报告期末作出的会计分录和其他调整；

③考虑是否有必要测试整个会计期间的会计分录和其他调整。

（2）复核会计估计是否存在偏向，并评价产生这种偏向的环境是否表明存在由于舞弊导致的重大错报风险。

①评价管理层在作出会计估计时所作的判断和决策是否反映出管理层的某种偏向（即使判断和决策单独看起来是合理的），从而可能表明存在由于舞弊导致的重大错报风险。如果存在偏向，注册会计师应当从整体上重新评价会计估计；

②追溯复核与以前年度财务报表反映的重大会计估计相关的管理层判断和假设。

（3）对于超出被审计单位正常经营过程的重大交易，或基于对被审计单位及其环境的了解以及在审计过程中获取的其他信息而显得异常的重大交易，评价其商业理由（或缺乏商业理由）是否表明被审计单位从事交易的目的是对财务信息作出虚假报告或掩盖侵占资产的行为。

三、货币资金审计中对舞弊的考虑

由于货币资金的特殊性，货币资金很容易成为被盗取、侵占的对象。货币资金的舞弊，可以大致分为两大类：一类属于个人或团伙的非法占有，如挪用公款、不当的费用报销等；另一类属于被审计单位在报表上作虚假陈述或隐瞒不报，如受限资金在报表附注中不披露等。

（一）被审计单位货币资金舞弊的种类

1.涉及货币资金侵占的舞弊行为

（1）以虚开票据报账，套取现金。舞弊者通常通过虚假发票（舞弊者会支付一定的好处费给虚开票据者），或者以别人持有而无须报账的票据在本企业财务部门报账，从而违规取得现金。

（2）虚构职工人数，虚增工资支出，套取现金。舞弊者在工资表中虚构职工人数，将一些实际不存在的人员罗列入工资表中，从而增加工资支出，扣除实发工资，余款为违规套取的现金。

（3）通过挂往来账，套取资金。舞弊者将资金汇往与本企业无真实业务往来的其他经济体或个人，并在账上作往来款处理，挂预付账款或其他应收款，长期挂而不理，最后以各种理由作坏账处理，注销所挂账目，从而达到套取资金的目的。

（4）收入票据的金额小于实际收款金额，差额被中饱私囊。舞弊者通过不开发票、少开发票、发票各联金额不一致或以白条抵顶发票等手段，使列账的收入票据金额小于实际收款金额，从中侵吞差额。此类现象通常发生在现金收入业务中，但通过银行结算也不能完全杜绝此类现象。

（5）管理人员的不当得利。在实务中通常会发现，某些企业为了送礼和给好处费，虚构发票内容，如虚开办公用品发票，实为购衣鞋、烟酒等，以表面合法的票据掩盖其非法目的；当无法索取表面合法的票据时，某些企业甚至以白条作为报账凭证。某些企业主管公私不分，将个人消费充当企业消费，虽有合法票据，但支出纯粹是个人行为。

（6）擅自提现。擅自提现主要是由于票据管理混乱，内部控制不严，会计人员或出纳利用工作上的便利，私自签发现金支票，提现后不记账，不留存根，从而将现金占为己有。

（7）公款私存。公款私存主要是单位负责人、会计人员或有关业务人员利用收取现金业务或银行存款业务的便利条件，将公款存入私人户头，从而达到侵吞利息，或长期无偿使用，或私分等。

（8）伪造或涂改银行单据。银行出纳为了掩盖从银行套取现金等情形，利用经手银行业务凭证之便，对银行对账单进行涂改或伪造。

2.涉及货币资金披露的舞弊行为

被审计单位在货币资金披露上的舞弊行为主要表现为以下方面：

（1）货币资金受限不披露。被审计单位对外以货币资金担保、质押等受限事项不在报表中进行适当披露，容易给报表使用者造成误解。

（2）募集资金使用不当。上市公司的募集资金应按照招股说明书的承诺使用，不得挪作他用。有些被审计单位，一是不按照规定开设专户管理募集资金，将募集资金存放在财务公司委托理财等；二是不按照规定用途使用募集资金，但为了规避监管，被审计单位却并不在报表中做详细说明。

（3）伪造进账单据掩饰资金来源。这种行为是为了隐瞒银行资金的来源渠道或用途而伪造银行进账凭证。例如，为了将投资收益伪装成主营业务的经营收益，或者将正常的销售回款伪装成预付款项等。

（4）货币资金收支发生额与现金流量表明显不符。这种行为主要是隐瞒企业为他人提供的资金结算渠道，尤其是涉及外汇的结算，以规避资金监管。

（二）针对舞弊导致的货币资金重大错报风险的常用审计程序

审计人员对可能存在的舞弊行为，都应当给予足够重视，尤其当被审计单位的内部控制不健全，且会计与出纳人员的职责未进行分离时。通常审计人员在审计过程中需要扩大审计程序，以确定是否存在重大舞弊行为。

在设计检查舞弊的审计程序时，审计人员应关注被审计单位内部控制缺陷的性质，以及由此引起的可能发生的舞弊的类型、舞弊潜在的重要性以及最有效的审计程序。审计人员审查货币资金舞弊时，除了针对货币资金实施实质性测试程序之外，还应该结合其他审计程序，如函证应收账款程序、应收账款注销程序、现金销售业务审计程序、检查销售折让与折扣批准程序、检查物资采购批准程序等。

审计人员针对舞弊导致的重大错报风险通常采用以下审计程序：

1.突击盘点库存现金

盘点库存现金应注意以下环节：

（1）库存现金盘点应在事先不通知被审计单位相关人员的情况下突击进行。避免由于被审计单位相关人员了解到审计人员将要实施库存现金盘点而早有防备，致使库存现金盘点达不到预期效果。

（2）实施盘点的最佳时间应选择在营业开始（上午上班）前或营业终了（下午下班）后，这样既可避免打扰被审计单位正常的经营业务，又可防止被审计单位对盘点出的问题有这样或那样的解释，从而影响库存现金盘点的预期效果。

（3）组织安排库存现金的清点工作前，要求出纳将保险柜外所有单位公款全部放入保险柜，最后封存保险柜。

（4）当库存现金存放在单位不同地点的保险柜时，应安排几个盘点小组同时对单位每一存放处的保险柜现金展开盘点，或将每一存放处保险柜先做封存，然后逐一盘点。避免被审计单位在库存现金实际盘点过程中，采取拆东墙补西墙的办法应付盘点或转移资金，致使此次盘点失去原有的作用，达不到预期的审计目标。

在盘点过程中，审计人员应对保险柜中的所有库存现金、存单进行逐一登记，尤其关注各种存单上的存款人名称，以防止公款私存等。

2.银行存款余额调节表的扩大程序

如果审计人员认为被审计单位银行存款余额调节表存在故意错报行为，就应该扩大余额调节表的测试范围。测试的方法是：

（1）获取审计期间12个月的银行存款余额调节表，对每一项未达账项进行追踪检查，确定是否存在前后期未达账项均为银行未达或均为企业未达。如果存在这种情况，那么有可能存在舞弊。例如，上个月银行记入存款利息，银行入账，而企业未入账，下个月会计人员开出支票取出利息，但不记银行账，又出现银行支出记账，企业未入账。第三个月如果没有其他未达账项，则银行存款日记账与银行对账单相符，这样有关人员就会占有取出的利息。

（2）检查不同账户的银行存款余额调节表中的未达账项，主要检查不同账户之间的期末转账，是否存在已转出账户被审计单位未入账，而转入账户作为“在途存款”入账或提前记入银行存款日记账。

（3）审计人员应确认12月31日银行存款余额调节表上的调节项目均来自11月份银行存款余额调节表和12月份被审计单位银行存款日记账中记录但未兑付的支票以及银行对账单中的银行已经收付而被审计单位尚未收付的项目。

（4）对12月31日的未达账项，应检查期末后一至两周内的相关账务处理是否正确，是否存在支票退回等情况发生。如果存在，应查明原因。

3.检查大额定期存单

检查大额定期存单，并检查开户时的资料，同时与银行函证结果进行比较，确定是否存在抵押、担保情况，尤其是外埠存款，一定要取得存款行的回函，确认存款的性质及条件，对其出现的未达账项应逐项核对，并检查期后的会计处理，确定不存在舞弊情况。

对于募集资金应检查存款专户的开设资料，检查银行账户的支出是否符合招股说明书的规定，对使用的款项是否披露说明等。

4.抽查支出原始凭证

抽查库存现金或银行存款中的支出凭证，主要是日常报销费用凭证，检查凭证是否齐全、手续是否完备、用途是否符合企业经济利益，是否存在不应发生支出的异常情况。

5.检查银行单据

如果审计人员认为被审计单位可能存在隐瞒资金来源渠道，编造银行对账单的行为，那么审计人员应抽取银行进账单，并检查相应的记账凭证中的原始凭证，如买卖合同、付款人等，确定存款记录与对应的账户关系是否正确。

6.分析被审计单位的业务性质

分析被审计单位的业务性质，有无货币资金收支明显与企业经营不符的情况存在。例如，没有外贸业务却开设外币账户并发生外币收支，应检查相关的外币收支业务凭证和原始合同，并询问有关人员，以确定是否存在虚假外汇交易；对货币资金收支发生额明显大于经营收支业务的，审计人员应抽查相关业务凭证，并追查业务原始合同，以确定是否存在借用账户行为。

第三节 财务报表审计中对法律法规的考虑

违反法律法规，是指被审计单位违背除适用的财务报告编制基础以外的现行法律法规的行为。这里包括被审计单位主观有意和无意的违背，但是不包括由治理层、管理层或员工实施的与被审计单位经营活动无关的不当个人行为。不同的法律法规对财务报表的影响差异很大，注册会计师在财务报表审计过程中需要考虑被审计单位应遵守的所有法律法规。值得注意的是，某项行为是否违反法律法规最终只能由法院作出判决。

被审计单位需要遵守下列两类不同的法律法规：

（1）通常对决定财务报表中的重大金额和披露有直接影响的法律法规（如税收和企业年金方面的法律法规）。

（2）对决定财务报表中的金额和披露没有直接影响的其他法律法规，但遵守这些法律法规（如遵守经营许可条件、监管机构对偿债能力的规定或环境保护要求）对被审计单位的经营活动、持续经营能力或避免大额罚款至关重要；违反这些法律法规，可能对财务报表产生重大影响。

虽然注册会计师可能通过个人执业经验或对被审计单位相关领域的了解，本着职业怀疑态度，对某项行为是否违反相关法律法规有所怀疑，但是这已经超出了注册会计师的专业胜任能力，因此，在考虑被审计单位是否违反某一项或几项法律法规时，注册会计师应当询问相关专家意见。

一、管理层遵守法律法规的责任

管理层的责任是在治理层的监督下确保被审计单位经营活动符合法律法规的规定。法律法规可能直接规定了适用的财务报告编制基础或影响被审计单位在财务报表中的具体披露，或者规定了被审计单位需要在财务报表中确认的法定权利和义务等。

为了防止和发现违反法律法规行为，管理层执行的政策和程序有：

（一）及时跟踪法律法规的变化

管理层应当建立相应的制度，通过指派专门的部门和人员搜集信息或聘请法律顾问等方式和途径，确保能及时、全面了解适用于本企业及所在行业的相关法律法规的变化，并且应当根据法律法规的要求，制定和修改经营程序，使自身的经营活动符合法律法规的要求。

（二）建立和健全内部控制

内部控制的目标之一就是保证企业遵守相应的法律法规，因此管理层应按照国家有关规定和企业的实际情况，建立和健全适合本企业的内部控制，从而可以合理保证经营活动符合相关法律法规的要求，这是确保企业遵守法律法规非常重要的一步。

（三）制定和落实行为规范

管理层应当在了解相关法律法规要求的基础上，制定符合法律法规要求的行为规范，并且要进行公布，使企业每一名员工得到适当培训，并了解行为规范。员工了解了相应的行为规范，明确知道自己的行为哪些是正确的，哪些可能违反了相关法律法规，这样多数员工都能遵守行为规范，从而就可以保证企业的经营活动合法合规。

（四）监控员工遵守行为规范的情况

被审计单位虽然已经公布并对员工培训了相应的行为规范，但是由于部分员工可能受到利益驱动或其他原因故意或无意地违反相关的行为规范，因此管理层应当采取措施监控行为规范遵守的情况，对于违反行为规范的员工采取恰当的措施给予处分，这样有利于促使全体员工自觉遵守行为规范。

（五）聘请法律顾问

管理层由于专业限制等原因，很可能无法准确地了解和运用适用于本单位的所有相关法律法规，因此，一般情况下都需要聘请法律顾问。

（六）管理相关法律法规文件和记录

对于被审计单位在其所处行业必须遵守的法律法规，管理层有必要进行汇编管理。另外，有必要保存被投诉的记录，这样做不仅有利于管理层和员工了解被审计单位某些方面存在的缺陷与不足，而且有利于根据投诉记录及调查结果作出适当处理，修改经营程序，从而完善相关的行为规范。

（七）内部审计和法律机构应当履行相应职责

对于设有内部审计机构、审计委员会和法律部门的被审计单位，应当分配适当的权力和责任给这些机构和部门，让这些部门和部门中的专业员工一起帮助管理层履行防止和发现违反法律法规行为的责任。

二、注册会计师的责任

注册会计师有责任对财务报表整体不存在由于舞弊或错误导致的重大错报获取合理的保证。

在执行财务报表审计时，注册会计师会考虑适用于被审计单位的法律框架。由于审计的固有限制，即使注册会计师按照审计准则的规定恰当地计划和执行审计工作，也不可避免地存在财务报表中的某些重大错报没有被发现的风险。具体到法律法规，审计的固有限制对注册会计师发现重大错报的能力的潜在影响会加大，主要的固有限制有：法律法规主要与被审计单位的经营活动相关，通常不影响财务报表，并且不能被与财务报告相关的信息系统所获取；违反法律法规可能涉及故意隐瞒的行为，如共谋、伪造、故意漏记交易、管理层凌驾于控制之上或故意向注册会计师提供虚假陈述；最终只能由法院认定某行为是否构成违反法律法规。

因此，注册会计师没有责任防止被审计单位违反法律法规行为，也不能期望注册会计师发现被审计单位所有的违反法律法规的行为。但是，在审计过程中，为了对财务报表形成审计意见而实施的其他审计程序，可能使注册会计师识别出或怀疑被审计单位存在违反法律法规的行为，注册会计师应当保持职业怀疑态度。

针对被审计单位需要遵守的两类不同的法律法规，注册会计师应当承担不同的责任：

1.针对被审计单位需要遵守的第一类法律法规，注册会计师的责任是就被审计单位遵守这些法律法规的规定获取充分、适当的证据；

2.针对被审计单位需要遵守的第二类法律法规，注册会计师的责任仅限于实施特定的审计程序，以有助于识别可能对财务报表产生重大影响的违反这些法律法规的行为。

三、对被审计单位遵守法律法规的考虑

（一）对法律法规框架的了解

当注册会计师了解被审计单位及其环境时，应当总体了解下列事项：适用于被审计单位及其所处行业或领域的法律法规框架以及被审计单位如何遵守这些法律法规框架。

为总体了解法律法规框架以及被审计单位如何遵守这些法律法规框架，注册会计师可以采取下列措施：

（1）利用对被审计单位行业状况、监管环境以及其他外部因素的了解；

（2）更新对直接决定财务报表中的报告金额和列报的法律法规的了解；

（3）向管理层询问对被审计单位经营活动预期可能产生至关重要影响的其他法律法规；

（4）向管理层询问被审计单位制定的有关遵守法律法规的政策和程序；

（5）向管理层询问在识别、评价和会计处理诉讼索赔时采用的政策和程序。

（二）对决定财务报表中的重大金额和披露有直接影响的法律法规

某些法律法规可能已经完善且与被审计单位财务报表相关。这些法律法规可能与下列事项相关：

（1）财务报表的格式和内容；

（2）特定行业的财务报告问题；

（3）根据政府合同对交易进行的会计处理；

（4）所得税费用或退休金成本的应计或确认。

这些法律法规的某些规定可能与财务报表中的特定认定直接相关（如应交税费的完整性），而其他规定可能与财务报表整体直接相关（如规定的财务报表的种类等）。注册会计师应当针对这些对决定财务报表中的重大金额和披露有直接影响的法律法规，获取被审计单位遵守这些规定的充分、适当的审计证据。

（三）识别违反其他法律法规行为的程序

某些法律法规可能因其对被审计单位的经营活动具有至关重要的影响，需要注册会计师予以特别关注。违反此类法律法规可能导致被审计单位终止业务活动或对其持续经营能力产生怀疑。例如，排出的污水不符合环境保护法的规定，可能面临着停业的后果。同时，存在许多与被审计单位经营活动相关的法律法规，它们并不对财务报表产生影响，也不会被与财务报表相关的信息系统反映。

因此，注册会计师为了识别可能对财务报表产生重大影响的违反其他法律法规的行为，应当执行下列审计程序：

（1）向管理层和治理层（如适用）询问被审计单位是否遵守了这些法律法规；

（2）检查被审计单位与许可证颁发机构或监管机构的往来函件。

（四）实施其他审计程序使注册会计师注意到违反法律法规的行为

注册会计师可能通过为形成审计意见所实施的审计程序，注意到识别出的或怀疑存在的违反法律法规行为。这些审计程序可能包括：

（1）阅读会议纪要；

（2）向被审计单位管理层、内部或外部法律顾问询问诉讼、索赔及评估情况；

（3）对某类交易、账户余额和披露实施细节测试。

（五）书面声明

由于法律法规对财务报表的影响差异很大，因此可以要求管理层对其识别出的或怀疑存在的可能对财务报表产生重大影响的违反法律法规行为，作出书面声明，从而提供必要的审计证据。然而，因为书面声明本身并不提供充分、适当的审计证据，所以获取书面声明不影响注册会计师拟获取的其他审计证据的性质和范围。

四、识别出或怀疑存在违反法律法规行为时实施的审计程序

（一）注意到与识别出的或怀疑存在的违反法律法规行为相关信息时的审计程序

如果注册会计师发现下列事项或相关信息，可能表明被审计单位存在违反法律法规的行为包括：受到监管机构、政府部门的调查，或者支付罚金或受到处罚；向未指明的服务付款，或向顾问、关联方、员工或政府雇员提供贷款；采购价格显著高于或低于市场价格；负面的媒体评论等。

如果注意到与识别出或怀疑存在的违反法律法规行为相关信息时，注册会计师应当：

①了解违反法律法规行为的性质及发生的环境。

②获取进一步的信息，以评价对财务报表可能产生的影响。这种影响主要包括：违反法律法规行为对财务报表产生的潜在财务后果，如受到罚款、处分、赔偿、封存财产、强制停业和诉讼等；潜在财务后果是否需要列报；潜在财务后果是否严重，以致对财务报表的公允反映产生怀疑或导致财务报表产生误导。

（二）怀疑被审计单位存在违反法律法规行为时的审计程序

如果治理层能够提供额外的审计证据，注册会计师可以与治理层讨论其发现。如果管理层或治理层（如适用）不能向注册会计师提供充分的信息证明被审计单位遵守了法律法规，注册会计师可以考虑向被审计单位内部或外部的法律顾问咨询有关法律法规在具体情况下的运用，包括舞弊的可能性以及对财务报表的影响。如果注册会计师认为向被审计单位法律顾问咨询是适当的或不满意其提供的意见，可以考虑向所在会计师事务所的法律顾问咨询，从而确定被审计单位是否存在违反法律法规行为、可能导致的法律后果（包括舞弊的可能性），以及可能采取的进一步行动。

（三）评价违反法律法规行为对财务报表的影响

注册会计师应当评价违反法律法规行为对财务报表方面可能产生的影响，包括评价被审计单位书面声明可靠性的影响。违反法律法规的行为对财务报表影响的大小，与该行为的实施和隐瞒牵涉的管理人员或员工的级别有着密切的关系。如果被审计单位最高权力机构参与违反法律法规，那么会对财务报表产生较大的影响。

如果管理层或治理层没有采取注册会计师认为适合具体情况的补救措施，由于违反法律法规的性质特殊，因此即使违反法律法规行为对财务报表不重要，那么注册会计师也可能考虑是否有必要解除业务约定。在决定是否有必要解除业务约定时，注册会计师可以考虑征询相关律师的意见。如果不能解除业务约定，注册会计师可以在审计报告的其他事项段中描述违反法律法规的行为。

五、对识别出的或怀疑存在的违反法律法规的行为的报告

（一）与治理层沟通

1.与治理层沟通的总体要求

注册会计师应当与治理层沟通在审计过程中注意到的有关违反法律法规的事项，但是

明显不重要的事项可以不必沟通。这将有利于注册会计师尽到职业责任，为治理层履行对管理层的监督责任提供有用信息。如果治理层全部成员参与管理被审计单位，那么注册会计师可以不与其沟通已识别出的或怀疑存在的违反法律法规行为，因为他们已经知悉这些行为。

沟通一般采用书面形式和口头形式两种。通常采用书面形式，将书面文件送治理层签收，并将文件副本及签收记录作为审计工作底稿予以保管。如果需要采用口头沟通方式，应形成沟通记录，并提请沟通对象签字确认。

2.违反法律法规行为情节严重时的沟通要求

（1）对故意和重大的违反法律法规行为的沟通要求。“故意”是就违反法律法规行为的性质而言的，“重大”是就违反法律法规行为的情节和后果而言的。判断一项违反法律法规行为是否“故意”或“重大”，除了依据获取的审计证据外，还需要注册会计师运用职业判断。注册会计师一旦发现故意和重大的违反法律法规行为应尽快与治理层沟通，以便治理层及时了解违反法律法规行为的严重性，并采取相应措施。

（2）怀疑违反法律法规行为涉及管理层或治理层时的沟通要求。如果怀疑违反法律法规行为涉及管理层或治理层，注册会计师应当向被审计单位审计委员会或监事会等更高层级的机构通报。如果不存在更高层级的机构，或者注册会计师认为被审计单位可能不会对通报作出反应，或者注册会计师不能确定向谁报告，注册会计师应当考虑是否需要向律师征求意见。

（二）出具审计报告

当注册会计师识别出或怀疑存在违反法律法规的行为时，与治理层进行沟通后，应考虑该行为对出具审计报告类型的影响。

1.考虑违反法律法规行为的影响

如果认为违反法律法规行为对财务报表具有重大影响，注册会计师应当要求被审计单位在财务报表中予以恰当反映。如果被审计单位在财务报表中对该违反法律法规行为作出恰当反映，注册会计师应当出具无保留意见的审计报告。如果认为该违反法律法规行为对财务报表有重大影响，且未能在财务报表中得到恰当反映，注册会计师应当出具保留意见或否定意见的审计报告。

2.考虑审计范围受到限制的影响

（1）来自被审计单位的限制。如果管理层或治理层阻挠注册会计师，使其无法获取评价是否存在或可能存在对财务报表产生重大影响的违反法律法规行为充分、适当的审计证据，注册会计师应当根据审计范围受到限制的程度，发表保留意见或无法表示意见。

（2）其他条件的限制。如果由于审计范围受到管理层或治理层以外的其他方面的限制而无法确定被审计单位是否存在违反法律法规行为，注册会计师应当评价这一情况对审计意见的影响。

（三）向监管机构和执法机构报告

如果注册会计师识别出或者怀疑被审计单位存在违反法律法规的行为，应当考虑是否有责任向外部的监管机构和执法机构报告。这里所说的违反法律法规的行为一般是指经注册会计师发现和确定的严重违反法律法规的行为，即有重大法律后果或涉及社会公众利益的行为。注册会计师应当根据相关法律法规的规定，了解其是否要求注册会计师报告违反法律法规的行为，并考虑采取何种方式以及何时向谁进行报告。

学思践悟　审计参与债券市场舞弊风险治理的案例

学思践悟案例

审计参与债券市场舞弊风险治理的案例

【案例简介】

审计作为党和国家监督体系的重要组成部分，在防范化解重大风险过程中有着积极作用。本案例介绍了审计署对债券市场舞弊审计的治理过程，包括两个子案例：一是债券发行阶段权力寻租案例；二是债券二级市场利益输送案例。具体分析了审计人员如何发现问题，如何利用审计框架研究问题，如何通过后续工作解决问题，并形成对债券市场舞弊风险治理审计启示。舞弊审计是国家预防、揭示和抵御舞弊，保护或挽回国有资金的最重要手段，在舞弊风险治理中拥有独特优势。通过本案例反思审计应如何具备职业谨慎精神和风险防范意识。

【关键词】

舞弊审计；风险防范；债券市场；国家审计

【教学目的和用途】

本案例运用舞弊风险审计框架对近年债券市场上的典型案例进行分析，揭示国家审计在促进债券市场审计中发挥的作用，进而提出改进建议。通过本案例的学习，学生应理解舞弊审计在国家现阶段的三大攻坚战的“化解重大风险”中扮演着重要角色，对国家和组织风险防控起着积极意义。在此基础上进行深刻反思，研讨和分析职业谨慎精神和风险防范意识的重要性。

【素养目标】

1.引导学生时刻树立职业敏感和职业谨慎的意识。通过审计署对债券市场舞弊审计的两个案例，一是债券发行阶段权力寻租案例，二是债券二级市场利益输送案例，让学生认识到保持职业谨慎是查实重大问题的基本保证。据此反思我们审计人员在工作中必须建立审计风险的防范意识，必须通过保持职业谨慎对审计事项重要性和审计风险水平进行合理的判断，制订合理的审计方案，严格遵守审计准则和执业规范，科学获取审计证据，避免因工作疏忽而遗漏重要审计事项或造成审计结论错误。

2.培养学生在工作中牢固树立风险防范意识。中央提出防范化解重大风险以来，国家审计积极参与债券市场舞弊风险治理并做出较大贡献。审计署对债券市场舞弊审计的典型案例表明审计在防范化解重大风险中起着重要作用。

【价值塑造】

1.树立职业谨慎的责任意识：审计人员保持合理职业怀疑是能够发现疑点的基础，不放过看似合理的理由与流程，使案件取得突破性进展。保持职业谨慎和实施有效审计程序，是查实重大问题的基本保证。

2.树立风险防范意识：审计监督的全面性、独立性、专业性，保证了国家审计能够全面、客观、准确、及时发现在经济运行中存在的风险隐患，从而提前预警重大经济风险。

【思考问题】

1.舞弊审计如何防范化解重大风险，维护国家经济安全？

2.请根据案例A用图描述案例A的舞弊模式。

3.请根据案例B用图描述案例B的利益输送方式。

4.这个案例中有哪些问题需要我们在现实生活中进行反思和借鉴?

【分析思路】

第一步，利用案例介绍的内容梳理出案例A的舞弊模式。

第二步，利用案例介绍的内容梳理出案例B利益输送图。

第三步，进一步思考，舞弊审计如何防范化解重大风险，维护国家经济安全。

第四步，全面研讨和反思案例中的职业谨慎精神和风险防范意识。

复习思考题

1.针对评估的舞弊导致的重大错报风险，注册会计师的应对措施是什么?

2.注册会计师识别出或怀疑存在违反法律法规行为时的处理是什么?

3.货币资金在披露上的舞弊主要有哪些?审计人员应采取何种审计程序审计?

本章习题

第八章练习题

拓展阅读

中国注册会计师审计准则第1141、1142号

第九章
对特殊项目的考虑

学习目标

1. 掌握注册会计师沟通的对象及内容；

2. 了解利用内部审计工作和专家工作时应当实施的审计程序；

3. 了解会计估计、关联方、期初余额、持续经营假设等的审计程序。

本章将以注册会计师审计为例，介绍其对特殊项目进行审计时需要考虑的事项，主要是对舞弊、违反法规行为、沟通的对象及其他特殊项目等方面的考虑。

第一节　审计沟通

教学视频9-1

审计沟通

注册会计师在接受委托之前和接受委托之后都需要与治理层以及前任注册会计师就一些重大事项进行沟通。

一、注册会计师与治理层的沟通

治理层，是指对被审计单位战略方向以及管理层履行经营管理责任、负有监督责任的人员或组织。治理层的责任包括对财务报告过程的监督。在某些被审计单位，治理层可能包括管理层成员。管理层，是指对被审计单位经营活动的执行负有管理责任的人员。在某些被审计单位，管理层包括部分或全部的治理层成员。

不同国家或地区之间，其公司治理结构也呈现出不同的模式和特点。即使在同一个国家或地区，由于企业组织形式、规模乃至经济成分的不同，其治理结构也不尽相同。

在公司治理所涉及的机构中，经理的主要职责是经营管理，因此经理及副总经理和相当于副总经理的职位都属于管理层。董事会的主要职责是制定战略，进行重大决策，聘任经理并对经营管理活动进行监督；监事会的主要职责是对公司财务以及公司董事、经理的行为进行监督。因此，一般认为，董事会和监事会属于治理层。但是，往往不同程度地存在治理层参与管理的情形，例如董事兼任高级管理人员。由于股东大会属于以会议形式存在的公司权力机关，为非常设机构，一般不把它列为注册会计师应予沟通的治理层。但是，如果在有必要与治理层整体进行沟通的情况下，尤其是在公司章程规定对注册会计师的聘任、解聘由股东大会（股东会）决定时，注册会计师可能也需要与股东大会（股东会）进行沟通。

编制财务报表是管理层的责任，治理层应当对财务报表的编制和披露负监督责任。这种监督职责主要有：审核或监督企业的重大会计政策；审核或监督企业财务报告和披露程序；审核或监督与财务报告相关的企业内部控制；组织和领导企业内部审计；审核和批准企业的财务报告，以及相关信息披露；聘任和解聘负责企业外部审计的注册会计师并与其进行沟通等。

（一）沟通的作用

被审计单位的治理层对财务报表的编制和披露负有监督责任，注册会计师对财务报告编制和监督过程负有审计职责，治理层和注册会计师在这个方面存在着共同的关注点，在履行职责方面存在着很强的互补性，因此注册会计师有必要与治理层保持有效的沟通。

（1）注册会计师和治理层了解与审计有关的背景事项，并建立建设性的工作关系。在建立这种关系时，注册会计师需要保持独立性和客观性。

（2）注册会计师向治理层获取与审计相关的信息，例如，治理层可以帮助注册会计师了解被审计单位及其环境，确定审计证据的适当来源，以及提供有关具体交易或事项的信息。

（3）治理层履行其对财务报告过程的监督责任，从而降低财务报表重大错报风险。

（二）沟通的目标

注册会计师应就与财务报表审计相关且根据职业判断认为与治理层责任相关的重大事项，以适当的方式及时与治理层进行明晰的沟通。沟通的具体目标如下：

（1）就注册会计师与财务报表审计相关的责任、计划的审计范围和时间安排的总体情况，与治理层进行清晰的沟通；

（2）向治理层获取与审计相关的信息；

（3）及时向治理层通报在审计过程中发现的与治理层监督财务报告过程的责任相关的重大事项；

（4）推动注册会计师和治理层之间有效的双向沟通。

（三）沟通的对象

1.确定沟通对象的要求

（1）确定适当的沟通人员。注册会计师应当确定与被审计单位治理结构中的哪些适当人员进行沟通。被审计单位不同，适当的沟通对象可能也不同。即使是同一家被审计单位，由于组织形式的变化、章程的修改或其他方面的变动，适当的沟通对象也可能发生变动。

由于沟通事项的不同，适当的沟通对象也会有所不同。针对一些特殊事项，注册会计师应当运用职业判断考虑是否应当与被审计单位治理结构中的其他适当对象进行沟通。例如，如果治理层兼任高级管理职务，注册会计师就不适宜与之沟通有关管理层的胜任能力和诚信问题方面的事项。

（2）确定适当的沟通人员时应当利用的信息。在确定与哪些适当人员沟通特定事项时，注册会计师应当利用在了解被审计单位及其环境时获取的有关治理结构和治理过程的信息。主要的途径有了解被审计单位的法律结构、组织形式，查阅被审计单位的章程、组织结构图，询问被审计单位的相关人员等。

有时候，被审计单位也会指定具体的相对稳定的部门或机构来与注册会计师进行沟通，例如董事会下设的审计委员会等。当然，如果是被审计单位本身治理结构层次不清晰，注册会计师实施相应的审计程序和运用职业判断无法识别沟通对象，被审计单位也没有指定具体部门或机构负责与注册会计师进行沟通，那么注册会计师应当尽快与被审计单位商定沟通对象，并将过程记录于相应的审计工作底稿中。

2.与治理层的下设组织或个人进行沟通

（1）沟通的主要因素。在一般情况下，注册会计师没有必要也不可能就全部沟通事项与治理层整体进行沟通。适当的沟通对象往往是治理层的下设组织和人员，如董事会下设的审计委员会、独立董事、监事会，或者被审计单位特别指定的组织和人员等。

注册会计师在决定与治理层某下设组织或个人进行沟通时，需要考虑下列事项：

①治理层的下设组织与治理层各自的责任。这种责任划分是确定适当沟通对象的直接依据。

②拟沟通事项的性质。对于不同性质的沟通事项，沟通对象可能并不相同。尽管合适的沟通对象可能是治理层下设的某个组织、某些人员，但是，当遇到比较特殊的事项时，可能需要适当改变沟通对象。

③相关法律法规的规定。法律法规可能会就治理结构、治理层下设组织和人员的职责作出规定，如有这方面的规定，注册会计师应当按照法律法规的规定确定沟通对象。

④下设组织和人员是否有权就沟通的信息采取行动，以及是否能够提供注册会计师可能需要的进一步信息和解释。对于需要通过与治理层沟通以寻求配合或解决问题的事项，注册会计师应当在合理考虑治理层的职责分工的基础上，选择积极配合、有利于解决问题的适当的沟通对象。

通常，如果被审计单位设有审计委员会，那么注册会计师一般应当将其作为沟通对象。

（2）需要与治理层整体沟通的特殊情形。在某些情况下，治理层全部成员参与管理被审计单位，例如，一家规模很小的企业，只有一名股东负责管理企业，也没有其他人负责治理，这时如果就审计准则要求沟通的事项已与负有管理责任的人员沟通，且这些人员同时负有治理责任，那么注册会计师无须就这些事项再次与负有治理责任的相同人员沟通。不过，注册会计师应当确定与负有管理责任人员的沟通能够向所有负有治理责任的人员充分传递应予沟通的内容。

（四）沟通的事项

1.注册会计师与财务报表审计相关的责任

注册会计师应当与治理层沟通注册会计师与财务报表审计相关的责任，包括：

（1）注册会计师负责对管理层在治理层监督下编制的财务报表形成和发表意见；

（2）财务报表审计并不减轻管理层或治理层的责任。

注册会计师与财务报表审计相关的责任通常包含在审计业务约定条款的其他适当形式的书面协议中。因此，注册会计师可以通过向治理层提供审计业务约定书或其他适当形式的书面协议副本的方式与治理层进行沟通。

2.计划的审计范围和时间安排

独立制定总体审计策略和具体审计计划（包括获取充分、适当的审计证据所需程序的性质、时间安排和范围）是注册会计师的责任，但是就计划的审计范围和时间进行沟通可以帮助治理层更好地了解注册会计师的工作结果，与注册会计师讨论风险问题和重要性的概念，以及识别可能需要注册会计师追加审计程序的领域；帮助注册会计师更好地了解被审计单位及其环境。注册会计师应当与治理层沟通计划的审计范围和时间安排的总体情况，包括识别的特别风险，需要注意防止具体审计程序的性质和时间安排被治理层预见而降低其有效性。

沟通的事项可能包括：

（1）注册会计师拟如何应对由于舞弊或错误导致的特别风险以及重大错报风险水平较高的领域；

（2）注册会计师对与审计相关的内部控制采取的方案；

（3）在审计中对重要性概念的运用；

（4）实施计划的审计程序或评价审计结果需要的专门技术或知识的性质和程度，包括利用专家的工作；

（5）当《中国注册会计师审计准则第1504号——在审计报告中沟通关键审计事项》适用时，注册会计师对哪些事项可能需要重点关注因而可能构成关键审计事项所作的初步判断。

尽管与治理层的沟通可以帮助注册会计师计划审计的范围和时间安排，但并不改变注册会计师独自承担制定总体审计策略和具体审计计划（包括获取充分、适当的审计证据所需程序的性质、时间安排和范围）的责任。

3.对于审计中发现的重大问题的沟通

（1）注册会计师对被审计单位会计实务重大方面的质量的看法

财务报告编制基础通常允许被审计单位作出会计估计、有关会计政策和财务报表披露的判断。就会计实务重大方面的质量进行开放性的、建设性的沟通，可能包括评价重大会计实务的可接受性。

会计实务质量方面主要包括被审计单位对于其发生的经营业务活动选用的会计政策、会计估计是否适当，以及财务报表披露总体是否中立、一贯和明晰等。

（2）审计工作中遇到的重大困难

①管理层在提供审计所需信息时出现严重拖延；

②不合理地要求缩短完成审计工作的时间；

③为获取充分、适当的审计证据需要付出的努力远远超过预期；

④无法获取预期的信息；

⑤管理层对注册会计师施加限制；

⑥管理层不愿意按照要求对被审计单位的持续经营能力进行评估，或不愿意延长评估期间。

（3）已与管理层讨论或需要书面沟通的审计中出现的重大事项

①影响被审计单位的业务环境，以及可能影响重大错报风险的经营计划和战略；

②对管理层就会计或审计问题向其他专业人士进行咨询的关注；

③管理层在首次委托或连续委托注册会计师时，就会计实务、审计准则应用、审计或其他服务费用与注册会计师进行的讨论或书面沟通。

（4）影响审计报告形式和内容的情形

审计准则规定了当审计报告中包含了更多的信息时，注册会计师需要就这些信息与治理层进行沟通，具体情形如下：

①《中国注册会计师审计准则第1502号——在审计报告中发表非无保留意见》规定，注册会计师预期在审计报告中发表非无保留意见时，需要与治理层沟通发表非无保留意见的情况和使用的措辞。

②《中国注册会计师审计准则第1324号——持续经营》规定，注册会计师应当向治理层报告与持续经营相关的重大不确定性。

③《中国注册会计师审计准则第1504号——在审计报告中沟通关键审计事项》规定，注册会计师应当与治理层沟通关键审计事项。

④《中国注册会计师审计准则第1503号——在审计报告中增加强调事项段和其他事项段》规定，注册会计师认为有必要（或应当）增加强调事项段或其他事项段与治理层进行沟通。

（5）其他事项

审计中出现的、根据职业判断认为对监督财务报告过程具有重大影响的其他事项需要与治理层进行沟通。例如，已更正的其他信息存在重大错报或重大不一致等。

审计中出现的、与治理层履行对财务报告过程的监督职责直接相关的其他重大事项，可能包括已更正的其他信息存在的对事实的重大错报或重大不一致。

4.值得关注的内部控制缺陷

在风险评估阶段，注册会计师需要了解被审计单位的内部控制，了解的目的是识别和评估重大错报风险，并且决定是否实施控制测试。在财务报表审计时，注册会计师不会对内部控制的有效性发表审计意见，但是有可能在审计过程中，识别出被审计单位的内部控制缺陷。

注册会计师根据自身的职业判断，认为识别出的一个或多个内部控制缺陷足够重要时，这些内部控制缺陷就是值得关注的内部控制缺陷。注册会计师应当以书面形式及时向治理层通报在审计过程中识别出的值得关注的内部控制缺陷。

当识别出这些值得关注的内部控制缺陷时，注册会计师还应当及时向管理层通报相关的内部控制缺陷，除非在具体情况下不适合直接向管理层通报，例如识别出的内部控制缺陷为管理层不诚信等。

5.注册会计师的独立性

注册会计师进行财务报表审计时需要按照相关职业道德的要求，保持独立性。如果被审计单位是上市公司，那么注册会计师需要就独立性方面的内容与治理层进行沟通，沟通的具体内容如下：

（1）会计师事务所（含网络事务所，下同）和项目组成员及其他相关人员已经作出了保持独立性的声明。

（2）注册会计师认为可能影响独立性的所有关系和事项，例如会计师事务所为被审计单位提供审计和非审计服务的收费总额，由治理层评估这些服务是否对注册会计师的独立性产生影响。

（3）会计师事务所为了消除或降低对独立性的不利影响，采取的相关防范措施。具体不利影响因素包括因自身利益、自我评价、过度推介、密切关系和外在压力产生的不利影响等。

（五）沟通的过程

注册会计师应当就沟通的形式、时间安排和拟沟通的基本内容与治理层进行沟通。

1.沟通形式

沟通的形式通常包括结构化的陈述、书面报告以及不太正式的沟通（包括讨论）。一般情况下，对于审计发现的重大事项和注册会计师独立性问题应当以书面报告的形式进行沟通，而且一般采用沟通函件的方式进行书面沟通。对于其他事项，注册会计师可以根据具体事项和职业判断选择口头或书面的沟通方式。下面以上市公司为例，与治理层沟通函格式如下：

与治理层的沟通函

××公司董事会（审计委员会）：

根据《中国注册会计师审计准则第1151号——与治理层的沟通》的规定，在审计中，注册会计师应当就自身的独立性与治理层进行书面沟通。此外，注册会计师还应当及时向治理层通报在审计过程中发现的与治理层监督财务报告过程的责任相关的重大事项。保持有效的双向沟通关系，有利于注册会计师与治理层履行各自的职责。

特别强调的是，除法律法规和审计准则另有规定的情形之外，本书面沟通文件仅供贵公司董事会使用，本所对第三方不承担任何责任，未经本所事先书面同意，本沟通文件不得被引用、提及或向其他人披露。

一、独立性

本所独立性声明如下：

（一）截至20××年××月××日，参与贵公司审计工作的审计项目组成员、本所其他相关人员以及本所和网络事务所按照相关职业道德要求保持了独立性。

（二）根据职业判断，本所认为本所、网络事务所与贵公司之间不存在可能影响独立性的任何关系和其他事项。

我们已经根据相关职业道德要求的规定采取了相关的防范措施，以消除可能对独立性产生的不利影响或将其降至可接受的水平。

【或者：

根据职业判断，本所认为本所、网络事务所与贵公司之间存在下列可能影响独立性的关系和其他事项：

［描述可能影响独立性的所有关系和其他事项，以及为消除对独立性的不利影响或将其降至可接受的水平而采取的相关防范措施。］

在采取上述措施后，本所认为，这些关系和其他事项对本所独立性的不利影响已经降至可接受的水平，本所能够满足相关职业道德要求对注册会计师独立性的要求。】

服务类别	收费总额（人民币元）
审计业务	
非审计业务（请说明提供服务的性质）	
合计	

二、沟通事项

（一）注册会计师与财务报表审计相关的责任

……

（二）计划的审计范围和时间安排

……

（三）审计中的重大发现

……

（四）其他重大事项

……

××会计师事务所（盖章）

中国注册会计师：（签名并盖章）

______年__月__日

被审计单位意见：

结论：是否同意本所就独立性所做的上述声明以及就上述重大事项所作的说明

被审计单位授权代表签字：

______年__月__日

2.沟通时间

计划事项的沟通，通常在审计业务的早期阶段进行；审计中遇到的重大困难，如果治理层能够协助注册会计师克服，或者这些困难可能导致发表非无保留意见，应尽快沟通。如果识别出值得关注的内部控制缺陷，注册会计师应当按照要求进行书面沟通前，尽快向治理层进行口头沟通。对独立性的不利影响和相关防范措施则需要随时沟通。

3.沟通过程的充分性

注册会计师应当评价其与治理层之间的双向沟通对实现审计目的是否充分。注册会计师不需要设计专门程序以支持其对与治理层之间的双向沟通的评价，可以通过治理层对实施其他审计程序的见解进行评价。具体如下：针对注册会计师提出的沟通事项，治理层采取的措施的适当性和及时性；治理层在与注册会计师沟通的过程中表现出来的坦率程度；治理层在没有管理层在场的情况下与注册会计师会谈的意愿和能力；治理层表现出来的对注册会计师所提出的事项的全面理解能力；就拟沟通的形式、时间安排和期望的大致内容与治理层达成相互理解的难度；当治理层全部或部分成员参与管理被审计单位时，他们所表现出的对与注册会计师讨论的事项如何影响其治理责任和管理责任的了解等。

如果认为双向沟通不充分，注册会计师应当评价其对重大错报风险评估以及获取充分、适当的审计证据的能力的影响，并采取适当的措施。主要措施如下：

（1）根据范围受到的限制发表非无保留意见；

（2）就采取不同措施的后果征询法律意见；

（3）与第三方（如监管机构）、被审计单位外部的在治理结构中拥有更高权力的组织或人员（如企业的业主，股东大会中的股东）或公共部门负责的政府部门进行沟通；

（4）在法律法规允许的情况下解除业务约定。

（六）沟通的审计工作底稿

注册会计师应当记录与治理层沟通的重大事项，包括记录那些对于表明形成审计报告的合理基础、证明审计工作的执行遵循了审计准则和其他法律法规要求而言很重要的事项。

如果审计准则要求沟通的事项是以口头形式进行的，那么注册会计师应当将其包括在审计工作底稿中，并记录沟通的时间和对象；如果审计准则要求沟通的事项是以书面形式进行的，那么注册会计师应当保存一份沟通文件的副本，作为审计工作底稿的一部分。

如果被审计单位编制的会议纪要是沟通的适当记录，那么注册会计师可以将其副本作为对口头沟通的记录，并作为审计工作底稿的一部分。如果发现这些记录不能恰当反映沟通的内容，且有差别的事项比较大，那么注册会计师一般会另行编制能恰当反映沟通内容的纪要，将其副本连同被审计单位编制的纪要一起送至治理层，并提示两者的差别，以免引起误解。

如果根据业务环境不容易识别出适当的沟通人员，那么注册会计师还应当记录识别治理结构中的适当沟通人员的过程。记录的内容一般包括从审计单位获取的治理结构和组织结构图、项目组内部就确定沟通对象的讨论、与委托人就沟通对象进行沟通的过程和商定的结果等。它可以记录于注册会计师的工作底稿中，必要时也可以载入业务约定书或记录商定的业务约定条款的其他形式的合约中。

如果治理层全部参与管理，那么注册会计师还应当记录对沟通的充分性进行考虑的过程，即考虑与负有管理责任的人员的沟通能否向所有负有责任的人员充分传递应予沟通内容的过程。

二、前任注册会计师和后任注册会计师的沟通

（一）前任注册会计师和后任注册会计师的含义

1.前任注册会计师

前任注册会计师，是指已对被审计单位上期财务报表进行审计，但被现任注册会计师接替的其他会计师事务所的注册会计师。接受委托但未完成审计工作，已经或可能与委托人解除业务约定的注册会计师，也被视为前任注册会计师。

2.后任注册会计师

后任注册会计师，是指正在考虑接受委托或已经接受委托，接替前任注册会计师对被审计单位本期财务报表进行审计的注册会计师。如果被审计单位委托注册会计师对已审计财务报表进行重新审计，那么正在考虑接受委托或已经接受委托的注册会计师也被视为后任注册会计师。

前任注册会计师和后任注册会计师的沟通通常由后任注册会计师主动发起，但须得到被审计单位的同意。前、后任注册会计师的沟通可以采用书面或口头的方式。在通常情况下，后任注册会计师可以通过向前任注册会计师致函的方式进行询问。如果采用口头方式，那么应当将沟通的情况记录于审计工作底稿中。

（二）接受委托前的沟通

1.沟通的目标

在接受委托前，后任注册会计师与前任注册会计师就影响业务承接决策的事项进行必要沟通，以确定是否接受委托。当后任注册会计师与前任注册会计师沟通，得知被审计单位更换会计师事务所的原因后，才能更好地考虑是否接受委托。后任注册会计师与前任注册会计师的沟通是接受委托前必须实施的审计程序。

2.沟通的前提

后任注册会计师进行主动沟通的前提是得到被审计单位的同意。因此，后任注册会计师应当提请被审计单位以书面方式允许前任注册会计师对其询问作出充分答复。如果被审计单位不同意前任注册会计师作出答复，或限制答复的范围，那么后任注册会计师应当向被审计单位询问原因，并考虑是否接受委托。在这种情况下，被审计单位很可能与前任注册会计师在重大会计、审计问题上存在意见分歧，或被审计单位管理层的诚信存在问题，后任注册会计师应当对此提高警惕，慎重评估潜在的审计风险，并考虑是否接受委托。当这种情况出现时，后任注册会计师一般应当拒绝接受委托，除非可以通过其他方式获知必要的事实，或有充分的证据表明被审计单位财务报表的审计风险水平非常低。

3.沟通的内容

后任注册会计师向前任注册会计师询问的内容应当合理、具体，至少包括：

（1）是否发现被审计单位管理层存在正直和诚信方面的问题；

（2）前任注册会计师与管理层在重大会计、审计等问题上存在的意见分歧；

（3）前任注册会计师向被审计单位治理层通报的管理层舞弊、违反法律法规行为以及值得关注的内部控制缺陷；

（4）前任注册会计师认为导致被审计单位变更会计师事务所的原因。

4.前任注册会计师的回复

在被审计单位同意前任注册会计师对后任注册会计师的询问作出充分答复的情况下，前任注册会计师应当根据所了解的事实，对后任注册会计师的合理询问及时作出充分答复。如果存在多家会计师事务所考虑接受被审计单位委托的时候，前任注册会计师只需要对被审计单位最终选定的会计师事务所给出的相关询问进行答复，无须对所有的考虑接受委托的会计师事务所一一进行答复。如果受到被审计单位的限制或存在法律诉讼的顾虑，前任注册会计师无法充分答复，那么需要向后任注册会计师说明具体原因。

5.被审计单位不同意前任注册会计师答复

由于前后任注册会计师的沟通往往会涉及被审计单位的商业秘密，所以后任注册会计师必须征得被审计单位的书面同意才能得到前任注册会计师的充分答复。如果被审计单位不同意前任注册会计师答复，那么后任注册会计师需要提高警惕，很可能被审计单位与前任注册会计师在重大的会计、审计问题上存在意见分歧，或被审计单位管理层存在诚信方面的问题，因此后任注册会计师要慎重评估审计风险并考虑是否接受委托。

6.评价沟通结果

在进行必要沟通后，后任注册会计师应当对沟通结果进行评价，以确定是否接受委托。后任注册会计师应当对前任注册会计师提供的信息给予应有的重视，对其进行评价，并与被审计单位提供的信息进行比较。如果两者提供的信息不符，或者两者在会计或审计的重大方面存在分歧，后任注册会计师应慎重考虑是否接受委托。当出现上述情况时，后任注册会计师一般应拒绝接受委托，以抑制被审计单位购买审计意见的企图，并保护前任注册会计师的利益。

（三）接受委托后的沟通

接受委托后，如果需要查阅前任注册会计师的工作底稿，那么后任注册会计师应当得到被审计单位的同意，并与前任注册会计师进行沟通。

1.查阅前任注册会计师工作底稿的前提

取得被审计单位同意后，后任注册会计师可以与前任注册会计师进行沟通来查阅其审计工作底稿。在审计实务中，接受审计业务委托前，几乎不可能有前任注册会计师允许后任注册会计师查阅其审计工作底稿的情况。但在接受委托后，前任注册会计师可以考虑允许后任注册会计师查阅其审计工作底稿。如果上期财务报表由前任注册会计师审计，那么后任注册会计师应当考虑通过查阅前任注册会计师的工作底稿获取有关期初余额的充分、适当的审计证据，并考虑前任注册会计师的独立性和专业胜任能力。

2.查阅工作底稿的内容

前任注册会计师应当自主决定可供后任注册会计师查阅、复印或摘录的工作底稿内容，这些内容通常可能包括有关审计计划、控制测试、审计结论的工作底稿，以及其他具有延续性的对本期审计产生重大影响的会计、审计事项（如有关资产负债表账户的分析和或有事项）的工作底稿。

3.利用工作底稿的责任

查阅前任注册会计师工作底稿获取的信息可能影响后任注册会计师实施审计程序的性质、时间安排和范围，但后任注册会计师应当对自身实施的审计程序和得出的审计结论负责。后任注册会计师不应在审计报告中表明，其审计意见全部或部分地依赖前任注册会计师的审计报告或工作。

（四）发现前任注册会计师审计的财务报表可能存在重大错报时的处理

如果发现前任注册会计师审计的财务报表可能存在重大错报，那么后任注册会计师应当提请被审计单位告知前任注册会计师。必要时，后任注册会计师可要求被审计单位安排三方会谈。前后任注册会计师应当就任何在已审计财务报表报出后发现的、对已审计财务报表可能存在重大影响的信息进行沟通，以便双方按照有关审计准则作出妥善处理。

如果被审计单位拒绝告知前任注册会计师，或前任注册会计师拒绝参加三方会谈，或后任注册会计师对解决问题的方案不满意，那么后任注册会计师应当考虑对审计报告的影响或解除业务约定。

第二节 利用他人的工作

一、利用内部审计的工作

内部审计，是指由被审计单位建立的或由外部机构以服务形式提供的一种评价活动。内部审计的职能包括检查、评价和监督内部控制的恰当性和有效性等。内部审计人员，是执行内部审计活动的人员。内部审计人员可能属于内部审计部门或履行内部审计职责的类似部门。

（一）内部审计的目标

被审计单位的内部审计目标是由其管理层和治理层确定的，是和企业的目标紧密联系的。不同被审计单位的内部审计目标差异很大，取决于被审计单位的规模和结构以及管理层和治理层的要求。内部审计可能包括下列活动：

（1）内部控制的监督。内部审计可能包括评价控制、监督控制的运行以及对内部控制提出改进建议。

（2）财务信息和经营信息的检查。内部审计可能包括对确认、计量、分类、报告财务信息和经营信息的方法进行评价，并对个别事项进行专门询问，包括对交易、余额及程序实施细节测试。

（3）经营活动的评价。内部审计可能包括对被审计单位的经营活动（包括非财务活动）的经济性、效率性和效果性进行评价。

（4）遵守法律法规情况的评价。内部审计可能包括评价被审计单位对法律法规、其他外部要求以及管理层政策、指令和其他内部要求的遵守情况。内部审计可以对被审计单位在经营过程中遵守相关遵循性标准的情况作出相应的评价，包括评价国家相关法律法规的遵守情况、行业和部门政策的遵守情况、企业经营计划和财务计划的遵守情况、企业经营预算和财务预算的遵守情况、企业制定的各种程序标准的遵守情况、企业签订的各类合同的遵守情况等。

（5）风险管理。内部审计可能有助于被审计单位识别和评估其面临的重大风险，并改进风险管理和控制系统。

（二）内部审计和注册会计师的关系

1.二者的联系

二者用以实现各自目标的某些方式通常是相似的，审计对象也密切相关，甚至存在部分重叠。因此，注册会计师应当考虑内部审计工作的某些方面是否有助于确定审计程序的性质、时间安排和范围，包括了解内部控制所采用的程序、评估财务报表重大错报风险所采用的程序和实质性程序。通过利用内部审计工作的结果，注册会计师可以掌握内部审计发现的、可能对被审计单位财务报表和注册会计师审计产生重大影响的事项，直接影响注册会计师对拟实施审计程序的性质、时间安排和范围作出总体修改。

2.注册会计师的责任

虽然相关内部审计准则要求内部审计机构和人员保持独立性和客观性，但考虑到内部审计是被审计单位的一部分，其独立程度有限，无法达到注册会计师审计所要求的水平。尽管内部审计工作的某些部分可能对注册会计师的工作有所帮助，但注册会计师必须对与财务报表审计有关的所有重大事项独立作出职业判断，不能完全依赖内部审计工作。同时需要注意的是，注册会计师对其发表的审计意见独立承担责任，即使利用了内部审计人员的工作，也不能减轻注册会计师本人应当承担的相关责任。

（三）确定是否利用以及在多大程度上利用内部审计人员的工作

在被审计单位具有内部审计职能，且注册会计师认为可能与其审计相关的情况下，注册会计师应当确定是否利用以及在多大程度上利用内部审计人员的特定工作；如果利用内部审计人员的特定工作，那么应确定该项工作是否足以实现审计目的。

1.在确定内部审计人员的工作是否可能足以实现审计目的时，注册会计师应当评价：

（1）内部审计的客观性；

（2）内部审计人员的专业胜任能力；

（3）内部审计人员在执行工作时是否可能保持应有的职业关注；

（4）内部审计人员和注册会计师之间是否可能进行有效的沟通。

2.在确定内部审计人员的工作对注册会计师审计程序的性质、时间安排和范围产生的预期影响时，注册会计师应当考虑：

（1）内部审计人员已执行或拟执行的特定工作的性质和范围；

（2）针对特定的某类交易、账户余额和披露，评估的认定层次重大错报风险；

（3）在评价支持相关认定的审计证据时，内部审计人员的主观程度。

如果利用内部审计人员的特定工作，注册会计师应当就下列事项形成审计工作底稿：针对内部审计人员工作的恰当性进行评价得出的结论；针对内部审计人员的工作实施的审计程序。

（四）利用内部审计的工作

如果注册会计师最终计划利用内部审计的工作，为了协调各自的工作，应当及时与内部审计人员讨论利用其工作的计划。注册会计师还应当实施相关审计程序评价内部审计工作的计划、实施、监督、复核和记录是否恰当，内部审计是否获取了充分、适当的审计证据以及内部审计得出的结论是否恰当等。

（五）利用内部审计人员的协助

注册会计师如果利用内部审计人员的直接协助，那么需要得到被审计单位相关部门的书面同意，并且在此期间不得干涉内部审计人员工作，同时注册会计师还需要从内部审计人员那里获取书面协议，表明内部审计人员将按照注册会计师的指令对特定事项保密，并将对其客观性受到的任何不利影响及时告知注册会计师。

（六）审计工作底稿

注册会计师无论利用内部审计的工作，还是直接利用内部审计人员的协助，都应当将过程详细记录于审计工作底稿中。

二、利用专家的工作

（一）专家的含义

专家，即注册会计师的专家，是指在会计或审计以外的某一领域具有专长的个人或组织，并且其工作被注册会计师利用，以协助注册会计师获取充分、适当的审计证据。专家既可能是会计师事务所内部专家，也可能是会计师事务所外部专家。专长，是指在某一特定领域中拥有的专门技能、知识和经验。

在许多情况下，将会计或审计领域的专长与其他领域的专长予以区分是很容易的。在某些情况下，特别是那些涉及会计或审计专长的新兴领域，将这些领域的专长与其他领域的专长予以区分，需要职业判断。

（二）确定是否利用专家的工作

如果在会计或审计以外的某一领域的专长对获取充分、适当的审计证据是必要的，那么注册会计师应当确定是否利用专家的工作。

注册会计师在执行下列工作时可能需要利用专家的工作：

1.了解被审计单位及其环境；

2.识别和评估重大错报风险；

3.针对评估的财务报表层次风险，确定并实施总体应对措施；

4.针对评估的认定层次风险，设计和实施进一步审计程序，包括控制测试和实质性程序；

5.在对财务报表形成审计意见时，评价已获取的审计证据的充分性和适当性。

（三）审计程序的性质、时间安排和范围

审计程序的性质、时间安排和范围，将随着具体情况的变化而变化。在确定审计程序的性质、时间安排和范围时，注册会计师应当考虑下列事项：

1.与专家工作相关的事项的性质；

2.与专家工作相关的事项中存在的重大错报风险；

3.专家的工作在审计中的重要程度；

4.注册会计师对专家以前所做工作的了解，以及与之接触的经验；

5.专家是否需要遵守会计师事务所的质量控制政策和程序。

（四）专家的胜任能力、专业素质和客观性

注册会计师应当评价专家是否具有实现审计目的所必需的胜任能力、专业素质和客观性。在评价外部专家的客观性时，注册会计师应当询问可能对外部专家客观性产生不利影响的利益和关系。

关于专家的胜任能力、专业素质和客观性的信息可能来源于多种渠道，例如：

1.以前与专家交往的个人经验；

2.与专家进行的讨论；

3.与熟悉专家工作的其他注册会计师、其他机构或人员进行的讨论；

4.对专家的资格、会员身份、执业资格或其他形式的外部认证的了解；

5.专家发表的论文或出版的书籍；

6.会计师事务所的质量控制政策和程序。

（五）了解专家的专长领域

注册会计师应当充分了解专家的专长领域，确定专家工作的性质、范围和目标；评价专家的工作是否足以实现审计目的。注册会计师对专家的专长领域的了解可能包括下列方面：

1.与审计相关的、管理层的专家专长领域的进一步细分信息；

2.执业准则或其他准则以及法律法规是否适用；

3.专家使用哪些假设和方法（包括专家使用的模型，如适用），以及在专家的专长领域是否得到普遍认可，对实现财务报告目的是否适当；

4.专家使用的内外部数据或信息的性质。

（六）与专家达成一致意见

注册会计师应当与专家就下列事项达成一致意见，并根据需要形成书面协议：

1.专家工作的性质、范围和目标；

2.注册会计师和专家各自的角色和责任；

3.注册会计师和专家之间沟通的性质、时间安排和范围，包括专家提供的报告的形式；

4.对专家遵守保密规定的要求。

（七）评价专家工作的恰当性

注册会计师应当评价专家的工作是否足以实现审计目的，包括：

1.专家的工作结果或结论的相关性和合理性，以及与其他审计证据的一致性；

2.如果专家的工作涉及使用重要的假设和方法，这些假设和方法在具体情况下的相关性和合理性；

3.如果专家的工作涉及使用重要的原始数据，这些原始数据的相关性、完整性和准确性。

如果确定专家的工作不足以实现审计目的，注册会计师应当采取下列措施：就专家拟执行的进一步工作的性质和范围，与专家达成一致意见，或根据具体情况，实施追加的审计程序。

第三节 其他特殊项目的审计

会计估计、关联方、期初余额、持续经营能力等项目通常比较复杂，其内容和性质特殊、金额较大，在审计实务中往往需要执业经验比较丰富的注册会计师专门实施相应的审计程序。

一、会计估计的审计

（一）会计估计的性质

会计估计，是指在缺乏精确计量手段的情况下采用的某项金额的近似值。会计估计一般包括存在估计不确定性时以公允价值计量的金额，以及其他需要估计的金额。其中，涉及公允价值计量的会计估计简称公允价值会计估计。

经营活动由于具有内在不确定性，某些财务报表项目只能进行估计，因此会计估计通常是被审计单位在不确定情况下作出的，其准确程度取决于管理层对不确定的交易或事项的结果作出的主观判断。由于会计估计的主观性、复杂性和不确定性，管理层作出的会计估计发生重大错报的可能性较大，注册会计师应当根据了解被审计单位及其环境识别和评估重大错报风险的结果，确定会计估计的重大错报风险是否属于特别风险。

（二）风险评估程序和相关活动

注册会计师了解被审计单位及其环境时，需要进行分析评估程序和相关活动，作为识别和评估会计估计重大错报风险的基础。注册会计师需要了解以下事项：

1.了解适用的财务报告编制基础的要求

了解适用的财务报告编制基础的要求，将有助于注册会计师确定该编制基础是否规定了会计估计的确认条件或计量方法，明确某些允许或要求采用公允价值计量的条件，明确要求作出或允许作出的披露；也为注册会计师就下列方面与管理层进行讨论提供了基础：管理层如何运用与会计估计相关的要求；注册会计师对这些要求是否得到恰当运用的判断。

2.了解管理层如何识别是否需要作出会计估计

管理层编制财务报表时需要确定是否有必要对某项交易、事项和情况作出会计估计，以及确定是否已按照适用的财务报告编制基础确认、计量和披露所有必要的会计估计。

注册会计师一般要了解管理层是如何识别是否需要作出会计估计的。注册会计师主要通过询问管理层，就可以了解管理层如何识别需要作出会计估计的情形。询问的内容可以包括：

（1）被审计单位是否在从事可能需要作出会计估计的新型交易；

（2）需要作出会计估计的交易的条款是否已改变；

（3）由于适用的财务报告编制基础的要求或其他规定的变化，与会计估计相关的会计政策是否已经相应变化；

（4）可能要求管理层修改或作出新会计估计的外部监管变化或其他不受管理层控制的变化是否已经发生；

（5）是否已经发生可能需要作出新估计或修改现有估计的新情况或事项。

3.了解管理层如何作出会计估计

管理层作出会计估计的过程主要包括：选择适当的会计政策，并规定作出会计估计的流程；形成或识别影响会计估计的相关数据和假设；定期复核需要作出会计估计和在必要时重新作出会计估计的情形。管理层作出会计估计的方法和依据包括：

（1）用以作出会计估计的方法，包括模型（如适用）；

（2）相关控制；

（3）管理层是否利用专家的工作；

（4）会计估计所依据的假设；

（5）用以作出会计估计的方法是否已经发生或应当发生不同于上期的变化，以及变化的原因；

（6）管理层是否评估以及如何评估估计不确定性的影响。

4.考虑是否有迹象表明存在管理层偏向

管理层偏向，是指管理层在编制和列报财务信息时缺乏中立性。由于某些财务报表项目需要进行估计，管理层有可能通过选择不符合最佳实务做法的会计估计或故意作出不恰当的会计估计对财务报表进行操纵。注册会计师通过综合考虑在审计过程中获取的审计证据之后进行职业判断，考虑被审计单位是否存在管理层偏向。

表明可能存在与会计估计相关的管理层偏向迹象的例子如下：

（1）管理层主观地认为环境已经发生变化，并相应地改变会计估计或估计方法；或者环境已经发生变化，但管理层并未根据变化对会计估计或估计方法作出相应的改变；或者会计估计或估计方法频繁变更，但似乎并非由所处环境的变化所致。

（2）管理层选择或作出重大假设以产生有利于管理层目标的点估计。

（3）会计估计所依赖的假设存在内在的不一致，如对成本费用增长率的预期与对收入增长率的预期显著不同。

（4）管理层的主观判断或采用的假设与市场、宏观环境、行业数据或历史信息不一致，从而显示管理层的主观判断或采用的假设带有明显偏向。

（5）以前年度财务报表确认和披露的重大会计估计与后期实际结果之间存在重大差异，并且各项差异的方向一致（例如，各项差异同为增加利润）或者差异的方向与管理层目标一致（例如，管理层当年度的目标是增加利润，或减少税负）。

（6）变更会计估计后被审计单位的财务成果或财务状况将发生显著的变化，例如，扭亏为盈、达到再融资要求等。

（7）选择带有乐观或悲观倾向的点估计。

（8）管理层试图通过对专家的选择以及对专家工作的干涉，从而影响专家对特定会计估计的工作结果，这也可能表明存在管理层偏向。

（三）识别和评估重大错报风险

注册会计师应当根据职业判断确定识别出的具有高度估计不确定性的会计估计是否会导致特别风险。

1.不确定性的估计

与会计估计相关的估计不确定性的程度受下列因素的影响：

（1）会计估计对判断的依赖程度；

（2）会计估计对假设变化的敏感性；

（3）是否存在可以降低估计不确定性的经认可的计量技术（当然，作为输入数据的假设，其主观程度仍可导致估计不确定性）；

（4）预测期的长度和从过去事项得出的数据对预测未来事项的相关性；

（5）是否能够从外部来源获得可靠数据；

（6）会计估计依据可观察到的或不可观察到的输入数据的程度。

2.具有高度估计不确定性的会计估计

可能存在高度估计不确定性的会计估计的例子很多，例如：

（1）高度依赖判断的会计估计，如对未决诉讼的结果或未来现金流量的金额和时间安排的判断，而未决诉讼的结果或未来现金流量的金额和时间安排取决于多年后才能确定结果的不确定事项；

（2）未采用经认可的计量技术计算的会计估计；

（3）注册会计师对上期财务报表中类似会计估计进行复核的结果表明最初会计估计与实际结果之间存在很大差异，在这种情况下管理层作出的会计估计；

（4）采用高度专业化的、由被审计单位自主开发的模型，或在缺乏可观察到的输入数据的情况下作出的公允价值会计估计。

（四）应对评估的重大错报风险

基于评估的重大错报风险，注册会计师应当确定：管理层是否恰当运用与会计估计相关的适用的财务报告编制基础的规定；作出会计估计的方法是否恰当，并得到一贯运用，以及会计估计或作出会计估计的方法不同于上期的变化是否适合于具体情况。

注册会计师应当考虑会计估计的性质，并实施下列一项或多项程序评估会计估计的重大错报风险：

（1）确定截至审计报告日发生的事项是否提供有关会计估计的审计证据。

（2）测试管理层如何作出会计估计以及会计估计所依据的数据。在进行测试时，注册会计师应当评价采用的计量方法在具体情况下是否恰当，以及根据适用的财务报告编制基础确定的计量目标，管理层使用的假设是否合理。

（3）测试与管理层如何作出会计估计相关的控制的运行有效性，并实施恰当的实质性程序。

（4）作出注册会计师的点估计或区间估计，以评价管理层的点估计。

①如果使用有别于管理层的假设或方法，注册会计师应当充分了解管理层的假设或方法，以确定注册会计师在作出点估计或区间估计时已考虑相关变量，并评价与管理层的点估计存在的任何重大差异；

②如果认为使用区间估计是恰当的，注册会计师应当基于可获得的审计证据来缩小区

间估计，直至该区间估计范围内的所有结果均可被视为合理。

（五）实施进一步实质性程序以应对特别风险

对导致特别风险的会计估计，除实施准则规定的其他实质性程序外，注册会计师还应当：

1.评价管理层如何考虑替代性的假设或结果，以及拒绝采纳的原因，或者在管理层没有考虑替代性的假设或结果的情况下，评价管理层在作出会计估计时如何处理估计不确定性；

2.评价管理层使用的重大假设是否合理；

3.当管理层实施特定措施的意图和能力与其使用的重大假设的合理性或对适用的财务报告编制基础的恰当应用相关时，评价这些意图和能力。

对导致特别风险的会计估计，注册会计师应当获取充分、适当的审计证据，以确定下列方面是否符合适用的财务报告编制基础的规定：管理层对会计估计在财务报表中予以确认或不予确认的决策；作出会计估计所选择的计量基础。

（六）评价会计估计的合理性

注册会计师应当实施相应的审计程序获取充分、适当的审计证据，以评价管理层在财务报表中作出的会计估计是否合理。当管理层根据其对环境变化的主观判断而改变某项会计估计，或者改变上期作出会计估计的方法时，基于获取的审计证据，注册会计师可能认为会计估计被管理层随意改变而产生错报，或者将其视为可能存在管理层偏向的迹象。

二、关联方的审计

（一）关联方的含义

一方控制、共同控制另一方或对另一方施加重大影响，以及两方或两方以上同受一方控制、共同控制或重大影响的，构成关联方。控制，是指有权决定一个企业的财务和经营政策，并能据以从该企业的经营活动中获取利益。共同控制，是指按照合同约定对某项经济活动所共有的控制，仅在与该项经济活动相关的重要财务和经营决策需要分享控制权的投资方一致同意时存在。重大影响，是指对一个企业的财务和经营政策有参与决策的权力，但并不能够控制或者与其他方一起共同控制这些政策的制定。

许多关联方交易是在正常经营过程中发生的，与类似的非关联方交易相比，这些关联方交易可能并不具有更高的财务报表重大错报风险。但是，在某些情况下，关联方关系及其交易的性质可能导致关联方交易比非关联方交易具有更高的财务报表重大错报风险。例如：关联方可能通过广泛而复杂的关系和组织结构进行运作，相应增加关联方交易的复杂程度；信息系统可能无法有效识别或汇总被审计单位与关联方之间的交易和未结算项目的金额；关联方交易可能未按照正常的市场交易条款和条件进行。

（二）关联方审计的目标

（1）无论适用的财务报告编制基础是否对关联方作出规定，注册会计师都应该充分了解关联方关系及其交易，以便能够确认由此产生的、与识别和评估由于舞弊导致的重大错报风险相关的舞弊风险因素（如有）；根据获取的审计证据，就财务报表受到关联方关系及其交易的影响而言，确定财务报表是否实现公允反映。

（2）如果适用的财务报告编制基础对关联方作出规定，获取充分、适当的审计证据，确定关联方关系及其交易是否已按照适用的财务报告编制基础得到恰当识别、会计处理和披露。

但是由于审计的固有限制，即使注册会计师按照审计准则的规定恰当计划和实施了审计工作，也不可避免地存在财务报表中的某些重大错报未被发现的风险。就关联方而言，由于下列原因，审计的固有限制对注册会计师发现重大错报能力的潜在影响会加大：管理层可能未能识别出所有关联方关系及其交易，特别是在适用的财务报告编制基础没有对关联方作出规定时；关联方关系可能为管理层的串通舞弊、隐瞒或操纵行为提供更多机会。

（三）风险评估程序和相关活动

注册会计师应当实施审计准则规定的风险评估程序和相关工作，以获取与识别关联方关系及其交易相关的重大错报风险的信息。项目组进行内部讨论时，应当特别考虑由于关联方关系及其交易导致的舞弊或错误使得财务报表存在重大错报的可能性。

1.了解被审计单位关联方和关联方交易

（1）询问被审计单位管理层。

注册会计师应当向管理层询问下列事项：关联方的名称和特征，包括关联方自上期以来发生的变化；被审计单位和关联方之间关系的性质；被审计单位在本期是否与关联方发生交易，如发生交易的类型、定价政策和目的。

如果适用的财务报告编制基础对关联方作出了规定，管理层为了满足财务报告编制基础的要求，会记录、处理和汇总关联方交易，一般情况下管理层持有关联方的详细清单以及自上期以来关联方发生变化情况的详细清单。在连续审计的情况下，通过向管理层询问，可以为注册会计师提供将其在以前审计中形成的有关关联方的工作记录与管理层提供的信息进行比较的基础。

如果适用的财务报告编制基础没有对关联方作出规定，被审计单位管理层可能就没有关联方和关联方变化的详细清单。在这种情况下，注册会计师对被审计单位关联方名称和特征的询问，可能构成其根据所实施风险评估程序和相关活动的一部分。注册会计师实施这些程序和活动旨在获得下列信息：被审计单位的所有权和治理结构；被审计单位正在实施和计划实施的投资的类型；被审计单位的组织结构和筹资方式。

通过在业务接受或保持过程中对管理层的询问，注册会计师也可以获取有关关联方名称和特征的某些信息。

（2）与关联方关系及其交易相关的控制。

如果管理层建立了下列与关联方关系及其交易相关的控制，注册会计师应当询问管理层和被审计单位内部其他人员，实施其他适当的风险评估程序，以获取对相关控制的了解：

①按照适用的财务报告编制基础，对关联方关系及其交易进行识别、会计处理和披露；

②授权和批准重大关联方交易和安排；

③授权和批准超出正常经营过程的重大交易和安排。

2.检查记录或文件时保持警觉

某些安排或其他信息可能显示管理层以前未识别或未向注册会计师披露的关联方关系或关联方交易，在审计过程中检查记录或文件时，注册会计师应当对这些安排或其他信息保持警觉。这里的安排是指被审计单位和一方或多方基于建立商业关系从事某种类型的交易或者提供指定的服务或财务支持等。某些安排可能显示存在管理层以前未识别或未向注册会计师披露的关联方关系或交易，例如：担保和被担保关系；按照超出正常经营过程的交易条款和条件进行交易。

（1）检查记录或文件。为确定是否存在管理层以前未识别或未向注册会计师披露的关联方关系或关联方交易，注册会计师应当对某些可能提供有关关联方关系及其交易信息的记录或文件进行检查。这些记录或文件可能是：银行和律师的询证函回函；股东会和治理层会议的纪要；提供给监管机构的信息；与关键管理层或治理层成员签订的合同和协议；内部审计人员的报告；被审计单位向证券监管机构报送的文件（如招股说明书）等。

（2）询问管理层。在实施上述审计程序时，如果识别出被审计单位超出正常经营过程的重大交易，那么注册会计师应当向管理层询问这些交易的性质以及是否涉及关联方，例如公司重组或收购等。

注册会计师针对超出正常经营过程的重大交易获取进一步的信息，将有助于评价是否存在舞弊风险因素，并能够在适用的财务报告编制基础对关联方作出规定的情况下识别重大错报风险。

（四）识别和评估重大错报风险

注册会计师应当按照审计准则的规定，识别和评估关联方关系及其交易导致的重大错报风险，并确定这些风险是否为特别风险。在确定时，应当将识别出的、超出被审计单位正常经营过程的重大关联方交易导致的风险确定为特别风险。

如果在实施与关联方（包括能够对被审计单位或管理层施加支配性影响的关联方）有关的风险评估程序和相关工作中识别出舞弊风险因素，例如关联方否决管理层或治理层作出的重大经营决策、极少进行独立复核和批准涉及关联方（或与关联方关系密切的家庭成员）的交易等，注册会计师应当按照审计准则的规定，在识别和评估由于舞弊导致的重大错报风险时考虑这些信息。

关联方关系及其交易可能导致的重大错报风险如下：

（1）超出被审计单位正常经营过程的重大关联方交易导致的重大错报风险。

（2）存在具有支配性影响的关联方导致的重大错报风险。管理层由一个或少数几个人支配且缺乏补偿性控制是一项舞弊风险因素，而关联方借助对被审计单位财务和经营政策实施控制和重大影响的能力，通常能够对被审计单位或管理层施加支配性影响。

（3）管理层未能识别出或未向注册会计师披露的关联方关系或重大关联方交易导致的重大错报风险。

（4）管理层认定关联方交易按照等同于公平交易中通行条款执行而可能存在的重大错报风险。

（5）管理层未能按照适用的财务报告编制基础的规定对特定关联方交易进行恰当会计处理和披露导致的重大错报风险。

（五）针对与关联方关系及其交易相关的重大错报风险的应对措施

注册会计师应当按照审计准则的规定，针对评估的与关联方关系及其交易相关的重大错报风险，设计和实施进一步审计程序，以获取充分、适当的审计证据。

如果识别出可能表明存在管理层以前未识别或未向注册会计师披露的关联方关系或关联方交易的安排或信息，注册会计师应当确定相关情况是否能够证实关联方关系或关联方交易的存在。

1.识别出管理层以前未识别出或未向注册会计师披露的关联方关系或重大关联方交易

如果识别出管理层以前未识别出或未向注册会计师披露的关联方关系或重大关联方交易，那么注册会计师应当：

（1）立即将相关信息向项目组其他成员通报。

（2）在适用的财务报告编制基础对关联方作出规定的情况下，要求管理层识别与新识别出的关联方之间发生的所有交易，以便注册会计师作出进一步评价；询问与关联方关系及其交易相关的控制为何未能识别或披露关联方关系或交易。

（3）对新识别出的关联方或重大关联方交易实施恰当的实质性审计程序。

（4）重新考虑可能存在管理层以前未识别出或未向注册会计师披露的其他关联方或重大关联方交易的风险，如有必要，实施追加的审计程序。

（5）如果管理层不披露关联方关系或交易看似是有意的，因而显示可能存在由于舞弊导致的重大错报风险，评价这一情况对审计的影响。

如果注册会计师确定相关情况能够证实关联方关系或关联方交易的存在，同时认为必要并且可行，那么注册会计师可以考虑实施的程序的例子包括：

（1）调查重大或非常规交易的交易对方的背景信息，如股权结构、经营范围、法定代表人和注册地址。

（2）就交易对方与被审计单位的关系，询问直接参与交易的基层员工。

（3）对存有疑虑的重要客户或供应商进行实地观察或询问。

（4）向被审计单位的重要股东或关键管理人员进行询证。

（5）检查银行对账单和大额资金往来交易。

（6）利用专家的工作，如反舞弊专家。

需要说明的是，由于关联方之间很可能串通舞弊，注册会计师实施上述一项或多项审计程序，并不一定能够证实关联方关系或关联方交易的存在。

2.识别出的超出正常经营过程的重大关联方交易

针对识别出的超出正常经营过程的重大关联方交易，注册会计师应当：

（1）检查相关合同或协议（如有），注册会计师应当评价：交易的商业理由（或缺乏商业理由）是否表明被审计单位从事交易的目的可能是对财务信息作出虚假报告或隐瞒侵占资产的行为；交易条款是否与管理层的解释一致；关联方交易是否已按照适用的财务报告编制基础得到恰当会计处理和披露。

（2）获取交易已经恰当授权和批准的审计证据。

（六）评价识别出的关联方关系及其交易的会计处理和披露

注册会计师应当评价下列内容以对财务报表形成审计意见：

（1）识别出的关联方关系及其交易是否已按照适用的财务报告编制基础得到恰当会计处理和披露。

（2）关联方关系及其交易是否导致财务报表未实现公允反映。

如果适用的财务报告编制基础对关联方作出规定，那么注册会计师应当向管理层和治理层（如适用）获取下列管理层声明：已经向注册会计师披露了全部已知的关联方名称和特征、关联方关系及其交易；已经按照适用的财务报告编制基础的规定，对关联方关系及其交易进行了恰当的会计处理和披露。

另外，除非治理层全部成员参与管理被审计单位，注册会计师应当与治理层沟通在审计工作中发现的与关联方相关的重大事项。

三、首次接受委托时对期初余额的审计

（一）期初余额审计的含义

1.期初余额

期初余额，是指期初存在的账户余额。期初余额以上期期末余额为基础，反映了以前期间的交易和事项以及上期采用的会计政策的结果。期初余额也包括期初存在的需要披露的事项，如或有事项和承诺事项。

2.期初余额审计

期初余额审计，既包括注册会计师首次接受委托对被审计单位的财务报表进行审计时所涉及的如何审计财务报表期初余额问题，又包括注册会计师执行连续审计业务时所涉及的如何审计财务报表期初余额问题。对于后者，注册会计师在当期审计中通常只需关注被审计单位经审计的上期期末余额是否已正确结转至本期，或在适当的情况下已作出重新表述，很少再实施其他专门的审计程序。因此，这里所指的期初余额审计主要针对首次接受委托对被审计单位的财务报表进行审计时所涉及的期初余额审计问题。

（二）期初余额审计的目标

在执行首次审计业务时，注册会计师针对期初余额的目标是获取充分、适当的审计证据以确定：期初余额是否含有对本期财务报表产生重大影响的错报；期初余额反映的恰当的会计政策是否在本期财务报表中得到一贯运用，或会计政策的变更是否已按照适用的财务报告编制基础作出恰当的会计处理和充分的列报与披露。

（三）期初余额审计的程序

注册会计师应当阅读最近期间的财务报表和前任注册会计师出具的审计报告（如有），获取与期初余额相关的信息，包括披露。

注册会计师应当通过采取下列措施，获取充分、适当的审计证据，以确定期初余额是否包含对本期财务报表产生重大影响的错报：

1.确定上期期末余额是否已正确结转至本期，或在适当的情况下已作出重新表述

上期期末余额已正确结转至本期，主要是指：上期账户余额计算正确；上期总账余额与各明细账余额合计数或日记账余额合计数相等；上期各总账余额和相应的明细账余额或日记账余额已经分别恰当地过入本期的总账和相应的明细账或日记账。

当企业会计准则和相关会计制度的要求发生变化，或者上期期末余额存在重大的前期差错时，如果前期差错累积影响数能够确定，按规定应当采用追溯重述法进行更正，那么上期期末余额不应直接结转至本期，而应当作出重新表述。

2.确定期初余额是否反映对恰当会计政策的运用

注册会计师应当分析被审计单位选择的会计政策是否适合本单位，能否符合相关财务报告编制基础的要求，能否提供准确的会计信息；如果被审计单位所选用的会计政策恰当，那么注册会计师应当审核该会计政策是否一贯执行，有无变更；如果会计政策发生变更，那么注册会计师应审核其变更理由是否充分，是否按规定予以变更，变更后的会计政策能否提供更可靠、更相关的会计信息。

3.实施一项或多项审计程序

这些程序包括：如果上期财务报表已经审计，查阅前任注册会计师的工作底稿，以获取有关期初余额的审计证据；评价本期实施的审计程序是否提供了有关期初余额的审计证据；实施其他专门的审计程序，以获取有关期初余额的审计证据。

（1）查阅前任注册会计师的工作底稿。

①查阅前任注册会计师工作底稿中的所有重要审计领域；

②考虑前任注册会计师是否已实施相应的审计程序评价资产负债表重要账户期初余额的合理性；

③复核前任注册会计师建议的调整分录和未更正错报汇总表，并评价其对当期审计的影响。

注册会计师能否通过查阅前任注册会计师的审计工作底稿获取有关期初余额的充分、适当的审计证据，在很大程度上依赖于注册会计师对前任注册会计师的独立性和专业胜任能力的判断。如果认为前任注册会计师不具有独立性，或者不具有应有的专业胜任能力，那么不应当通过查阅其审计工作底稿获取有关期初余额的充分、适当的审计证据。

（2）评价本期实施的审计程序是否提供了有关期初余额的审计证据。

（3）实施专门的其他审计程序。

（四）审计结论和审计报告

在对期初余额实施审计程序后，注册会计师应当分析已获取的审计证据，区分不同情况形成对被审计单位期初余额的审计结论，并在此基础上确定其对本期财务报表出具审计报告的影响。

（1）如果不能获取有关期初余额的充分、适当的审计证据，注册会计师应当对财务报表发表保留意见或无法表示意见。

（2）如果期初余额存在对本期财务报表产生重大影响的错报，且错报的影响未能得到恰当的会计处理或适当的列报与披露，注册会计师应当对财务报表发表保留意见或否定意见。

（3）如果按照适用的财务报告框架，与期初余额相关的会计政策未能在本期得到一贯运用，或者会计政策的变更未能得到恰当的会计处理或适当的列报与披露，那么注册会计师应当对财务报表发表保留意见或否定意见。

（4）如果前任注册会计师对上期财务报表发表了非无保留意见，并且导致发表非无保留意见的事项对本期财务报表仍然相关和重大，那么注册会计师应当对本期财务报表发表非无保留意见。

四、持续经营假设的考虑

持续经营假设是指被审计单位在编制财务报表时，假定其经营活动在可预见的将来会继续下去，不拟也不必终止经营或破产清算，可以在正常的经营过程中变现资产、清偿债务。持续经营假设是会计确认和计量的四项基本假设之一，对财务报表的编制和审计关系重大。是否以持续经营假设为基础编制财务报表，将对会计确认、计量和列报产生很大影响。例如，对于固定资产，企业在持续经营假设基础上，以历史成本计价，并在预计使用年限内对该项资产计提折旧，通过此方式，可将资产的成本分摊到不同期间的费用中去，据以核算各个期间的损益，如果这一假设不再成立，那么该项资产应以清算价格计价。本节将主要以注册会计师审计时对持续经营的考虑进行阐述。

通用目的财务报表是在持续经营基础上编制的，除非管理层计划将被审计单位予以清算或终止经营，或者除此之外没有其他现实可行的选择。特殊目的财务报表可以根据需要按照（或不按照）以持续经营为基础的财务报告编制基础编制。

（一）管理层的责任和注册会计师的责任

1.管理层的责任

某些适用的财务报告编制基础明确要求管理层对持续经营能力作出评估，并规定了与此相关的需要考虑的事项和作出的披露。相关法律法规也可能对管理层评估持续经营能力的责任和相关财务报表披露作出具体规定。

由于持续经营假设是编制财务报表的基本原则，因此即使一些财务报告编制基础没有明确要求管理层对持续经营能力作出评估，管理层也需要在编制财务报表时评估持续经营能力。

管理层对持续经营能力的评估涉及在特定时点对事项或情况的未来结果作出判断，这些事项或情况的未来结果具有固有不确定性。下列因素与管理层的判断相关：

（1）某一事项或情况或其结果出现的时点距离管理层作出评估的时点越远，与事项或情况的结果相关的不确定性程度将越大。因此，明确要求管理层对持续经营能力作出评估的大多数财务报告编制基础可能规定了管理层应当考虑所有可获得信息的期间。

（2）被审计单位的规模和复杂程度、经营活动的性质和状况以及被审计单位受外部因素影响的程度，将影响对事项或情况的结果作出的判断。

（3）对未来的所有判断都以作出判断时可获得的信息为基础。管理层作出的判断在当时情况下可能是合理的，但之后发生的事项可能导致事项或情况的结果与作出的判断不一致。

2.注册会计师的责任

注册会计师的责任是，就管理层在编制和列报财务报表时运用持续经营假设的适当性获取充分、适当的审计证据，并就持续经营能力是否存在重大不确定性得出结论。

即使编制财务报表时采用的财务报告编制基础没有明确要求管理层对持续经营能力作出专门评估，注册会计师的这种责任仍然存在。

（二）风险评估程序和相关活动

注册会计师在按照规定实施风险评估程序时，应当考虑是否存在可能导致对被审计单位持续经营能力产生重大疑虑的事项或情况，并确定管理层是否已对被审计单位持续经营能力作出初步评估。

如果管理层已对持续经营能力作出初步评估，那么注册会计师应当与管理层进行讨论，并确定管理层是否已识别出单独或汇总起来可能导致对被审计单位持续经营能力产生重大疑虑的事项或情况；如果管理层已识别出这些事项或情况，那么注册会计师应当与其讨论应对计划；如果管理层未对持续经营能力作出初步评估，那么注册会计师应当与管理层讨论其拟运用持续经营假设的基础，询问管理层是否存在单独或汇总起来可能导致对被审计单位持续经营能力产生重大疑虑的事项或情况。

在计划审计工作和实施风险评估程序时，注册会计师应当考虑是否存在可能导致对持续经营能力产生重大疑虑的事项或情况及相关的经营风险，评价管理层对持续经营能力作出的评估，并考虑已识别的事项或情况对重大错报风险评估的影响。

被审计单位在财务、经营以及其他方面存在的某些事项或情况可能导致经营风险，这些事项或情况单独或连同其他事项或情况可能导致对持续经营假设产生重大疑虑。

（三）评价管理层对持续经营能力的评估

管理层应当定期对其持续经营能力作出分析和判断，确定以持续经营假设为基础编制财务报表的适当性。管理层对被审计单位持续经营能力的评估，是注册会计师考虑管理层运用持续经营假设的一个关键部分。注册会计师应当评价管理层对持续经营能力作出的评估。

1.管理层评估涵盖的期间

在评价管理层对被审计单位持续经营能力作出的评估时，注册会计师的评价期间应当与管理层按照适用的财务报告编制基础或法律法规（如果法律法规要求的期间更长）的规定作出评估的涵盖期间相同。

大多数明确要求管理层作出评估的财务报告编制基础都详细规定了管理层需要在多长期间考虑所有可获得的信息。持续经营假设是指被审计单位在编制财务报表时，假定其经营活动在可预见的将来会继续下去，而可预见的将来通常是指财务报表日后12个月。因此，管理层对持续经营能力的合理评估期间应是自财务报表日起的下一个会计期间。如果管理层评估持续经营能力涵盖的期间短于自财务报表日起的12个月，那么注册会计师应当提请管理层将其至少延长至自财务报表日起的12个月。

2.管理层的评估、支持性分析和注册会计师的评价

注册会计师没有责任纠正管理层缺乏分析的错误。在某些情况下，管理层缺乏详细分析以支持其评估，可能不妨碍注册会计师确定管理层运用持续经营假设是否适合具体情况。例如，如果被审计单位具有盈利经营的记录并很容易获得财务支持，那么管理层可能不需要进行详细分析就能作出评估。在这种情况下，如果其他审计程序足以使注册会计师认为管理层在编制财务报表时运用的持续经营假设适合具体情况，那么注册会计师无须实施详细的评价程序，就可以对管理层评估的适当性得出结论。

在其他情况下，注册会计师评价管理层对被审计单位持续经营能力所作的评估，可能包括评价管理层作出评估时遵循的程序、评估依据的假设、管理层的未来应对计划以及管理层的计划在当前情况下是否可行。

在评价管理层作出的评估时，注册会计师应当考虑管理层作出评估的过程、依据的假设以及应对计划。注册会计师应当考虑管理层作出的评估是否已考虑所有相关信息，其中包括注册会计师实施审计程序获取的信息。

管理层的评估所遵循的程序包括对可能导致对其持续经营能力产生重大疑虑的事项或情况的识别、对相关事项或情况结果的预测、对拟采取改善措施的考虑和计划以及最终的结论。在考虑管理层的评估程序时，注册会计师应当关注管理层是如何识别可能导致对其持续经营能力产生重大疑虑的事项或情况的，所识别的事项或情况是否完整，是否已对注册会计师在实施审计程序过程中发现的所有相关信息进行了充分考虑。

在考虑管理层作出的评估所依据的假设时，注册会计师应当考虑管理层对相关事项或情况结果的预测所依据的假设是否合理，并特别关注具有以下几类特征的假设：（1）对预测性信息具有重大影响的假设；（2）特别敏感的或容易发生变动的假设；（3）与历史

趋势不一致的假设。注册会计师应当基于对被审计单位的了解，比较以前年度的预测与实际结果、本期的预测和截至目前的实际结果。如果发现某些因素的影响尚未反映在相关预测中，注册会计师应当与管理层讨论这些因素，必要时，要求管理层对相关预测所依据的假设作出修正。

（四）超出管理层评估期间的事项或情况

如果被审计单位存在着已知的事项或情况，超出管理层评估期间发生的，可能会导致注册会计师对管理层编制财务报表时运用持续经营假设的适当性产生怀疑。这时，注册会计师应当对存在这些事项或情况的可能性保持警觉。在一般情况下，只有持续经营事项的迹象达到重大时，注册会计师才需要考虑采取进一步措施。需要注意的是，注册会计师没有责任实施除了询问以外的其他任何审计程序，以识别超出管理层评估期间并可能导致对被审计单位持续经营能力产生重大疑虑的事项或情况。

（五）识别出事项或情况时实施追加的审计程序

如果识别出可能导致对持续经营能力产生重大疑虑的事项或情况，注册会计师应当通过实施追加的审计程序（包括考虑缓解因素）获取充分、适当的审计证据，以确定是否存在重大不确定性。

这些程序应当包括：

1.如果管理层没有对持续经营能力作出初步评估，那么注册会计师应当与管理层讨论运用持续经营假设的理由，询问是否存在导致对持续经营能力产生重大疑虑的事项或情况，并提请管理层对持续经营能力作出评估。

2.评价管理层与经营能力评估相关的未来应对计划，这些计划的结果是否可能改善目前的状况，以及管理层的计划对于具体情况是否可行。管理层的应对计划可能包括管理层变卖资产、对外借款、重组债务、削减或延缓开支，以及获得新的资本。

3.如果被审计单位已编制现金流量预测，且对预测的分析是评价管理层未来应对计划时考虑的事项或情况的未来结果的重要因素，那么注册会计师应当评价用于编制预测的基础数据的可靠性，并确定预测所基于的假设是否具有充分的支持。

此外，注册会计师还可能：将最近若干期间的预测性财务信息与实际结果相比较；将本期预测性财务信息与截至目前的实际结果相比较。

如果管理层的假设包括第三方通过放弃贷款优先求偿权、承诺保持、提供补充资金，以及担保等方式向被审计单位提供持续支持，且这种支持对于被审计单位的持续经营能力很重要，那么注册会计师可能需要考虑要求该第三方提供书面确认（包括条款和条件），并获得有关该第三方有能力提供这种支持的证据。

4.考虑自管理层作出评估后是否存在其他可获得的事实或信息。

5.要求管理层和治理层（如适用）提供有关未来应对计划及其可行性的书面声明。

如果合理预期不存在其他充分、适当的审计证据，那么注册会计师应当就对财务报表有重大影响的事项向管理层和治理层（如适用）获取书面声明。

由于管理层就持续经营能力而提出的应对计划和其他缓解措施通常基于假设基础之上，注册会计师在进行评价时取得的审计证据多为说服性而非结论性的，因此，注册会计师应当向管理层获取有关应对计划的书面声明。

此外，尽管被审计单位当前可能是盈利的，但一些特殊的事项或情况可能导致被审计单位发生重大损失。为避免诸如诉讼事项可能发生的巨额赔偿支出，管理层将会考虑主动寻求破产保护。在这种情况下，获取管理层和治理层（如适用）声明是非常有必要的。注册会计师可以要求管理层和治理层（如适用）作出如下声明："在财务报表日起的12个月内，管理层和治理层（如适用）没有申请破产保护的计划。"

（六）审计结论和报告

注册会计师应当根据获取的充分、适当的审计证据，运用职业判断，确定是否存在与事项或情况相关的重大不确定性（这些事项或情况单独或汇总起来可能导致对被审计单位持续经营能力产生重大疑虑）并考虑对审计意见的影响。

如果注册会计师根据职业判断认为，鉴于不确定性潜在影响的重要程度和发生的可能性，为了使财务报表实现公允反映，有必要适当披露该不确定性的性质和影响，则表明存在重大不确定性。

1.被审计单位运用持续经营假设适当但存在重大不确定性

如果认为运用持续经营假设适合具体情况，但存在重大不确定性，注册会计师应当确定：

（1）财务报表是否已充分描述可能导致对持续经营能力产生重大疑虑的主要事项或情况，以及管理层针对这些事项或情况的应对计划。

（2）财务报表是否已清楚披露可能导致对持续经营能力产生重大疑虑的事项或情况存在重大不确定性，并由此导致被审计单位可能无法在正常的经营过程中变现资产和清偿债务。

2.运用持续经营假设不适当

如果财务报表按照持续经营基础编制，而注册会计师运用职业判断认为管理层在编制财务报表时运用持续经营假设是不适当的，那么无论财务报表中对管理层运用持续经营假设的不适当性是否作出披露，注册会计师均应发表否定意见。

如果在具体情况下运用持续经营假设是不适当的，但管理层被要求或自愿选择编制财务报表，那么可以采用替代基础（如清算基础）编制财务报表。注册会计师可以对财务报表进行审计，前提是注册会计师确定替代基础在具体情况下是可接受的编制基础。如果财务报表对此作出了充分披露，那么注册会计师可以发表无保留意见，但也可能认为在审计报告中增加强调事项段是适当的或必要的，以提醒财务报表使用者注意替代基础及其使用理由。

3.严重拖延对财务报表的批准

如果管理层或治理层在财务报表日后严重拖延对财务报表的批准，那么注册会计师应当询问拖延的原因。如果认为拖延可能涉及与持续经营评估相关的事项或情况，那么注册会计师有必要实施前述识别出可能导致对持续经营能力产生重大疑虑的事项或情况时追加的审计程序，并就存在的重大不确定性考虑对审计结论的影响。

学思践悟 登云股份关联方交易审计案例

【案例简介】

本案例详细介绍了登云股份关联方审计失败始末，通过对案例情况和处罚文件进行具体分析，得出登云股份利用关联方关系虚构客户及相关业务、没有遵照准则要求披露关联方企业及交易、利用关联方企业虚增利润的舞弊事实，进一步分析了造成信永中和会计师事务所审计失败的原因。在此基础上，从谨慎选择审计项目、建立更加合理有效的关联方交易审计程序、提升审计人员的专业素养、职业道德建设水平以及加强会计师事务所自身内在管理和外部联系等方面提出改进建议。

【关键词】

登云股份；信永中和；关联方审计；审计失败

学思践悟案例

登云股份关联方交易审计案例

【教学目的和用途】

本案例旨在通过介绍登云股份关联方交易舞弊情况，引导学生深入分析造成信永中和会计师事务所审计失败的原因以及可以采取的防范措施。通过分析，让学生理解造成事务所审计失败的原因：被审计单位的刻意隐瞒、监管机构与被审计单位对关联方认定上理解不同、审计人员未能严格执行审计程序、未对异常情况和交易保持足够关注、审计人员执业能力不足、事务所内部质量控制制度不健全等。在引导学生分析登云股份关联方审计失败案例时，培养学生树立法治意识、红线意识、规则意识。

【素养目标】

1.培养学生增强法治意识，树立红线意识。信永中和在审计登云股份IPO（三年又一期）及2014年年报提供审计服务过程中违反了证监会依法制定的业务规则，在相关公司存在异常关联线索的情况下，未保持应有的职业审慎，未进行充分核查或者追加必要的审计程序，违反了中国注册会计师审计准则，构成《中华人民共和国证券法》（2014年修正版，以下简称《证券法》）第二百二十六条第三款所述“证券服务机构违反本法规定或者依法制定的业务规则”的行为。证监会在2017年12月对信永中和事务所出具了行政处罚决定书，责令信永中和改正，没收业务收入32万元，没收违法所得188万元，并处以220万元罚款。

2.培养学生在工作中牢固树立规则意识。信永中和检查了登云股份对美国登云两笔业务的销售发票和发货清单，两批货物在登云股份登记的出具发票日期为6月15日及6月16日，发货时间也为6月15日及6月16日，而美国登云对Golden Engine Parts，Inc.（以下简称Golden Engine公司）的销售发票日期显示分别为6月15日及6月21日，美国登云确认收入的时间与登云股份发货时间相差无几，明显不符合正常海运周期。信永中和未对上述异常情况保持职业审慎，未按规定对登云股份2013年6月末的销售收入进行充分核查。信永中和的上述行为违反了《中国注册会计师审计准则第1301号——审计证据》第九条、第十三条的规定。

【价值塑造】

1.树立法治意识和红线意识：信永中和事务所在审计登云股份中，违反了中国注册会计师审计准则、《证券法》和证监会制定的业务规则，反思他们因未保持应有的职业审慎而表现出的法治意识和红线意识相对薄弱的现象。

2.树立规则意识：信永中和与登云股份在各自业务中都未能按照相关规则披露相关信息，导致被处罚的结局。假如信永中和在执业中保持了应有的职业审慎，对登云股份的关联方关系及其交易实施了充分的审计程序，在工作中牢固树立规则意识，按照审计准则履行职责，就会避免被处罚的结局。

【思考问题】

1.举例说明关联方和关联方交易的定义及类型。

2.关联方审计的目标是什么?

3.在关联方审计中，如何实施风险评估程序?针对评估的与关联方关系及其交易相关的重大错报风险，注册会计师应当采取哪些应对措施?

4.登云股份关联方审计的难点在哪里?

5.信永中和事务所与证监会争论的焦点是什么?对注册会计师执业有何启示?

6.在这个案例中有哪些问题需要我们在现实生活中进行反思和借鉴?

【分析思路】

第一步，利用案例介绍的内容梳理出登云股份关联方交易舞弊的手段。

第二步，分析并讨论案例中所阐述的审计失败的原因是否合理?有无其他深层次的原因?

第三步，进一步思考，假如你是注册会计师，如何防范关联方舞弊风险?如何避免审计失败?

第四步，分析和研讨案例中的审计人员是否具备法治意识、红线意识、规则意识?

第五步，全面研讨和反思案例中的法治意识、红线意识、规则意识对审计工作的重要性。

复习思考题

1.注册会计师与管理层、治理层、前任注册会计师的沟通方式以及事项是什么?

2.注册会计师在利用内部审计和专家工作的时候应当注意什么?

3.如何识别和评估与会计估计相关的重大错报风险?

4.如何识别和评估关联方及其交易的重大错报风险?

5.注册会计师在什么情况下需要对期初余额进行审计?期初余额的审计结论对审计报告的影响是什么?

6.如何评价管理层对持续经营能力作出的评估?

本章习题

第九章练习题

拓展阅读

中国注册会计师审计准则第1151、1153、1323、1324、1331、1411、1421号

第十章
完成审计工作

学习目标

1.掌握或有事项的审计；
2.掌握期后事项的审计；
3.了解书面声明的类别、格式、内容；
4.掌握审计结果评价的内容。

完成审计工作是审计人员按照业务循环完成财务报表的审计测试和特殊项目审计后，在出具审计报告之前所做的工作，主要包括对或有事项和期后事项的审计、关注或有事项和期后事项对财务报表的影响、获取书面声明等，在此基础上，对审计结果进行评价，从而为下一步确定应出具审计报告的意见类型和措辞，编制并致送审计报告做准备。

教学视频10-1
审计完成阶段

第一节　或有事项的审计

一、或有事项的含义

或有事项是指由过去的交易或事项形成的，其结果须由某些未来事项的发生或不发生才能决定的不确定事项。常见的或有事项主要包括：未决诉讼或仲裁、债务担保、产品质量保证（含产品安全保证）、承诺、亏损合同、重组义务、环境污染整治等。

二、或有事项的审计目标

或有事项的审计目标是就管理层在编制和列报财务报表时对或有事项的会计处理和披露获取充分、适当的审计证据，并就或有事项是否存在重大错报得出结论，同时确定或有事项对审计报告类型的影响。

三、或有事项的审计程序

审计或有事项时，注册会计师要关注财务报表反映的或有事项的完整性。由于或有事项的种类不同，审计人员在审计被审计单位的或有事项时，选用的审计程序也各不相同，但是针对或有事项完整性的审计程序通常包括：

1.了解被审计单位与识别或有事项有关的内部控制。

2.审阅截至审计工作完成日被审计单位历次董事会纪要和股东大会会议记录，确定是否存在未决诉讼或仲裁、未决索赔、税务纠纷、债务担保、产品质量保证、财务承诺等方面的记录。

3.向与被审计单位有业务往来的银行进行函证，或检查被审计单位与银行之间的借款协议和往来函件，以查找有关票据贴现、背书、应收账款抵押和担保。

4.检查与税务征管机构之间的往来函件和税收结算报告，以确定是否存在税务争议。

5.向被审计单位的法律顾问和律师进行函证，分析被审计单位在审计期间发生的法律费用，以确定是否存在未决诉讼、索赔等事项。

6.向被审计单位管理层获取书面声明，声明其已按照企业会计准则的规定，对全部或有事项作了恰当反映。

注册会计师还应当确定或有事项的确认、计量和列报是否符合会计准则的规定。

四、获取律师声明书

注册会计师在审计或有事项时，往往要向被审计单位的法律顾问或律师进行函证，以获取与财务报表日业已存在的，以及财务报表日至复函日这一时期内存在的期后事项和或有事项等有关的审计证据。被审计单位律师对函证问题的答复和说明，就是律师声明书。

对律师的函证，通常以被审计单位的名义，通过寄发审计询证函的方式实施。律师声明书所用的格式和措辞并没有定式。单位不同或情况不同，律师出具的声明书也不相同。律师询证函和律师询证函复函的参考格式分别列示如下：

律师询证函

××律师事务所并××律师：

本公司已聘请××会计师事务所对本公司××××年12月31日（以下简称资产负债表日）的资产负债表以及截至资产负债表日的该年度利润表、股东权益变动表和现金流量表进行审计。为配合该项审计，谨请贵律师基于受理本公司委托的工作（诸如常年法律顾问、专项咨询和诉讼代理等），提供下述资料，并函告××会计师事务所：

一、请说明存在于资产负债表日并且自该日起至本函回复日止本公司委托贵律师代理进行的任何未决诉讼。该说明中谨请包含以下内容：

1.案件的简要事实经过与目前的发展进程；

2.在可能范围内，贵律师对于本公司管理层就上述案件所持看法及处理计划（如庭外和解设想）的了解，及您对可能发生结果的意见；

3.在可能范围内，您对损失或收益发生的可能性及金额的估计。

二、请说明存在于资产负债表日并且自该日起至本函回复日止，本公司曾向贵律师咨询的其他诸如未决诉讼、追索债权、被追索债务以及政府有关部门对本公司进行的调查等可能涉及本公司法律责任的事件。

三、请说明截至资产负债表日，本公司与贵律师事务所律师服务费的结算情况（如有可能，请依服务项目区分）。

四、若无上述一、二事项，为节省您宝贵的时间，烦请填写本函背面《律师询证函复函》并签章后，按以下地址，寄往××会计师事务所（地址：××市××路××号；邮编：××××××）。

谢谢合作！

××公司（盖章）

公司负责人：______（签章）

年　月　日

律师询证函复函

××会计师事务所：

本律师于××期间，除向××公司提供一般性法律咨询服务，并未接受委托，代理进行或咨询如律师询证函中一、二项所述之事宜。

另截至　　年　月　日，该公司

- 未积欠本律师事务所任何律师服务费。
- 尚有本律师事务所的律师服务费计人民币________元，未予付清。

________律师事务所

律师：________（签章）

年　月　日

注册会计师应根据该律师的执业水准和声誉情况来确定律师声明书的可靠性。如果注册会计师对代理被审计单位重大法律事务的律师并不熟悉，那么应查询诸如该律师的职业背景、声誉及其在法律界的地位等情况，并考虑从律师协会获取信息。

如果律师声明书表明或暗示律师拒绝提供信息，或隐瞒信息，那么注册会计师应将其视为审计范围受到限制。

第二节　期后事项的审计

注册会计师在审计被审计单位某一会计年度的财务报表时，除了对所审计的会计年度之后发生和发现的事项实施必要的审计程序外，还要考虑所审会计年度之后发生和发现的事项对财务报表和审计报告的影响，从而保证一个会计期间的财务报表的真实性和完整性。

一、期后事项的含义和种类

（一）期后事项的含义

期后事项是指资产负债表日至审计报告日之间发生的事项以及审计报告日发现的事实。

（二）期后事项的种类

财务报表可能受到财务报表日后发生事项的影响。适用的财务报告编制基础通常专门提及期后事项，并将其区分为下列两类：一是对财务报表日已经存在的情况提供证据的事项，即对财务报表日已经存在的情况提供了新的或进一步证据的事项，这类事项影响财务报表金额，需提请被审计单位管理层调整财务报表及与之相关的披露信息；二是对财务报表日后发生的情况提供证据的事项，即表明财务报表日后发生的情况的事项。这类事项虽不影响财务报表金额，但可能影响对财务报表的正确理解，需提请被审计单位管理层在财务报表附注中作适当披露。

1.财务报表日后调整事项

这类事项不但为被审计单位管理层确定财务报表日账户余额提供信息，而且为审计人员核实这些余额提供补充证据。如果账户金额重大，那么应提请被审计单位对本期财务报表及相关的账户金额进行调整。财务报表日后调整事项主要有：

（1）财务报表日后诉讼案件结案，法院判决证实了企业在财务报表日已经存在现时义务，需要调整原先确认的与该诉讼案件相关的预计负债，或确认一项新负债。

（2）财务报表日后取得确凿证据，表明某项资产在财务报表日发生了减值或者需要调整该项资产原先确认的减值金额。

（3）财务报表日后进一步确定了财务报表日前购入资产的成本或售出资产的收入。

（4）财务报表日后发现了财务报表舞弊或差错。

2.财务报表日后非调整事项

这类事项不影响财务报表日的财务状况，因此不需要调整被审计单位的本期财务报表。但如果被审计单位的财务报表因此可能被误解，应当在财务报表附注中予以适当披露。

（1）财务报表日后发生重大诉讼、仲裁、承诺；

（2）财务报表日后资产价格、税收政策、外汇汇率发生重大变化；

（3）财务报表日后自然灾害导致资产发生重大损失；

（4）财务报表日后发行股票和债券以及其他巨额举债；

（5）财务报表日后资本公积转增资本；

（6）财务报表日后发生巨额亏损；

（7）财务报表日后发生企业合并或处置子公司；

（8）财务报表日后企业利润分配方案中拟分配的以及经审议批准宣告发放的股利或利润。

二、期后事项分段

根据期后事项的上述定义，期后事项可以划分为三个时段：第一个时段是财务报表日后至审计报告日，可以把在这一期间发生的事项称为“第一时段期后事项”；第二个时段是审计报告日后至财务报表报出日，可以把这一期间发生的事项称为“第二时段期后事项”；第三个时段是财务报表报出日后，可以把这一期间发生的事项称为“第三时段期后事项”，具体如图10-1所示。

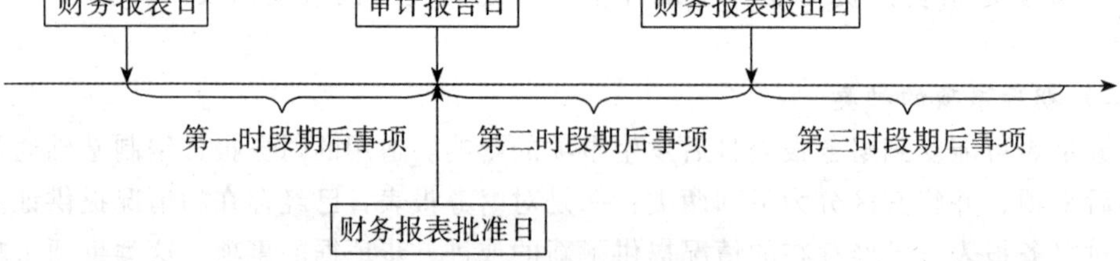

图10-1　期后事项分段示意图

财务报表日是指财务报表涵盖的最近期间的截止日期；财务报表批准日是指被审计单位董事会或类似机构批准财务报表报出的日期；财务报表报出日是指被审计单位对外披露

已审计财务报表的日期。在实务中，审计报告日与财务报表批准日通常是相同的日期。

（一）截至审计报告日发生的期后事项

注册会计师应当实施必要的审计程序，获取充分、适当的审计证据，以确定截至审计报告日发生的、需要在财务报表中调整或披露的事项是否均已得到识别。

财务报表日至审计报告日之间发生的期后事项属于第一时段期后事项。对于这一时段的期后事项，注册会计师负有主动识别的义务，应当设计专门的审计程序来识别这些期后事项，并根据这些事项的性质判断其对财务报表的影响，进而确定是进行调整还是披露。

审计人员应当尽量在接近审计报告日时，实施旨在识别需要在财务报表中调整或披露事项的审计程序。

（1）复核被审计单位管理层建立的用于确保识别期后事项的程序。

（2）取得并审阅股东大会、董事会和管理层的会计记录以及涉及诉讼的相关文件等，查明识别财务报表日后发生的对本期财务报表产生重大影响的调整事项和非调整事项。

（3）在尽量接近审计报告日时，查阅股东会、董事会及其专门委员会在财务报表日后举行会议的纪要，并在不能获取会议纪要时询问会议讨论的事项。

（4）在尽量接近审计报告日时，查阅最近的中期财务报表、主要财务报表项目、重要合同和会计凭证；如认为必要，还应当查阅预算、现金流量预测及其他相关管理报告。

（5）在尽量接近审计报告日时，查阅被审计单位与客户、供应商、监管部门等的往来信函。

（6）在尽量接近审计报告日时，向被审计单位律师或法律顾问询问有关诉讼和索赔事项。

（7）在尽量接近审计报告日时，向管理层询问是否发生可能影响财务报表的期后事项。

（二）截至财务报表报出日发现的事实

对于这一时段的期后事项，由于注册会计师的审计业务已经结束，无法承担主动识别这一时段期后事项的审计责任，因此要识别可能存在的期后事项比较困难。

但是，在这一时段，管理层有责任将发现的可能影响财务报表的事实告知注册会计师。如果注册会计师知悉可能对财务报表产生重大影响的事实，那么注册会计师应当考虑是否需要修改财务报表，并与管理层进行讨论，同时根据具体情况采取适当措施。

1.管理层修改财务报表时的处理

如果管理层修改了财务报表，那么注册会计师应当根据具体情况实施必要的审计程序，以验证管理层根据期后事项所作出的财务报表调整或披露是否符合企业会计准则和相关企业会计制度的规定，并根据修改后的财务报表出具新的审计报告和索取新的书面声明书。新的审计报告日期不应早于董事会或类似机构批准修改后的财务报表日期。

2.管理层没有修改财务报表时的处理

注册会计师认为应当修改财务报表而管理层没有修改，在审计报告未提交时，注册会计师应当按照审计准则的规定，出具保留意见或否定意见的审计报告；如果审计报告已经提交，那么注册会计师应当采取必要的补救措施。

（三）财务报表报出日后发现的事实

对于这一阶段的期后事项，注册会计师没有义务针对财务报表作出查询。但是如果知悉在审计报告日已经存在、可能导致修改审计报告的事实，注册会计师应当考虑是否需要修改财务报表，同时与管理层进行讨论，并根据具体情况采取适当的措施。

1.管理层修改财务报表时的处理

注册会计师应当采取如下必要的措施：

(1) 实施必要的审计程序。例如，查阅法院判决文件、复核会计处理或披露事项，确定管理层对财务报表的修改是否恰当。

(2) 复核管理层采取的措施能否确保所有收到原财务报表和审计报告的人士了解这一情况。

(3) 针对修改后的财务报表出具新的审计报告。新的审计报告应当增加强调事项段，提请财务报表使用者注意财务报表附注中对修改原财务报表原因的详细说明，以及注册会计师出具的原审计报告。注册会计师应当将用以识别期后事项的审计程序延伸至新的审计报告日，以避免重大遗漏。

2.管理层未采取任何行动时的处理

如果管理层没有采取任何行动确保所有收到原财务报表和审计报告的人士了解这一情况，那么注册会计师应当采取措施防止财务报表使用者信赖该审计报告。

第三节 书面声明

一、书面声明的含义

书面声明，是指管理层向注册会计师提供的书面陈述，用以确认某些事项或支持其他审计证据。书面声明不包括财务报表及其认定，以及支持性账簿和相关记录。在本节中单独提及管理层时，应当理解为管理层和治理层（如适用）。管理层负责按照适用的财务报告编制基础编制财务报表并使其实现公允反映。书面声明是注册会计师在财务报表审计中需要获取的必要信息，是审计证据的重要来源。如果管理层修改声明的内容或不提供注册会计师要求的声明，那么可能使注册会计师警觉存在重大问题的可能性。而且，在很多情况下，注册会计师要求管理层提供书面声明而非口头声明，可以促使管理层更加认真地考虑声明所涉及的事项，从而提高声明的质量。

二、书面声明的类别

书面声明一般包括两部分：针对管理层责任的声明，以及支持与财务报表或者一项或多项具体认定相关的声明。

（一）针对管理层责任的声明

注册会计师应当要求管理层提供关于财务报表编制的书面声明，确认其根据审计业务约定条款，履行了按照适用的财务报告编制基础编制财务报表并使其实现公允反映（如适用）的责任。

针对提供的信息和交易的完整性，注册会计师应当要求管理层就下列事项提供书面声明：按照审计业务约定条款，已向注册会计师提供所有相关信息，并允许注册会计师不受限制地接触所有相关信息以及被审计单位内部人员和其他相关人员；所有交易均已记录并反映在财务报表中。

如果未从管理层获取其确认已履行的责任，注册会计师在审计过程中获取的有关管理层已履行这些责任的其他审计证据是不充分的。这是因为，仅凭其他审计证据不能判断管理层是否在认可并理解其责任的基础上，编制和列报财务报表并向注册会计师提供了相关信息。例如，如果未向管理层询问其是否提供了审计业务约定条款中要求提供的所有相关信息，也没有获得管理层的确认，注册会计师就不能认为管理层已提供了这些信息。

上述书面声明，基于管理层认可并理解在审计业务约定条款中提及的管理层的责任，注册会计师要求管理层通过声明确认其已履行这些责任。注册会计师可能还要求管理层在书面声明中再次确认其对自身责任的认可与理解。尤其是存在下列情况时，这种确认更为适当：

（1）代表被审计单位签订审计业务约定条款的人员不再承担相关责任；

（2）审计业务约定条款是在以前年度签订的；

（3）有迹象表明管理层误解了其责任；

（4）情况的改变需要管理层再次确认其责任。

（二）支持与财务报表或者一项或多项具体认定相关的声明

除针对管理层的声明和其他审计准则要求的书面声明外，如果注册会计师认为有必要获取一项或多项其他书面声明，以支持与财务报表或者一项或多项具体认定相关的其他审计证据，注册会计师应当要求管理层提供这些书面声明。

1.关于财务报表的额外书面声明

除了针对财务报表的编制，注册会计师应当要求管理层提供基本书面声明以确认其履行了责任外，注册会计师可能认为还有必要获取有关财务报表的其他书面声明。其他书面声明可能是对基本书面声明的补充，但不构成其组成部分。其他书面声明可能包括针对下列事项作出的声明：会计政策的选择和运用是否适当；是否按照适用的财务报告编制基础对资产、负债、资产的所有权或控制权、资产的留置权或其他物权、抵押资产和可能影响财务报表的法律法规及合同进行了确认、计量、列报或披露。

2.与向注册会计师提供信息有关的额外书面声明

除了针对管理层提供的信息和交易的完整性的书面声明外，注册会计师可能认为还有必要要求管理层提供书面声明，确认其已将注意到的所有内部控制缺陷向注册会计师通报。

3.关于特定认定的书面声明

在获取有关管理层的判断和意图的证据时，或在对判断和意图进行评价时，注册会计师可能考虑下列一项或多项事项：被审计单位以前对声明的意图的实际实施情况；被审计单位选取特定措施的理由；被审计单位实施特定措施的能力；是否存在审计过程中已获取的、可能与管理层判断或意图不一致的任何其他信息。

三、书面声明的日期和涵盖期间

书面声明的日期应当尽量接近对财务报表出具审计报告的日期，但不得在审计报告日后。书面声明应当涵盖审计报告针对的所有财务报表和期间。

由于书面声明是必要的审计证据，因此在管理层签署书面声明前，注册会计师不能发表审计意见，也不能签署审计报告。而且，由于注册会计师关注截至审计报告日发生的、可能需要在财务报表中作出相应调整或披露的事项，书面声明的日期应当尽量接近对财务报表出具审计报告的日期，但不得在其之后。

在某些情况下，注册会计师在审计过程中获取有关财务报表特定认定的书面声明可能是适当的。此时，可能有必要要求管理层更新书面声明。管理层有时需要再次确认以前期间作出的书面声明是否依然适当，因此，书面声明需要涵盖审计报告中提及的所有期间。注册会计师和管理层可能认可某种形式的书面声明，以更新以前期间所作的书面声明。更新后的书面声明需要表明，以前期间所作的声明是否发生了变化，以及发生了什么变化(如有)。

四、书面声明的形式

书面声明应当以声明书的形式致送注册会计师。在某些国家或地区，法律法规可能要求管理层对自身责任作出公开的书面陈述。尽管这种陈述是向财务报表使用者或相关机构提供的，但注册会计师可能认为，它是部分或全部书面声明的一种适当形式。因此，这种陈述所涵盖的相关事项不必包括在声明书中。下面列示了一种声明书的范例。

声明书

(致注册会计师)：

本声明书是针对你们审计ABC公司截至20×1年12月31日的资产负债表和20×1年度的利润表和现金流量表而提供的。审计的目的是对财务报表发表意见，以确定财务报表是否在所有重大方面已按照企业会计准则的规定编制，并实现公允反映。

尽我们所知，并在作出了必要的查询和了解后，我们确认：

一、财务报表

1.我们已履行［插入日期］签署的审计业务约定书中提及的责任，即根据企业会计准则的规定编制财务报表，并对财务报表进行公允反映。

2.在作出会计估计时使用的重大假设（包括与公允价值计量相关的假设）是合理的。

3.已按照企业会计准则的规定对关联方关系及其交易作出了恰当的会计处理和披露。

4.根据企业会计准则的规定，所有需要调整或披露的资产负债表日后事项都已得到调整或披露。

5.未更正错报，无论是单独还是汇总起来，对财务报表整体的影响均不重大。未更正错报汇总表附在本声明书后。

6.［插入注册会计师可能认为适当的其他任何事项］。

二、提供的信息

1.我们已向你们提供下列工作条件：

（1）允许接触我们注意到的、与财务报表编制相关的所有信息（如记录、文件和其他事项）；

（2）提供你们基于审计目的要求我们提供的其他信息；

（3）允许在获取审计证据时不受限制地接触你们认为必要的本公司内部人员和其他相关人员。

2.所有交易均已记录并反映在财务报表中。

3.我们已向你们披露了由于舞弊可能导致的财务报表重大错报风险的评估结果。

4.我们已向你们披露了我们注意到的、可能影响本公司的与舞弊或舞弊嫌疑相关的所有信息，这些信息涉及本公司的：

(1) 管理层；

(2) 在内部控制中承担重要职责的员工；

(3) 其他人员（在舞弊行为导致财务报表重大错报的情况下）。

5.我们已向你们披露了从现任和前任员工、分析师、监管机构等方面获知的、影响财务报表的舞弊指控或舞弊嫌疑的所有信息。

6.我们已向你们披露了所有已知的、在编制财务报表时应当考虑其影响的违反或涉嫌违反法律法规的行为。

7.我们已向你们披露了我们注意到的关联方的名称和特征、所有关联方关系及其交易。

8. [插入注册会计师可能认为必要的其他任何事项]。

附：未更正错报汇总表。

ABC公司　　　　ABC公司管理层

（盖章）　　　　（签名并盖章）

中国××市　　　　二○×二年××月××日

第四节　评价审计结果

一、评价审计中的重大发现

重大发现涉及会计政策的选择、运用和一贯性的重大事项，包括相关的信息披露。这些信息披露包含但不限于说明复杂的或是不常见的交易活动、会计估计和包含管理层假设在内的不确定性。

在审计完成阶段，项目合伙人和审计项目组考虑的重大发现和事项的例子包括：

(1) 中期复核中的重大发现及其对审计方法的相关影响；

(2) 涉及会计政策的选择、运用和一贯性的重大事项，包括相关的披露；

(3) 就特别审计目标识别的重大风险，对审计策略和计划的审计程序所作的重大修正；

(4) 在与管理层和其他人员讨论重大发现和事项时得到的信息；

(5) 与注册会计师的最终审计结论相矛盾或不一致的信息。

对已记录的审计程序进行评估，可能全部或部分地揭示出以下事项：

(1) 为了实现计划的审计目标，是否有必要对重要性进行修订；

(2) 对审计策略和计划的审计程序的重大修正，包括对审计目标的重大错报风险评估水平的重要变动；

(3) 对审计方法有重要影响的与财务报告相关的值得关注的内部控制的缺陷和其他弱点；

(4) 财务报表中存在的重大错报或漏报，包括相关披露和其他审计调整；

(5) 项目组成员内部，或项目组与项目质量控制复核人员或提供咨询的其他人员之间，就重大会计和审计事项达成最终结论所存在的意见分歧；

(6) 在实施审计程序时遭遇重大困难的情形；

（7）向事务所内部有经验的专业人士或外部专业顾问咨询；

（8）与管理层或其他人员就重大发现以及与注册会计师的最终审计结论相矛盾或不一致的信息进行讨论。

注册会计师在审计计划阶段对重要性的判断，与其在评估审计差异时对重要性的判断是不同的。如果在审计完成阶段确定的修订后的重要性水平远远低于在计划阶段确定的重要性水平，那么注册会计师应重新评估已经获得的审计证据的充分性和适当性。重要性的任何变化都要求注册会计师重新评估重大错报上限和审计策略。

如果审计项目组内部、项目组与被咨询者之间以及项目合伙人与项目质量控制复核人员之间存在意见分歧，那么审计项目组应当遵循会计师事务所的政策和程序予以妥善处理。

二、评价审计过程中发现的错报

对于审计过程中发现的被审计单位错报，注册会计师不应当直接根据这些错报的严重程度出具审计报告，而是首先应当与适当层级的管理层沟通这些错报，并且要求管理层进行更正。管理层在获知注册会计师审计过程中发现的这些错报后，一般是需要告知相关责任人并采取必要行动的。

有时候法律法规可能不允许注册会计师向管理层通报发现的某些错报，因为这些错报如果被管理层知晓的话，将不利于对被审计单位可能存在的违法行为展开调查，这时注册会计师可以不必与管理层沟通这些错报，如果遇到的情况比较复杂，注册会计师应当征询法律意见。

管理层对注册会计师沟通的错报是否更正，可能会影响到审计报告的类型。如果管理层更正了所有的错报，那么会计账簿等资料就会记录准确，与这些错报相关的财务报表项目出现重大错报的可能性就会降低。管理层也有可能会拒绝更正全部错报，或者拒绝更正部分错报，在这种情况下注册会计师应当全面了解其不打算更正错报的原因，并考虑这些未更正错报的严重程度，评价是否影响审计报告的类型。

三、汇总审计差异

审计差异内容按是否需要调整账户记录可分为核算错误和重分类错误。核算错误是指因企业对经济业务进行了不正确的会计核算而引起的错误，用审计重要性原则来衡量每一项核算错误，又可把这些核算错误区分为建议调整的不符事项和不建议调整的不符事项(即未调整不符事项)；重分类错误是指因企业未按企业会计准则列报财务报表而引起的错误，如企业在应收账款项目中反映的预收账款等。

无论是建议调整的不符事项、重分类错误，还是未调整不符事项，在审计工作底稿中通常都是以调整分录的形式反映的。由于在审计过程中发现的错误往往不止一两项，为便于各项审计项目的负责人综合判断、分析和决定，也为了便于有效编制试算平衡表和代编经审计的财务报表，注册会计师通常需要将这些建议调整的不符事项、重分类错误以及未调整不符事项分别汇总至“账项调整分录汇总表”、“重分类调整分录汇总表”与“未更正错报汇总表”。这三种汇总表的参考格式见表10-1、表10-2和表10-3。

四、编制试算平衡表

试算平衡表是注册会计师在被审计单位提供未审财务报表的基础上，考虑调整分录、重分类分录等内容以确定已审数与报表披露数的表式。下面以资产负债表为例，列示其试算平衡表的参考格式，详见表10-4、表10-5。

表10-1　**账项调整分录汇总表**

序号	内容及说明	索引号	调整内容				影响利润表+（-）	影响资产负债表+（-）
			借方项目	借方金额	贷方项目	贷方金额		

与被审计单位的沟通：
参加人员：
被审计单位：
审计项目组：
被审计单位的意见：

结论：
是否同意上述审计调整：

被审计单位授权代表签字：　　　　　　　　日期：

表10-2　**重分类调整分录汇总表**

序号	内容及说明	索引号	调整项目和金额			
			借方项目	借方金额	贷方项目	贷方金额

与被审计单位的沟通：
参加人员：
被审计单位：
审计项目组：
被审计单位的意见：

结论：
是否同意上述审计调整：

被审计单位授权代表签字：　　　　　　　　日期：

表10-3 **未更正错报汇总表**

序号	内容及说明	索引号	未调整内容				备注
			借方项目	借方金额	贷方项目	贷方金额	

未更正错报的影响：

项目	金额	百分比	计划百分比
1.总资产			
2.净资产			
3.销售收入			
4.费用总额			
5.毛利			
6.净利润			

结论：

被审计单位授权代表签字： 日期：

表10-4 **资产负债表试算平衡表（资产）**

被审计单位：________________ 索引号：________________

项目：________________ 财务报表截止日/期间：________________

编制：________________ 复核：________________

日期：________________ 日期：________________

报表项目	原报数	调整分录		审定数
		借方	贷方	
流动资产：				
货币资金				
结算备付金				
拆出资金				
交易性金融资产				
衍生金融资产				
应收票据				

续表

报表项目	原报数	调整分录		审定数
		借方	贷方	
应收账款				
应收款项融资				
预付款项				
应收保费				
应收分保账款				
应收分保合同准备金				
其他应收款				
买入返售金融资产				
存货				
合同资产				
持有待售资产				
一年内到期的非流动资产				
其他流动资产				
流动资产合计				
非流动资产：				
发放贷款和垫款				
债权投资				
其他债权投资				
长期应收款				
长期股权投资				
其他权益工具投资				
其他非流动金融资产				
投资性房地产				
固定资产				
在建工程				
生产性生物资产				
油气资产				

续表

报表项目	原报数	调整分录		审定数
		借方	贷方	
使用权资产				
无形资产				
开发支出				
商誉				
长期待摊费用				
递延所得税资产				
其他非流动资产				
非流动资产合计				
资产总计				

表10-5 **资产负债表试算平衡表（负债和所有者权益（或股东权益））**

被审计单位：________________ 索引号：________________

项目：________________ 财务报表截止日/期间：________________

编制：________________ 复核：________________

日期：________________ 日期：________________

报表项目	原报数	调整分录		审定数
		借方	贷方	
流动负债：				
短期借款				
向中央银行借款				
拆入资金				
交易性金融负债				
衍生金融负债				
应付票据				
应付账款				
预收款项				
合同负债				
卖出回购金融资产款				
吸收存款及同业存放				

续表

报表项目	原报数	调整分录		审定数
		借方	贷方	
代理买卖证券款				
代理承销证券款				
应付职工薪酬				
应交税费				
应付手续费及佣金				
其他应付款				
应付分保账款				
持有待售负债				
一年内到期的非流动负债				
其他流动负债				
流动负债合计				
非流动负债：				
保险合同准备金				
长期借款				
应付债券				
租赁负债				
长期应付款				
预计负债				
递延收益				
递延所得税负债				
其他非流动负债				
非流动负债合计				
负债合计				
所有者权益（或股东权益）：				
实收资本（或股本）				
其他权益工具				
资本公积				
减：库存股				
其他综合收益				

续表

报表项目	原报数	调整分录		审定数
		借方	贷方	
专项储备				
盈余公积				
一般风险准备				
未分配利润				
归属于母公司所有者权益（或股东权益）合计				
少数股东权益				
所有者权益（或股东权益）合计				
负债和所有者权益（或股东权益）总计				

五、复核审计工作底稿和财务报表

（一）对财务报表总体合理性实施分析程序

在审计结束或临近结束时，注册会计师运用分析程序的目的是确定经审计调整后的财务报表整体是否与对被审计单位的了解一致，是否具有合理性。注册会计师应当围绕这一目的运用分析程序。

在运用分析程序进行总体复核时，如果识别出以前未识别的重大错报风险，那么注册会计师应当重新考虑对全部或部分各类交易、账户余额、披露评估的风险是否恰当，并在此基础上重新评价之前计划的审计程序是否充分，是否有必要追加审计程序。

（二）评价审计结果的具体工作

注册会计师评价审计结果，主要是为了确定审计意见的类型以及在整个审计工作中是否遵循了审计准则。为此，注册会计师必须完成以下工作：

1.对重要性和审计风险进行最终评价

这是注册会计师决定发表何种类型审计意见的必要过程。该过程可通过以下两个步骤来完成：

（1）确定可能的错报金额。可能的错报金额包括已经识别的具体错报和推断误差。

（2）根据财务报表层次的重要性水平，确定可能的错报金额的汇总数（即可能错报总额）对整个财务报表的影响程度。应当注意的是：

①这里的“财务报表层次的重要性水平”是指审计计划阶段确定的重要性水平，如果该重要性水平在审计过程中已作过修订，那么应当按修订后的财务报表层次重要性水平进行比较。

②这里的可能错报总额一般是指各财务报表项目可能的错报金额的汇总数，但也可能包括上一期间的任何未更正可能错报对本期财务报表的影响。上一期间的未更正可能错报与本期未更正可能错报累计起来，可能会导致本期财务报表产生重大错报。因此，注册会计师在估计本期的可能错报总额时，应当包括上一期间的未更正可能错报。

③如果某项错报单独来说已经超过相应的重要性水平，那么这项错报就是重大的。有

些时候某项错报单独来说并未超过重要性水平，但是与这些错报相关的某些情况，在将其单独或连同在审计过程中累积的其他错报一并考虑时，注册会计师也可能将这些错报评价为重大错报。例如，未更正错报的金额为5万元，财务报表的重要性水平为10万元，虽然该未更正错报的金额没有超过财务报表层次的重要性水平，但是财务报表显示本期利润2万元，该项未更正错报将直接改变被审计单位的盈亏方向，此时，注册会计师应当认为该项未更正错报是重大的。

注册会计师在审计计划阶段已确定了审计风险的可接受水平。随着可能错报总额的增加，财务报表可能被严重错报的风险也会增加。如果注册会计师得出结论，审计风险处在一个可接受的水平，那么可以直接提出审计结果所支持的意见；如果注册会计师认为审计风险不能接受，那么应追加审计测试或者说服被审计单位作必要调整，以便将重要错报的风险降低到可接受的水平；否则，注册会计师应慎重考虑该审计风险对审计报告的影响。

2.对被审计单位已审计财务报表形成审计意见并草拟审计报告

在审计过程中，注册会计师要实施各种测试。这些测试通常是由参与本次审计工作的审计项目组成员来执行的，而每个成员所执行的测试可能只限于某几个领域或账项，所以，在每个业务循环或报表项目的测试都完成之后，审计项目经理应汇总所有成员的审计结果。

在完成审计工作阶段，为了对财务报表整体发表适当的意见，必须将这些分散的审计结果加以汇总和评价，并综合考虑在审计过程中收集到的全部证据。负责该审计项目的合伙人对这些工作负有最终责任。在有些情况下，这些工作可以先由审计项目经理初步完成，然后再逐级交给部门经理和项目合伙人认真复核。

在对审计意见形成最后决定之前，会计师事务所通常要与被审计单位召开沟通会。在沟通会上，注册会计师可口头报告本次审计发现的问题，并说明建议被审计单位作必要调整或表外披露的理由。当然，管理层也可以在会上申辩其立场。最后，通常会对需要被审计单位作出的改变达成协议。如达成了协议，注册会计师一般即可签发标准审计报告；否则，注册会计师则可能不得不发表其他类型的审计意见。注册会计师的审计意见是通过审计报告来反映的，下一章将介绍不同类型的审计报告。

3.复核审计工作底稿

会计师事务所应当建立完善的审计工作底稿分级复核制度。如前所述，对审计工作底稿的复核可分为两个层次：项目组内部复核和独立的项目质量控制复核。

（1）项目组内部复核。项目组内部复核又分为两个层次：项目负责经理的现场复核和项目合伙人的复核。

①项目负责经理的现场复核。项目负责经理对工作底稿的复核属于第一级复核。该级复核通常在审计现场完成，以便及时发现和解决问题，争取审计工作的主动。

②项目合伙人的复核。项目合伙人对审计工作底稿的复核是项目组内部最高级别的复核。该复核既是对项目负责经理复核的再监督，也是对重要审计事项的把关。

（2）独立的项目质量控制复核。项目质量控制复核是指在出具报告前，对项目组作出的重大判断和在准备报告时形成的结论作出客观评价的过程。项目质量控制复核又称独立复核。

对审计工作底稿进行独立复核有如下意义：

一是对审计工作结果实施最后的质量控制。审计工作的高质量在于形成审计意见的正确性。注册会计师在审计工作中将工作结果和工作过程中的各种情况记录于审计工作底稿中，并据此形成审计意见。若形成的审计意见与工作结果存在矛盾，注册会计师的工作就会失去有效性。对签发审计报告前的审计工作底稿进行独立复核，是对审计工作结果实施的最后质量控制，能避免对重大审计问题的遗留或对具体审计工作理解不透彻等情况，从而形成与审计工作结果相一致的审计意见。

二是确认审计工作已达到会计师事务所的工作标准。会计师事务所对开展的各项审计工作，都应有明确、统一的标准。但在执行过程中，会计师事务所内不同注册会计师的工作质量会有差异，有的甚至可能背离统一的工作标准。因此，必须进行独立复核，从而严格保持整体审计工作质量的一致性，以确认该审计工作已达到会计师事务所的工作标准。

三是消除妨碍注册会计师判断的偏见。在审计工作中，常常需要注册会计师对各种问题作出专业判断。注册会计师可能期望在整个审计过程中保持客观性，但如有大量问题需要解决而又经过长时间的审计，就容易丧失正确的观察能力和判断能力，对一些问题作出不符合事实的审计结论。而进行独立复核，可以消除妨碍注册会计师正确判断的偏见，作出符合事实的审计结论。

表10-6是业务执行复核工作核对表的一个范例，供参考。

表10-6 **业务执行复核工作核对表**

一、项目负责经理复核

复核事项	是/否/不适用	备注
1.是否已复核已完成的审计计划，以及导致对审计计划作出重大修改的事项？ 2.是否已复核重要的财务报表项目？ 3.是否已复核特殊交易或事项，包括债务重组、关联方交易、非货币性资产交换、或有事项、期后事项、持续经营能力等？ 4.是否已复核重要会计政策、会计估计的变更？ 5.是否已复核重大事项概要？ 6.是否已复核建议调整事项？ 7.是否已复核书面声明书，股东大会、董事会相关会议纪要，与客户的沟通记录及重要会谈记录，律师询证函复函？ 8.是否已复核审计总结？ 9.是否已复核已审计财务报表和拟出具的审计报告？ 10.实施上述复核后，是否可以确定下列事项： （1）审计工作底稿提供了充分、适当的记录，作为审计报告的基础； （2）已按照审计准则的规定执行了审计工作； （3）对重大错报风险的评估及采取的应对措施是恰当的，针对存在特别风险的审计领域，设计并实施了针对性的审计程序，且得出了恰当的审计结论； （4）作出的重大判断恰当合理； （5）提出的建议调整事项恰当，相关调整分录正确； （6）未更正错报无论是单独还是汇总起来对财务报表整体均不具有重大影响； （7）已审计财务报表的编制符合企业会计准则的规定，在所有重大方面公允反映了被审计单位的财务状况、经营成果和现金流量； （8）拟出具的审计报告措辞恰当，已按照审计准则的规定发表了恰当的审计意见		

签字： 日期：

二、项目合伙人复核

复核事项	是/否/不适用	备注
1.是否已复核已完成的审计计划，以及导致对审计计划作出重大修改的事项？ 2.是否已复核重大事项概要？ 3.是否已复核存在特别风险的审计领域，以及项目组采取的应对措施？ 4.是否已复核项目组作出的重大判断？ 5.是否已复核建议调整事项？ 6.是否已复核书面声明书，股东大会、董事会相关会议纪要，与客户的沟通记录及重要会议记录，律师询证函复函？ 7.是否已复核审计总结？ 8.是否已复核已审计财务报表和拟出具的审计报告？ 9.实施上述复核后，是否可以确定下列事项： （1）对项目负责经理实施的复核结果满意； （2）对重大错报风险的评估及采取的应对措施是恰当的，针对存在特别风险的审计领域，设计并实施了针对性的审计程序，且得出了恰当的审计结论； （3）项目组作出的重大判断恰当合理； （4）提出的建议调整事项恰当合理，未更正错报无论是单独还是汇总起来对财务报表整体均不具有重大影响； （5）已审计财务报表的编制符合企业会计准则的规定，在所有重大方面公允反映了被审计单位的财务状况、经营成果和现金流量； （6）拟出具的审计报告措辞恰当，已按照审计准则的规定发表了恰当的审计意见		

签字：　　　　　　　　　　　　　　　　日期：

三、项目质量控制复核

复核事项 （由独立的项目质量控制复核人员进行复核，项目质量控制复核适用于上市公司财务报表审计或会计师事务所按有关规定确定的其他类型审计业务）	是/否/不适用	备注
1.项目质量控制复核之前进行的复核是否均已得到满意的执行？ 2.是否已复核项目组针对本业务对本所独立性作出的评价，并认为该评价是恰当的？ 3.是否已复核项目组在审计过程中识别的特别风险以及采取的应对措施，包括项目组对舞弊风险的评估及采取的应对措施，认为项目组作出的判断和应对措施是恰当的？ 4.是否已复核项目组作出的判断，包括关于重要性和特别风险的判断，认为这些判断恰当合理？ 5.是否确定项目组已就存在的意见分歧、其他疑难问题或争议事项进行适当咨询，且咨询得出的结论是恰当的？ 6.是否已复核在审计过程中识别的已更正和未更正错报的重要程度及处理情况？ 7.是否已复核项目组与管理层和治理层沟通的记录以及拟与其沟通的事项，对沟通情况表示满意？ 8.是否认为所复核的审计工作底稿反映了项目组针对重大判断执行的工作能够支持得出的结论？ 9.是否已复核已审计财务报表和拟出具的审计报告，认为已审计财务报表符合企业会计准则的规定，拟出具的审计报告已按照审计准则的规定发表了恰当的审计意见		

签字：　　　　　　　　　　　　　　　　日期：

六、评价独立性和道德问题

注册会计师评价审计结果时还需要评价独立性和道德等方面的问题。审计准则要求项目合伙人应当考虑项目组成员是否遵守职业道德规范，在整个审计过程中对项目组成员违反职业道德规范的迹象保持警惕，并就审计业务的独立性是否得到遵守形成结论。为此，项目合伙人应该：

（1）从会计师事务所或网络事务所获取相关信息，以识别、评价对独立性产生不利影响的情形。

（2）评价已识别的违反会计师事务所独立性政策和程序的情况，以确定是否对审计业务的独立性产生不利影响。

（3）采取适当的防护措施以消除对独立性产生的不利影响，或将其降至可接受的水平。对未能解决的事项，项目合伙人应当立即向会计师事务所报告，以便会计师事务所采取适当的行动。

（4）记录与独立性有关的结论，以及事务所内部支持这一结论的相关讨论情况。

在签署审计报告前，项目合伙人应当确信，在审计过程中产生的所有独立性和道德问题已经完全得到解决，并与《中国注册会计师审计准则第1121号——对财务报表审计实施的质量控制》和《中国注册会计师职业道德守则》的独立性要求一致。

学思践悟 **瑞华坠落：审计的红线与职业之光**

学思践悟案例

瑞华坠落：审计的红线与职业之光

【案例简介】

瑞华会计师事务所（以下简称“瑞华”）曾经是中国最大的本土会计师事务所，从业人员9 000多名、注册会计师2 500多名、合伙人360多名、全国会计领军人才20多名。瑞华是第一批被授予A+H股企业审计资格、第一批完成特殊普通合伙转制的民族品牌专业服务机构。2013年中瑞岳华和国富浩华合并，瑞华会计师事务所成立。2016年，瑞华迎来最风光的时刻。中注协2016年会计师事务所收入排名显示，瑞华40亿元的收入和普华永道仅差1亿元，离冠军宝座仅一步之遥。从2016年开始，瑞华走起了下坡路，由于涉嫌上市公司康得新财务造假（2015年至2018年连续4年净利润实际为负，却虚增利润总额达119亿元），被证监会立案调查，遭受严重的声誉损失和客户流失。随后瑞华余震不断，最终于2021年退出中国资本市场。这个案例强调了审计工作的底线和原则的重要性。审计人员必须始终坚守这些原则，以确保其审计工作的质量并得到公众的信任。一旦违反这些原则，会计师事务所可能会面临声誉损失、承担法律责任甚至业务失败的后果。

【关键词】

瑞华会计师事务所；思政；底线审计

【教学目的和用途】

本案例旨在引导学生通过学习审计理论知识，理解审计工作底线要求，培养对财务报告中的潜在问题的发现能力和问题导向能力，训练并提高学生在从事审计实践业务的过程中针对复杂专业问题的发现能力和解决能力，强化审计理论与审计实践相结合，促使学生深入思考审计职业伦理，明辨审计风险，坚持客观公正原则。

【素养目标】

1.树立敬畏意识。该案例让学生看到了不尊重法律和规则可能带来的严重后果，教育学生要敬畏法律，遵纪守法，并恪守审计职业道德。只有尊重和遵守法律和职业道德，才能成为职业生涯中的典范。

2.培养诚信精神。通过瑞华会计师事务所的案例，学生可以看到声誉的珍贵以及诚信的重要性。在任何时候，都要诚实待人，做事要讲究诚信，珍视自己和所在机构的声誉，不为名利所诱。

3.增强责任意识。该案例展现了对在审计工作中可能出现问题的预见和解决，需要我们有足够的责任心。我们要培养学生勇于担当、敢于负责的精神，增强他们在工作中的责任感和使命感。

4.提高明辨能力。瑞华会计师事务所案例提供了丰富的实践素材，可以帮助学生培养对问题的分析能力和判断能力。通过学习这个案例，教育学生用审计的立场、观点和方法去分析问题，让他们能够明辨是非，明理事实，做出正确的决策。

【价值塑造】

1.职业伦理的理解与应用。这个案例将审计理论与审计实践相结合，深入讲解了审计职业伦理的重要性。通过瑞华会计师事务所的实例，学生可以更加深入理解职业道德的含义，理解如何在实际工作中坚守职业道德，这不仅是专业知识技能的体现，也是对社会主义核心价值观的具体实践。

2.法律责任的认识与遵守。案例分析了瑞华会计师事务所因违反法规而导致的严重后果，教育学生必须尊重和遵守法律，这是审计专业技能的重要组成部分，同时也体现了公民应有的法律素养。

3.社会责任感的培养。此案例通过对瑞华会计师事务所的审计失职事件进行深入分析，让学生认识到作为审计人员，不仅要对企业负责，而且要对社会公众负责。这既是对专业知识的要求，又是社会主义社会责任感的体现。

4.诚信与公正的价值观。通过瑞华会计师事务所的实际案例，强调了诚信和公正在审计工作中的重要性。这不仅是审计专业的核心价值，而且是社会主义社会的重要价值观。通过深入学习此案例，学生可以明白诚信、公正的重要性，从而在自己的专业实践中坚守诚信、公正原则。

【思考问题】

1.审计的底线是什么？作为一名审计师，应如何坚守这个底线？

2.为什么说诚信是审计工作的重要品质？在你看来，瑞华会计师事务所在这方面犯了什么错误？

3.在瑞华会计师事务所的案例中，法规在哪里起到了重要作用？为什么说尊重和遵守法规是审计师的基本职责？

4.如何理解审计师对社会公众的责任？在瑞华会计师事务所的案例中，他们是如何失职的？

5.为什么在审计工作中需要保持公正？瑞华会计师事务所在哪些方面没有做到公正？

6.审计风险是什么？如何预防和应对审计风险？通过瑞华会计师事务所的案例，你对审计风险有什么新的理解？

【分析思路】

第一步，研究瑞华会计师事务所的背景。为了更好地理解瑞华会计师事务所的审计实践，首先需要了解其成立背景、公司文化、以往的业务经验和主要客户群。这一步的目标是寻找该事务所审计底线的起源和演变。对于审计底线的理解，可进一步深入研究瑞华的内部培训、员工手册和过往审计案例，以揭示其在日常业务中如何强调和维护审计底线的重要性。

第二步，详细分析瑞华处理康得新财务造假事件的过程。这一步的核心是理解瑞华在审计康得新时的决策和行为，需要搜集相关的审计报告、工作文件和与事件有关的通信记录。通过对这些文件的分析，可以了解瑞华在审计过程中遇到的挑战，以及他们是如何应对这些挑战的。此外，还需要对证监会的调查报告进行仔细研究，以了解外部监管机构对此事件的看法和评价。

第三步，进一步探讨瑞华的审计方法和程序，尤其是在面对可能的财务造假行为时，他们是如何进行审计的，为什么没有发现问题。需要了解瑞华在审计中使用的具体技术和工具，以及他们是如何针对不同类型的业务和风险来调整审计策略的。特别是在可能面临财务造假行为的情况下，需要深入了解瑞华的风险评估流程、审计证据的收集和分析方法，以及他们如何做出最终的审计判断。

第四步，分析瑞华在面对问题时的反应和处理，是否及时、透明和负责任。评估瑞华在意识到问题后的行动和决策。重要的是要研究他们如何与客户、股东、证监会和公众进行沟通，以及他们如何恢复公司声誉。这涉及公司的危机管理策略，如何坦诚面对问题，采取什么措施进行自查和纠正，并对外部关系进行修复。同时，也需要评估其内部的控制和管理体系在事件发生后是否进行了相应的改进和加强。

第五步，从瑞华的案例中提炼出来的审计职业道德和责任问题，探讨他们对审计底线的理解和尊重程度。比较瑞华的实际行为与审计行业的职业道德标准，特别是在遭遇争议或挑战时的行为。关键问题包括：瑞华是否充分尊重了审计底线？他们的决策是否受到非审计因素的影响？当识别到问题时，他们采取了什么措施来维护公众利益？

第六步，探讨瑞华的案例对审计行业和公众信任的影响，包括瑞华的声誉损失和客户流失等问题。瑞华的案例不仅影响了其自身的声誉，而且可能对整个审计行业产生连锁反应。需要深入研究公众、客户、合作伙伴和监管机构的反应。这涉及评估案例如何改变了外界对审计行业的信任度，以及瑞华如何应对客户和业务的流失。同时，还需要探讨其他会计师事务所是否采取措施以回应此事件，以确保自身的业务和声誉不受损害。

第七步，探讨如何从瑞华的案例中学习，以避免同样的问题再次发生。瑞华的案例为审计行业提供了一个重要的学习机会。首先，需要对瑞华在此事件中的失误进行全面总结，然后探讨如何避免同样的错误。这可能涉及加强审计培训，确保审计师明确自己的职责和底线，以及优化审计流程和方法，确保审计结果的准确性和可靠性。此外，还需要研究如何提高审计师的职业道德和责任感，以确保他们始终为公众利益服务。

第八步，结合上述分析，提出对瑞华案例的理解和反思，明确审计职业的底线和原则，讨论如何在未来的审计工作中坚守这些底线和原则。

复习思考题

1.或有事项的审计程序有哪些？
2.什么是期后事项？期后事项分为哪两种类型？
3.注册会计师应如何处理财务报告日前后识别的期后事项？
4.什么是书面声明？书面声明的种类有哪些？
5.签发审计报告前应当如何评价审计结果？

本章习题
第十章练习题

拓展阅读
中国注册会计师审计准则第1251、1332、1341号

第十一章
审计报告

学习目标

1.掌握审计报告的概念；
2.了解审计报告的基本要素，掌握出具非无保留意见审计报告的情形；
3.掌握非无保留意见审计报告的类型及适用条件；
4.掌握比较信息的含义及其在审计报告中的处理；
5.掌握其他信息的内涵及注册会计师对于其他信息的责任。

审计报告是审计人员完成审计工作的最终产品，是对被审计单位财务报表发表审计意见的书面文件，是审计人员履行审计责任的书面证明。审计报告具有法律效力。所以，如何编写审计报告，表达审计意见，是审计人员履行审计责任的关键（本章所述审计报告主要以注册会计师审计为例说明）。

第一节 审计报告概述

一、审计报告的概念及特征

审计报告是指注册会计师根据中国注册会计师审计准则的规定，在实施审计工作的基础上对被审计单位财务报表发表审计意见的书面文件。审计报告是注册会计师在完成审计工作后向委托人提交的最终产品。审计报告的形成通常具有以下特征：

（一）注册会计师按照中国注册会计师审计准则的规定执行审计工作

审计准则是用以规范注册会计师执行审计业务的标准，包括一般原则与责任、风险评估与应对、审计证据、利用其他主体的工作、审计结论与报告以及特殊领域审计等六个方面的内容。审计准则涵盖了注册会计师执行审计业务的始终。

（二）注册会计师只有在实施了审计工作的基础上才能出具审计报告

注册会计师应当实施风险评估程序，以此作为评估财务报表层次和认定层次重大错报风险的基础。风险评估程序本身并不足以为发表审计意见提供充分、适当的审计证据，注册会计师还应当实施进一步审计程序，包括实施控制测试（必要时或决定测试时）和实质性程序。注册会计师通过实施上述审计程序，获取充分、适当的审计证据，并得出合理的审计结论，以此作为形成审计意见的基础。

（三）注册会计师通过对财务报表发表意见履行业务约定书约定的责任

财务报表审计的目标是注册会计师通过执行审计工作，对财务报表的合法性和公允性发表审计意见。被审计财务报表是按照通用目的编制基础编制的财务报表，包括相关附注（相关附注通常包括重要会计政策概要和其他解释性信息）。在实施审计工作的基础上，注册会计师需要对财务报表形成审计意见，并向委托人提交审计报告。

（四）注册会计师应当以书面形式出具审计报告

审计报告具有特定的要素和格式，注册会计师只有以书面形式出具报告，才能清楚表达对财务报表发表的审计意见。注册会计师签发的审计报告，具有鉴证、保护和证明三方面的作用。

二、审计报告的形成

注册会计师应当评价根据审计证据得出的结论，以作为对财务报表形成审计意见的基础。在确定对财务报表形成标准无保留意见与否时，注册会计师应当根据已获取的审计证据，评价是否已就财务报表整体不存在由于舞弊或错误导致的重大错报获取了合理保证。为此，注册会计师应当考虑：

（一）评价是否已获取充分、适当的审计证据

按照《中国注册会计师审计准则第1231号——针对评估的重大错报风险采取的应对措施》的规定，是否已获取充分、适当的审计证据。

（二）评价审计中识别出的错报

按照《中国注册会计师审计准则第1251号——评价审计过程中识别出的错报》的规定，未更正错报单独或汇总起来是否构成重大错报。

（三）评价财务报表是否在所有重大方面按照适用的财务报告编制基础编制

注册会计师应当评价财务报表是否在所有重大方面按照适用的财务报告编制基础编制。在评价时，注册会计师应当考虑被审计单位会计实务的质量，包括表明管理层的判断可能出现偏向的迹象。

（四）依据适用的财务报告编制基础特别评价一些内容

注册会计师应当依据适用的财务报告编制基础特别评价一些内容。特别评价内容包括：

1.财务报表是否充分披露了选择和运用的重要会计政策；

2.选择和运用的会计政策是否符合适用的财务报告编制基础，并适合于被审计单位的具体情况；

3.管理层作出的会计估计是否合理；

4.财务报表列报的信息是否具有相关性、可靠性、可比性和可理解性；

5.财务报表是否作出充分披露，使财务报表预期使用者能够理解重大交易和事项对财务报表所传递的信息的影响；

6.财务报表使用的术语（包括每一财务报表的标题）是否适当。

（五）评价财务报表是否实现公允反映

在评价财务报表是否实现公允反映时，注册会计师应当考虑下列内容：

1.财务报表的整体列报、结构和内容是否合理；

2.财务报表（包括相关附注）是否公允地反映了相关交易和事项。

（六）评价财务报表是否恰当提及或说明适用的财务报告编制基础

注册会计师应当评价财务报表是否恰当提及或说明适用的财务报告编制基础。

注册会计师对以上各方面评价之后，如果认为财务报表在所有重大方面按照适用的财务报告编制基础编制并实现公允反映，注册会计师应当发表标准无保留意见。

三、审计意见的类型

注册会计师的审计目标就是在评价依据审计证据所得出的结论的基础上，对财务报表是否在整体上不存在重大错报形成审计意见，并将该意见以书面报告的形式表达出来。

如果认为财务报表在所有重大方面按照财务报告编制基础的规定编制并实现公允反映，注册会计师应当发表无保留意见。

教学视频11-1

审计报告的基本内容

当存在下列情形之一时，注册会计师应当按照《中国注册会计师审计准则第1502号——在审计报告中发表非无保留意见》的规定，在审计报告中发表非无保留意见：（1）根据获取的审计证据，得出财务报表整体存在重大错报的结论；（2）无法获取充分、适当的审计证据，不能得出财务报表整体不存在重大错报的结论。

如果财务报表没有实现公允反映，注册会计师应当就该事项与管理层进行讨论，并根据财务报告编制基础的规定和该事项得到解决的情况，决定是否有必要按照《中国注册会计师审计准则第1502号——在审计报告中发表非无保留意见》的规定在审计报告中发表非无保留意见。

第二节 无保留意见审计报告

一、无保留意见审计报告的要素

审计报告的要素是指审计报告的组成部分，一般地，审计报告要素包括：标题；收件人；审计意见；形成审计意见的基础；管理层对财务报表的责任；注册会计师对财务报表审计的责任；按照相关法律法规的要求报告的事项（如适用）；注册会计师的签名和盖章；会计师事务所的名称、地址和盖章；报告日期。这也构成了无保留意见审计报告的要素。

（一）标题

审计报告的标题一般统一规范为“审计报告”。

考虑到这一标题已广为社会公众所接受，因此，我国注册会计师出具的审计报告中标题没有包含“独立”两个字，但注册会计师在执行财务报表审计业务时，应当遵守独立性的要求。

（二）收件人

审计报告的收件人是指注册会计师按照业务约定书的要求报送审计报告的对象，一般是指审计业务的委托人。审计报告应当按照审计业务的约定载明收件人的全称。

注册会计师应当与委托人在业务约定书中约定报送审计报告的对象，以防止在此问题上发生分歧或审计报告被委托人滥用。针对整套通用目的财务报表出具的审计报告，其报送对象通常为被审计单位的全体股东或治理层。

收件人表述举例如下："ABC股份有限公司全体股东"，或"ABC股份有限公司董事会"，或"ABC股份有限公司全体股东及董事会"。

（三）审计意见

审计意见部分由两部分组成。第一部分应指出已审计财务报表，通常包括下列内容：

1.指出被审计单位的名称；

2.说明财务报表已经审计；

3.指出构成整套财务报表的每一财务报表的名称；

4.提及财务报表附注，包括重要会计政策概要和其他解释性信息；

5.指明构成整套财务报表的每一财务报表的日期或涵盖的期间。

为体现上述要求，审计报告可以说明："我们审计了被审计单位的财务报表，包括[指明适用的财务报告编制基础规定的构成整套财务报表的每一财务报表的名称、日期或涵盖的期间]以及财务报表附注，包括重大会计政策和会计估计。"审计意见涵盖由适用的财务报告编制基础所确定的整套财务报表。例如，在许多通用目的的编制基础中，财务报告包括资产负债表、利润表、现金流量表、所有者权益变动表和相关附注（通常包括重大会计政策和会计估计以及其他解释性信息）。

第二部分应当说明注册会计师发表的审计意见。如果对财务报表发表无保留意见，除非法律法规另有规定，审计意见应当使用"我们认为，财务报表在所有重大方面按照适用的财务报告编制基础（如企业会计准则等）编制，公允反映了……"的措辞。审计意见说明财务报表在所有重大方面按照适用的财务报告编制基础编制，公允反映了财务报表旨在反映的事项。例如，对于按照企业会计准则编制的财务报表，这些事项是"被审计单位期末的财务状况、截至期末某一期间的经营成果和现金流量"。

（四）形成审计意见的基础

审计报告应当包含标题为"形成审计意见的基础"的部分。该部分应当紧接在审计意见之后，并包括下列方面：

1.说明注册会计师按照审计准则的规定执行了审计工作。

2.提及审计报告中用于描述审计准则规定的注册会计师责任的部分。

3.声明注册会计师按照与审计相关的职业道德要求独立于被审计单位，并履行了职业道德方面的其他责任。在声明中应当指明适用的职业道德要求，如中国注册会计师职业道德守则。

4.说明注册会计师是否相信获取的审计证据是充分、适当的，为发表审计意见提供了基础。

（五）管理层对财务报表的责任

审计报告应当包含标题为"管理层对财务报表的责任"的部分。审计报告中应当使用特定国家或地区法律框架下的恰当术语，而不必限定为"管理层"。在某些国家或地区，恰当的术语可能是"治理层"。管理层对财务报表的责任部分应当说明管理层负责下列方面：

1.按照适用的财务报告编制基础编制财务报表，使其实现公允反映，并设计、执行和维护必要的内部控制，以使财务报表不存在由于舞弊或错误导致的重大错报。

2.评估被审计单位的持续经营能力和使用持续经营假设是否适当，并披露与持续经营相关的事项（如适用）。对管理层评估责任的说明应当包括描述在何种情况下使用持续经营假设是适当的。

在审计报告中指明管理层的责任，有利于区分管理层和注册会计师的责任，从而降低财务报表使用者误解注册会计师责任的可能性。

（六）注册会计师对财务报表审计的责任

审计报告应当包含标题为“注册会计师对财务报表审计的责任”的部分。该部分应当包括下列内容：

1.说明注册会计师的目标是对财务报表整体是否不存在由于舞弊或错误导致的重大错报获取合理保证，并出具包含审计意见的审计报告。

2.说明合理保证是高水平的保证，但并不能保证按照审计准则执行的审计在某一重大错报存在时总能发现。

3.说明错报可能由于舞弊或错误导致。在说明错报可能由于舞弊或错误导致时，注册会计师应当从下列两种做法中选取一种：

（1）描述如果合理预期错报单独或汇总起来可能影响财务报表使用者依据财务报表作出的经济决策，则通常认为错报是重大的；

（2）根据适用的财务报告编制基础，提供关于重要性的定义或描述。

4.说明在按照审计准则执行审计工作的过程中，注册会计师运用职业判断，并保持职业怀疑。

5.说明注册会计师的责任，并对审计工作进行描述。这些责任包括：

（1）识别和评估由于舞弊或错误导致的财务报表重大错报风险，设计和实施审计程序以应对这些风险，并获取充分、适当的审计证据，作为发表审计意见的基础。由于舞弊可能涉及串通、伪造、故意遗漏、虚假陈述或凌驾于内部控制之上，未能发现由于舞弊导致的重大错报的风险高于未能发现由于错误导致的重大错报的风险。

（2）了解与审计相关的内部控制，以设计恰当的审计程序，但目的并非对内部控制的有效性发表意见。当注册会计师有责任在财务报表审计的同时对内部控制的有效性发表意见时，应当略去上述“目的并非对内部控制的有效性发表意见”的表述。

（3）评价管理层选用会计政策的恰当性和作出会计估计及相关披露的合理性。

（4）对管理层使用持续经营假设的恰当性得出结论。同时，根据获取的审计证据，就可能导致对被审计单位持续经营能力产生重大疑虑的事项或情况是否存在重大不确定性得出结论。如果注册会计师得出结论认为存在重大不确定性，那么审计准则要求注册会计师在审计报告中提请报表使用者关注财务报表中的相关披露；如果披露不充分，那么注册会计师应当发表非无保留意见。注册会计师的结论基于截至审计报告日可获得的信息。然而，未来的事项或情况可能导致被审计单位不能持续经营。

（5）评价财务报表的总体列报、结构和内容（包括披露），并评价财务报表是否公允反映相关交易和事项。

6.说明注册会计师与治理层就计划的审计范围、时间安排和重大审计发现等事项进行沟通，包括沟通注册会计师在审计中识别的值得关注的内部控制缺陷。

7.对于上市实体财务报表审计，指出注册会计师就已遵守与独立性相关的职业道德要求向治理层提供声明，并与治理层沟通可能被合理认为影响注册会计师独立性的所有关系和其他事项，以及相关的防范措施（如适用）。

8. 对于上市实体财务报表审计，以及决定按照《中国注册会计师审计准则第 1504 号——在审计报告中沟通关键审计事项》的规定沟通关键审计事项的其他情况，说明注册会计师从与治理层沟通过的事项中确定哪些事项对本期财务报表审计最为重要，因而构成关键审计事项。注册会计师应当在审计报告中描述这些事项，除非法律法规禁止公开披露这些事项，或在极少数情形下，注册会计师合理预期在审计报告中沟通某事项造成的负面后果超过在公众利益方面产生的益处，因而确定不应在审计报告中沟通该事项。

（七）按照相关法律法规的要求报告的事项（如适用）

除审计准则规定的注册会计师对财务报表出具审计报告的责任外，如果注册会计师在对财务报表出具的审计报告中履行其他报告责任，应当在审计报告中将其单独作为一部分，并以“按照相关法律法规的要求报告的事项”为标题，或使用适合于该部分内容的其他标题，除非其他报告责任涉及的事项与审计准则规定的报告责任涉及的事项相同。如果涉及相同的事项，其他报告责任可以在审计准则规定的同一报告要素部分列示。如果将其他报告责任在审计准则要求的同一报告要素部分列示，那么审计报告应当清楚区分其他报告责任和审计准则要求的报告责任。

（八）注册会计师的签名和盖章

审计报告应当由项目合伙人和另一名负责该项目的注册会计师签名并盖章。注册会计师应当在对上市实体整套通用目的财务报表出具的审计报告中注明项目合伙人。

（九）会计师事务所的名称、地址和盖章

审计报告应当载明会计师事务所的名称和地址，并加盖会计师事务所公章。

根据《中华人民共和国注册会计师法》的规定，注册会计师承办业务，由其所在的会计师事务所统一受理并与委托人签订委托合同。因此，审计报告除了应由注册会计师签名并盖章外，还应载明会计师事务所的名称和地址，并加盖会计师事务所公章。

（十）报告日期

审计报告应当注明报告日期。审计报告日不应早于注册会计师获取充分、适当的审计证据（包括管理层认可对财务报表的责任且已批准财务报表的证据），并在此基础上对财务报表形成审计意见的日期。注册会计师在确定审计报告日期时，应当确信已获取下列两方面的审计证据：

1. 构成整套财务报表的所有报表（包括相关附注）已编制完成；

2. 被审计单位的董事会、管理层或类似机构已经认可其对财务报表负责。

审计报告的日期非常重要。注册会计师对不同时段的资产负债表日后事项有着不同的责任，而审计报告的日期是划分时段的关键时点。在实务中，注册会计师在正式签署审计报告前，通常把审计报告草稿和已审计财务报表草稿一同提交给管理层。如果管理层批准并签署已审计财务报表，注册会计师即可签署审计报告。注册会计师签署审计报告的日期通常与管理层签署已审计财务报表的日期为同一天，或晚于管理层签署已审计财务报表的日期。当审计报告日期晚于管理层签署已审计财务报表日期时，注册会计师应当获取自管理层声明书日到审计报告日期之间的进一步审计证据，如补充的管理层声明书。

二、无保留意见审计报告的格式

无保留意见审计报告见参考格式10-1。

参考格式10-1：对上市实体财务报表出具的审计报告

背景信息：

1.对上市实体整套财务报表进行审计。该审计不属于集团审计（即不适用《中国注册会计师审计准则第1401号——对集团财务报表审计的特殊考虑》）。

2.管理层按照企业会计准则编制财务报表。

3.审计业务约定条款体现了《中国注册会计师审计准则第1111号——就审计业务约定条款达成一致意见》关于管理层对财务报表责任的描述。

4.基于获取的审计证据，注册会计师认为发表无保留意见是恰当的。

5.适用的相关职业道德要求为《中国注册会计师职业道德守则》。

6.基于获取的审计证据，根据《中国注册会计师审计准则第1324号——持续经营》，注册会计师认为可能导致对被审计单位持续经营能力产生重大疑虑的相关事项或情况不存在重大不确定性。

7.已按照《中国注册会计师审计准则第1504号——在审计报告中沟通关键审计事项》的规定沟通了关键审计事项。

8.负责监督财务报表的人员与负责编制财务报表的人员不同。

9.除财务报表审计外，按照法律法规的要求，注册会计师负有其他报告责任，且注册会计师决定在审计报告中履行其他报告责任。

审计报告

ABC股份有限公司全体股东：

一、对财务报表出具的审计报告

（一）审计意见

我们审计了ABC股份有限公司（以下简称“ABC公司”）财务报表，包括20×1年12月31日的资产负债表，20×1年度的利润表、现金流量表、股东权益变动表以及相关财务报表附注。

我们认为，后附的财务报表在所有重大方面按照企业会计准则的规定编制，公允反映了ABC公司20×1年12月31日的财务状况以及20×1年度的经营成果和现金流量。

（二）形成审计意见的基础

我们按照中国注册会计师审计准则的规定执行了审计工作。审计报告的“注册会计师对财务报表审计的责任”部分进一步阐述了我们在这些准则下的责任。按照中国注册会计师职业道德守则，我们独立于ABC公司，并履行了职业道德方面的其他责任。我们相信，我们获取的审计证据是充分的、适当的，为发表审计意见提供了基础。

（三）关键审计事项

关键审计事项是根据我们的职业判断，认为对本期财务报表审计最为重要的事项。这些事项是在对财务报表整体进行审计并形成意见的背景下进行处理的，我们不对这些事项提供单独的意见。

[按照《中国注册会计师审计准则第1504号——在审计报告中沟通关键审计事项》的规定描述每一关键审计事项。]

（四）管理层和治理层对财务报表的责任

管理层负责按照企业会计准则的规定编制财务报表，使其实现公允反映，并设计、执行和维护必要的内部控制，以使财务报表不存在由于舞弊或错误导致的重大错报。

在编制财务报表时，管理层负责评估ABC公司的持续经营能力，披露与持续经营相关的事项（如适用），并运用持续经营假设，除非计划清算ABC公司、停止营运或别无其他现实的选择。

治理层负责监督ABC公司的财务报告过程。

（五）注册会计师对财务报表审计的责任

我们的目标是对财务报表整体是否不存在由于舞弊或错误导致的重大错报获取合理保证，并出具包含审计意见的审计报告。合理保证是高水平的保证，但并不能保证按照审计准则执行的审计在某一重大错报存在时总能发现。错报可能由于舞弊或错误导致，如果合理预期错报单独或汇总起来可能影响财务报表使用者依据财务报表作出的经济决策，则通常认为错报是重大的。

在按照审计准则执行审计的过程中，我们运用了职业判断，保持了职业怀疑。我们同时：

（1）识别和评估由于舞弊或错误导致的财务报表重大错报风险；对这些风险有针对性地设计和实施审计程序；获取充分、适当的审计证据，作为发表审计意见的基础。由于舞弊可能涉及串通、伪造、故意遗漏、虚假陈述或凌驾于内部控制之上，未能发现由于舞弊导致的重大错报的风险高于未能发现由于错误导致的重大错报的风险。

（2）了解与审计相关的内部控制，以设计恰当的审计程序，但目的并非对内部控制的有效性发表意见。

（3）评价管理层选用会计政策的恰当性和作出会计估计及相关披露的合理性。

（4）对管理层使用持续经营假设的恰当性得出结论。同时，根据获取的审计证据，就可能导致对ABC公司持续经营能力产生重大疑虑的事项或情况是否存在重大不确定性得出结论。如果我们得出结论认为存在重大不确定性，那么审计准则要求我们在审计报告中提请报表使用者注意财务报表中的相关披露；如果披露不充分，那么我们应当发表非无保留意见。我们的结论基于审计报告日可获得的信息。然而，未来的事项或情况可能导致ABC公司不能持续经营。

（5）评价财务报表的总体列报、结构和内容（包括披露），并评价财务报表是否公允反映相关交易和事项。

我们与治理层就计划的审计范围、时间安排和重大审计发现（包括我们在审计中识别的值得关注的内部控制缺陷）等事项进行沟通。

我们还就遵守关于独立性的相关职业道德要求向治理层提供声明，并就可能被合理认为影响我们独立性的所有关系和其他事项，以及相关的防范措施（如适用）与治理层进行沟通。

从与治理层沟通的事项中，我们确定哪些事项对本期财务报表审计最为重要，因而构成关键审计事项。我们在审计报告中描述这些事项，除非法律法规禁止公开披露这些事项，或在罕见的情形下，如果合理预期在审计报告中沟通某事项造成的负面后果超过在公众利益方面产生的益处，我们确定不应在审计报告中沟通该事项。

二、按照相关法律法规的要求报告的事项

[本部分的格式和内容，取决于法律法规对其他报告责任的性质的规定。法律法规规范的事项（其他报告责任）应当在本部分处理，除非其他报告责任与审计准则所要求的报告责任涉及相同的主题。如果涉及相同的主题，其他报告责任可以在审计准则所要求的同一报告要素部分中列示。当其他报告责任和审计准则规定的报告责任涉及同一主题，并且审计报告中的措辞能够将其他报告责任与审计准则规定的责任予以清楚地区分（如差异存在）时，允许将两者合并列示（即包含在“对财务报表出具的审计报告”部分中，并使用适当的副标题）。]

××会计师事务所　　　　中国注册会计师：×××（项目合伙人）

（盖章）　　　　（签名并盖章）

中国注册会计师：×××

（签名并盖章）

中国××市　　　　二〇×二年×月×日

第三节　非无保留意见审计报告

教学视频11-2

非无保留意见审计报告

一、非无保留意见的内涵

非无保留意见是指注册会计师对财务报表发表的保留意见、否定意见或无法表示意见。

当存在下列情形之一时，注册会计师应当在审计报告中发表非无保留意见：

（一）根据获取的审计证据，得出财务报表整体存在重大错报的结论

为了形成审计意见，针对财务报表整体是否不存在由于舞弊或错误导致的重大错报，注册会计师应当得出结论，确定是否已就此获取合理保证。在得出结论时，注册会计师需要评价未更正错报对财务报表的影响。

（二）无法获取充分、适当的审计证据，不能得出财务报表整体不存在重大错报的结论

如果注册会计师能够通过实施替代程序获取充分、适当的审计证据，则无法实施特定的程序并不构成对审计范围的限制。

下列情形可能导致注册会计师无法获取充分、适当的审计证据（即审计范围受到限制）：

1.因不可抗力或意外状况而超出被审计单位的控制

在注册会计师实施审计工作获取审计证据的过程中，有时会因火灾或其他一些不可抗力或意外状况而导致被审计单位的一些会计资料或会计记录受损，这种突发状况超出了被审计单位的控制以致被审计单位无法向注册会计师提供用以辅助完成审计工作所必需的一些重要会计资料或记录。例如：被审计单位的会计记录因火灾而被毁坏；作为重要组成部分的会计记录已被政府有关机构无限期地查封。

2.注册会计师审计工作的工作性质或时间安排

在注册会计师实施审计工作的过程中，注册会计师有时可能会因审计工作的工作性质或时间安排而无法获取充分、适当的审计证据。例如：注册会计师确定仅实施实质性程序是不充分的，但被审计单位的内部控制是无效的；注册会计师接受审计委托的时间安排，使得注册会计师无法实施存货监盘。

3.管理层对审计范围施加限制

在注册会计师实施审计工作的过程中，有时会出现管理层对审计范围施加限制而导致注册会计师无法获取充分、适当的审计证据的情形。例如：管理层阻止注册会计师实施存货监盘；管理层阻止注册会计师对特定账户余额实施函证。需要指出的是，管理层所施加的限制除对审计意见可能造成影响外，也可能对审计产生其他影响，如注册会计师对舞弊风险的评估和对业务保持的考虑。

二、确定非无保留意见的类型

注册会计师确定恰当的非无保留意见的类型，取决于下列事项：(1) 导致非无保留意见的事项的性质，是财务报表存在重大错报，还是在无法获取充分、适当的审计证据的情况下，财务报表可能存在重大错报；(2) 注册会计师就导致非无保留意见的事项对财务报表产生或可能产生影响的广泛性作出的判断。

广泛性，是描述错报影响的术语，用以说明错报对财务报表的影响，或者由于无法获取充分、适当的审计证据而未发现的错报（如存在）对财务报表可能产生的影响。根据注册会计师的判断，对财务报表的影响具有广泛性的情形包括：(1) 不限于对财务报表的特定要素、账户或项目产生影响；(2) 虽然仅对财务报表的特定要素、账户或项目产生影响，但这些要素、账户或项目是或可能是财务报表的主要组成部分；(3) 当与披露相关时，产生的影响对财务报表使用者理解财务报表至关重要。

表11-1列示了注册会计师对导致发表非无保留意见的事项的性质和这些事项对财务报表产生或可能产生影响的广泛性作出的判断，以及注册会计师的判断对审计意见类型的影响。

表11-1 **注册会计师的判断**

导致发表非无保留意见的事项的性质	这些事项对财务报表产生或可能产生影响的广泛性	
	重大但不具有广泛性	重大且具有广泛性
财务报表存在重大错报	保留意见	否定意见
无法获取充分、适当的审计证据	保留意见	无法表示意见

（一）发表保留意见

当存在下列情形之一时，注册会计师应当发表保留意见：

1.在获取充分、适当的审计证据后，注册会计师认为错报单独或汇总起来对财务报表影响重大，但不具有广泛性。

注册会计师在获取充分、适当的审计证据后，只有当认为财务报表就整体而言是公允的，但还存在对财务报表产生重大影响的错报时，才能发表保留意见。如果注册会计师认为错报对财务报表产生的影响极为严重且具有广泛性，那么应发表否定意见。因此，保留意见被视为注册会计师在不能发表无保留意见情况下最不严厉的审计意见。

2.注册会计师无法获取充分、适当的审计证据以作为形成审计意见的基础，但认为未发现的错报（如存在）对财务报表可能产生的影响重大，但不具有广泛性。

注册会计师因审计范围受到限制而发表保留意见还是无法表示意见，取决于无法获取的审计证据对形成审计意见的重要性。注册会计师在判断重要性时，应当考虑有关事项潜在影响的性质和范围以及在财务报表中的重要程度。只有当未发现的错报（如存在）对财务报表可能产生的影响重大但不具有广泛性时，才能发表保留意见。

（二）发表否定意见

在获取充分、适当的审计证据后，如果认为错报单独或汇总起来对财务报表的影响重大且具有广泛性，注册会计师应当发表否定意见。

（三）发表无法表示意见

如果无法获取充分、适当的审计证据以作为形成审计意见的基础，但认为未发现的错报（如存在）对财务报表可能产生的影响重大且具有广泛性，注册会计师应当发表无法表示意见。

在极少数情况下，可能存在多个不确定事项。尽管注册会计师对每个单独的不确定事项获取了充分、适当的审计证据，但由于不确定事项之间可能存在相互影响，以及可能对财务报表产生累积影响，注册会计师不可能对财务报表形成审计意见。在这种情况下，注册会计师应当发表无法表示意见。

在确定非无保留意见的类型时还需注意以下两点：

一是在审计过程中，注册会计师应当要求管理层消除对审计范围所施加的限制。在承接审计业务后，如果注意到管理层对审计范围施加了限制，且认为这些限制可能导致对财务报表发表保留意见或无法表示意见，注册会计师应当要求管理层消除这些限制。如果管理层拒绝消除限制，除非治理层全部成员参与管理被审计单位，注册会计师应当就此事项与治理层沟通，并确定能否实施替代程序以获取充分、适当的审计证据。如果无法获取充分、适当的审计证据，注册会计师应当通过下列方式确定其影响：（1）如果未发现的错报（如存在）可能对财务报表产生的影响重大，但不具有广泛性，应当发表保留意见；（2）如果未发现的错报（如存在）可能对财务报表产生的影响重大且具有广泛性，以至于发表保留意见不足以反映情况的严重性，注册会计师应当在可行时解除业务约定（除非法律法规禁止）；（3）如果在出具审计报告之前解除业务约定被禁止或不可行，应当发表无法表示意见。需要指出的是，在可以解除业务约定的情况下，注册会计师应当在解除业务约定前，与治理层沟通在审计过程中发现的、将会导致发表非无保留意见的所有错报事项。

二是注册会计师对在同一审计报告中对按照相同财务报告编制基础编制的单一财务报表或者财务报表特定要素、账户或项目所发表的审计意见与在同一审计报告中对财务报表整体所发表的审计意见不能相矛盾。如果认为有必要对财务报表整体发表否定意见或无法表示意见，注册会计师不应在同一审计报告中对按照相同财务报告编制基础编制的单一财务报表或者财务报表特定要素、账户或项目发表无保留意见。在同一审计报告中包含无保留意见，将会与对财务报表整体发表的否定意见或无法表示意见相矛盾。

三、非无保留意见审计报告的格式和内容

如果对财务报表发表非无保留意见，除在审计报告中包含《中国注册会计师审计准则

第1501号——对财务报表形成审计意见和出具审计报告》规定的审计报告要素外，注册会计师还应当：

（一）恰当修改标题，并对导致非无保留意见的事项进行描述

将审计报告的要素之一“形成审计意见的基础”这一标题修改为恰当的标题，如“形成保留意见的基础”、“形成否定意见的基础”或“形成无法表示意见的基础”，并在该部分对导致发表非无保留意见的事项进行描述。导致非无保留意见的事项有如下几种情况：

1.量化财务影响

如果在财务报表中存在与具体金额（包括财务报表附注中的定量披露）相关的重大错报，注册会计师应当在导致非无保留意见的事项段中说明并量化该错报的财务影响。举例来说，如果存货被高估，那么注册会计师就可以在审计报告的导致非无保留意见的事项段中说明该重大错报的财务影响，即量化其对所得税、税前利润、净利润和所有者权益的影响。如果无法量化财务影响，那么注册会计师应当在形成非无保留意见的基础部分说明这一情况。

2.存在与叙述性披露相关的重大错报

如果财务报表中存在与叙述性披露相关的重大错报，那么注册会计师应当在形成非无保留意见的基础部分解释该错报错在何处。

3.存在与应披露而未披露信息相关的重大错报

如果在财务报表中存在与应披露而未披露信息相关的重大错报，注册会计师应当：（1）与治理层讨论未披露信息的情况；（2）在形成非无保留意见的基础部分描述未披露信息的性质；（3）如果可行并且已针对未披露信息获取了充分、适当的审计证据，在形成非无保留意见的基础部分包含对未披露信息的披露，除非法律法规禁止。

4.无法获取充分、适当的审计证据

如果因无法获取充分、适当的审计证据而导致发表非无保留意见，注册会计师应当在形成非无保留意见的基础部分说明无法获取审计证据的原因。

5.披露其他事项

即使发表了否定意见或无法表示意见，注册会计师也应当在形成非无保留意见的基础部分说明注意到的、将导致发表非无保留意见的所有其他事项及其影响。这是因为，对注册会计师注意到的其他事项的披露可能与财务报表使用者的信息需求相关。

（二）在审计意见部分应使用恰当的标题并进行恰当的表述

1.标题

在发表非无保留意见时，注册会计师应当对审计意见部分使用恰当的标题，如“保留意见”、“否定意见”或“无法表示意见”。审计意见部分的标题能够使财务报表使用者清楚注册会计师发表了非无保留意见，并能够表明非无保留意见的类型。

2.非无保留意见各意见类型的恰当表述

（1）发表保留意见

当由于财务报表存在重大错报而发表保留意见时，注册会计师应当根据适用的财务报告编制基础在审计意见段中说明：注册会计师认为，除形成保留意见的基础部分所述事项产生的影响外，财务报表在所有重大方面按照适用的财务报告编制基础的规定编制，公允反映了……。当由于无法获取充分、适当的审计证据而导致发表保留意见时，注册会计师应当在审计意见部分使用“除……可能产生的影响外”等措辞。

（2）发表否定意见

当发表否定意见时，注册会计师应当在审计意见部分说明：“注册会计师认为，由于形成否定意见的基础部分所述事项的重要性，后附的财务报表没有在所有重大方面按照适用的财务报告编制基础的规定编制，未能公允反映……”

（3）发表无法表示意见

当由于无法获取充分、适当的审计证据而发表无法表示意见时，注册会计师应当在审计意见段中：①说明注册会计师不对后附的财务报表发表审计意见；②说明由于形成无法表示意见的基础部分所述事项的重要性，注册会计师无法获取充分、适当的审计证据以作为对财务报表发表审计意见的基础；③修改《中国注册会计师审计准则第1501号——对财务报表形成审计意见和出具审计报告》第二十五条第（二）项中规定的财务报表已经审计的说明，改为“注册会计师接受委托审计财务报表”。

3.非无保留意见对审计报告要素内容的修改

当发表保留意见或否定意见时，注册会计师应当修改形成无保留意见的基础部分的描述，以说明：注册会计师相信，注册会计师已获取的审计证据是充分、适当的，为发表非无保留意见如“保留意见”“否定意见”提供了基础。

当注册会计师对财务报表发表无法表示意见时，注册会计师应当修改无保留意见审计报告中形成审计意见的基础部分，不应提及审计报告中用于描述注册会计师责任的部分，也不应说明注册会计师是否已获取充分、适当的审计证据以作为形成审计意见的基础。

需要说明的是，当注册会计师对财务报表发表无法表示意见时，注册会计师应当修改无保留意见审计报告中的注册会计师对财务报表审计的责任部分，使之仅包含下列内容：（1）注册会计师的责任是按照中国注册会计师审计准则的规定，对被审计单位财务报表执行审计工作，以出具审计报告；（2）但由于形成无法表示意见的基础部分所述的事项，注册会计师无法获取充分、适当的审计证据以作为发表审计意见的基础；（3）声明注册会计师在独立性和职业道德方面的其他责任。

四、非无保留意见审计报告的参考格式

参考格式10-2及参考格式10-3分别列示了由于财务报表存在重大错报而发表保留意见的审计报告及由于注册会计师无法针对财务报表多个要素获取充分、适当的审计证据而发表无法表示意见的审计报告。

参考格式10-2：由于财务报表存在重大错报而发表保留意见的审计报告

背景信息：

1.对上市实体整套财务报表进行审计。该审计不属于集团审计（即不适用《中国注册会计师审计准则第1401号——对集团财务报表审计的特殊考虑》）。

2.管理层按照企业会计准则编制财务报表。

3.审计业务约定条款体现了《中国注册会计师审计准则第1111号——就审计业务约定条款达成一致意见》关于管理层对财务报表责任的描述。

4.存货存在错报，该错报对财务报表影响重大但不具有广泛性（即保留意见是恰当的）。

5.适用的相关职业道德要求为《中国注册会计师职业道德守则》。

6.基于获取的审计证据，根据《中国注册会计师审计准则第1324号——持续经营》，注册会计师认为可能导致对被审计单位持续经营能力产生重大疑虑的相关事项或情况不存在重大不确定性。

7.已按照《中国注册会计师审计准则第1504号——在审计报告中沟通关键审计事项》的规定沟通了关键审计事项。

8.负责监督财务报表的人员与负责编制财务报表的人员不同。

9.除财务报表审计外，按照法律法规的要求，注册会计师负有其他报告责任，且注册会计师决定在审计报告中履行其他报告责任。

审计报告

ABC股份有限公司全体股东：

一、对财务报表出具的审计报告

（一）保留意见

我们审计了ABC股份有限公司（以下简称“ABC公司”）财务报表，包括20×1年12月31日的资产负债表，20×1年度的利润表、现金流量表、股东权益变动表以及相关财务报表附注。

我们认为，除“形成保留意见的基础”部分所述事项产生的影响外，后附的财务报表在所有重大方面按照企业会计准则的规定编制，公允反映了ABC公司20×1年12月31日的财务状况以及20×1年度的经营成果和现金流量。

（二）形成保留意见的基础

ABC公司20×1年12月31日资产负债表中存货的列示金额为×元。管理层根据成本对存货进行计量，而没有根据成本与可变现净值孰低的原则进行计量，这不符合企业会计准则的规定。ABC公司的会计记录显示，如果管理层以成本与可变现净值孰低来计量存货，存货列示金额将减少×元。相应地，资产减值损失将增加×元，所得税、净利润和股东权益将分别减少×元、×元和×元。

我们按照中国注册会计师审计准则的规定执行了审计工作。审计报告的“注册会计师对财务报表审计的责任”部分进一步阐述了我们在这些准则下的责任。按照中国注册会计师职业道德守则，我们独立于ABC公司，并履行了职业道德方面的其他责任。我们相信，我们获取的审计证据是充分的、适当的，为发表保留意见提供了基础。

（三）关键审计事项

关键审计事项是根据我们的职业判断，认为对本期财务报表审计最为重要的事项。这些事项是在对财务报表整体进行审计并形成意见的背景下进行处理的，我们不对这些事项提供单独的意见。

[按照《中国注册会计师审计准则第1504号——在审计报告中沟通关键审计事项》的规定描述每一关键审计事项。]

（四）管理层和治理层对财务报表的责任

[按照《中国注册会计师审计准则第1501号——对财务报表形成审计意见和出具审计报告》的规定报告，参见参考格式10-1。]

（五）注册会计师对财务报表审计的责任

[按照《中国注册会计师审计准则第1501号——对财务报表形成审计意见和出具审计

报告》的规定报告，参见参考格式10-1。]

二、按照相关法律法规的要求报告的事项

[按照《中国注册会计师审计准则第1501号——对财务报表形成审计意见和出具审计报告》的规定报告，参见参考格式10-1。]

××会计师事务所　　中国注册会计师：×××（项目合伙人）
（盖章）　　（签名并盖章）
中国注册会计师：×××
（签名并盖章）

中国××市　　二○×二年×月×日

参考格式10-3：由于注册会计师无法针对财务报表多个要素获取充分、适当的审计证据而发表无法表示意见的审计报告

背景信息：

1.对上市实体整套财务报表进行审计。该审计不属于集团审计（即不适用《中国注册会计师审计准则第1401号——对集团财务报表审计的特殊考虑》）。

2.管理层按照企业会计准则编制财务报表。

3.审计业务约定条款体现了《中国注册会计师审计准则第1111号——就审计业务约定条款达成一致意见》关于管理层对财务报表责任的描述。

4.对财务报表的多个要素，注册会计师无法获取充分、适当的审计证据。例如，对被审计单位的存货和应收账款，注册会计师无法获取审计证据，这一事项对财务报表可能产生的影响重大且具有广泛性。

5.适用的相关职业道德要求为《中国注册会计师职业道德守则》。

6.负责监督财务报表的人员与负责编制财务报表的人员不同。

7.按照审计准则要求在注册会计师的责任部分作出更有限的表述。

8.除财务报表审计外，按照法律法规的要求，注册会计师负有其他报告责任，且注册会计师决定在审计报告中履行其他报告责任。

审计报告

ABC股份有限公司全体股东：

一、对财务报表出具的审计报告

（一）无法表示意见

我们接受委托，审计ABC股份有限公司（以下简称"ABC公司"）财务报表，包括20×1年12月31日的资产负债表，20×1年度的利润表、现金流量表、股东权益变动表以及相关财务报表附注。

我们不对后附的ABC公司财务报表发表审计意见。由于"形成无法表示意见的基础"部分所述事项的重要性，我们无法获取充分、适当的审计证据以作为对财务报表发表审计意见的基础。

（二）形成无法表示意见的基础

我们于20×2年1月接受ABC公司的审计委托，因而未能对ABC公司20×1年年初金额为×元的存货和年末金额为×元的存货实施监盘程序。此外，我们也无法实施替代审计程序获取充分、适当的审计证据。并且，ABC公司于20×1年9月采用新的应收账款电算化系统，由于存在系统缺陷导致应收账款出现大量错误。截至报告日，管理层仍在纠正系统缺陷并更正错误，我们也无法实施替代审计程序，以对截至20×1年12月31日的应收账款总额×元获取充分、适当的审计证据。因此，我们无法确定是否有必要对存货、应收账款以及财务报表其他项目作出调整，也无法确定应调整的金额。

ABC公司20×1年12月31日资产负债表中存货的列示金额为×元。管理层根据成本对存货进行计量，而没有根据成本与可变现净值孰低的原则进行计量，这不符合企业会计准则的规定。ABC公司的会计记录显示，如果管理层以成本与可变现净值孰低来计量存货，存货列示金额将减少×元。相应地，资产减值损失将增加×元，所得税、净利润和股东权益将分别减少×元、×元和×元。

（三）管理层和治理层对财务报表的责任

[按照《中国注册会计师审计准则第1501号——对财务报表形成审计意见和出具审计报告》的规定报告，参见参考格式10-1。]

（四）注册会计师对财务报表审计的责任

我们的责任是按照中国注册会计师审计准则的规定，对ABC公司的财务报表执行审计工作，以出具审计报告。但由于“形成无法表示意见的基础”部分所述的事项，我们无法获取充分、适当的审计证据以作为发表审计意见的基础。

按照中国注册会计师职业道德守则，我们独立于ABC公司，并履行了职业道德方面的其他责任。

二、对其他法律和监管要求的报告

[按照《中国注册会计师审计准则第1501号——对财务报表形成审计意见和出具审计报告》的规定报告，参见参考格式10-1。]

××会计师事务所　　　　　　中国注册会计师：×××

（盖章）　　　　　　（签名并盖章）

中国注册会计师：×××

（签名并盖章）

中国××市　　　　　　二〇×二年×月×日

第四节　在审计报告中增加强调事项段和其他事项段

一、强调事项段

强调事项段，是指审计报告中含有的一个段落，该段落提及已在财务报表中恰当列报或披露的事项，且根据注册会计师的职业判断，该事项对财务报表使用者理解财务报表至关重要。

（一）审计报告中需增加强调事项段的情况

审计报告中需增加强调事项段的情况有如下几个方面：

1. 按照《中国注册会计师审计准则第1502号——在审计报告中发表非无保留意见》的规定，该事项不会导致注册会计师发表非无保留意见；

2. 当《中国注册会计师审计准则第1504号——在审计报告中沟通关键审计事项》适

用时，该事项未被确定为在审计报告中沟通的关键审计事项。

按照《中国注册会计师审计准则第1504号——在审计报告中沟通关键审计事项》被确定为关键审计事项的事项，根据注册会计师的职业判断，也可能对财务报表使用者理解财务报表至关重要。在这些情况下，按照《中国注册会计师审计准则第1504号——在审计报告中沟通关键审计事项》的规定将该事项作为关键审计事项沟通时，注册会计师可能希望突出或提请进一步关注其相对重要程度。在关键审计事项部分，注册会计师可以使该事项的列报更为突出（如作为第一个事项），或在关键审计事项的描述中增加额外信息，以指明该事项对于财务报表使用者理解财务报表的重要程度。

某一事项可能不符合《中国注册会计师审计准则第1504号——在审计报告中沟通关键审计事项》的规定，因而未被确定为关键审计事项（即该事项未被重点关注过），但根据注册会计师的判断，其对财务报表使用者理解财务报表至关重要（例如期后事项）。如果注册会计师认为有必要提请财务报表使用者关注该事项，并根据审计准则的规定，该事项将包含在审计报告的强调事项段中。

某些审计准则对特定情况下在审计报告中增加强调事项段提出具体要求。这些情形包括：（1）法律法规规定的财务报告编制基础不可接受，但其是由法律或法规作出的规定；（2）提醒财务报表使用者注意财务报表按照特殊目的编制基础编制；（3）注册会计师在审计报告日后知悉了某些事实（即期后事项），并且出具了新的审计报告或修改了审计报告。

除上述审计准则要求增加强调事项段的情形外，注册会计师可能认为需要增加强调事项段的情形还有：异常诉讼或监管行动的未来结果存在不确定性；提前应用（在允许的情况下）对财务报表有广泛影响的新会计准则；存在已经或持续对被审计单位财务状况产生重大影响的特大灾难。

需要指出的是，强调事项段的过多使用会降低注册会计师沟通所强调事项的有效性。因此，应把握好度，同时应注意，强调事项段应当仅提及已在财务报表中列报或披露的信息。

（二）在审计报告中增加强调事项段时注册会计师应采取的措施

如果在审计报告中增加强调事项段，注册会计师应当采取下列措施：

1.将强调事项段作为单独的一部分置于审计报告中，并使用包含“强调事项”这一术语的适当标题。

2.明确提及被强调事项以及相关披露的位置，以便能够在财务报表中找到对该事项的详细描述。强调事项段应当仅提及已在财务报表中列报或披露的信息。

3.指出审计意见没有因该强调事项而改变。

在审计报告中包含强调事项段不影响审计意见，包含强调事项段不能代替下列情形：（1）根据审计业务的具体情况，按照《中国注册会计师审计准则第1502号——在审计报告中发表非无保留意见》的规定发表非无保留意见；（2）适用的财务报告编制基础要求管理层在财务报表中作出的披露，或为实现公允列报所需的其他披露；（3）按照《中国注册会计师审计准则第1324号——持续经营》的规定，当可能导致对被审计单位持续经营能力产生重大疑虑的事项或情况存在重大不确定性时作出的报告。

参考格式10-4列示了由于偏离适用的财务报告编制基础的规定导致的带强调事项段的保留意见审计报告。

参考格式10-4：由于偏离适用的财务报告编制基础的规定导致的带强调事项段的保留意见审计报告

背景信息：

1.对上市实体整套财务报表进行审计。该审计不属于集团审计（即不适用《中国注册会计师审计准则第1401号——对集团财务报表审计的特殊考虑》）。

2.管理层按照企业会计准则编制财务报表。

3.审计业务约定条款体现了《中国注册会计师审计准则第1111号——就审计业务约定条款达成一致意见》关于管理层对财务报表责任的描述。

4.由于偏离企业会计准则的规定导致发表保留意见。

5.适用的相关职业道德要求为《中国注册会计师职业道德守则》。

6.基于获取的审计证据，根据《中国注册会计师审计准则第1324号——持续经营》注册会计师认为可能导致对被审计单位持续经营能力产生重大疑虑的相关事项或情况不存在重大不确定性。

7.在财务报表日至审计报告日之间，被审计单位的生产设备发生了火灾，被审计单位已将其作为期后事项披露。根据注册会计师的判断，该事项对财务报表使用者理解财务报表至关重要，但在本期财务报表审计中不是重点关注过的事项。

8.注册会计师未被要求，并且决定不沟通关键审计事项。

9.负责监督财务报表的人员与负责编制财务报表的人员不同。

10.除财务报表审计外，按照法律法规的要求，注册会计师负有其他报告责任，且注册会计师决定在审计报告中履行其他报告责任。

审计报告

ABC股份有限公司全体股东：

一、对财务报表出具的审计报告

（一）保留意见

我们审计了ABC股份有限公司（以下简称“ABC公司”）财务报表，包括20×1年12月31日的资产负债表，20×1年度的利润表、现金流量表、股东权益变动表以及相关财务报表附注。

我们认为，除“形成保留意见的基础”部分所述事项产生的影响外，后附的财务报表在所有重大方面按照企业会计准则的规定编制，公允反映了ABC公司20×1年12月31日的财务状况以及20×1年度的经营成果和现金流量。

（二）形成保留意见的基础

ABC公司在20×1年12月31日资产负债表中列示的以公允价值计量且其变动计入当期损益的金融资产为×元。管理层对这些金融资产未按照公允价值进行后续计量，而是按照其历史成本进行计量，这不符合企业会计准则的规定。如果对其按照公允价值进行后续计量，那么ABC公司20×1年利润表中的公允价值变动收益将减少×元，20×1年资产负债表中的以公允价值计量且其变动计入当期损益的金融资产将减少×元。相应地，所得税、净利润和股东权益将分别减少×元、×元和×元。

我们按照中国注册会计师审计准则的规定执行了审计工作。审计报告的“注册会计师对财务报表审计的责任”部分进一步阐述了我们在这些准则下的责任。按照中国注册会计师职业道德守则，我们独立于ABC公司，并履行了职业道德方面的其他责任。我们相信，我们获取的审计证据是充分的、适当的，并为发表保留意见提供了基础。

（三）强调事项——火灾的影响

我们提醒报表使用者关注，财务报表附注×描述了火灾对ABC公司的生产设备造成的影响。本段内容不影响已发表的审计意见。

[按照《中国注册会计师审计准则第1504号——在审计报告中沟通关键审计事项》的规定描述每一关键审计事项。]

（四）管理层和治理层对财务报表的责任

[按照《中国注册会计师审计准则第1501号——对财务报表形成审计意见和出具审计报告》的规定报告，参见参考格式10-1。]

（五）注册会计师对财务报表审计的责任

[按照《中国注册会计师审计准则第1501号——对财务报表形成审计意见和出具审计报告》的规定报告，参见参考格式10-1。]

二、按照相关法律法规的要求报告的事项

[按照《中国注册会计师审计准则第1501号——对财务报表形成审计意见和出具审计报告》的规定报告，参见参考格式10-1。]

××会计师事务所　　　　中国注册会计师：×××

（盖章）　　　　（签名并盖章）

中国注册会计师：×××

（签名并盖章）

中国××市　　　　二〇×二年×月×日

二、其他事项段

其他事项段，是指审计报告中含有的一个段落，该段落提及未在财务报表中列报或披露的事项，且根据注册会计师的职业判断，该事项与财务报表使用者理解审计工作、注册会计师的责任或审计报告相关。

如果认为有必要沟通虽然未在财务报表中列报或披露，但根据职业判断认为与财务报表使用者理解审计工作、注册会计师的责任或审计报告相关的事项，在同时满足下列条件时，注册会计师应当在审计报告中增加其他事项段：

（1）未被法律法规禁止。

（2）当《中国注册会计师审计准则第1504号——在审计报告中沟通关键审计事项》适用时，该事项未被确定为在审计报告中沟通的关键审计事项

与在审计报告中增加强调事项段相同，如果在审计报告中包含有其他事项段，那么注册会计师应当将该段落作为单独的一部分，并使用“其他事项”或其他适当标题。

需要指出的是，如果拟在审计报告中增加强调事项段或其他事项段，注册会计师应当就该事项和拟使用的措辞与治理层沟通。与治理层的沟通能使治理层了解注册会计师拟在审计报告中所强调的特定事项的性质，并在必要时为治理层提供向注册会计师作出进一步澄清的机会。

第五节 在审计报告中沟通关键审计事项

教学视频11-3

关键审计事项

《中国注册会计师审计准则第1504号——在审计报告中沟通关键审计事项》要求注册会计师在上市实体整套通用目的财务报表审计报告中增加关键审计事项部分，用于沟通关键审计事项。

一、沟通关键审计事项的重要意义

关键审计事项，是指注册会计师根据职业判断认为对当期财务报表审计最为重要的事项。在审计报告中沟通关键审计事项，具有重要意义：

首先，在审计报告中沟通关键审计事项，可以提高已执行审计工作的透明度，增加审计报告的沟通价值。

其次，沟通关键审计事项能够为财务报表使用者提供额外信息，以帮助其了解注册会计师根据职业判断认为对当期财务报表审计最为重要的事项。

再次，沟通关键审计事项还能够帮助财务报表预期使用者了解被审计单位以及已审计财务报表中涉及重大管理层判断的领域。

最后，沟通关键审计事项，还能够为财务报表预期使用者就与被审计单位、已审计财务报表或已执行审计工作相关的事项进一步与管理层和治理层沟通提供基础。

二、确定关键审计事项的步骤

（一）在与治理层沟通事项的基础上选择关键审计事项

《中国注册会计师审计准则第1151号——与治理层的沟通》要求注册会计师与被审计单位治理层沟通审计过程中的重大发现，包括注册会计师对被审计单位的重要会计政策、会计估计和财务报表披露等会计实务的看法，在审计过程中遇到的重大困难，已与治理层讨论或需要书面沟通的重大事项等，以便治理层履行其监督审计报告过程的职责。对财务报表和审计报告使用者信息需求的调查结果表明，他们对这些事项感兴趣，并且呼吁增加这些沟通的透明度。因此，应从与治理层沟通事项中选取关键审计事项。

（二）从“与治理层沟通过的事项”中选出“在执行审计工作时重点关注过的事项”

注册会计师在确定哪些事项属于重点关注过的事项时，应当考虑下列方面：

1.评估的重大错报风险较高的领域或识别出的特别风险。按照《中国注册会计师审计准则第1211号——重大错报风险的识别和评估》的规定，特别风险是指注册会计师识别出的符合下列特征之一的重大错报风险：（1）根据固有风险因素对错报发生的可能性和错报的严重程度的影响，注册会计师将固有风险评估为达到或接近固有风险等级的最高级；（2）根据其他审计准则的规定，注册会计师应当将其作为特别风险。评估的重大错报风险较高的领域或识别出的特别风险，通常需要注册会计师在审计中投放更多的审计资源予以应对。因此，注册会计师在确定重点关注过的事项时需要特别考虑该方面。

2.与财务报表中涉及重大管理层判断（包括被认为具有高度不确定性的会计估计）的领域相关的重大审计判断。财务报表中复杂、重大的管理层判断领域，通常涉及困难、复杂的审计判断，并且可能同时需要管理层的专家和注册会计师的专家的参与。因此，注册会计师在确定重点关注过的事项时需要特别考虑该方面。

3.本期重大交易或事项对审计的影响。对财务报表或审计工作具有重大影响的交易或事项可能属于重点关注领域，并可能被识别为特别风险。例如，在审计过程中的各个阶段，注册会计师可能已与管理层和治理层就重大关联方交易或超出被审计单位正常经营过程的重大交易对财务报表的影响进行了大量讨论。管理层可能已就这些交易的确认、计量、列报或披露作出困难或复杂的判断，这些判断可能已对注册会计师的总体审计策略产生重大影响。经济、会计、法规、行业或其他方面的重大变化可能影响管理层的假设或判断，也可能影响注册会计师的总体审计方法，并导致某一事项需要重点关注。

（三）从"在执行审计工作时重点关注过的事项"中选出"最为重要的事项"以构成关键审计事项

注册会计师可能已就需要重点关注的事项与治理层进行了较多的互动。就这些事项与治理层进行了多方面的沟通，沟通的性质和范围通常能够表明哪些事项对审计而言最为重要。例如，对于较为困难和复杂的事项，注册会计师与治理层的互动可能更加深入、频繁或充分，这些事项（如重大会计政策的运用）构成注册会计师判断的重大关键审计事项的对象。在确定与治理层沟通过的某一事项的相对重要程度以及该事项是否构成关键审计事项时，需考虑下列相关方面：

1.该事项对于预期使用者理解财务报表整体的重要程度，尤其是对财务报表的重要性。

2.与该事项相关的会计政策的性质或者与同行业其他实体相比，管理层在选择适当的会计政策时涉及的复杂程度或主观程度。

3.从定性和定量方面考虑，与该事项相关的由于舞弊或错误导致的已更正错报和累积未更正错报（如有）的性质和重要程度。

4.为应对该事项所需要付出的审计努力的性质和程度。

5.在实施审计程序、评价实施审计程序的结果、获取相关和可靠的审计证据以作为发表审计意见的基础时，注册会计师遇到的困难的性质和严重程度，尤其是当注册会计师的判断变得更加主观时。

6.识别出的与该事项相关的控制缺陷的严重程度。

7.该事项是否涉及数项可区分但又相互关联的审计考虑。例如，长期合同的收入确认、诉讼或其他或有事项等方面，可能需要重点关注，并且可能影响其他会计估计。

"最为重要的事项"并不意味着只有一项。从需要重点关注的事项中，确定哪些事项以及多少事项对本期财务报表审计最为重要属于注册会计师的职业判断问题。关键审计事项的确定应恰当，并非越多越好，对关键审计事项作冗长的列举可能与这些事项是审计中最为重要的事项这一概念相抵触。

三、沟通关键审计事项

（一）在审计报告中沟通关键审计事项

在审计报告中沟通关键审计事项，注册会计师主要从以下两方面入手：

1.在审计报告中单设关键审计事项部分

审计准则规定，注册会计师应当在审计报告中单设一部分，以"关键审计事项"为标题，并在该部分使用恰当的子标题逐项描述关键审计事项。关键审计事项部分的引言应当同时说明下列事项：

（1）关键审计事项是注册会计师根据职业判断，认为对本期财务报表审计最为重要的事项；

（2）关键审计事项的应对以对财务报表整体进行审计并形成审计意见为背景，注册会计师不对关键审计事项单独发表意见。

需要强调指出的是，导致非无保留意见的事项，或者根据《中国注册会计师审计准则第1324号——持续经营》的规定可能导致对被审计单位持续经营能力产生重大疑虑的事项或情况存在重大不确定性，就其性质而言都属于关键审计事项。但是，这些事项不得在审计报告中的关键审计事项部分进行描述，而应当按照适用的审计准则的规定报告这些事项，并在关键审计事项部分提及形成保留（否定）意见的基础部分或与持续经营相关的重大不确定性部分。进一步来说，在关键审计事项部分披露的关键审计事项必须是已经得到满意解决的事项，既不存在审计范围受到限制的情况，又不存在注册会计师与被审计单位管理层意见分歧的情况。

2.描述单一关键审计事项

为帮助财务报表使用者了解注册会计师确定的关键审计事项，注册会计师应当在审计报告的关键审计事项部分逐项描述每一关键审计事项，还应当分别索引至财务报表的相关披露（如有），并同时说明下列内容：

（1）该事项被认定为审计中最为重要的事项之一，因而被确定为关键审计事项的原因；

（2）该事项在审计中是如何应对的。

（二）不在审计报告中沟通关键审计事项的情形

前已提及，在审计报告中沟通关键审计事项，有助于提高审计的透明度，是符合公众利益的。然而，在罕见的情况下，关键审计事项可能涉及某些“敏感信息”，沟通这些信息可能给被审计单位带来较为严重的负面影响。例如，公开披露某事项可能妨碍相关机构对某项违法行为或疑似违法行为的调查。在这种情况下，则不宜在审计报告中沟通该关键审计事项。

按照审计准则的规定，如果存在下列情形之一，注册会计师不应在审计报告中描述该项关键审计事项：

1.法律法规禁止公开披露的某事项；

2.在极少数情形下，如果合理预期在审计报告中沟通某事项造成的负面后果超过在公众利益方面产生的益处，那么注册会计师应确定不在审计报告中沟通该事项。如果被审计单位已公开披露与该事项有关的信息，那么本项规定不适用。

（三）与治理层沟通的关键审计事项

治理层在监督财务报告过程中担当着重要角色。注册会计师就关键审计事项与治理层沟通，能够使治理层了解注册会计师就关键审计事项作出的审计决策的基础以及这些事项将如何在审计报告中作出描述，也能够使治理层考虑鉴于这些事项将在审计报告中沟通，作出新的披露或提高披露质量是否有用。因此，与治理层沟通关键审计事项十分必要。注册会计师应当就下列事项与治理层沟通：

1.注册会计师确定的关键审计事项；

2.根据被审计单位和审计业务的具体事实和情况，注册会计师确定不存在需要在审计报告中沟通的关键审计事项（如适用）。

参考格式10-5和10-6分别列示了审计报告中的两类关键审计事项：商誉的减值测试及研发费用资本化。

参考格式10-5：关键审计事项——商誉的减值测试

相关信息披露详见财务报表附注——××

（一）事项描述

截至20×1年12月31日，集团因收购YYY公司而确认了×××万元的商誉。贵公司管理层于每年年末对商誉进行减值测试。本年度，YYY公司产生了经营损失，该商誉出现减值迹象。

报告期末，集团管理层对YYY公司的商誉进行了减值测试，以评价该项商誉是否存在减值。管理层采用现金流预测模型来计算商誉的可收回金额，并将其与商誉的账面价值相比较。该模型所使用的折现率、预计现金流，特别是未来收入增长率等关键指标需要作出重大的管理层判断。通过测试，管理层得出商誉没有减值的结论。

（二）实施的审计程序

我们针对管理层减值测试所实施的审计程序包括：

1.对管理层的估值方法予以了评估；

2.基于我们对相关行业的了解，我们质疑了管理层假设的合理性，如收入增长率、折现率等；

3.检查录入数据与支持证据的一致性，例如，已批准的预算以及考虑这些预算的合理性。

（三）实施审计程序的结果

我们认为，基于目前所获取的信息，管理层在对商誉减值测试中所使用的假设是合理的，相关信息在财务报表附注——××中所作出的披露是适当的。

参考格式10-6：关键审计事项——研发费用资本化

相关信息披露详见财务报表附注——××

（一）事项描述

公司开发了大量的系统运行软件以及业务相关技术，并正在进一步开发其他技术以提高效率和产能。本年度，公司资本化的研发费用为××万元。

由于资本化的研发费用金额较大，且评估其是否达到企业会计准则规定的资本化标准涉及重大的管理层判断（特别是以下领域），因此该领域是关键审计事项。

1.项目的技术可行性；

2.项目产生足够未来经济利益的可能性。

我们尤其注意到公司目前正在投资开发新技术以满足其未来发展的需要，因此我们重点关注了这些在建项目的未来经济利益是否能够支撑资本化金额，这些项目包括：

1.为提高公司开发、运营和拓展能力重建其技术平台的项目，如能够投入使用，其经济利益需要在较长的期限内实现，因此涉及更多判断；

2.由于某些开发技术的创新性而使其未来经济利益涉及重大判断的项目。

鉴于新软件和系统的开发，我们也关注了已经资本化的现有软件及系统的账面余额是否发生减值。

（二）实施的审计程序及结果

我们获取了本年度资本化的研发费用的明细表，并将其调节至总账中记录的金额，未发现重大异常。

我们测试了资本化金额超过××万元的所有项目和剩余样本中抽取的金额较小的项目，具体如下：

1.我们获取了管理层就这些项目进行资本化的原因作出的解释，包括项目的技术可行性以及项目产生足够未来经济利益的可能性等方面。我们还与负责各选定项目的项目开发经理进行访谈，以印证上述解释并了解具体项目，从而使我们能够独立评估这些项目是否满足企业会计准则规定的资本化条件。我们发现项目经理给出的解释与我们从管理层获得的解释，以及我们对业务发展的理解一致，并认可管理层得出的这些支出满足资本化条件的评价。

2.我们询问了管理层及相关项目经理，新软件和系统的开发是否代替了资产负债表中的任何现有资产或使其减值。除财务报表附注××所披露的××万元的减值准备外，我们未发现进一步的减值迹象。我们还根据我们对于新建项目及现有项目的了解，考虑是否存在任何项目中的软件因受开发活动的影响而停止使用或减少使用年限。我们未发现重大异常。

3.为确定支出是否可直接归属于各个项目，我们获取了单个项目耗用工时的清单，抽查了项目记录的某些工时数，并与相关项目经理进行讨论以了解项目，确认所测试的员工的确参与了项目，并确定这些员工所执行工作的性质。我们通过将耗用工时清单中的某位员工的总工时数与其标准费率相乘来确认记录的工时工资与资本化的金额相一致。

4.我们还按照相当于公司技术开发小组平均工资的每小时费率对上述的标准小时费率进行了调节。我们认为所用费率能恰当反映内部开发员工的薪酬水平，未发现重大异常。

第六节　比较信息

比较信息是当期财务报表不可缺少的组成部分。财务报表使用者为了确定在一段时期内被审计单位财务状况和经营成果的变化趋势，需要了解涉及一个或多个以前会计期间的比较信息。为适应此需求，我国多项具体会计准则和现行的其他相关法律法规对比较信息的披露作了明确规定。与此相适应，注册会计师在对财务报表发表审计意见时，也应当考虑比较信息对审计意见的影响。

一、比较信息的含义

《中国注册会计师审计准则第1511号——比较信息：对应数据和比较财务报表》第五条规定，比较信息是指包含于财务报表中的、符合适用的财务报告编制基础的、与一个或多个以前期间相关的金额和披露。若要理解比较信息，必须首先明了作为比较信息组成部分的对应数据和比较财务报表这两个概念。

1.对应数据——属于比较信息，是指作为本期财务报表组成部分的上期（前期）金额和相关披露，这些金额和披露只能和与本期相关的金额和披露（本期数据）联系起来阅读。对应数据列报的详细程度主要取决于其与本期数据的相关程度。

2. 比较财务报表——属于比较信息，是指为了与本期财务报表相比较而包含的上期（前期）金额和相关披露。比较财务报表包含信息的详细程度与本期财务报表包含信息的详细程度相似。如果上期金额和相关披露已经审计，则将在审计意见中提及。

其中，上期金额主要是指报表中列示的与本期数对应的上期数，以及在附注中列示的报表项目上期数的明细资料等。相关披露主要是指附注中的文字描述或说明，如财务报表的编制基础，遵循企业会计准则的声明，重要会计政策、会计估计的说明，会计政策、会计估计变更以及差错更正的说明，以及需要披露的关联方关系及其交易等其他重要事项。需要指出的是，如果比较信息包括一期以上的金额和相关披露，定义中所称“上期”应理解为“以前数期”。

作为本期财务报表组成部分的上期金额和相关披露的比较信息，其本身并不构成完整的财务报表，而应当与本期相关的金额和披露联系起来阅读。从比较信息的含义出发，可以看出比较信息具有以下特征：

首先，比较信息是本期财务报表的组成部分。一般地，财务报表除提供本期财务信息之外，还需要提供涉及一个或多个以前期间的比较信息，以帮助财务报表使用者判断被审计单位在一定时期内财务状况和经营成果的变化趋势。为了更好地满足财务报表使用者进行趋势分析的需要，一份完整的财务报表至少应当由若干会计期间的财务信息构成，缺少了比较信息，财务报表就失去了完整性。因此，比较数据是本期财务报表的重要组成部分。

其次，比较信息符合适用的财务报告编制基础。比较信息的编报应符合适用的财务报告编制基础，财务报表中列报的比较信息的性质取决于适用的会计准则和相关会计制度的规定。

最后，比较信息应与本期数据联系起来阅读。为了确保财务信息具备符合规定的质量特性，财务报表需要同时列示比较信息（上期金额和相关披露）及本期数据（本期金额和相关披露），但比较信息并不能构成独立的财务报表。列示比较信息的目的，是增加财务报表的信息量，便于财务报表的使用者分析判断被审计单位财务状况和经营成果的变化趋势，因此，比较信息本身并不构成完整的财务报表，而应与本期数据联系起来阅读。

二、比较信息的审计实施

注册会计师应当获取充分、适当的审计证据，以确定比较数据的编制是否符合适用的会计准则和相关会计制度的规定。注册会计师对比较数据负有审计责任，比较信息的审计实施应从以下几方面考虑：

（一）比较信息的审计目标

作为财务报表组成部分的比较信息，注册会计师对其审计的目标主要在于获取充分、适当的审计证据，以确定在财务报表中包含的比较信息是否在所有重大方面按照适用的财务报告编制基础有关比较信息的要求进行列报，并按照注册会计师的报告责任出具审计报告。

（二）比较信息审计程序的范围

注册会计师针对比较信息的审计程序范围通常限于确定财务报表中是否包括适用的财

务报告编制基础要求的比较信息以及比较信息是否得到恰当分类，其审计程序的范围明显小于针对本期数据所实施的审计程序范围。

（三）比较信息审计程序的实施

为达到对比较信息的审计目标，获取充分、适当的审计证据，以确定被审计单位是否在所有重大方面按照适用的财务报告编制基础的要求列报有关比较信息，注册会计师应当对比较信息的相关事项进行评价，即注册会计师应当实施以下两个方面的审计程序：

1.评价比较信息与上期财务报表列报的金额和相关披露是否一致，如果必要，比较信息是否已经重述。本期财务报表中的比较信息来源于上期财务报表中的本期数据。因此，有必要将比较信息与上期财务报表列报的金额和相关披露进行核对，以确定二者是否一致。

如果比较信息与上期财务报表列报的金额和相关披露不一致，那么注册会计师检查的内容通常包括：（1）出现不一致是否因会计准则和会计制度变化引起，或是否符合法律法规规定；（2）金额是否作出适当调整，包括报表项目的重分类和归集，附注中前期对应数的调整等；（3）是否已在附注中充分披露对比较信息作出调整的原因和性质，以及比较数据中受影响的项目名称和更正金额；（4）如果发现对比较信息的调整缺乏合理依据，应当提请管理层对比较信息作出更正，并视更正情况出具适当意见类型的审计报告。

2.评价在比较信息中反映的会计政策与本期采用的会计政策是否一致，如果会计政策已发生变更，那么这些变更是否得到恰当处理并得到充分列报和披露。根据企业会计准则的规定，企业采用的会计政策，在每一会计期间和前后各期应当保持一致，不得随意变更。因此，注册会计师需要检查比较信息采用的会计政策与本期数据采用的会计政策是否一致。但企业会计准则并非绝对不允许企业变更会计政策。当法律、行政法规或者国家统一的会计制度等要求变更会计政策，或者会计政策变更能够提供更可靠、更相关的会计信息时，企业可以变更会计政策，但注册会计师应确定会计政策的变更是否得到恰当处理并得到充分列报和披露。

当被审计单位变更会计政策时，注册会计师检查的内容通常包括：（1）会计政策变更是否符合企业会计准则和会计制度的规定；（2）会计政策变更是否经过被审计单位有权限机构的批准；（3）会计政策变更的会计处理是否恰当，如是否对比较数据进行了适当的调整；（4）会计政策变更，包括会计政策变更的性质、内容和原因，比较数据中受影响的项目名称和调整金额，无法进行追溯调整的事实和原因是否已被充分披露。

（四）首次接受委托时对比较信息的审计要求

当上期财务报表已由前任注册会计师审计或未经审计时，注册会计师应当评价比较数据是否正确列报和适当分类，并按照《中国注册会计师审计准则第1331号——首次审计业务涉及的期初余额》的规定实施审计程序，获取充分、适当的审计证据。

（五）比较信息存在重大错报时的审计要求

在实施本期审计时，如果注意到比较信息可能存在重大错报，注册会计师应当根据重大错报的性质、影响程度和范围等实际情况，有针对性地追加实施必要的审计程序，获取充分、适当的审计证据，以确定是否存在重大错报。具体应考虑：

如果上期财务报表已经审计，注册会计师还应遵守《中国注册会计师审计准则第

1332号——期后事项》的相关规定。如果上期财务报表已经得到更正，那么注册会计师应当确定比较信息与更正后的财务报表是否一致。

注册会计师应按照《中国注册会计师审计准则第1341号——书面声明》的规定，获取与审计意见中提及的所有期间相关的书面声明。对于管理层作出的、更正上期财务报表中影响比较信息重大错报的任何重述，注册会计师还应当获取特定书面声明。

三、比较信息在审计报告中的处理

由于审计意见是针对包括比较信息在内的本期财务报表整体发表的，因此，注册会计师通常无须在审计报告中特别提及比较信息。但是，在出现特定情形时，注册会计师应当在审计报告中提及比较信息。

（一）对应数据在审计报告中的处理

如果出现以下情形，注册会计师应在审计报告中提及对应数据：

1. 导致上期财务报表非无保留意见的事项仍未解决，则应在本期财务报表审计报告的事项段中提及对应数据。如果以前针对上期财务报表发表了保留意见、无法表示意见或否定意见，且导致非无保留意见的事项仍未解决，那么注册会计师应当对本期财务报表发表非无保留意见。在审计报告的导致非无保留意见的事项段中，注册会计师应当分下列两种情况予以处理：（1）如果未解决事项对本期数据的影响或可能的影响是重大的，那么注册会计师应当在导致非无保留意见事项段中同时提及本期数据和对应数据；（2）如果未解决事项对本期数据的影响或可能的影响不重大，那么注册会计师应当说明，由于未解决事项对本期数据和对应数据之间可比性的影响或可能的影响，因此发表了非无保留意见。

2. 如果注册会计师已经获取上期财务报表存在重大错报的审计证据，而以前对该财务报表发表了无保留意见，且对应数据未经适当重述或恰当披露，注册会计师应当就包括在财务报表中的对应数据，在审计报告中对本期财务报表发表保留意见或否定意见。

3. 如果上期财务报表已由前任注册会计师审计，那么注册会计师在审计报告中可以提及前任注册会计师对对应数据出具的审计报告。当注册会计师决定提及时，应当在审计报告的其他事项段中说明：（1）上期财务报表已由前任注册会计师审计；（2）前任注册会计师发表的意见的类型（如果是非无保留意见，还应当说明发表非无保留意见的理由）；（3）前任注册会计师出具的审计报告的日期。

4. 如果上期财务报表未经审计，那么注册会计师应当在审计报告的其他事项段中说明对应数据未经审计。但是，这种说明并不减轻注册会计师获取充分、适当的审计证据，以确定期初余额不含有对本期财务报表产生重大影响的错报的责任。

（二）比较财务报表在审计报告中的处理

如果出现以下情形，注册会计师应在审计报告中提及比较财务报表：

1. 如果上期财务报表已由前任注册会计师审计，那么除非前任注册会计师对上期财务报表出具的审计报告与财务报表一同对外提供，否则，注册会计师除对本期财务报表发表意见外，还应当在其他事项段中说明：（1）上期财务报表已由前任注册会计师审计；（2）前任注册会计师发表的意见的类型（如果是非无保留意见，还应当说明发表非无保留意见的理由）；（3）前任注册会计师出具审计报告的日期。

2. 如果上期财务报表未经审计，那么注册会计师应当在其他事项段中说明比较财务报表未经审计。但是，这种说明并不减轻注册会计师获取充分、适当的审计证据，以确定期初余额不含有对本期财务报表产生重大影响的错报的责任。

3.当因本期审计而对上期财务报表发表审计意见时，如果对上期财务报表发表的意见与以前发表的意见不同，那么注册会计师应当按照《中国注册会计师审计准则第1503号——在审计报告中增加强调事项段和其他事项段》的规定，在其他事项段中披露导致不同意见的实质性原因。

需要指出的是，如果注册会计师认为存在影响上期财务报表的重大错报，而前任注册会计师此前出具了无保留意见的审计报告，那么注册会计师应当就此与适当层级的管理层沟通并促其更正，同时告知前任注册会计师。如果上期财务报表已经更正，且前任注册会计师同意对更正后的上期财务报表出具新的审计报告，那么注册会计师应当仅对本期财务报表出具审计报告。

四、包含比较信息的审计报告参考格式

参考格式10-7和参考格式10-8分别列示了非上市实体有关对应数据的审计报告和非上市实体有关比较财务报表的审计报告。

参考格式10-7：有关对应数据的审计报告

背景信息：

1.对非上市实体整套财务报表进行审计。该审计不属于集团审计（即不适用《中国注册会计师审计准则第1401号——对集团财务报表审计的特殊考虑》）。

2.管理层按照企业会计准则编制财务报表。

3.审计业务约定条款体现了《中国注册会计师审计准则第1111号——就审计业务约定条款达成一致意见》关于管理层对财务报表责任的描述。

4.以前对上期财务报表出具了保留意见的审计报告。

5.导致保留意见的事项仍未解决。

6.该尚未解决的事项对本期数据的影响或可能的影响是重大的，需要对本期数据发表非无保留意见。

7.适用的相关职业道德要求为《中国注册会计师职业道德守则》。

8.基于获取的审计证据，根据《中国注册会计师审计准则第1324号——持续经营》，注册会计师认为可能导致对被审计单位持续经营能力产生重大疑虑的相关事项或情况不存在重大不确定性。

9.注册会计师未被要求，并且决定不沟通关键审计事项。

10.注册会计师在审计报告日前未获取任何其他信息。

11.负责监督财务报表的人员与负责编制财务报表的人员不同。

12.除财务报表审计外，按照法律法规的要求，注册会计师负有其他报告责任，且注册会计师决定在审计报告中履行其他报告责任。

审计报告

ABC股份有限公司全体股东：

一、对财务报表出具的审计报告

（一）保留意见

我们审计了ABC股份有限公司（以下简称“ABC公司”）财务报表，包括20×1年12

月31日的资产负债表，20×1年度的利润表、现金流量表、股东权益变动表以及相关财务报表附注。

我们认为，除“形成保留意见的基础”部分所述事项产生的影响外，后附的财务报表在所有重大方面按照企业会计准则的规定编制，公允反映了ABC公司20×1年12月31日的财务状况以及20×1年度的经营成果和现金流量。

（二）形成保留意见的基础

如财务报表附注×所述，ABC公司未按照企业会计准则的规定对房屋建筑物和机器设备计提折旧。这项决定是管理层在上一会计年度开始时作出的，导致我们对该年度财务报表发表了保留意见。如果按照房屋建筑物5%和机器设备20%的年折旧率计提折旧，20×1年度和20×0年度的当年亏损将分别增加×元和×元，20×1年年末和20×0年年末的房屋建筑物和机器设备的净值将因累计折旧而减少×元和×元，并且20×1年年末和20×0年年末的累计亏损将分别增加×元和×元。

我们按照中国注册会计师审计准则的规定执行了审计工作。审计报告的“注册会计师对财务报表审计的责任”部分进一步阐述了我们在这些准则下的责任。按照中国注册会计师职业道德守则，我们独立于ABC公司，并履行了职业道德方面的其他责任。我们相信，我们获取的审计证据是充分、适当的，为发表保留意见提供了基础。

（三）管理层和治理层对财务报表的责任

[按照《中国注册会计师审计准则第1501号——对财务报表形成审计意见和出具审计报告》的规定报告，参见参考格式10-1。]

（四）注册会计师对财务报表审计的责任

[按照《中国注册会计师审计准则第1501号——对财务报表形成审计意见和出具审计报告》的规定报告，参见参考格式10-1。]

二、按照相关法律法规的要求报告的事项

[按照《中国注册会计师审计准则第1501号——对财务报表形成审计意见和出具审计报告》的规定报告，参见参考格式10-1。]

××会计师事务所　　　　中国注册会计师：×××

（盖章）　　　　（签名并盖章）

中国注册会计师：×××

（签名并盖章）

中国××市　　　　二〇×二年×月×日

参考格式10-8：有关比较财务报表的审计报告

背景信息：

1.对非上市实体整套财务报表进行审计。该审计不属于集团审计（即不适用《中国注册会计师审计准则第1401号——对集团财务报表审计的特殊考虑》）。

2.管理层按照企业会计准则编制财务报表。

3.审计业务约定条款体现了《中国注册会计师审计准则第1111号——就审计业务约定条款达成一致意见》关于管理层对财务报表责任的描述。

4.注册会计师需要结合本年审计对本期和上期财务报表同时出具审计报告。

5.对上期财务报表发表了保留意见。

6.导致非无保留意见的事项仍未解决。

7.尚未解决的事项对本期数据产生的影响或可能产生的影响，对于本期财务报表是重大的，需要发表非无保留意见。

8.适用的相关职业道德要求为《中国注册会计师职业道德守则》。

9.基于获取的审计证据，根据《中国注册会计师审计准则第1324号——持续经营》，注册会计师认为可能导致对被审计单位持续经营能力产生重大疑虑的相关事项或情况不存在重大不确定性。

10.注册会计师未被要求，并且决定不沟通关键审计事项。

11.注册会计师在审计报告日前未获取任何其他信息。

12.负责监督财务报表的人员与负责编制财务报表的人员不同。

13.除财务报表审计外，按照法律法规的要求，注册会计师负有其他报告责任，且注册会计师决定在审计报告中履行其他报告责任。

审计报告

ABC股份有限公司全体股东：

一、对财务报表出具的审计报告

（一）保留意见

我们审计了ABC股份有限公司（以下简称“ABC公司”）财务报表，包括20×1年12月31日和20×0年12月31日的资产负债表，20×1年度和20×0年度的利润表、现金流量表、股东权益变动表以及相关财务报表附注。

我们认为，除“形成保留意见的基础”部分所述事项产生的影响外，后附的财务报表在所有重大方面按照企业会计准则的规定编制，公允反映了ABC公司20×1年12月31日和20×0年12月31日的财务状况以及20×1年度和20×0年度的经营成果和现金流量。

（二）形成保留意见的基础

如财务报表附注×所述，ABC公司未按照企业会计准则的规定对房屋建筑物和机器设备计提折旧。如果按照房屋建筑物5%和机器设备20%的年折旧率计提折旧，那么20×1年度和20×0年度的当年亏损将分别增加×元和×元，20×1年度和20×0年年末的房屋建筑物和机器设备的净值将因累计折旧而分别减少×元和×元，并且20×1年年末和20×0年年末的累计亏损将分别增加×元和×元。

我们按照中国注册会计师审计准则的规定执行了审计工作。审计报告的“注册会计师对财务报表审计的责任”部分进一步阐述了我们在这些准则下的责任。按照中国注册会计师职业道德守则，我们独立于ABC公司，并履行了职业道德方面的其他责任。我们相信，我们获取的审计证据是充分、适当的，为发表保留意见提供了基础。

（三）管理层和治理层对财务报表的责任

［按照《中国注册会计师审计准则第1501号——对财务报表形成审计意见和出具审计报告》的规定报告，参见参考格式10-1。］

（四）注册会计师对财务报表审计的责任

［按照《中国注册会计师审计准则第1501号——对财务报表形成审计意见和出具审计报告》的规定报告，参见参考格式10-1。］

二、按照相关法律法规的要求报告的事项

[按照《中国注册会计师审计准则第1501号——对财务报表形成审计意见和出具审计报告》的规定报告，参见参考格式10-1。]

××会计师事务所　　　　中国注册会计师：×××
（盖章）　　　　（签名并盖章）
中国注册会计师：×××
（签名并盖章）
中国××市　　　　二〇×二年×月×日

第七节　注册会计师对其他信息的责任

一、其他信息的含义

在了解其他信息的含义之前，首先应明了年度报告的含义。年度报告，是指管理层或治理层根据法律法规的规定或惯例，一般以年度为基础编制的、旨在向所有者（或类似的利益相关方）提供实体经营情况和财务业绩及财务状况（财务业绩及财务状况反映于财务报表）信息的一个文件或系列文件组合。一份年度报告包含或随附财务报表和审计报告，通常包括实体的发展，未来前景、风险和不确定事项，治理层声明，以及包含治理事项的报告等信息。而其他信息，则是指在被审计单位年度报告中包含的除财务报表和审计报告以外的财务信息和非财务信息。《中国注册会计师审计准则第1521号——注册会计师对其他信息的责任》中明确规定：注册会计师阅读和考虑其他信息，是由于如果其他信息与财务报表或者与注册会计师在审计中了解到的情况存在重大不一致，可能表明财务报表或其他信息存在重大错报，两者均会损害财务报表和审计报告的可信性。此类重大错报也可能不恰当地影响审计报告使用者的经济决策。因此，注册会计师应根据《中国注册会计师审计准则第1521号——注册会计师对其他信息的责任》的规定，考虑其他信息可能的错报并作出恰当应对。

二、注册会计师对其他信息所实施的程序

注册会计师对其他信息所实施的程序包括：

（一）获取其他信息

注册会计师在获取其他信息的过程中，应当：

1.通过与管理层讨论，确定哪些文件组成年度报告，以及被审计单位计划公布这些文件的方式和时间安排。根据法律法规或惯例，以下一项或多项文件可能构成年度报告：（1）董事会报告；（2）公司董事会、监事会及董事、监事、高级管理人员保证年度报告内容的真实、准确、完整，不存在虚假记载、误导性陈述或重大遗漏，并承担个别和连带法律责任的声明；（3）公司治理情况说明；（4）内部控制自我评价报告。

2.就及时获取组成年度报告的文件的最终版本与管理层作出适当安排。如果可能，在审计报告日之前获取。

3.如果第1项中确定的部分或全部文件在审计报告日后才能取得，那么要求管理层提供书面声明，声明上述文件的最终版本将在可获取时并且在被审计单位公布前提供给注册

会计师，以使注册会计师可以完成准则要求的程序。

（二）阅读并考虑其他信息

注册会计师应当阅读其他信息。在阅读时，注册会计师应注意：

1.考虑其他信息和财务报表之间是否存在重大不一致。作为考虑的基础，注册会计师应当将这类其他信息中选取的金额或其他项目（这些金额和其他项目旨在与财务报表中的金额或其他项目相一致，或对其进行概括，或为其提供更详细的信息）与财务报表中的相应金额或其他项目进行比较，以评价其一致性。

2.在已获取审计证据并已得出审计结论的背景下，考虑其他信息与注册会计师在审计中了解到的情况是否存在重大不一致。

需要指出的是，当根据以上两条要求阅读其他信息时，注册会计师应当对与财务报表或注册会计师在审计中了解到的情况不相关的其他信息中似乎存在重大错报的迹象保持警觉。

三、注册会计师针对其他信息可能存在重大错报的应对

对其他信息，不同情形下注册会计师有不一样的应对措施。

（一）当似乎存在重大不一致或其他信息似乎存在重大错报时的应对

如果注册会计师识别出似乎存在重大不一致，或者知悉其他信息似乎存在重大错报，那么注册会计师应当与管理层讨论该事项，必要时，实施其他程序以确定：

1.其他信息是否存在重大错报；

2.财务报表是否存在重大错报；

3.注册会计师对被审计单位及其环境的了解是否需要更新。

（二）当注册会计师认为其他信息存在重大错报时的应对

1.其他信息存在重大错报，要求管理层更正其他信息

如果注册会计师认为其他信息存在重大错报，应当要求管理层更正其他信息：

（1）如果管理层同意作出更正，那么注册会计师应当确定更正已经完成；

（2）如果管理层拒绝作出更正，那么注册会计师应当就该事项与治理层进行沟通，并要求作出更正。

2.审计报告日前获取的其他信息存在重大错报，与治理层沟通后其他信息未得到更正

如果注册会计师认为审计报告日前获取的其他信息存在重大错报，且在与治理层沟通后其他信息仍未得到更正，那么注册会计师应当采取恰当措施，包括：

（1）考虑对审计报告的影响，并就注册会计师计划如何在审计报告中处理重大错报与治理层进行沟通。注册会计师可在审计报告中指明其他信息存在重大错报。在少数情况下，当拒绝更正其他信息的重大错报导致对管理层和治理层的诚信产生怀疑，进而质疑审计证据总体上的可靠性时，对财务报表发表无法表示意见可能是恰当的。

（2）在相关法律法规允许的情况下，解除业务约定。当拒绝更正其他信息的重大错报导致对管理层和治理层的诚信产生怀疑，进而质疑审计过程中从其获取声明的可靠性时，解除业务约定可能是适当的。

3.审计报告日后获取的其他信息存在重大错报

如果注册会计师认为审计报告日后获取的其他信息存在重大错报，那么应当采取以下措施：

（1）如果其他信息得以更正，那么注册会计师应当根据具体情形实施必要的程序；

（2）如果与治理层沟通后其他信息未得到更正，那么注册会计师应当考虑其法律权利和义务，并采取恰当的措施，以提醒审计报告使用者恰当关注未更正的重大错报。

（三）当财务报表存在重大错报或注册会计师对被审计单位及其环境的了解需要更新时的应对

如果注册会计师认为财务报表存在重大错报，或者注册会计师对被审计单位及其环境的了解需要更新，那么注册会计师应当作出恰当应对，包括修改注册会计师对风险的评估、评估错报、考虑注册会计师关于期后事项的责任。

四、其他信息在审计报告中的列示

（一）审计报告应包括一个以“其他信息”为标题的单独部分

如果在审计报告日存在下列两种情况之一，那么审计报告应当包括一个单独部分，以“其他信息”为标题：

1.对于上市实体的财务报表审计，注册会计师已获取或预期将获取其他信息；

2.对于上市实体以外其他被审计单位的财务报表审计，注册会计师已获取部分或全部其他信息。

（二）审计报告包含的其他信息部分的内容

审计报告包含的其他信息部分的内容应当包括：

1.管理层对其他信息负责的说明。

2.指明：

（1）注册会计师于审计报告日前已获取的其他信息（如有）；

（2）对于上市实体财务报表审计，预期将于审计报告日后获取的其他信息（如有）。

3.说明注册会计师的审计意见未涵盖其他信息，因此，注册会计师对其他信息不发表（或不会发表）审计意见或任何形式的鉴证结论。

4.描述注册会计师根据审计准则的要求，对其他信息进行阅读、考虑和报告的责任。

5.如果审计报告日前已经获取其他信息，则选择下列两者之一进行说明：

（1）说明注册会计师无任何需要报告的事项；

（2）如果注册会计师认为其他信息存在未更正的重大错报，则说明其他信息中的未更正重大错报。

如果注册会计师根据《中国注册会计师审计准则第1502号——在审计报告中发表非无保留意见》的规定发表保留或者否定意见，则注册会计师应当考虑导致非无保留意见的事项对上述第5项要求的说明的影响。

五、包含其他信息的审计报告参考格式

参考格式10-9列示了审计报告日前获取的其他信息不存在重大错报时的审计报告。

参考格式10-9：当注册会计师在审计报告日前已获取所有其他信息，且未识别出其他信息存在重大错报时，适用于任何被审计单位，无论是上市实体还是非上市实体的无保留意见审计报告。

审计报告

一、对财务报表出具的审计报告

（一）审计意见（略）

（二）形成审计意见的基础（略）

（三）关键审计事项（略）

（四）其他信息管理层对其他信息负责。其他信息包括［××报告中涵盖的信息，但不包括财务报表和我们的审计报告］。

我们对财务报表发表的审计意见并不涵盖其他信息，我们也不对其他信息发表任何形式的鉴证结论。

结合我们对财务报表的审计，我们的责任是阅读其他信息，在此过程中，考虑其他信息是否与财务报表或我们在审计过程中了解到的情况存在重大不一致或者似乎存在重大错报。基于我们已经执行的工作，如果我们确定其他信息存在重大错报，我们应当报告该事实。在这方面，我们无任何事项需要报告。

（五）管理层和治理层对财务报表的责任（略）

（六）注册会计师对财务报表审计的责任（略）

二、按照相关法律法规的要求报告的事项（略）

××会计师事务所　　　　中国注册会计师：×××
（盖章）　　　　（签名并盖章）
中国注册会计师：×××
（签名并盖章）

中国××市　　　　二〇×二年×月×日

学思践悟　从中国证券市场首份新审计报告看审计人员社会责任的履行

【案例简介】

本案例介绍了作为A+H股的上市公司晨鸣纸业公布2016年度报告，瑞华会计师事务所（以下简称“瑞华所”）为其出具了采用新审计报告准则的审计报告，标志着中国证券市场首份含有沟通关键审计事项段的审计报告的诞生，为后续新审计报告准则运用提供了借鉴。在审计过程中，审计人员严格遵循准则，采用恰当的审计程序，在收集充分、适当的审计证据基础上，出具了包含关键审计事项的审计报告，向投资人和其他财务报表使用者传达了被审计单位有价值的信息，有利于投资人做出恰当的经济决策。整个过程体现出审计人员对“责任”二字的坚守，不仅体现出审计人员对职业责任的坚守，更体现出审计人员对社会责任的坚守。

学思践悟案例

从中国证券市场首份新审计报告看审计人员社会责任的履行

【关键词】

新审计报告；关键审计事项；职业责任；社会责任

【教学目的和用途】

本案例旨在引导学生通过研讨和分析审计报告改革内容，学习并掌握新审计报告中关键审计事项的确认及审计应对，深刻认识审计人员在审计工作中应履行的职业责任和社会责任。根据本案例资料，一方面，学生应通过学习中国资本市场首份审计报告中的关键审计事项的内容，重点掌握关键审计事项的确认及审计应对程序，并思考关键审计事项的撰写思路，以利于其更好地理解审计人员的职业责任，培养学生爱岗敬业、认真勤勉的职业责任意识；另一方面，学生可以在重点掌握了关键审计事项确认及应对的基础上，进一步关注包含了关键审计事项段的审计报告对公司信息披露的价值提升作用以及对资本市场审计报告利益关系人产生的新影响，以利于其更好地理解审计人员的社会责任，树立服务社会、服务大局的社会责任意识。

【素养目标】

1.培养学生爱岗敬业、认真勤勉的职业责任意识。

2.引导学生树立服务社会、服务大局的社会责任意识。

【价值塑造】

1.爱岗敬业、认真勤勉的职业责任意识。在瑞华所对晨鸣纸业审计案例中，审计人员谨慎对待当期财务报表审计中的最为重要的三个关键审计事项（以公允价值计价的消耗性生物资产、与可抵扣亏损相关的递延所得税资产、固定资产减值准备计提），运用风险导向审计原则识别和确定重大错报风险，并聘请专家加入审计团队，以利于更专业地开展审计工作。在整个过程中，审计人员严格按准则执业，具备专业胜任能力及应有的职业谨慎态度，充分体现了审计人员认真负责的工作态度，由此引导学生关注新事物及热点问题，学好专业知识，掌握专业技能，引导其更好地理解审计人员的职业责任，从而培养学生爱岗敬业、认真勤勉的职业责任意识。

2.服务社会、服务大局的社会责任意识。在瑞华所对晨鸣纸业审计案例中，审计报告中增加的关键审计事项段无疑提高了审计报告的公信力，增加了审计报告的透明度和沟通价值，利于利益相关人更好地做出决策。在整个过程中，审计人员很好地履行了社会责任，由此引导学生正确地看待经济社会发展中的特定现象，培养学生的独立思考能力，提升学生的文化素养，鼓励其立足时代、扎根经济、深入企业，在学好专业知识的同时，积极拓展综合能力，提升思想意识和服务意识，立志投身社会主义建设事业，从而引导其更好地理解审计人员的社会责任，树立服务社会、服务大局的社会责任意识。

【思考问题】

1.本案例中的关键审计事项如何进行确认？

2.瑞华会计师事务所对确认的关键审计事项采用的审计应对程序是否合理、全面？

3.以公允价值计价的消耗性生物资产审计应对程序是什么？

4.与可抵扣亏损相关的递延所得税资产的审计应对程序是什么？

5.固定资产减值准备计提的审计应对程序是什么？

6.中国首份新审计报告关键审计事项是否对公司信息披露起到价值提升作用？为什么？

7.在本案例中出具的包含关键事项审计事项的审计报告，对我国资本市场审计报告利益相关人会带来哪些影响？

【分析思路】

第一步，了解案例背景。一方面是理论背景，新审计报告准则的内容；关键审计事项的分类、确认与处理；关键审计事项的应对。另一方面是公司背景，了解晨鸣纸业的基本情况，分析瑞华会计师事务所为其出具的采用新审计报告准则的审计报告。

第二步，如何确认关键审计事项。在年度财务报表审计过程中，关键审计事项可以分为三类：①评估的重大错报较高的领域或识别出的特别风险；②与财务报表中涉及重大管理层判断（包括被认为具有高度估计不确定的会计估计）的领域相关的重大审计判断；③本期重大交易或事项对审计的影响。在审计报告的关键审计事项部分逐项描述关键审计事项时，注册会计师应当分别索引至财务报表的相关披露（如有），并同时说明该事项被确定为关键审计事项的原因以及是如何应对的。

第三步，如何应对关键审计事项。关键审计事项的应对以对财务报表整体进行审计并形成审计意见为背景，注册会计师不对关键审计事项单独发表意见，在审计报告中沟通关键审计事项，也不是注册会计师就单一事项单独发表意见。注册会计师的目标是，确定关键审计事项，并在对财务报表形成审计意见后，以在审计报告中描述关键审计事项的方式沟通这些事项。关键审计事项不能替代构成导致非无保留意见的事项，也不能替代可能导致对被审计单位持续经营能力产生重大疑虑的事项或存在重大不确定性的情况。

第四步，如何撰写关键审计事项。在审计报告中，各关键审计事项的先后顺序由注册会计师作出判断，可以按照各事项的相对重要程度，或者按相关事项在财务报表附注中的披露顺序。关键事项部分包括引言和对关键审计事项的逐项描述。

第五步，在重点掌握了关键审计事项确认及应对的基础上，进一步关注关键审计事项段的审计报告对公司信息披露的价值提升作用，分析对资本市场审计报告利益关系人产生的新影响，据此提出实施新审计报告准则的有益建议。

第六步，全面研讨培养爱岗敬业、认真勤勉的职业责任意识以及树立服务社会、服务全局的社会责任意识的重要性。

复习思考题

1.什么是审计报告？审计报告包含哪些基本要素？
2.审计意见类型有哪些？无保留意见审计报告的应用条件如何？
3.非无保留意见类型有哪些？其分别适用什么条件？
4.什么是强调事项段？审计报告中的需要增加强调事项段的情形有哪些？
5.什么是关键审计事项？如何沟通关键审计事项？
6.什么是比较信息？比较信息的审计目标是什么？
7.什么是其他信息？其在审计报告中如何列示？

本章习题

第十一章练习题

拓展阅读

中国注册会计师审计准则第1501、1502、1503、1511号

第十二章
其他相关业务

学习目标

1. 掌握特殊目的审计的概念;
2. 了解对按照特殊目的编制基础编制的财务报表进行审计时需作出的特殊考虑;
3. 了解验资的概念和验资程序;
4. 了解财务报表审阅的概念;
5. 了解财务尽职调查的概念和目的;
6. 掌握财务报表审阅的保证程度、双方的责任及意见类型;
7. 掌握预测性财务信息审核的概念和保证程度;
8. 掌握盈利预测审核的保证程度、双方的责任及意见类型。

在注册会计师提供的专业服务中,除常见的财务报表审计服务外,还包括特殊目的审计、验资、审阅和其他业务等。本章就注册会计师提供的除财务报表审计以外的其他与财务报表相关的业务作初步介绍。

第一节　特殊目的审计

特殊目的审计是指注册会计师接受委托,对按照特殊目的编制基础编制的财务报表、财务报表的组成部分、简要财务报表提供的财务信息进行审计并出具审计报告。

一、对按照特殊目的编制基础编制的财务报表进行审计

在对按照特殊目的编制基础编制的财务报表进行审计前,首先应明确特殊目的编制基础编制的财务报表是整套特殊目的财务报表,包括相关附注。而特殊目的编制基础则是指用以满足财务报表特定使用者财务信息需求的财务报告编制基础,包括公允列报、编制基础和遵循性编制基础。适用的财务报告编制基础的规定决定了财务报表的形式和内容以及整套财务报表的构成。

对按照特殊目的编制基础编制的财务报表进行审计时,需要运用审计准则恰当处理与业务的承接、业务的计划和执行以及对财务报表形成审计意见并出具报告相关的特殊考虑。

（一）承接业务时的考虑

注册会计师在考虑是否承接业务时，应当按照《中国注册会计师审计准则第1111号——就审计业务约定条款达成一致意见》的规定，确定管理层编制财务报表时采用的财务报告编制基础的可接受性。

在特殊目的财务报表审计中，注册会计师具体应了解以下三个方面：①财务报表的编制目的；②财务报表预期使用者；③管理层为确定财务报告编制基础在具体情况下的可接受性所采取的措施。

（二）计划和执行审计工作时的考虑

注册会计师应当按照审计工作总体目标和基本要求的规定，遵守与审计相关的所有审计准则，计划和执行特殊目的财务报表审计，并应确定在运用审计准则时是否需要根据业务的具体情况作出特殊考虑，如注册会计师应当按照《中国注册会计师审计准则第1211号——了解被审计单位及其环境识别和评估重大错报风险》的规定，了解被审计单位会计政策选择和运用的情况。在财务报表按照合同条款编制的情况下，注册会计师应当了解被审计单位管理层在编制的财务报表中对合同作出的所有重要解释。但是，如果采用其他合理解释将导致财务报表中列报的信息产生重大差异，则管理层对合同作出的解释就是重要的。

（三）形成审计意见和出具报告时的考虑

对特殊目的的财务报表形成审计意见并出具报告时，注册会计师应遵守《中国注册会计师审计准则第1501号——对财务报表形成审计意见和出具审计报告》中关于审计报告格式和内容的规定。但同时，特殊目的财务报表审计报告的格式和内容也有一定的特殊之处。具体体现在：

1.格式上的特殊性

特殊目的的财务报表审计报告应增加强调事项段，以提醒审计报告使用者关注财务报表按照特殊目的编制基础编制。同时，注册会计师还应将强调事项段置于适当的标题下。

2.内容上的特殊性

（1）关于特殊编制目的的说明。特殊目的财务报表审计报告应说明财务报表的编制目的，并在必要时说明财务报表预期使用者，或者提及含有这些信息的特殊目的财务报表附注。

（2）关于管理层对财务报表的责任的特殊说明。如果管理层在编制特殊目的财务报表时可以选择财务报告编制基础，在说明管理层对财务报表的责任时，应提及管理层负责确定适用的财务报告编制基础在具体情况下的可接受性。

二、对单一财务报表和财务报表特定要素进行审计

在对单一财务报表和财务报表特定要素进行审计前，首先应明确财务报表特定要素（即特定要素）是财务报表特定的要素、账户或项目。单一财务报表或财务报表特定要素，是指包括相关附注在内的单一财务报表或财务报表特定要素。相关附注通常包含重要会计政策概要以及与财务报表或要素相关的其他解释性信息。

对单一财务报表和财务报表特定要素进行审计与对按照特殊目的编制基础编制的财务报表进行审计时相同，也应恰当处理与业务的承接、业务的计划和执行、对单一财务报表和财务报表特定要素形成审计意见并出具审计报告相关的特殊考虑。

（一）承接业务时的考虑

在承接单一财务报表或财务报表特定要素审计业务时，无论注册会计师是否同时接受委托审计整套财务报表，都应确定按照审计准则对单一财务报表或财务报表特定要素进行审计是否可行。具体应从两方面考虑：一方面应考虑管理层在编制财务报表时采用的财务报告编制基础的可接受性，即确定采用财务报告编制基础是否能够提供充分的披露或列报，以使财务报表预期使用者能够理解单一财务报表或财务报表特定要素所传递的信息以及重大交易和事项对单一财务报表或财务报表特定要素所传递的信息的影响。另一方面应考虑审计意见的预期形式是否适合单一财务报表或财务报表特定要素审计的具体情况。

（二）计划和执行审计工作时的考虑

注册会计师在计划和执行单一财务报表或财务报表特定要素的审计工作时，应当根据业务的具体情况，遵守与审计工作相关的所有审计准则。

（三）形成审计意见和出具报告时的考虑

当注册会计师对单一财务报表或财务报表特定要素形成审计意见和出具审计报告时，应当根据业务的具体情况，遵守《中国注册会计师审计准则第1501号——对财务报表形成审计意见和出具审计报告》的相关规定。如果接受业务委托对单一财务报表或财务报表特定要素出具审计报告，并同时接受业务委托对整套财务报表进行审计，注册会计师应当针对每项业务分别发表审计意见。具体应注意考虑以下几种情况：

1.考虑管理层是否清楚区分单一财务报表或财务报表特定要素与整套财务报表的列报

已审计的单一财务报表或财务报表特定要素可能连同已审计的整套财务报表一同公布。如果注册会计师认为管理层对单一财务报表或财务报表特定要素的列报与整套财务报表没有作出清楚的区分，那么注册会计师应当要求管理层纠正这种情况。只有当注册会计师认为管理层进行了清楚区分，注册会计师才应当对单一财务报表或财务报表特定要素发表审计意见，并出具审计报告。

2.考虑整套财务报表审计意见对单一财务报表或财务报表特定要素审计意见的影响

（1）对整套财务报表出具非无保留意见、包含强调事项段或其他事项段的审计报告的影响。如果对整套财务报表出具非无保留意见的审计报告，或出具包含强调事项段或其他事项段的审计报告，那么注册会计师应当确定对单一财务报表或财务报表特定要素出具的审计报告可能因此受到的影响。相应地，如果认为适当，注册会计师应当对单一财务报表或财务报表特定要素出具非无保留意见的审计报告，或者出具包含强调事项段或其他事项段的审计报告。

（2）对整套财务报表出具否定意见或无法表示意见的审计报告的影响。如果注册会计师认为有必要对整套财务报表整体发表否定意见或无法表示意见，按照《中国注册会计师审计准则第1502号——在审计报告中发表非无保留意见》的规定，注册会计师不应在同一审计报告中对构成整套财务报表组成部分的单一财务报表或财务报表特定要素发表无保留意见。因为在同一审计报告中包含的无保留意见，将与对整套财务报表整体发表的否定意见或无法表示意见相矛盾。但如果对该整套财务报表中的特定要素单独审计同时满足下列条件时，注册会计师则可以认为对特定要素发表无保留意见适当：①法律法规并未禁止注册会计师对该特定要素发表无保留意见；②注册会计师对特定要素出具的无保留意见审计报告，并不与包含否定意见或无法表示意见的审计报告一同公布；③特定要素并不构成整套财务报表的主要部分。

三、对简要财务报表进行审计

在对简要财务报表进行审计前，首先应明确简要财务报表的概念。简要财务报表是来源于财务报表但详细程度低于财务报表的历史财务信息。简要财务报表对被审计单位某一特定日期的经济资源或义务或某一会计期间的经济资源或义务变化情况提供了与财务报表一致的结构性表述。

在对简要财务报表进行审计时，注册会计师不仅应确定承接对简要财务报表出具报告的业务是否适当，而且应在评价根据审计证据得出的结论的基础上对简要财务报表形成审计意见，并通过书面报告的形式清楚地表达审计意见，说明其形成基础。

（一）承接业务

简要财务报表审计业务的承接必须建立在财务报表审计业务承接的基础上。只有当注册会计师已接受业务委托按照审计准则的规定执行财务报表审计，并且财务报表是简要财务报表的来源时，才可以按照准则的规定承接对简要财务报表出具报告的业务。

在承接简要财务报表审计业务之前，注册会计师不仅应确定编制简要财务报表采用的标准是否可接受，而且应就管理层认可并理解其责任与管理层达成一致意见，同时与管理层就拟对简要财务报表发表意见的形式达成一致意见。如果认为管理层采用的标准不可接受或未能就管理层认可并理解其责任与管理层达成一致意见，注册会计师不应承接对简要财务报表出具报告的业务，法律法规另有规定的除外。

（二）实施审计程序

注册会计师在计划和执行简要财务报表审计工作时，应当考虑实施下列程序及其可能认为必要的其他程序，作为对简要财务报表形成审计意见的基础：①评价简要财务报表是否充分披露其简化的性质，并指出作为其来源的已审计财务报表；②当简要财务报表未与已审计财务报表附在一起时，评价简要财务报表是否清楚地说明已审计财务报表的获取渠道，如果法律法规规定已审计财务报表无须提供给简要财务报表的预期使用者，并且为编制简要财务报表制定了标准，评价简要财务报表是否清楚地说明了相关法律法规；③评价简要财务报表是否充分披露了采用的标准；④将简要财务报表与已审计财务报表中的相关信息进行比较，以确定两者是否一致，或能否依据已审计财务报表中的相关信息重新计算得出简要财务报表；⑤评价简要财务报表是否按照采用的标准编制；⑥根据简要财务报表的目的，评价简要财务报表是否包含必要的信息，并在适当的层次进行了汇总，以使其在具体情况下不产生误导；⑦评价简要财务报表的预期使用者能否比较方便地获取已审计财务报表，除非法律法规规定已审计财务报表无须提供给简要财务报表的预期使用者，并且为编制简要财务报表制定了标准。

（三）形成审计意见和出具报告

1.形成审计意见和出具报告时的考虑

当注册会计师对简要财务报表形成审计意见并出具报告时，应作如下考虑：

（1）考虑对审计报告分发或使用的限制或提醒阅读者关注编制基础。如果已审计财务报表出具的审计报告存在分发或使用的限制，或对已审计财务报表出具的审计报告提醒财务报表使用者关注已审计财务报表按照特殊目的的编制基础编制，注册会计师应当在对简要财务报表出具的审计报告中包含相同的限制或提醒说明。

（2）考虑比较信息的省略对简要财务报表审计报告的影响。如果已审计财务报表包含比较信息而简要财务报表未包含，那么注册会计师应当根据业务的具体情况确定这种省略是否合理。注册会计师应当确定不合理的省略对针对简要财务报表出具的审计报告的影响。

（3）考虑与简要财务报表一同列报的未审计的补充信息。注册会计师应当评价与简要财务报表一同列报的未审计补充信息是否清楚地与简要财务报表予以区分。如果认为被审计单位未清楚地将未审计的补充信息与简要财务报表予以区分，那么注册会计师应当要求管理层改变对未审计的补充信息的列报方式。如果管理层拒绝改变，那么注册会计师应当在对简要财务报表出具的审计报告中说明本报告未涵盖该补充信息。

（4）考虑含有简要财务报表的文件中的其他信息。注册会计师应当阅读含有简要财务报表及其审计报告的文件中的其他信息，以识别其是否与简要财务报表存在重大不一致。如果在阅读其他信息时识别出重大不一致，注册会计师应当就此与管理层进行讨论并确定简要财务报表或其他信息是否需要作出修改。

（5）考虑与注册会计师相关联。如果注意到被审计单位计划在含有简要财务报表的文件中说明注册会计师已对简要财务报表出具报告，但被审计单位并未计划在文件中包含该报告，注册会计师应当要求管理层将该报告包含在文件中。如果管理层拒绝，那么注册会计师应当确定并采取其他适当的措施，以防止管理层在文件中将注册会计师与简要财务报表不适当地相关联。

2.简要财务报表审计报告

简要财务报表审计报告是注册会计师对简要财务报表出具的审计报告，应当包括下列要素：

（1）标题。审计报告的标题应当统一规范为“对简要财务报表出具的审计报告”。

（2）收件人。审计报告应当按照审计业务约定条款的要求载明收件人。如果对简要财务报表出具的审计报告的收件人不同于已审计财务报表的审计报告的收件人，那么注册会计师应当评价使用不同收件人名称的适当性。

（3）引言段。引言段应当指出注册会计师出具审计报告所针对的简要财务报表，指出已审计财务报表，提及对已审计财务报表出具的审计报告和报告日期，说明简要财务报表和已审计财务报表均未反映在已审计财务报表的审计报告日后发生的事项的影响，指出简要财务报表未包含编制财务报表时所采用的财务报告编制基础要求披露的全部事项。

（4）管理层对简要财务报表的责任段。管理层对简要财务报表的责任段应当说明，按照采用的标准编制简要财务报表是管理层的责任。

（5）注册会计师的责任段。注册会计师的责任段应当说明，注册会计师的责任是在实施本准则规定的程序的基础上对简要财务报表发表审计意见。

（6）审计意见段。审计意见段应当清楚地表达对简要财务报表的意见。

（7）注册会计师的签名和盖章。

（8）会计师事务所的名称、地址和盖章。

（9）报告日期。简要财务报表的审计报告日期不应早于注册会计师已获取充分、适当的证据并在此基础上形成审计意见的日期以及已审计财务报表的审计报告日。

如果对已审计财务报表出具的审计报告包含保留意见、强调事项段或其他事项段，但注册会计师确信，简要财务报表按照采用的标准在所有重大方面与已审计财务报表保持一致或公允概括了已审计财务报表，对简要财务报表出具的审计报告除上述九个要素外，还应当：①在引言段中说明对已审计财务报表出具的审计报告包含保留意见、强调事项段或其他事项段；②在审计意见段中描述对已审计财务报表发表保留意见的依据，对已审计财务报表出具的审计报告中的保留意见、强调事项段或其他事项段以及由此对简要财务报表的影响（如有）。

如果对已审计财务报表发表了否定意见或无法表示意见，对简要财务报表出具的审计报告除上述九个要素之外，还应当：①在引言段中说明对已审计财务报表发表了否定意见或无法表示意见；②在审计意见段中描述发表否定意见或无法表示意见的依据；③在审计意见段中说明由于对已审计财务报表发表否定意见或无法表示意见，因此，对简要财务报表发表意见是不适当的。

如果简要财务报表没有按照采用的标准在所有重大方面与已审计财务报表保持一致或没有公允概括已审计财务报表，而管理层又不同意作出必要的修改，那么注册会计师应当对简要财务报表发表否定意见。

需要特别指出的是，在对简要财务报表表达审计意见时，如果认为对简要财务报表发表无保留意见是恰当的，除非法律法规另有规定，注册会计师应当使用下列措辞之一："按照［××标准］（具体指出采用的标准），简要财务报表在所有重大方面与已审计财务报表保持了一致。"或"按照［××标准］（具体指出采用的标准），简要财务报表公允概括了已审计财务报表。"如果法律法规规定了对简要财务报表发表意见的措辞，并且与前述措辞存在差异，注册会计师应当实施前述程序及其他必要的进一步程序，以使注册会计师能够发表符合规定的意见。同时，注册会计师应评价简要财务报表的使用者是否可能误解注册会计师对简要财务报表发表的审计意见，如果可能出现误解，评价对简要财务报表出具的审计报告中的补充解释能否减轻可能出现的误解。如果注册会计师认为对简要财务报表出具的审计报告中的补充解释不能减轻可能出现的误解，注册会计师不应承接该业务，除非法律法规另有规定。

第二节　验　资

一、验资概述

《中国注册会计师审计准则第1602号——验资》第三条指出："本准则所称验资，是指注册会计师依法接受委托，对被审验单位注册资本的实收情况或注册资本及实收资本的变更情况进行审验，并出具验资报告。"验资是注册会计师的一项重要的法定业务。早在1983年发布的《中华人民共和国中外合资经营企业法实施条例》中就已明确规定了中外双方投入的资本，须经中国注册会计师进行验证并出具验资报告。之后颁布的工商企业登记管理的有关规定以及《中华人民共和国公司法》《中华人民共和国中外合资经营企业法》《中华人民共和国中外合作经营企业法》《中华人民共和国外资企业法》《公司登记管理条例》等法律、法规对此均有涉及。《中华人民共和国注册会计师法》明确将验资业务列为注册会计师的法定业务之一。这些法律、法规、条例的颁布实施，对于规范验资业务、保证验资业务的质量起到了十分重要的作用。

二、验资种类

验资分为设立验资和变更验资。

（一）设立验资

设立验资的审验范围一般限于与被审验单位注册资本实收情况有关的事项，包括出资者、出资币种、出资金额、出资时间、出资方式和出资比例等。

对于设立验资，如果出资者分次缴纳注册资本，则注册会计师应当关注全体出资者的首次出资额和出资比例是否符合国家有关规定。

必须指出的是，自2014年3月1日第三次修正后的《中华人民共和国公司法》正式实施以来，注册资本登记制度改革在全国范围内正式推行。由此，国家将注册资金实缴制改成了认缴制。改革实施后，采用认缴制的企业，公司股东（发起人）采取自主约定认缴出资额、出资方式、出资期限等并记载于公司章程的方式。公司实收资本不再作为工商登记事项，在进行公司登记时，也无须提交验资报告。需说明的是，虽然注册资本认缴制下设立的公司在进行公司登记时无须提交验资报告，但并不意味着公司不能出具验资报告。如果股东有要求，或者公司有其他用途（比如证明公司实力、上市等）需要验资报告，仍然可以委托会计师事务所进行验资。另需指出的是，2023年12月29日通过表决的新《公司法》明确全体股东认缴的出资额应自公司成立之日起5年内缴足，该法于2024年7月1日起正式实施。在该法下，新设立企业注册资金5年内实缴；存量公司则享有充足的缓冲期。由此，认缴制变成了5年内实缴。

（二）变更验资

变更验资的审验范围一般限于与被审验注册资本及实收资本增减变动情况有关的事项。

增加注册资本及实收资本时，审验范围包括与增资相关的出资者、出资币种、出资金额、出资时间、出资方式、出资比例和相关会计处理，以及增资后的出资者、出资金额和出资比例等。

减少注册资本及实收资本时，审验范围包括与减资相关的减资者、减资币种、减资金额、减资时间、减资方式、债务清偿或债务担保情况、相关会计处理，以及减资后的出资者、出资金额和出资比例等。

对于变更验资，注册会计师应当关注被审验单位以前的注册资本实收情况，并关注出资者是否按照规定的期限缴纳注册资本。

三、出资审验

对于出资者投入的资本及其相关的资产、负债，注册会计师应当分别采用下列方法进行审验：

（1）以货币出资的，应当在检查被审验单位开户银行出具的收款凭证、对账单及银行询证回函等的基础上，审验出资者的实际出资金额和货币出资比例是否符合规定。对于股份有限公司向社会公开募集的股本，还应当检查证券公司承销协议、募股清单和股票发行费用清单等。

（2）以实物出资的，应当观察、检查实物，审验其权属转移情况，并按照国家有关规定在资产评估的基础上审验其价值。如果被审验单位是外商投资企业，注册会计师应当按照国家有关外商投资企业的规定，审验实物出资的价值。

（3）以知识产权、土地使用权等无形资产出资的，应当审验其权属转移情况，并按照国家有关规定在资产评估的基础上审验其价值。如果被审验单位是外商投资企业，注册会计师应当按照国家有关外商投资企业的规定，审验无形资产出资的价值。

（4）以净资产折合实收资本的，或以资本公积、盈余公积、未分配利润转增注册资本及实收资本的，应当在审计的基础上按照国家有关规定审验其价值。

（5）以货币、实物、知识产权、土地使用权以外的其他资产出资的，注册会计师应当审验出资是否符合国家有关规定。

外商投资企业的外方出资者以上述第（1）项和第（5）项所述方式出资的，注册会计师还应当关注其是否符合国家外汇管理有关规定，向企业注册地的外汇管理部门发出外方出资情况询证函，并根据外方出资者的出资方式附送银行询证回函、资本项目外汇业务核准件及进口货物报关单等文件的复印件，以询证上述文件内容的真实性、合规性。

需要说明的是，对于出资者以实物、知识产权和土地使用权等非货币财产作价出资的，注册会计师应当在出资者依法办理财产权转移手续后予以审验。

四、验资程序

验资程序是指注册会计师从接受验资委托开始到实施必要的验资步骤，取得充分适当的验资证据，分析、评价验资结果并出具验资报告为止的整个验资业务工作过程。该过程包括验资计划阶段、验资实施阶段和验资报告阶段。

（一）验资计划阶段

注册会计师应当在了解被审验单位基本情况，考虑自身能力和能否保持独立性，初步评估验资风险后，确定是否接受委托。如接受委托，会计师事务所应当与委托人签订验资业务约定书。同时，注册会计师在执行验资业务时，应当编制验资计划，对验资工作作出合理安排。

1.了解被审验单位的基本情况

由于虚假出资、抽逃出资的现象屡见不鲜，注册会计师必须增强验资风险意识，在接受委托前谨慎行事，了解委托业务是否存在潜在重大风险。为此，注册会计师应当与委托人、被审验单位管理层进行沟通，实地查看被审验单位的住所和主要经营场所，初步了解被审验单位的基本情况，具体包括：

（1）被审验单位的名称、性质、所处行业、规模、组织结构和人员情况等；

（2）验资的目的、范围、验资报告的用途等；

（3）出资方式、出资时间；

（4）是否按会计制度建立了验资所应有的会计账目。

对于设立验资中的非首期验资或变更验资，还应了解被审验单位以往的验资和审计情况。必要时，注册会计师应当查阅前任注册会计师的验资工作底稿。注册会计师通过上述调查研究，应判断是否属于正常委托，有无特殊要求，会计师事务所是否有能力承接此项业务。

2.考虑自身能力和独立性

注册会计师应当根据所了解的被审验单位基本情况和验资的类型、委托目的、审验范围及时间要求等，经过分析判断，确定是否有能力承接该项业务，并考虑能否保持独立性。

3.初步评估验资风险

验资风险主要从以下两个方面进行评估：一方面应评估被审验单位管理层的正直性以及所提供验资资料的真实性与完整性；另一方面应对注册会计师的专业胜任能力和职业道德水平作出评估。根据这两个方面的评估判断验资风险的高低。如果验资风险很大，那么注册会计师应当拒绝接受委托。

4.与委托人进行沟通

注册会计师应当就验资类型、委托目的、双方责任、审验范围、出具验资报告的时间要求、验资收费、验资报告的用途等主要事项与委托人沟通，并达成一致意见。

5.签订验资业务约定书

如果接受委托，会计师事务所应与委托人签订验资业务约定书。验资业务约定书应明确以下几个方面：确认委托、受托关系的成立；明确验资的目的与范围；明确双方的责任与义务；明确验资报告的用途和使用责任。验资业务约定书经双方签字盖章后生效。

6.编制验资计划

会计师事务所接受客户委托签订验资业务委托书后，应组织有胜任能力的验资工作小组，及时编制验资计划，对验资工作作出合理安排。

验资计划也包括总体验资计划和具体验资计划。总体验资计划是对验资业务总体作出的计划安排，主要包括：验资类型、委托目的和审验范围；以往的验资和审计情况；重点审验领域；验资风险评估；对专家工作的利用；验资工作进度及时间、收费预算；验资小组组成及人员分工。具体验资计划是对各审验项目的计划安排，主要包括审验目标、审验程序、执行人及执行日期、验资工作底稿的索引号等内容。具体验资计划通过编制各审验项目的审验程序表完成。

（二）验资实施阶段

验资实施阶段是注册会计师执行整个验资业务的关键性阶段。它是指从注册会计师与被审验单位联系外勤工作开始、到取证工作结束为止的全过程。取证和审验是验资实施阶段的工作重点。注册会计师应当实施必要的验资程序，取得充分适当的验资证据，并将验资业务的执行过程形成验资工作底稿。

1.进一步了解被审验单位的情况

注册会计师验资时，应当向出资者和被审验单位获取与验资业务有关的重大事项的书面声明，并对其进行适当审验，形成验资证据。获取的书面声明通常包括：被审验单位的设立申请报告、可行性报告等；被审验单位的合同、协议、章程等；投资者的法人资格或身份证明；投资者的营业执照及财务报表资料等；投入货币资金、实物资产、无形资产的单据证明等；注册资本实收或变更情况明细表。

验资证据是注册会计师在验资过程中采用各种方法获取的验证依据，是支持注册会计师验资意见的基础。因此，必须重视取证工作，并保证证据的真实性和合法性。

2.审计与验资相关的会计账目

对于依法应建立会计账簿而尚未建立的被审验单位，注册会计师应在审验以前，提请其建立必要的会计账簿。注册会计师应按照国家财务会计制度的规定，重点审计与被投入资本相关的会计处理，确认其真实性、准确性和完整性。坚持验资时作必要的审计，目的在于保证执业质量，减少验资风险。

3.完善验资工作底稿

注册会计师在验资工作中，自接受委托、了解被审验单位的基本情况开始，对各个项目的验证情况、问题处理过程和结论都应形成书面记录，形成依据充分、内容全面、条理分明、记录完整、数字清晰、逻辑严密、结论明确的审计工作底稿，为形成验资意见打下良好的基础。

（三）验资报告阶段

验资报告是注册会计师实施验资程序后发表审验意见的书面文件，是承担验资风险与法律责任的根据。验资报告阶段是验资工作的总结阶段，此阶段的主要工作包括：分析验资工作底稿，形成初步的验资意见；起草验资报告；将报告送审稿和有关的工作底稿送交会计师事务所业务负责人审核；出具验资报告，提交委托单位。[①]

五、验资报告

（一）验资报告概念及特征

验资报告是指注册会计师在完成审验工作以后对被审验单位注册资本的实收与变更情况发表审验意见的一种特殊的审计报告。注册会计师应当在实施了必要的验资程序，取得充分适当的验资证据，分析评价验资结论后，形成验资意见，出具验资报告。

验资报告具有法定证明效力，供被审验单位申请设立登记或变更登记及据以向出资者签发出资证明时使用。委托人、被审验单位及其他第三者因使用验资报告不当所造成的后果，与注册会计师及其所在的会计师事务所无关。这表明，验资报告的证明效力仅限于约定用途范围以内。另外值得一提的是，验资报告具有时效性和合理保证性的特征。

（二）验资报告的要素

1.标题

标题统一规范为“验资报告”。

2.收件人

收件人为验资业务的委托人，应载明委托人的全称。对拟设立的企业，应当以公司登记机关预先核准的名称并加“（筹）”作为委托人的全称。

3.范围段

范围段应当说明审验范围、出资者及被审验单位的责任、注册会计师的责任、审验依据、已实施的主要审验程序等。

4.意见段

意见段应明确注册会计师的验资意见。注册会计师在发表审验意见时，应说明已验证的被审验单位注册资本的实收或变更情况。

对于设立验资，注册会计师应在意见段中说明被审验单位的注册资本金额、出资期限等，并说明截至特定日期被审验单位已收到全体出资者缴纳的注册资本情况、各种出资方式的出资金额等。

对于变更验资，注册会计师应在意见段中说明已验证的被审验单位注册资本和实收资本的变更情况，如原注册资本及实收资本金额、增资或减资的依据、增资或减资金额、截

---

① 张继勋. 审计学［M］. 北京：清华大学出版社，2008：327.

至特定日期被审验单位的注册资本及变更后的注册资本金额等情况。

5.说明段

说明段应当说明验资报告的用途、使用责任及注册会计师认为应当说明的其他重要事项。

6.注册会计师签章

验资报告应由两名注册会计师签名盖章。

7.会计师事务所的名称、地址及签章

验资报告应载明会计师事务所的名称及地址，并加盖会计师事务所公章。

8.报告日期

验资报告日期是指注册会计师完成外勤审验工作的日期。验资报告日期不应早于被审验单位确认和签署注册资本实收情况明细表或注册资本变更情况明细表的日期。

9.附件

验资报告的附件主要应包括已验证的注册资本实收情况明细表或注册资本变更情况明细表、验资事项说明以及应提交的其他必要附件。

（三）验资报告的参考格式

设立验资报告见参考格式11-1（适用于拟设立有限责任公司股东一次全部出资）：

参考格式11-1：设立验资

验资报告

××有限责任公司（筹）：

我们接受委托，审验了贵公司（筹）截至××××年××月××日申请设立登记的注册资本实收情况。按照法律法规以及协议、章程的要求出资，提供真实、合法、完整的验资资料，保护资产的安全、完整是全体股东及贵公司（筹）的责任。我们的责任是对贵公司（筹）注册资本的实收情况发表审验意见。我们的审验是依据《中国注册会计师审计准则第1602号——验资》进行的。在审验过程中，我们结合贵公司（筹）的实际情况，实施了检查等必要的审验程序。

根据协议、章程的规定，贵公司（筹）申请登记的注册资本为人民币××元，由全体股东于××××年×月×日之前一次缴足。经我们审验，截至××××年×月×日，贵公司（筹）已收到全体股东缴纳的注册资本（实收资本），合计人民币××元（大写）。各股东以货币出资××元，实物出资××元。

[如果存在需要说明的重大事项增加说明段]

……

本验资报告供贵公司（筹）申请办理设立登记及据以向全体股东签发出资证明时使用，不应被视为对贵公司（筹）验资报告日后资本保全、偿债能力和持续经营能力等的保证。因使用不当造成的后果，与执行本验资业务的注册会计师及本会计师事务所无关。

附件：1.注册资本实收情况明细表

2.验资事项说明

××会计师事务所　　中国注册会计师：×××（签名并盖章）

（盖章）　　中国注册会计师：×××（签名并盖章）

中国××市　　年　月　日

附件1

注册资本实收情况明细表

截至　　年　月　日

被审验单位名称：　　　　　　　　　　　　　　　　　　　　　　　　　　　　货币单位：

股东名称	认缴注册资本		实际出资情况									
			货币	实物	知识产权	土地使用权	其他	合计	实收资本			
									金额	占注册资本总额比例	其中：货币出资	
	金额	出资比例									金额	占注册资本总额比例
合计												

附件2

验资事项说明

一、基本情况

××有限责任公司（筹）（以下简称贵公司）系由××（以下简称甲方）和××（以下简称乙方）共同出资组建的有限责任公司，于××××年××月××日取得××［公司登记机关］核发的××号《企业名称预先核准通知书》，正在申请办理设立登记。（如果该公司在设立登记前须经审批，还需说明审批情况）

二、申请的注册资本及出资规定

根据协议、章程的规定，贵公司申请登记的注册资本为人民币××元，由全体股东于××××年××月××日之前一次缴足。其中：甲方认缴人民币××元，占注册资本的×%，出资方式为货币××元，实物（机器设备）××元；乙方认缴人民币××元，占注册资本的×%，出资方式为货币。

三、审验结果

截至××××年××月××日，贵公司已收到甲方、乙方缴纳的注册资本（实收资本）合计人民币××元。

（一）甲方实际缴纳出资额人民币××元。其中：货币出资××元，于××××年××月××日缴存××有限责任公司（筹）在××银行开立的人民币临时存款账户××账号内；于××××年××月××日投入机器设备××［名称、数量等］，评估价值为××元，全体股东确认的价值为××元。

××资产评估有限公司已对甲方出资的机器设备进行了评估，并出具了［文号］资产评估报告。

甲方已与贵公司于××××年××月××日就出资的机器设备办理了财产交接手续。

（二）乙方实际缴纳出资额人民币××元。其中：货币出资××元，于××××年××月××日缴存××有限责任公司（筹）在××银行开立的人民币临时存款账户××账号内。

[如果股东的实际出资金额超过其认缴的注册资本金额，应当说明超过部分的处理情况]

（三）全体股东的货币出资金额合计××元，占注册资本总额的××%。

四、其他事项

第三节　审阅和其他业务

注册会计师提供的其他相关业务，除了特殊目的审计业务、验资外，还包括审阅和其他业务，在此主要阐述财务报表审阅及预测性财务信息的审核。

一、财务报表审阅

财务报表审阅，是指CPA接受委托，主要通过以实施询问和分析程序为主的审阅程序，获取充分、适当的证据，对财务报表提供有限保证。财务报表审阅的目标是注册会计师在实施审阅程序的基础上，说明是否注意到某些事项，使其相信财务报表没有按照适用的会计准则和相关会计制度的规定编制，未能在所有重大方面公允反映被审阅单位的财务状况、经营成果和现金流量。

（一）财务报表审阅的保证程度

为实现财务报表审阅目标，注册会计师根据财务报表审阅准则和职业判断实施恰当的审阅程序。《中国注册会计师审阅准则第2101号——财务报表审阅》第八条规定，由于实施审阅程序不能提供在财务报表审计中要求的所有证据，审阅业务对所审阅的财务报表不存在重大错报提供有限保证，注册会计师应当以消极方式提出结论。审阅程序以询问和分析程序为主，通常只有在有理由相信财务报表可能存在重大错报的情况下，注册会计师才会实施追加的或更为广泛的程序。由于审阅程序有限，注册会计师通过实施审阅程序，通常不能获取足以支持较高程度保证（即合理保证）的证据，而只能获取支持有限保证的证据。为了表明保证程度低于合理保证，有限保证应当以消极方式表达审阅结论。

（二）财务报表审阅与财务报表审计的区别

财务报表审阅和财务报表审计都是对历史财务信息的鉴证，都属于鉴证业务。作为鉴证业务，都要求注册会计师保持独立性，但两者又存在一定的区别。

1.目标不同

财务报表审计的目标是注册会计师对财务报表是否在所有重大方面合法公允发表审计意见，而财务报表审阅的目标则是注册会计师对财务报表是否未能在所有重大方面合法公允发表审阅意见。

2.保证程度不同

在财务报表审阅业务中，注册会计师提供的保证水平低于在财务报表审计业务中提供的保证水平。财务报表审阅提供的保证程度为有限保证，而财务报表审计提供的保证为合理保证。

3.执业标准不同

财务报表审计根据《中国注册会计师审计准则》实施，而财务报表审阅根据《中国注册会计师审阅准则第2101号——财务报表审阅》的要求实施。

审计是指对报表在所有重大方面都具有合法性和公允性提供合理保证。

审阅则是指对报表在所有重大方面都具有合法性和公允性提供有限保证。

4.承担法律责任与否不同

财务报表审计要出具正规的审计意见，事务所对其所出具的报告要承担法律责任。财务报表审阅则只是发表一下意见，其所出具的内容仅供参考，不会必然承担法律责任。

（三）财务报表审阅的实施

财务报表审阅的实施包括以下几个步骤：

1.签订审阅业务约定书

《中国注册会计师审阅准则第2101号——财务报表审阅》第九条规定，注册会计师应当与被审阅单位就业务约定条款达成一致意见，并签订业务约定书。业务约定书应当包括下列内容：

（1）审阅业务的目标；

（2）管理层对财务报表的责任；

（3）审阅范围；

（4）注册会计师不受限制地接触审阅业务所要求的记录、文件和其他信息；

（5）预期提交的报告样本；

（6）说明不能依赖财务报表审阅揭示错误、舞弊和违反法规行为；

（7）说明没有实施审计，因此注册会计师不发表审计意见，不能满足法律法规或第三方对审计的要求。

一份完整的业务约定书还应当包含其他内容，例如，签约双方的名称、业务收费金额及支付方式、出具报告的时间要求、报告的使用责任、业务约定书的有效期间、违约责任、签约日期、双方法定代表人（或其授权人）的签名盖章等。另外，在某些情况下，注册会计师还可以与委托人约定，审阅报告仅限于特定使用者或者特定方面使用，或者仅用于特定用途。此时，应当在业务约定书和审阅报告中对该项分发和使用限制予以明确说明。

2.制订审阅计划

注册会计师应当制订充分的审阅计划，合理计划审阅工作，以有效执行审阅业务。

审阅计划由总体审阅策略和具体审阅计划两部分构成。总体审阅策略用以确定审阅的范围、时间和方向，并指导制订具体审阅计划。具体审阅计划比总体审阅策略更加详细，包括为获取充分、适当的审阅证据以将审阅风险降至可接受的水平，项目组拟实施的审阅程序的性质、时间和范围等。

计划审阅工作对注册会计师顺利完成审阅工作和控制审阅风险具有重要意义。充分的审阅计划有助于注册会计师关注重点审阅领域、及时发现和解决潜在的问题及恰当地组织和管理审阅工作，以使审阅工作更加有效。同时，充分的审阅计划还可以帮助注册会计师对项目组成员进行恰当的分工和监督指导，并复核其工作，还有助于协调其他注册会计师和专家的工作。

在计划审阅工作时，注册会计师应当了解被审阅单位及其环境，或更新以前了解的内容，包括考虑被审阅单位的组织结构、会计信息系统、经营管理情况以及资产、负债、收入和费用的性质等。对上述情况的了解，使注册会计师能够有针对性地进行询问和设计适当的程序，并对作出的答复与获取的其他信息作出评价。

3.实施审阅程序

（1）确定审阅程序的性质、时间和范围应考虑的因素。《中国注册会计师审阅准则第2101号——财务报表审阅》第十三条规定，在确定审阅程序的性质、时间和范围时，注册会计师应当运用职业判断，并考虑下列因素：①以前期间执行财务报表审计或审阅所了解的情况；②对被审阅单位及其环境的了解；③会计信息系统；④管理层的判断对特定项目的影响程度；⑤各类交易和账户余额的重要性。

（2）实施审阅程序以获取审阅证据。审阅程序的实施主要包含以下几个步骤：①了解被审阅单位及其环境；②询问被审阅单位采用的会计准则和相关会计制度、行业惯例；③询问被审阅单位对交易和事项的确认、计量、记录和报告的程序；④询问财务报表中所有重要的认定；⑤实施分析程序，以识别异常关系和异常项目；⑥询问股东会、董事会以及其他类似机构决定采取的可能对财务报表产生影响的措施；⑦阅读财务报表，以考虑是否遵循指明的编制基础；⑧获取其他注册会计师对被审阅单位组成部分财务报表出具的审计报告或审阅报告。

除此之外，注册会计师应当向负责财务会计事项的人员询问下列事项：①所有交易是否均已记录；②财务报表是否按照指明的编制基础编制；③被审阅单位业务活动、会计政策和行业惯例的变化；④在了解被审阅单位及其环境以及在获取其他注册会计师对被审阅单位组成部分财务报表出具的审计报告或审阅报告时所发现的问题。必要时，应获取管理层声明。同时，注册会计师应当询问在资产负债表日后发生的、可能需要在财务报表中调整或披露的期后事项。注册会计师没有责任实施程序以识别审阅报告日后发生的事项。

4.记录审阅工作

《中国注册会计师审阅准则第2101号——财务报表审阅》第十九条规定，注册会计师应当记录为审阅报告提供证据的重大事项，以及按照本准则的规定执行审阅业务的证据。

某一事项是否属于重大事项，需要注册会计师根据具体情况作出判断。除重大事项外，注册会计师还应当记录按照《中国注册会计师审阅准则第2101号——财务报表审阅》的要求签订业务约定书、制订审阅计划、实施审阅程序以获取审阅证据、形成审阅结论、出具审阅报告的过程。

5.出具审阅报告

在实施审阅程序后，注册会计师通常可以获取大量的审阅证据。对于这些审阅证据，注册会计师应当运用职业判断进行分析和评价，并在此基础上形成审阅结论，按业务约定书约定的时间出具审阅报告。

（四）财务报表审阅报告

财务报表审阅报告应当清楚地表达有限保证的结论。注册会计师应根据已实施的工作，评估在审阅过程中获知的信息是否表明财务报表没有按照适用的会计准则和相关会计制度的规定编制，未能在所有重大方面公允反映被审阅单位的财务状况、经营成果和现金流量，并以此作为其表达有限保证的基础。

1.审阅报告的要素

（1）标题。审阅报告的标题应当统一规范为“审阅报告”。

（2）收件人。收件人是审阅报告的致送对象。《中国注册会计师审阅准则第2101号——财务报表审阅》第二十四条规定，审阅报告的收件人应当为审阅业务的委托人。审阅报告应当载明收件人的全称。

（3）引言段。《中国注册会计师审阅准则第2101号——财务报表审阅》第二十五条规定，审阅报告的引言段应当说明下列内容：

①所审阅财务报表的名称。审阅报告的引言段应当指明所审阅财务报表的名称。例如，某一时点的资产负债表、某一期间的利润表和现金流量表，以及相关的财务报表附注等。需要注意的是，在审阅报告中提及的所审阅财务报表的名称、日期或涵盖的期间应与报告后所附的经过管理层批准报出的财务报表一致。

②管理层的责任和注册会计师的责任。注册会计师应当在审阅报告引言段中说明：“这些财务报表的编制是××公司管理层的责任，我们的责任是在实施审阅工作的基础上对这些财务报表出具审阅报告。”

需要注意的是，如果无法对所审阅财务报表提供任何保证，那么应当删除本段中对注册会计师责任的表述。

（4）范围段。审阅报告的范围段应当说明审阅的性质，包括：审阅业务所依据的准则；审阅主要限于询问和实施分析程序，提供的保证程度低于审计；没有实施审计，因而不发表审计意见。

范围段中应当清楚说明财务报表审阅业务与审计业务的差异。由于财务报表审阅的范围一般限于实施询问和分析程序，提供的保证程度与审计相比较低，注册会计师有必要在审阅报告中予以说明，以提示委托人和审阅报告的其他使用者，避免不恰当地使用或者依赖审阅报告。需要注意的是，如果无法对财务报表提供任何保证，那么在审阅报告中应当删除本段内容。

（5）结论段。审阅报告的结论段是表述注册会计师所形成的审阅结论的段落。结论段中应当说明：根据注册会计师的审阅，是否注意到某些事项，使注册会计师相信财务报表没有按照适用的会计准则和相关会计制度的规定编制，未能在所有重大方面公允反映被审阅单位的财务状况、经营成果和现金流量。这与审阅业务的目标相对应。

（6）注册会计师的签名和盖章。

（7）会计师事务所的名称、地址及盖章。

（8）报告日期。审阅报告应当注明报告日期。审阅报告的日期是指注册会计师完成审阅工作的日期，不应早于管理层批准财务报表的日期。

2.审阅报告的类型

（1）无保留结论的审阅报告。注册会计师对所审阅财务报表提出无保留结论，应当同时满足以下条件：

①注册会计师没有注意到任何事项使其相信财务报表没有按照适用的会计准则和相关会计制度的规定编制，未能在所有重大方面公允反映被审阅单位的财务状况、经营成果和现金流量；

②注册会计师已经按照准则的规定计划和实施审阅工作，在审阅过程中未受到限制。

（2）保留结论的审阅报告。注册会计师对所审阅财务报表提出保留结论适用于以下两种情况：

①注册会计师注意到某些事项使其相信财务报表没有按照适用的会计准则和相关会计制度的规定编制，未能在所有重大方面公允反映被审阅单位的财务状况、经营成果和现金流量。这些事项虽然影响重大，但其影响尚未达到“非常重大和广泛”的程度，尚不足以导致注册会计师提出否定结论。

②注册会计师的审阅存在重大的范围限制。该范围限制虽然影响重大，但其影响尚未达到“非常重大和广泛”的程度，尚不足以导致注册会计师无法提供任何保证。

在提出保留结论的情况下，审阅报告的结论段中需使用“除了上述……所造成的影响外”等术语。

（3）否定结论的审阅报告。如果注册会计师注意到某些事项使其相信财务报表没有按照适用的会计准则和相关会计制度的规定编制，未能在所有重大方面公允反映被审阅单位的财务状况、经营成果和现金流量，且这些事项对财务报表的影响非常重大和广泛，以至于注册会计师认为仅提出保留结论不足以揭示财务报表的误导性或错报的严重程度，那么注册会计师应当对财务报表提出否定结论，即财务报表没有按照适用的会计准则和相关会计制度的规定编制，未能在所有重大方面公允反映被审阅单位的财务状况、经营成果和现金流量。

在提出否定结论时，注册会计师应使用“由于受到前段所述事项的重大影响”“财务报表未能按照企业会计准则和《××会计制度》的规定编制”等术语。

（4）无法提供任何保证的审阅报告。如果存在重大的范围限制，且该范围限制的影响非常重大和广泛，以至于注册会计师认为不能提供任何程度的保证时，不应提供任何保证。

在无法提供任何保证的审阅报告中，注册会计师应当删除引言段中对于注册会计师责任的表述，删除范围段，在说明段中说明审阅范围受限的情况，并在结论段中使用“由于受到前段所述事项的重大影响”“我们无法对财务报表提供任何保证”等术语。

二、财务尽职调查

（一）财务尽职调查的概念

财务尽职调查通常是指会计师事务利用其专业能力为委托方提供的针对目标企业中与投资有关的财务状况进行审阅、分析、核查，进而对目标企业的财务状况作出合理判断和预期规划的专业调查服务活动。财务尽职调查主要是在收购、投资等资本运作活动时进行，但企业上市发行时，也会需要事先进行尽职调查，以初步了解是否具备上市的条件。目前，财务尽职调查是体现会计师事务所核心竞争力的业务之一，“四大”会计师事务所均开展了此项业务。

（二）财务尽职调查的目的和内容

从财务尽职调查的概念可以看出，财务尽职调查的目的主要是了解目标企业的财务状况，分析可能存在的缺陷及它们对收购和预期投资收益所能产生的影响，以利于委托方作出合理判断和预期规划。更简单地说，财务尽职调查的目的是减少信息不对称，揭示企业面临的风险和机会，以利于挖掘企业价值。其调查内容包括对目标企业总体财务信息和具体财务状况的调查，涵盖会计主体概况、财务组织、薪酬税费及会计政策、财务报表（资产负债表、损益表、现金流量表）、表外项目等多方面。

（三）财务尽职调查的保证程度

由前可知，财务尽职调查的主要目的是减少信息不对称，揭示企业的风险和机会，以利于委托方作出合理判断和预期规划，不断挖掘企业价值。但是，财务尽职调查并不对信息的公允性表达意见，因此，财务尽职调查是一种有限保证的业务。

（四）财务尽职调查的过程

会计师事务所接受委托进行财务尽职调查，调查过程经历以下几个阶段：

1.计划阶段

在计划阶段，会计师事务所主要开展以下工作：

（1）接受委托加入项目组

会计师事务所接受财务调查人员所在部门的委托加入项目组，成为财务尽职调查项目组的成员，协助财务调查人员完成调查目的。

（2）拟订财务尽职调查计划

财务尽职调查计划的拟订需建立在充分了解投资目的和目标企业组织架构的基础之上，由此拟订的计划才更有针对性。

2.实施阶段

在该阶段，财务尽职调查人员需要进行实地调查。在进行实地调查时，财务尽职调查人员可采用审阅、访谈、分析程序的方法搜集资料。

3.报告阶段

在该阶段经历如下工作步骤：

（1）撰写财务尽职调查报告

财务尽职调查人员在搜集资料的基础上撰写财务尽职调查报告。财务尽职调查报告并无标准的格式，需根据委托方的要求提供相应的财务尽职调查报告，充分披露信息。

（2）复核报告

会计师事务所出具的财务尽职调查报告，需经投资企业内部财务尽职调查人员的复核。

（3）提交报告

财务尽职调查报告必须经过复核才能提交。

必须指出，提交了财务尽职调查报告并非意味着财务尽职调查工作的结束。财务尽职调查的后续工作需随后有序开展。

（五）财务尽职调查与财务报表审计的区别

财务尽职调查与财务报表审计存在明显区别。区别如下：

1.目的不同

财务尽职调查立足于未来，是企业合作之前的深入了解，其目的在于评价风险和机会，强调在历史分析基础上进行对未来的预测；而财务报表审计立足于现在，其目的是对数据进行验证，即评价财务报表的公允性。

2.保证程度不同

由前可知，财务尽职调查通过揭示企业面临的风险和机会，来帮助委托方作出合理判断和预期规划，以不断挖掘企业价值，但其并不对信息的公允性表达意见，因此仅提供有限保证。财务报表审计是鉴证业务，提供合理保证。

3.方法不同

财务尽职调查一般采用审阅、访谈、分析程序的方法收集资料；财务报表审计则采用检查、观察、询问、函证、实物盘点、重新计算、重新执行、分析程序等方法收集审计证据，审计方法相对更多。

三、预测性财务信息的审核

（一）预测性财务信息审核相关概念

审核预测性财务信息之前，须明了几个相关概念。《中国注册会计师其他鉴证业务准则第3111号——预测性财务信息的审核》（2006）第二条规定，预测性财务信息是指被审核单位依据对未来可能发生的事项或采取的行动的假设而编制的财务信息。它表现为预测、规划或两者的结合，可能包括财务报表或财务报表的一项或多项要素。若要理解该概念，则需了解以下几个概念：

（1）最佳估计假设，是指截至编制预测性财务信息日，管理层对预期未来发生的事项和采取的行动作出的假设。

（2）推测性假设，是指管理层对未来事项和采取的行动作出的假设，该事项或行动预期在未来未必发生。

（3）预测，是指管理层在最佳估计假设的基础上编制的预测性财务信息。

（4）规划，是指管理层基于推测性假设，或同时基于推测性假设和最佳估计假设编制的预测性财务信息。

（二）预测性财务信息审核的保证程度

在预测性财务信息审核业务中，管理层负责编制预测性财务信息，包括识别和披露预测性财务信息依据的假设。而注册会计师接受委托对预测性财务信息实施审核并出具报告，以增强该信息的可信赖程度。《中国注册会计师其他鉴证业务准则第3111号——预测性财务信息的审核》（2006）第五条规定，注册会计师不应对预测性财务信息的结果能否实现发表意见。当对管理层采用的假设的合理性发表意见时，注册会计师仅提供有限保证。

（三）预测性财务信息审核的实施

预测性财务信息审核的实施包括以下几个步骤：

1.接受业务委托

在承接预测性财务信息审核业务前，注册会计师应当考虑下列因素：

（1）信息的预定用途；

（2）信息是广为分发还是有限分发；

（3）假设的性质，即假设是最佳估计假设还是推测性假设；

（4）信息中包含的要素；

（5）信息涵盖的期间，预测性财务信息涵盖的期间不应超过管理层可作出合理假设的期间。注册会计师可以从经营周期、假设的可靠程度、使用者的需求方面考虑预测性财务信息涵盖的期间是否合理。

注册会计师应当与委托人就业务约定条款达成一致意见，并签订业务约定书。如果假设明显不切实际，或认为预测性财务信息并不适合预定用途，注册会计师应当拒绝接受委托，或解除业务约定。

2.了解被审核单位情况

注册会计师应当充分了解被审核单位情况，以评价管理层是否识别出编制预测性财务信息所要求的全部重要假设。注册会计师还应当通过考虑下列事项，熟悉被审核单位编制预测性财务信息的过程：

（1）与编制预测性财务信息相关的内部控制，以及负责编制预测性财务信息人员的专业技能和经验；

（2）支持管理层作出假设的文件的性质；

（3）运用统计、数学方法及计算机辅助技术的程度；

（4）形成和运用假设时使用的方法；

（5）以前期间编制预测性财务信息的准确性，及其与实际情况出现重大差异的原因。

注册会计师应当了解被审核单位的历史财务信息，以评价预测性财务信息与历史财务信息的编制基础是否一致，并为考虑管理层假设提供历史基准。同时应确定相关历史财务信息是否已经审计或审阅，是否选用了恰当的会计政策。如果对上期历史财务信息出具了非标准审计报告或非标准审阅报告，或被审核单位尚处于营业初期，注册会计师应当考虑各项相关的事实及其对预测性财务信息审核的影响，以此判断被审核单位编制预测性财务信息时依赖历史财务信息的程度是否合理。

3.实施预测性财务信息审核程序

（1）确定预测性财务信息审核程序的性质、时间和范围应考虑的因素。在执行预测性财务信息审核业务时，注册会计师应当就下列事项获取充分、适当的证据：①管理层编制预测性财务信息所依据的最佳估计假设并非不合理；②在依据推测性假设的情况下，推测性假设与信息的编制目的是相适应的；③预测性财务信息是在假设的基础上恰当编制的；④预测性财务信息已恰当列报，所有重大假设已充分披露，包括说明采用的是推测性假设还是最佳估计假设；⑤预测性财务信息的编制基础与历史财务报表一致，并选用了恰当的会计政策。

注册会计师若要获取证据，则须先确定审核程序的性质、时间和范围。《中国注册会计师其他鉴证业务准则第3111号——预测性财务信息的审核》第十五条规定，在确定审核程序的性质、时间和范围时，注册会计师应当考虑下列因素：①重大错报的可能性；②以前期间执行业务所了解的情况；③管理层编制预测性财务信息的能力；④预测性财务信息受管理层判断影响的程度；⑤基础数据的恰当性和可靠性。

（2）实施预测性财务信息审核程序以获取证据。注册会计师应实施如下程序以获取预测性财务信息审核证据：

①获取管理层声明书。注册会计师应当就下列事项向管理层获取书面声明：预测性财务信息的预定用途；管理层作出的重大假设的完整性；管理层认可对预测性财务信息的责任。

②检查评估支持管理层作出最佳估计假设的证据的来源和可靠性并确定使用推测性假设时的所有重要影响是否已得到考虑。就最佳估计假设的检查评估而言，注册会计师可以从内部或外部来源获取支持这些假设的充分、适当的证据，包括根据历史财务信息考虑这些假设，以及评价这些假设是否依据被审核单位有能力实现的计划。就推测性假设的评估

而言，注册会计师应当确定这些假设的所有重要影响是否已得到考虑。注册会计师不需对推测性假设获取支持性的证据，但应当确定这些假设与编制预测性财务信息的目的相适应，并且没有理由相信这些假设明显不切合实际。

③检查数据计算的准确性和内在一致性。注册会计师应通过检查数据计算准确性和内在一致性等，确定预测性财务信息是否依据管理层确定的假设恰当编制。

④比较联系预测性财务信息审核要素与其他要素。当接受委托审核预测性财务信息的一项或多项要素时，注册会计师应当考虑该要素与财务信息其他要素之间的关联关系。当预测性财务信息包括本期部分历史信息时，注册会计师应当考虑对历史信息需要实施的程序的范围。

⑤评价预测性财务信息的列报。注册会计师在评价预测性财务信息的列报（包括披露）时，除考虑相关法律法规的具体要求外，还应当考虑预测性财务信息的列报是否提供有用信息且不会产生误导，预测性财务信息在附注中是否清楚地披露会计政策，是否充分披露所依据的假设，是否明确区分最佳估计假设和推测性假设等内容。

4.出具预测性财务信息审核报告

在实施预测性财务信息审核程序后，注册会计师可以获取大量证据。注册会计师对这些证据加以分析和评价，在此基础上形成对预测性财务信息的审核意见并按照业务约定书约定的时间出具预测性财务信息审核报告。

（四）预测性财务信息审核报告

1.审核报告的要素

注册会计师对预测性财务信息出具的审核报告应当包括下列内容：

（1）标题。标题一般统一规范为“审核报告”。

（2）收件人。收件人是注册会计师致送审核报告的对象。一般为审核业务约定书中的委托人，也可能是审核业务约定书中指明的其他致送对象。审核报告应当载明收件人的全称。

（3）指出所审核的预测性财务信息，即对预测性财务信息作出的界定与描述。应特别注意的是，审核报告中提及的预测性财务信息的各项识别特征（如报表或者所涉及项目的名称、日期、涵盖期间等）应与后附的管理层签署的预测性财务信息一致。

（4）提及审核预测性财务信息时依据的准则。

（5）说明管理层对预测性财务信息（包括编制该信息所依据的假设）负责。

（6）适当时，提及预测性财务信息的使用目的和分发限制，指明预测性财务信息仅限于已经明确识别的特定主体使用，或者仅限用于在业务约定书中明确的用途。

（7）以消极方式说明假设是否为预测性财务信息提供合理基础。

（8）对预测性财务信息是否依据假设恰当编制，并按照适用的会计准则和相关会计制度的规定进行列报发表意见。意见类型包括无保留意见审核报告、保留意见审核报告、否定意见审核报告及无法表示意见审核报告。

（9）对预测性财务信息的可实现程度作出适当警示。典型的措辞如：“由于预期事项通常并非如预期那样发生，并且变动可能重大，实际结果可能与预测性财务信息存在差异。”该警示表明注册会计师不对该预测性财务信息未来的可实现程度作出保证。

（10）注册会计师的签名及盖章。

（11）会计师事务所的名称、地址及盖章。

（12）报告日期。报告日期应为完成审核工作的日期。报告日期不应早于被审核单位管理层批准和签署预测性财务信息的日期。

2.审核报告应表明观点并给出警示

审核报告中应当说明：

（1）支持假设不能为预测性财务信息提供合理基础的证据是否存在。根据对支持假设的证据的检查，注册会计师是否注意到任何事项，导致其认为这些假设不能为预测性财务信息提供合理基础。

（2）预测性财务信息是否依据支持假设恰当编制。对预测性财务信息是否依据这些假设恰当编制，并按照适用的会计准则和相关会计制度的规定进行列报发表意见。

（3）对于实际结果的说明。由于预期事项通常并非如预期那样发生，并且变动可能重大，实际结果可能与预测性财务信息存在差异；同样，当预测性财务信息以区间形式表述时，对实际结果是否处于该区间内不提供任何保证。

（4）预测性财务信息仅用于特定目的。在审核规划的情况下，编制预测性财务信息是为了特定目的（列明具体目的）。在编制过程中运用了一整套假设，包括有关未来事项和管理层行动的推测性假设，而这些事项和行动预期在未来未必发生。因此，提醒信息使用者注意，预测性财务信息不得用于该特定目的以外的其他目的。

3.几种特殊情况的处理

（1）预测性财务信息的列报不恰当时的处理。如果认为预测性财务信息的列报不恰当，则注册会计师应当对预测性财务信息出具保留或否定意见的审核报告，或解除业务约定。

（2）假设不能为预测性财务信息提供合理基础时的处理。如果认为一项或者多项重大假设不能为依据最佳估计假设编制的预测性财务信息提供合理基础，或在给定的推测性假设下，一项或者多项重大假设不能为依据推测性假设编制的预测性财务信息提供合理基础，则注册会计师应当对预测性财务信息出具否定意见的审核报告，或解除业务约定。

（3）审核范围受到限制时的处理。如果审核范围受到限制，导致无法实施必要的审核程序，注册会计师应当解除业务约定，或出具无法表示意见的审核报告，并在报告中说明审核范围受到限制的情况。

4.预测性财务信息审核报告参考格式

参考格式11-2和参考格式11-3分别列示了以预测为基础的无保留意见审核报告和以规划为基础的无保留意见审核报告。

参考格式11-2：无保留意见审核报告（以预测为基础）

审核报告

ABC股份有限公司：

我们审核了后附的ABC股份有限公司（以下简称“ABC公司”）编制的预测（列明预测涵盖的期间和预测的名称）。我们的审核依据是《中国注册会计师其他鉴证业务准则第3111号——预测性财务信息的审核》。ABC公司管理层对该预测及其所依据的各项假设负责。这些假设已在附注×中披露。

根据我们对支持这些假设的证据的审核，我们没有注意到任何事项使我们认为这些假设没有为预测提供合理基础。而且，我们认为，该预测是在这些假设的基础上恰当编制的，并按照××编制基础的规定进行了列报。

由于预期事项通常并非如预期那样发生，并且变动可能重大，实际结果可能与预测性财务信息存在差异。

××会计师事务所　　中国注册会计师：×××（签名并盖章）
（盖章）　　中国注册会计师：×××（签名并盖章）
中国××市　　二〇××年××月××日

参考格式11-3：无保留意见审核报告（以规划为基础）

审核报告

ABC股份有限公司：

我们审核了后附的ABC股份有限公司（以下简称"ABC公司"）编制的规划（列明规划涵盖的期间和规划的名称）。我们的审核依据是《中国注册会计师其他鉴证业务准则第3111号——预测性财务信息的审核》。ABC公司管理层对该规划及其所依据的各项假设负责。这些假设已在附注××中披露。

ABC公司编制规划是为了××目的。由于ABC公司尚处于营业初期，在编制规划时运用了一整套假设，包括有关未来事项和管理层行动的推测性假设，而这些事项和行动预期在未来未必发生。因此，我们提醒信息使用者注意，该规划不得用于××目的以外的其他目的。

根据我们对支持这些假设的证据的审核，在推测性假设（列明推测性假设）成立的前提下，我们没有注意到任何事项使我们认为这些假设没有为规划提供合理基础。我们认为，该规划是在这些假设的基础上恰当编制的，并按照××编制基础的规定进行了列报。

即使在推测性假设中所涉及的事项发生，但由于预期事项通常并非如预期那样发生，并且变动可能重大，因此实际结果仍然可能与预测性财务信息存在差异。

××会计师事务所　　中国注册会计师：×××（签名并盖章）
（盖章）　　中国注册会计师：×××（签名并盖章）
中国××市　　二〇××年××月××日

（五）预测性财务信息审核之盈利预测审核

盈利预测审核，是预测性财务信息审核的一种常见类型。根据《独立审计实务公告第4号——盈利预测审核》的定义，盈利预测审核，是指注册会计师接受委托，对被审核单位盈利预测进行审查与复核，并发表审核意见。

1.盈利预测审核的目的

盈利预测审核的目的是注册会计师对被审核单位盈利预测所依据的基本假设、选用的会计政策及其编制基础进行审核，并发表审核意见。

2.盈利预测审核中双方的责任

按照《独立审计实务公告第4号——盈利预测审核》的要求出具盈利预测审核报告，并保证其真实性、合法性，是注册会计师的审核责任；合理编制并充分披露盈利预测是被审核单位的责任。

3.盈利预测审核的保证程度

盈利预测具有固有的不确定性，不能避免主观判断，因此，注册会计师不应对预测结果的可实现程度作出保证。当对管理层采用的假设的合理性发表意见时，注册会计师仅提供有限保证。

4.盈利预测审核范围的确定

在接受委托前，注册会计师应当与委托人商谈盈利预测审核的目的与范围，双方的责任、义务，并考虑自身的能力和能否保持独立性，以确定是否接受委托。盈利预测审核的范围应当根据有关法规的规定及业务约定的要求确定。注册会计师在确定其审核范围时，应当了解被审核单位的经营情况及影响未来经营成果的关键因素，并考虑以下方面：

（1）被审核单位编制盈利预测的经验与能力；

（2）被审核单位编制盈利预测的程序；

（3）盈利预测的目的与范围；

（4）盈利预测期间的长短。

5.盈利预测审核程序

注册会计师执行盈利预测审核业务，应当在充分了解被审核单位有关情况的基础上，制定审核程序，对审核工作作出合理安排，并根据审核过程中情况的变化，予以修改和补充。审核程序包括如下几个方面：

（1）获取被审核单位关于盈利预测基本假设的书面文件，并检查实际编制盈利预测所依据的基本假设是否与其一致。

（2）检查盈利预测所依据的基本假设是否有合理的支持证据，并判断是否运用了不合理假设。

在判断盈利预测是否运用了不合理假设时，注册会计师应当特别关注以下假设：

①对盈利预测结果有重大影响的；

②特别容易受关键因素变动影响的；

③偏离历史趋势的；

④具有高度不确定性的。

（3）了解盈利预测的编制过程和以前盈利预测的实现程度。

在该过程中，应实施以下程序，以审核盈利预测所采用的会计政策和编制基础：

①分析和评价经营业务的稳定性及其发展趋势；

②核实盈利预测的支持证据是否充分；

③审查盈利预测选用的会计政策与实际采用的相关会计政策是否一致；

④核实盈利预测的计算方法是否适当。

必须指出的是，注册会计师执行盈利预测审核业务，应当取得被审核单位管理当局有关盈利预测的声明书。同时，注册会计师应当将盈利预测审核业务的执行过程及结果记录于审核工作底稿，并进行必要的复核。

6.盈利预测审核的审核报告

根据《独立审计实务公告第4号——盈利预测审核》第二十条的规定，注册会计师应当在实施必要的审核程序后，以经过核实的证据为依据，形成审核意见，出具审核报告。审核报告应当包括以下基本内容：

（1）标题

审核报告的标题应当统一规范为“盈利预测审核报告”。

（2）收件人

审核报告的收件人应当为审核业务的委托人。审核报告应当载明收件人的全称。

（3）范围段

审核报告的范围段应当说明以下内容：

①审核范围；

②被审核单位对盈利预测的责任和注册会计师的审核责任；

③审核依据，即“独立审计实务公告第4号——盈利预测审核”；

④已实施的主要审核程序。

（4）意见段

审核报告的意见段应当说明以下内容：

①盈利预测依据的基本假设是否已充分披露，是否有证据表明这些基本假设是不合理的；

②盈利预测选用的会计政策与实际采用的相关会计政策是否一致；

③盈利预测是否按确定的编制基础编制。

另外，如果注册会计师与被审核单位在上述方面存在异议且无法协商一致，那么应当在意见段之后增列说明段予以反映。

需要指出的是，盈利预测审核的意见类型与预测性财务信息审核一致，都包括无保留意见、保留意见、否定意见和无法表示意见这几种类型，适用条件也应参考预测性财务信息审核意见的确定条件。

（5）签章和会计师事务所地址

审核报告应当由注册会计师签名、盖章，加盖会计师事务所公章，并标明会计师事务所地址。

（6）报告日期

报告日期是指注册会计师完成外勤审核工作的日期。审核报告日期不应早于被审核单位管理当局确认和签署盈利预测的日期。

复习思考题

1.什么是特殊目的审计？

2.对按照特殊目的编制基础编制的财务报表进行审计时，注册会计师应作何特殊考虑？

3.什么是验资？

4.简述验资的程序。

5.什么是财务报表审阅？其保证程度如何？

6.什么是预测性财务信息审核？其保证程度如何？

7.盈利预测审核中双方的责任是什么？

本章习题

第十二章练习题

拓展阅读

独立审计实务公告第4号

主要参考文献

［1］阿伦斯，埃尔德，比斯利. 审计学：一种整合方法［M］. 谢盛纹，译. 15版. 北京：中国人民大学出版社，2017.

［2］奥赖利，维诺格拉德，格尔森，等. 蒙哥马利审计学［M］. 刘霄仑，陈关亭，译. 14版. 北京：中信出版社，2007.

［3］卞毓宁. 审计学原理与实务［M］. 北京：清华大学出版社，2010.

［4］黄良杰. 审计［M］. 北京：清华大学出版社，2009.

［5］惠廷顿，帕尼. 审计与其他保证服务［M］. 萧英达，等译. 北京：机械工业出版社，2003.

［6］李若山，刘大贤. 审计学——案例与教学［M］. 北京：经济科学出版社，2000.

［7］李若山. 审计案例［M］. 沈阳：辽宁人民出版社，1998.

［8］林丽文. 企业会计报表审计方法与实务［M］. 北京：中国市场出版社，2008.

［9］刘明辉，胡波，汪寿成，等. 高级审计研究［M］. 4版. 大连：东北财经大学出版社，2024.

［10］刘明辉. 审计［M］. 8版. 大连：东北财经大学出版社，2022.

［11］孙晶. 审计基础与实务［M］. 北京：中国人民大学出版社，2009.

［12］王振林，陈希晖. 货币资金审计［M］. 北京：中国时代经济出版社，2004.

［13］叶忠明，阮滢. 审计学［M］. 北京：首都经济贸易大学出版社，2010.

［14］佚名. 财务尽职调查［EB/OL］.［2021-04-25］. https：//wiki.mbalib.com/wiki/%E8%B4%A2%E5%8A%A1%E5%B0%BD%E8%81%8C%E8%B0%83%E6%9F%A5.

［15］张继勋. 审计学［M］. 北京：清华大学出版社，2008.

［16］中国注册会计师协会. 审计［M］. 北京：中国财政经济出版社，2024.